# LA GENERACIÓN DE 1898 ANTE ESPAÑA

## PUBLICATIONS OF THE SOCIETY OF SPANISH AND SPANISH-AMERICAN STUDIES

Luis T. González-del-Valle, *Director*

# Sumner M. Greenfield

# LA GENERACIÓN DE 1898 ANTE ESPAÑA

## ANTOLOGÍA DE LITERATURA MODERNA DE TEMAS NACIONALES Y UNIVERSALES

SEGUNDA EDICIÓN REVISADA, AMPLIADA Y ACTUALIZADA
POR LUIS T. GONZÁLEZ-DEL-VALLE

SOCIETY OF SPANISH AND SPANISH-AMERICAN STUDIES

© *Copyright, Society of Spanish and Spanish-American Studies, 1997.*
*Second Edition*

*The Society of Spanish and Spanish-American Studies promotes biblio-graphical, critical and pedagogical research in Spanish and Spanish-American studies by publishing works of particular merit in these areas. On occasion, the Society also publishes creative works. SSSAS is a non-profit educational organization sponsored by the University of Colorado at Boulder. It is located in the Department of Spanish and Portuguese, University of Colorado, Campus Box 278, Boulder, Colorado, 80309-0278. U.S.A.*

International Standard Book Number (ISBN): 0-89295-088-9

Library of Congress Catalog Card Number: 97-67256

Printed in the United States of America.
Impreso en los Estados Unidos de América

The transcription of the manuscript was done by María Jesús González Alvarez. The text was prepared by Sandy Adler, Foreign Language Desktop Publishing Specialist for the College of Arts and Sciences, University of Colorado at Boulder.

# CONTENIDO

# NOTA PRELIMINAR

Tres propósitos han confluído para guiarme en la elaboración de la presente antología. Uno es llenar un antiguo vacío, haciendo disponible por primera vez un libro sintético que ofrezca a los estudiantes universitarios una visión integral del gran tema de la generación de 1898, el que verdaderamente la unifica: el tema de España. Los otros dos provienen de la propia índole de la obra noventayochista. Ya que en sus imágenes de España se proyectan muchas de las mismas orientaciones—filosóficas, estéticas, personales—que destacan en el resto de su obra, he buscado a través de la perspectiva nacional, una colección antológica que sirviera tanto de introducción como de microcosmos del conjunto de la producción generacional. La tercera motivación es que nuestros estudiantes se dirijan a una literatura de auténtica disidencia, en la que se manifiestan circunstancias, valores y actitudes de una aplicabilidad a veces asombrosa a las realidades de nuestro propio tiempo. En fin de cuentas, el problemático mundo español en torno al novecientos, que los escritores del 98 confrontaron con su angustiada crítica, se parece en demasía al no menos problemático mundo actual, tanto en los elementos que provocan el descontento y en las reacciones de los disidentes, cuanto en las actitudes de los defensores del *status quo*. La obra noventayochista ofrece, pues, una vena ricamente profética y pertinente para explorar y explotar.

La selección de contenidos y la agrupación de las materias bajo tópicos son, claro está, arbitrarias, como lo es la misma selección de autores. Al momento de seleccionar, me he guiado por varios factores, entre ellos, la sustancia y la significación temáticas, la ejemplaridad, el valor comprensivo, el carácter estético, y la diversidad de géneros literarios. Se puede modificar el orden de lecturas como convenga. No sería difícil, por ejemplo, usar el libro «verticalmente», dirigiéndose al conjunto de las selecciones de un autor específico, sin fijarse en las divisiones temáticas. En cuanto a la selección de los escritores mismos, sigo poco más o menos la tradición, no porque sea tradicional, sino porque creo que los siete autores escogidos forman el núcleo auténtico de la generación, en lo que se refiere a calidad literaria y a la preocupación por España.

Estoy muy agradecido a los siguientes señores que han dado permiso para reproducir las selecciones que figuran en esta antología: Julio Rajal Guinda, las de Azorín; Julio Caro Baroja, las de Pío Baroja; Ángel Ganivet Fernández-Bada, las de Ángel Ganivet; Manuel Álvarez de Lama, las de Antonio Machado; Juan Manuel Maeztu Hill, las de Ramiro de Maeztu; Fernando de Unamuno, las de Miguel de Unamuno; Carlos del Valle-Inclán, Jaime del Valle-Inclán y María Concepción del Valle-Inclán, Vda. de Toledano, las de Ramón del Valle-Inclán, y reconozco con agradecimiento especial la cordial colaboración de don Pedro Laín Entralgo, no sólo al autorizarme la publicación de unos capítulos de su obra, sino también al resolver una variedad de problemas textuales. Me encuentro también en deuda con Pitman Learning, Inc., por permitir la reproducción del mapa de España que apareció originalmente en un libro suyo, *Spain: A Companion to Spanish Studies*. En cuanto a la participación de otros colegas, apenas tiene límites la lista de los que merecen mi reconocimiento y gratitud por su contribución. Agradezco especialmente al personal del Instituto Internacional de Madrid y al profesor E. Inman Fox su inestimable ayuda en rastrear referencias oscuras para las notas; a Priscilla Ehly Tucker, cuya infinita paciencia y dedicación facilitaron la preparación del manuscrito; a Harold Boudreau, maestro en descubrir torpezas estilísticas; a John Kronik y Robert Spencer, editores sin par que sabían sostener la fe en textos serios ante todo obstáculo, y a Luis González-del-Valle, que supo resucitar esa fe y convertirla en la visible realidad de letras de molde. Sobre mi amigo y colega Francisco Fernández-Turienzo, cuyas huellas están por todas partes de este volumen, digo solamente que sin él apenas habría libro.

SUMNER M. GREENFIELD
1981.

# NOTA PRELIMINAR A LA SEGUNDA EDICIÓN

Sumner M. Greenfield (1921-1996) fue mi mentor en la Universidad de Massachusetts en Amherst. Allí le conocí en 1968, allí asistí a su seminario sobre la generación de 1898. Por muchos años, él bregó con la presente antología, brillante obra que al fin cuajó cuando, en 1981, se la publicó la Society of Spanish and Spanish-American Studies. Decir que este libro fue un éxito es decir poco. Se agotó en pocos años. Más recientemente, en 1994, Sumner comenzó a conversar conmigo sobre la publicación de la segunda edición revisada y actualizada, labor que no pudo llevar a cabo debido a su prematuro fallecimiento el 4 de febrero de 1996. He aquí, pues, la génesis de esta nueva versión de la antología de Sumner, libro que me atrevo a editar nuevamente siguiendo su voluntad y después de haber consultado con su viuda, doña Marilyn Greenfield.

La segunda edición de *La generación de 1898 ante España* es muy parecida a la primera. Me he limitado a corregir errores tipográficos y a ampliar/poner al día la bibliografía. Además, si bien he respetado el concepto de «generación del 98» que la inspira y que culmina abiertamente con el texto final de don Pedro Laín Entralgo, he hecho también ciertos ajustes para enfatizar, aunque de forma más esporádica, el indudable nexo que existe entre este grupo de autores con la literatura moderna de finales del siglo XIX y principios del XX. Este ligero cambio de enfoque lo discutí con Sumner durante el otoño de 1995. De hecho, en su «Nota preliminar» él ya alude, entre los propósitos de su antología, el deseo de crear «una colección antológica que sirviera tanto de introducción como de microcosmos del conjunto» de la producción literaria de una promoción de escritores que, a pesar de ser diferentes, comparten parecidas orientaciones filosóficas y estéticas.

El tema de España sigue siendo de capital importancia en la segunda edición de este libro, al mismo tiempo que se le vincula, cuando ello es apropiado, con el de la modernidad, concepto que, a su vez, encaja con el de «moderno», «edad moderna» y «modernismo», términos todos que aluden a la características culturales de una época que depende, en mucho, de algunas tendencias ideológicas y literarias previas con identidad propia (por ejemplo, el Romanticismo,

Simbolismo, Decadentismo, Parnasianismo, Realismo y Naturalismo, Positivismo, Impresionismo y Ocultismo). La utilización de los susodichos términos en este libro, añádase, puede ser aprobatoria, de rechazo o, simplemente, fusionadora en el sentido de que son mezclados con cierta libertad y, por supuesto, con originalidad por los modernos. En última instancia, al referirme a la modernidad lo que hago es ubicar las letras hispánicas en el amplio panorama cultural en que encajan plenamente, algo que trae a colación las ya clásicas palabras de don Federico de Onís en 1952 cuando, en un contexto diferente al mío y haciéndose eco de un texto suyo previo, indicó que nuestro «Modernismo es la forma hispánica de la crisis universal de las letras y del espíritu, que inicia hacia 1885 . . . y que se había de manifestar en el arte, la ciencia, la religión, la política y gradualmente en los demás aspectos de la vida entera, con todos los caracteres, por lo tanto, de un hondo cambio histórico cuyo proceso continúa hoy».[1] Lo aseverado por de Onís fue repetido, de diversas formas, por muchos otros críticos: es decir, la época moderna a la cual pertenece la llamada generación del 98 fue un momento de renovación ideológica y literaria que refleja una actitud hacia la vida, fue un período en el cual son observables marcadas semejanzas de gustos, temas y métodos creativos, a pesar de la gran variedad que caracteriza a los escritores modernos noventayochistas.[2]

Entre las características modernas que asigno a los miembros de la generación del 98 figuran:

1) la preocupación por la ruptura con lo previo en términos artísticos y temáticos (algo que se manifiesta a través de la idea de *tabula rasa*, en el acto de desconectar con lo que les precedió [en el

---

[1] «Sobre el concepto de modernismo», en *Estudios críticos sobre el modernismo*, Homero Castillo, ed. (Madrid: Gredos, 1968), pág. 37.

[2] Sé que tradicionalmente se ha diferenciado entre la Generación de 1898 y el Modernismo. En mi caso, opto por ignorar las supuestas fronteras entre ambas demarcaciones historiográficas al considerarlas poco útiles para quienes desean comprender un momento sumamente rico en las letras. En este sentido, me acerco mucho más a las ideas de don Ricardo Gullón sobre la literatura española finisecular y de principios del siglo XX aunque, en contraste con él, no me preocupa demasiado el uso del concepto «generación del 98» al resultar ser, como es el caso con muchos términos de esta naturaleza, producto de la fértil imaginación de algunos críticos y creadores. Ver: *La invención del 98 y otros ensayos* (Madrid: Gredos, 1969), págs. 7-19.

caso de Ramón del Valle-Inclán, con el «cruel» Pedro Calderón de la Barca, con el «garbancero». Benito Pérez Galdós, con «el viejo idiota» José Echegaray]; claro está, esté deseo de romper con el pasado no opera de forma absoluta, ya que la literatura posee continuidad conceptual y formal—es intertextual—a pesar de la rebeldía demostrada por muchos de los modernos);

2) la naturaleza proteica de sus creaciones (sus obras son multiformes y, a veces, contradictorias consigo mismas y con las de otros noventayochistas);

3) la actitud introspectiva que lleva a la autocontemplación y al autodescubrimiento en muchos de estos textos;

4) la tendencia a sintetizar o reformular un gran número de concepciones artísticas;

5) la precupación esteticista que depende, en algunos de estos autores, de la idea de que en la «Belleza» que refleja la armonía universal se encuentra la verdad que libera al ser humano de aquellas fuerzas que dominan el mundo mercantilista y utilitario en que vive;

6) el intento de ampliar la temática literaria al mismo tiempo que se le asigna un papel protagonista y, por ende, superior a las letras en el mundo burgués;

7) el interés por la perfección y la experimentación formal que, en algunos casos, reafirma el poder expresivo de las palabras;

8) el uso de lo decorativo y/o deforme en algunas obras como escape de la tiranía realista y para poder expresar mejor ciertas preocupaciones fundamentales;

9) el énfasis en lo que sugieren las cosas para de esta manera captar lo más profundo en ellas;

10) la protesta contra el materialismo burgués imperante;

11) el uso de teorías deterministas con antecedentes en el Positivismo y el Naturalismo en un intento de definir lo esencial en el temperamento de la raza española y, paradójicamente, el rechazo del cientismo positivista que lleva a la búsqueda de lo auténticamente espiritual en, por ejemplo, la literatura y las doctrinas ocultistas esotéricas tan populares por entonces;

12) la adopción de poses o máscaras para hacerse lucir en una época considerada hostil (por ejemplo, del Versalles galante, del dandismo, del anarquismo, de la bohemia, del nacionalismo, de la nueva erótica, de la abulia, de la combatividad, del espiritualismo, de la eternidad en las cosas cotidianas, del universalismo).

Sería descabellado esperar que las obras noventayochistas posean siempre los mismos atributos. Su amplitud cronológica (desde la última década del siglo XIX hasta la tercera del XX en varios casos y aun después en otros) conlleva, inevitablemente, cierta variedad conceptual y formal en quienes escribieron por esos años. De hecho, dentro de un mismo autor existe, a menudo, heterogeneidad (no es factible aceptar que, por ejemplo, el Valle-Inclán de a principios de siglo, el don Ramón de la *belle époque*, sustente ideas completamente iguales a las que enunció después de haber sido testigo de la cruda y monumental realidad en los campos de batalla de la Primera Guerra Mundial).

Y con esto concluyo, porque debemos ya enfrentarnos más directamente a los textos de los miembros de la generación del 98, a las obras de esos escritores españoles que ejemplifican aspectos fundamentales de la modernidad: sólo a través de sus creaciones les podremos apreciar y comprender.[3]

LUIS T. GONZÁLEZ-DEL-VALLE
1997.

---

[3]Mi agradecimiento al Arts and Sciences Council de la Universidad de Colorado en Boulder por otorgarme una beca que ha facilitado la preparación de la segunda edición de esta antología.

# INTRODUCCIÓN GENERAL

Si los turbulentos años que van de 1860 a 1880 son de importancia especial para la historia política de España, no menor transcendencia tienen por lo que presagian para la historia literaria y cultural de esa nación en el siglo XX. A finales del malogrado reinado de Isabel II y en vísperas de la Revolución de Septiembre de 1868, nacen Miguel de Unamuno (1864), Ángel Ganivet (1865) y Ramón del Valle-Inclán (1866). Poco después, durante el caótico interregno que sigue a dicha revolución y que produce—entre otros dolorosos sucesos—el efímero reinado de Amadeo de Saboya, la tercera Guerra Carlista, la proclamación y el fracaso de la Primera República, y la restauración de la monarquía borbónica, nacen Pío Baroja (1872), José Martínez Ruiz, «Azorín» (1873), Ramiro de Maeztu (1874) y Antonio Machado (1875). Todos ellos se destacan ampliamente entre los hombres que hacia finales de siglo o principios de éste inician la carrera de escritor y a través de importantes obras de juventud, plantean nuevas perspectivas estilísticas, realmente innovadoras y aún radicales para el arte y el lenguaje, y cambios profundos en la visión filosófica del hombre y en los modos de ver a España. Posteriormente, a base del fecundísimo conjunto de su obra, el mundo considerará a los siete como núcleo de lo que, a partir de 1913, se ha venido llamando la generación de 1898.

El término «generación» es algo impreciso en este caso, como lo es también la fecha que la denomina. Los historiógrafos se han preocupado mucho por determinar en qué consiste una generación literaria; desde ahora remitimos al lector a las teorías elaboradas sobre este particular por Pedro Laín Entralgo en su ensayo «¿Generación del 98?» de la Parte VIII. Baste aquí con mencionar dos aspectos del problema en cuanto se refiere a nuestros escritores. Hubo muy poca cohesión personal entre los siete. Dejando a un lado algún caso particular de amistad o contacto, v.g., la intimidad juvenil entre Azorín, Baroja y Maeztu, las relaciones personales entre Unamuno y Ganivet, la colaboración mutua en periódicos y revistas, y la participación en tertulias y otras reuniones, lo cierto es que cada uno tiende a seguir su propio camino sin fomentar mayormente el intercambio de actitudes e ideas con los otros. Efectivamente, en ciertos casos apenas se conocían uno a otro. Este separatismo se intensifica cuando se trata de su obra. No hay una «escuela» noventayochista. Aunque todos fueron hijos de la modernidad, cada escritor cultiva su arte literario y sus orientaciones filosóficas según su propia visión individualista, a veces de forma diametralmente opuesta a la de sus coetáneos. Nada más antitético, por ejemplo, que las estilizaciones de Valle-Inclán y la naturalidad vigorosa y anti-retórica de las frases de Baroja, o la melancólica sencillez de Azorín y las imágenes intensas y apasionadas de Unamuno. Es, pues, una «generación» algo extraña, ya que manifiesta muchos aspectos que parecen contradecir su existencia generacional.

Hay otros factores, sin embargo, que han hecho aceptar de manera definitiva la unidad de esta promoción de escritores. Para evitar la repetición de ideas expresadas en otras partes de este libro, nos limitamos a mencionar aquí lo siguiente. En lo que se refiere a la estética del grupo, el elemento unificador se encuentra no en el estilo mismo, ni en los mundos que se crean, sino en sus actitudes e impulsos modernos ante el arte y la literatura. En cuanto a la temática, lo que más les unifica es su preocupación por España y los modos de manifestar este intenso y constante interés. Aunque el desorden y la anarquía de la época de su nacimiento fueron aliviados en parte por la relativa estabilidad política de los años de su juventud, es indudable que detrás de la fachada de calma y de la apariencia de agitada actividad y progreso que observamos en la época, persistía en ella un fuerte malestar dentro del espíritu de muchísimos españoles frente a los valores, el carácter y la calidad de la vida nacional. Los jóvenes del 98 articulan y agudizan este malestar más dramáticamente que nadie, a través de un activismo intelectual y literario y una campaña—nada organizada, por cierto—de disidencia crítica, fuera del alcance de los partidos políticos y de ideologías específicas. De aquí nace el problema de la fecha «1898», fecha que se aplicó Azorín a sí mismo y a sus coetáneos y que el mundo emplea con casi total uniformidad para identificar a esa generación. Por lo que se refiere a la vida personal y a la obra del grupo, el año de 1898 no tiene ninguna significación especial, si bien fue ése el año en que se suicidó el atormentado Ángel Ganivet. Pero sí podemos admitir el simbolismo de la fecha escogida, aunque no falta cierta ironía en su aplicación. La rápida derrota de España por los Estados Unidos y la pérdida de sus últimos territorios de ultramar estremecieron a toda la nación y pusieron de manifiesto el hecho, aceptable o no, de que España no sólo había dejado de ser un país imperial, sino que también se había convertido definitivamente en un país de tercer rango en el orden internacional. Pero no fue el simbolismo histórico del acontecimiento en sí lo que impresionó a los escritores del 98, para quienes toda la historia de la patria desde Carlos V había sido un enorme fracaso. Para ellos, el Desastre de 1898 fue un símbolo de la mala dirección y de los falsos ideales que imperaban en España, y por eso les pareció síntoma de la degeneración general del país y de la necesidad de una revitalización nacional. Ellos sentían y vivían dolorosamente la mediocridad de la vida española ya durante los primeros años de su madurez, y el Desastre fue simplemente un factor más a la hora de determinar su descontento y su voluntad de renovación.

En términos historiográficos más bien tradicionales, coincide con los años juveniles de los escritores del 98 el desarrollo de un movimiento artístico en Hispanoamérica que buscaba la renovación de la literatura, en especial de la poesía, a base de un fuerte sentimiento de creatividad personal, libre de fórmulas tradicionales, gastadas ya, y a través de una variedad de orientaciones estéticas planteadas por algunos poetas franceses a lo largo del siglo XIX. La primera obra que perfiló definitivamente y de forma clara esta corriente fue *Azul*..., una colección de cuentos y poesías, publicada en 1888 en Santiago de Chile por el joven poeta nicaragüense Rubén Darío (nacido en 1867). Tanto *Azul*... como las obras posteriores de Darío, produjeron un impacto fuerte por todo el mundo hispánico, no sólo en América, sino también en España, donde ya existían entre los poetas jóvenes síntomas de descontento e insatisfacción con las fórmulas neorrománticas y retóricas que seguían dominando la poesía lírica. El impacto causado por la obra de Darío fue intensificado por la frecuente presencia personal del poeta—ya una figura de fama intercontinental—en Madrid, donde se hizo muy amigo de escritores y literatos de la capital, y donde muchos seguían, aunque sólo ligeramente, las nuevas rutas poéticas que había señalado el maestro. Entre estos discípulos, algunos fugaces, otros más fieles, figuran Manuel Machado, Ramón Pérez de Ayala y Juan Ramón Jiménez. Los noventayochistas, por su parte, a excepción de Vallé-Inclán, tienden a repudiar erroneamente las llamadas novedades modernistas al considerar que se preocupan éstas excesivamente por

17

sensualismos estéticos y que carecen de profundidad filosófica y humana. A pesar del rechazo, sin embargo, se vislumbran ciertas afinidades, a veces profundas, entre ellos y Rubén Darío. No se trata aquí necesariamente de influencias directas del hispanoamericano sobre los españoles, sino del posible estímulo intertextual ejercido por las orientaciones modernas sobre unas predisposiciones ya existentes en el espíritu de los jóvenes escritores del 98. En todo caso, hay actitudes e impulsos que todos comparten, sean artistas de evasión o de compromiso. He aquí algunos: un descontento fuerte ante la pobreza cultural de su respectivo mundo hispánico, y una voluntad de europeizar esa cultura dándole dimensiones extra-nacionales que rompieran con su orientación provinciana; un cierto aristocratismo cultural y cosmopolita, intelectual y filosófico por una parte, estético por otra, que proyecta su obra a niveles de cultura claramente superiores al simplismo y prosaísmo pedestres típicos de la vieja generación contra la que van reaccionando; una vena de iconoclasia e irreverencia frente a las instituciones establecidas, sean literarias o públicas; la voluntad de renovación lingüística y poetización de la prosa; la fe en el afán creador de signo individualista, sin seguir ni escuelas ni fórmulas preconcebidas; un concepto del arte como una aventura en que el escritor es libre para explorar y experimentar y, si se le antoja, dar rienda suelta a su veneración del yo, sea por cauces estéticos o filosóficos; la atracción por la literatura española del pasado remoto, especialmente la medieval, la que comparte Rubén Darío a la vez que elogia el pasado remoto americano; una visión unitiva de la hispanidad en que se siente la unidad histórica de España y la América hispana.

Dadas las amplias perspectivas artísticas e intelectuales de los escritores del 98 y la autonomía individualista de cada uno de ellos, su fecundidad no sufre el rápido agotamiento de otros movimientos, como el Romanticismo, cuya base está constituída por una estética específica o una visión particular del mundo. El influjo creador de los noventayochistas se extiende a lo largo de un período de más de cuarenta años, desde los años 90 del siglo pasado hasta la Guerra Civil española de 1936-39, y aún es preciso notar que Azorín y Baroja continúan activos hasta bastante después de esa trágica ruptura de la vida nacional. El afán creador del grupo tiene pocos límites y abarca todos los géneros y subgéneros literarios, incluso algunos nuevos, como el esperpento de Valle-Inclán y la nivola de Unamuno, creados con no poco sentido de ironía por ellos mismos. La diversidad genérica que cultiva cada escritor—menos Maeztu, cuya obra se limita a la prosa ensayística—se intensifica en la vasta obra de Unamuno, cuya novela o poesía o ensayo por sí solo le haría uno de los escritores más importantes del siglo. El maestro de la poesía lírica, Antonio Machado, escribe prosa de profundo contenido filosófico y colabora con su hermano Manuel en la producción de un teatro poético. Valle-Inclán suplementa su maestría de novelista innovador llegando a ser uno de los dramaturgos más creadores de la historia del teatro español; en torno a sus cincuenta años de edad, el novelista Azorín experimenta en serio con el teatro vanguardista añadiendo así otra dimensión artística en su constante proceso de poetizar y humanizar la prosa ensayística para crear una forma híbrida entre el ensayo anecdótico y la ficción de tipo cuentista. No es de extrañar que muchos críticos vean en los fecundísimos años de los noventayochistas un claro paralelo con el Siglo de Oro clásico, no sólo en lo referente a extensión y calidad, sino también por el alcance internacional de su producción.

El silencio se adueña de la mayoría de los escritores del 98 al mismo tiempo que se impone a la cultura española el bárbaro mutismo de la época de la Guerra Civil. En enero de 1936 muere Valle-Inclán y en diciembre Unamuno. Durante ese mismo año estalla la guerra, entre cuyas primeras víctimas figuran Ramiro de Maeztu, ya convertido en derechista militante, y Federico García Lorca, el joven poeta y dramaturgo de la generación del 27. Hacia finales del conflicto, en febrero de 1939, muere el republicano Antonio Machado, refugiado en un pueblo del sur de Francia y de cierto modo víctima también de la guerra como tantos otros. La potencia creadora de los noventayochistas había persistido vigente hasta entonces, no sólo por el valor intrínseco de sus últimas obras, sino también por el intercambio entre promociones, sea consciente o no. Las perspectivas unamunianas que se perciben en las tragedias de García Lorca lo atestiguan, como lo hacen otros fenómenos. Si el activismo de la generación—más bien literario e intelectual que político—fracasó en su deseo de renovar a España como nación, no cabe duda que sí la revitalizó culturalmente durante medio siglo, y su influjo persiste y es palpable aún en la actualidad. Efectivamente, la voz de los escritores del 98 es tan adecuada y pertinente a nuestra época como haya podido ser a principios de siglo, bien sea en España, las Américas o en cualquier otra parte, y hasta puede servir de comentario colectivo sobre todo el siglo XX. Implícitas en los problemas que ellos veían en la España del novecientos y en su aguda percepción de la condición humana, están las crisis que han perseguido al ser humano a lo largo de este siglo y que han cristalizado en la actualidad: el militarismo, la falsedad de los mitos nacionales, la esterilidad de los exclusivismos dogmáticos, la degeneración ética, la crisis de la identidad individual y las fuerzas deshumanizantes de la sociedad moderna, la irresponsabilidad de las instituciones públicas y los límites del patriotismo, así como la crisis espiritual del individuo ante Dios. A todo esto y mucho más, se dirigen los escritores tan modernos del 98, humanistas todos, y defensores del espíritu libre creador.

# NOTAS BIOGRÁFICAS

**AZORÍN** (José Martínez Ruiz, 1873-1967). Como los demás noventayochistas, fue de familia burguesa y un castellano sólo putativo. Nació en el pueblo de Monóvar en Alicante y estudió el bachillerato en la ciudad murciana de Yecla. Esta última experiencia dejó profundas impresiones en su espíritu y ocupa un lugar prominente en sus primeras novelas, de las que provino el seudónimo «Azorín»: *La voluntad* (1902), *Antonio Azorín* (1903) y *Confesiones de un pequeño filósofo* (1904). Estudió Derecho en Valencia y en 1896 se trasladó a Madrid, donde inició en definitiva su larguísima carrera de colaborador en diarios y revistas de España y América. En las primeras décadas del siglo fue varias veces diputado a Cortes y dos veces subsecretario de Instrucción Pública. En 1924 fue elegido Académico de la Real de la Lengua. Pasó la Guerra Civil en Francia y después volvió a Madrid, donde siguió escribiendo hasta sus últimos años. La época más fecunda de Azorín es el primer cuarto de siglo, cuando se publicaron la mayoría de sus novelas y las colecciones más importantes de sus ensayos. Entre 1926 y 1936 respondió al estímulo del arte vanguardista dedicándose al cultivo de un teatro irrealista y experimental. Entre los muchos libros de Azorín escritos en los años 1940-1960, se destaca la colección de recuerdos anecdóticos *Madrid* (1941), obra importante para los estudiosos de la generación del 98. Además de *Madrid, La voluntad* y *Antonio Azorín*, nos han servido de fuentes para las selecciones de esta antología las siguientes obras: *La ruta de don Quijote* (1905), *Los pueblos* (1905), *España* (1909), *Un discurso de la Cierva* (1914), *Los valores literarios* (1914), *Al margen de los clásicos* (1915), *Fantasías y devaneos* (1920), y *Una hora de España* (1924).

**PÍO BAROJA** (1872-1956). Nació en San Sebastián, de una familia de profundas raíces vascas. Estudió Medicina en Madrid y Valencia; se doctoró en 1893. Después de ejercer por dos años la carrera de médico en un pueblo de Guipúzcoa, se trasladó a Madrid donde participó en una empresa comercial familiar. Al fracasar esta última, empezó su carrera literaria que iba a durar unos sesenta años. Baroja es el novelista más prolífico de la generación del 98. Su obra consiste en más de sesenta novelas y otros treinta y tantos libros de ensayos, memorias, cuentos, etc. Fue un viajero infatigable. Hizo un sinfín de visitas a París, Londres y otras partes de Europa, y viajó incansablemente por España. Estas experiencias, junto con su herencia vasca y sus estudios de medicina, figuran en muchas de sus novelas. Baroja se hizo famoso por su capacidad de expresarse directamente, sin matices efectistas. Fue un hombre arisco, misántropo, anárquico y antisemita que, contrariamente a los demás noventayochistas, apoyó a los alemanes durante la Gran Guerra de 1914-18 por ser Alemania capaz de sustituir «los mitos de la religión» y de la democracia por la ciencia y la filosofía. Fue denunciado por los líderes de la República, pero en 1936 rechazó una posible colaboración con los carlistas (y los nacionalistas) cuando ocuparon su pueblo vasco de Vera, y salió para pasar la Guerra Civil en Francia. En el mismo año de 1936, este gran subversivo de instituciones fue irónicamente elegido Académico de la Española, pero a pesar de su fama y respetabilidad, sus obras cayeron a veces víctimas de la Censura del régimen franquista. Las colecciones de cuentos y ensayos de Baroja nos han dado las páginas que incluímos en este libro. Son: *Vidas sombrías* (1900), *Tablado de Arlequín* (1904), *Juventud, egolatría* (1917), *Nuevo tablado de Arlequín* (1917), *Divagaciones apasionadas* (1924), y los ensayos sueltos que forman parte del tomo VIII de sus *Obras completas* (Madrid: Biblioteca Nueva, 1951).

**ÁNGEL GANIVET** (1865-1898). Nacido en Granada, se doctoró en Filosofía en Madrid, donde fue amigo de Unamuno. Ganó las oposiciones a la carrera consular y representó a España en Amberes (Antwerp), Helsinki y Riga, capital de Letonia (Latvia). Fue en esta última ciudad donde Ganivet, enfermo y perseguido por la depresión psicológica, se suicidó en las aguas del río Dwina. Su breve obra consiste en un par de novelas de fondo autobiográfico, un drama, unos artículos sueltos y cinco obras ensayísticas, de las que es la más significativa *Idearium español* (1897), la fuente de nuestras selecciones.

**ANTONIO MACHADO** (1875-1939). Nacido en Sevilla, se trasladó en 1883 a Madrid, donde estudió con su hermano Manuel en la Institución Libre de Enseñanza. Al finalizar el siglo trabajó en París como traductor para una editorial. En 1907 inició su carrera de catedrático de instituto de francés y luego de filosofía. Su estancia en Soria fue decisiva tanto en su vida como en su obra. Allí conoció a la joven Leonor con quien se casó en 1909, y cuya prematura muerte, tres años después, dejó en su alma y en su poesía una huella profunda y perdurable. Soria y sus paisajes son también figuras esenciales en su capital colección lírica, *Campos de Castilla* (1912 y 1917). Al trasladarse de Soria a Baeza, comenzó a cursar Filosofía, hasta llegar al doctorado. En 1919 pasó al Instituto de Segovia, y en los años siguientes intensificó sus contactos con Madrid. Fue elegido miembro de la Real Academia de la Lengua, comenzó la colaboración con su hermano escribiendo para el teatro, y desempeñó un papel importante en la fundación de una Universidad Popular, que animó la vida intelectual en Segovia. En 1931 se trasladó a Madrid, donde apoyó fielmente a la República. Al estallar la Guerra Civil en 1936, salió para Valencia con el gobierno republicano y allí siguió escribiendo poesía y prosa. En febrero de 1939 salió de España con otros tantos fugitivos, y murió en un pueblo costero de Francia unos pocos días después. Los poemas que incluímos provienen principalmente de *Soledades* (1903) y *Campos de Castilla*. En esta última colección vale notar que se encuentran los versos del «Retrato» (que es un autorretrato) del mismo Machado, que es quizás la mejor expresión de su esencia de hombre y poeta.

**RAMIRO DE MAEZTU** (1874-1936). Nació en Vitoria (provincia de Álava) de padre vasco y madre inglesa—Whitney era su segundo apellido. Después de los estudios de bachillerato, vivió en París y luego en Cuba. A su vuelta a España, se inició en el periodismo, primero en Bilbao, después en Madrid, con una extensa colaboración en revistas y periódicos. Fue un joven de apasionado espíritu de rebeldía, espíritu que compartía con sus colegas, Azorín y Baroja. Como pensador, sin embargo, fue más pragmático y programático que los otros. A partir de 1905 residió en Londres como corresponsal de periódicos de Madrid, y escribió crónicas desde el frente aliado en Francia durante la primera Guerra Mundial. Volvió a España en 1919, donde continuó su labor periodística. En 1928 fue nombrado embajador en la Argentina, y durante los años 30 fue elegido dos veces Académico, primero de Ciencias Morales y Políticas, y después de la Lengua. Durante la República intervino activamente en la vida política. Ya de orientación tradicionalista y conservador, fue diputado monárquico, y fundó la revista antirrepublicana y polémica, *Acción Española*. Maeztu fue asesinado en el sangriento caos de los primeros meses de la Guerra Civil. Su último libro, *Defensa de la hispanidad* (1934) es una apología del tradicionalismo hispánico y de la Iglesia Católica. Hemos extraído nuestros ensayos de sus obras de más alcance humanista: *Hacia otra España* (1899), *Don Quijote, Don Juan y la Celestina* (1926), y una reimpresión de algunos viejos artículos titulada *Autobiografía* (edición de 1962). Gran parte de la extensa obra de Maeztu queda todavía en los periódicos y las revistas donde fue originalmente publicada.

**MIGUEL DE UNAMUNO** (1864-1936). Vasco como Baroja, nació en Bilbao, donde de niño presenció el sitio de esa ciudad por los carlistas—experiencia que siempre influyó en su espíritu. Cursó Filosofía y Letras en Madrid hasta 1884, año en que volvió al País Vasco para preparar oposiciones a diversas cátedras: de psicología, lógica, ética, metafísica, y de Latín. En 1891 ganó la cátedra de griego de la Universidad de Salamanca, iniciando así la conocida identificación íntima entre escritor y ciudad que duró casi medio siglo. Por catorce años (1901-1914) fue rector de esa universidad, hasta que fue suspendido por su constante crítica de la monarquía y del gobierno. La bien articulada hostilidad de Unamuno contra el mundo político nacional produjo también el destierro que le impuso Primo de Rivera en 1924. Tuvo que pasar seis años fuera de Salamanca, primero en las Islas Canarias, después en París y en Hendaya frente a la frontera de España. Con la caída del dictador, en 1930, Unamuno fue nombrado una vez más rector de Salamanca, puesto que ocupó hasta una confrontación con el general Millán Astray y otros franquistas en el otoño de 1936. Como es de esperar, su actitud para con la República fue ambivalente, positiva por una parte, negativa por otra. El exclusivismo y el egoísmo fueron para él siempre inaguantables, tanto en los de la derecha como en los izquierdistas. Aunque dio la bienvenida a los insurgentes nacionalistas del 36, les desafió poco después. Sus últimas palabras públicas fueron un ataque contra la barbarie de los militaristas, y una defensa del humanismo. Nuestras selecciones de la obra de Unamuno —obra de veras monumental—recorren la gama de 35 años de prosa y poesía, desde 1895 hasta 1930. Los títulos que aparecen con más frecuencia son *En torno al casticismo* (1895) y *Andanzas y visiones españolas* (1922).

**RAMÓN DEL VALLE-INCLÁN** (1866-1936). Nació Ramón Valle Peña en la provincia gallega de Pontevedra, región que ocupa un lugar importante en su obra. Tempranamente abandonó sus estudios de Derecho para hacerse escritor. En 1892, después de una breve estancia en Madrid, marchó a América. Su estancia en México y Cuba estimuló su portentosa imaginación y dejó huellas profundas en su obra y en su lenguaje literario. En los años 90 entró en la vida bohemia de Madrid, cultivando histriónicamente unas barbas largas y unos modos extravagantes de vestir, así como leyendas raras en torno a su propia personalidad. Se hizo actor, perdió un brazo como resultado de una riña de café, y trabó amistades especiales con artistas a la vez que con escritores como Rubén Darío, cuya estética influyó mucho en su obra. Se casó con la actriz Josefina Blanco, y en 1910 acompañó a la compañía de ésta en una gira por Hispanoamérica, donde dio conferencias y participó en el montaje de varias obras suyas. En 1916 visitó el frente occidental en Francia y escribió sus impresiones de la Gran Guerra. Hasta esa fecha Valle-Inclán se la ha atribuido una orientación carlista,[1] aunque más bien por estética que por ideología. A partir de la guerra se deslizó hacia la izquierda, una tendencia bien manifestada en los esperpentos. *La hija del capitán* fue confiscado por la policía cuando apareció en 1927, y el propio autor fue encarcelado brevemente en 1929 por otros ataques contra el gobierno. Durante la República, Valle-Inclán fue elegido presidente del Ateneo de Madrid y nombrado director de la Academia Española de Bellas Artes en Roma. Murió en Galicia unos meses antes del levantamiento militar que puso en movimiento la Guerra Civil. Entre los géneros literarios que cultivó este gran estilista, se destacan la novela y el teatro. Sus novelas aparecieron en rápida serie durante tres períodos: 1902-1905, cuando se publicaron sus famosas *Sonatas*, la trilogía de la Guerra Carlista en 1908-1909; y a partir de 1926 cuando aparecen *Tirano Banderas* y las varias partes de *El ruedo ibérico*, que todavía escribía en sus últimos días. Más constante es su dedicación al teatro, cuya culminación es el esperpento.

---

[1]Sobre el Carlismo y Valle-Inclán, el lector es referido al extraordinario estudio de Margarita Santos Zas incluido en la bibliografía.

**PEDRO LAÍN ENTRALGO**. Nació en 1908 en la provincia de Teruel. Médico, catedrático de la Historia de la Medicina en la Facultad de Madrid, y Académico de la Española y de Medicina, fue director de la Española por varios años. Además de ser autoridad sobre los clásicos de la Medicina, tiene un profundo conocimiento de la Filosofía y ha escrito muchas obras sobre la historia y la cultura desde una perspectiva filosófica. También ha sido rector de la Universidad de Madrid. En esta antología nos valemos de su magistral libro *La Generación del noventa y ocho* (1945), que ha sido incluído íntegramente en *España como problema* (1956).

# BOSQUEJO CRONOLÓGICO DE LA HISTORIA DE ESPAÑA, JUNTO CON OTROS HECHOS SIGNIFICATIVOS: 1700 AL PRESENTE

| | |
|---|---|
| 1700 | Muere sin sucesión Carlos II el Hechizado, el último Habsburgo español. Fin de la Casa de Austria en España. Felipe V (Felipe de Anjou, nieto de Luis XIV de Francia) nombrado Rey, estableciendo la Casa de Borbón en el trono español. |
| 1700-14 | Guerra de la Sucesión Española: España y Francia contra media Europa, incluso Inglaterra y Austria. |
| 1704 | Los ingleses se apoderan de Gibraltar. |
| 1713 | La Paz de Utrecht. Felipe V reconocido como Rey de España. Liquidación del imperio español en Europa. |
| 1714-16 | Política de centralización rigurosa bajo los afrancesados Borbones: v.g., en el plano político, la supresión de las instituciones tradicionales de Cataluña (1716); en el plano cultural, la formación de la Real Academia de la Lengua (1714). Fundación rápida de otras academias a imitación de Francia. Primera aplicación del principio del «Despotismo Ilustrado»: «Todo para el pueblo, pero sin el pueblo». |
| 1714 | Felipe V se casa con Isabel de Farnesio, princesa de Parma (Italia), mujer ambiciosa y enérgica que dirige en gran medida la política del país. Comienza la influencia de los italianos, en especial la del sacerdote Julio Alberoni. |
| 1718-19 | Inútiles aventuras militaristas en Italia. Alberoni desterrado. |
| 1724 | Felipe V renuncia a la corona en favor de su hijo Luis I. Al morir éste siete meses más tarde, Felipe sube de nuevo al trono. Isabel sigue dominando la política durante el «segundo reinado» de Felipe V (1724-46), y continúa la participación de España en guerras internacionales bajo el impulso de la ambición maternal de la reina por sus hijos, especialmente por el mayor, el futuro Carlos III. |

| 1746-59 | Fernando VI, Rey de España. Período de progreso material. Neutralidad de España en la Guerra de Siete Años (1756-1763). |
|---|---|
| 1746 | Nace Goya. |
| 1751 | Se comienza a publicar *La enciclopedia* en Francia. |
| 1759-88 | Reinado de Carlos III. Participación en la Guerra de Siete Años. Aplicación vigorosa del principio del Despotismo Ilustrado. Fomento de reformas sociales, educativas, culturales, etc. Desarrollo y reforma de la industria y el comercio, en especial, del sistema de comercio con las colonias americanas. |
| 1762 | Se publica en Francia *Le Contrat Social* de Jean Jacques Rousseau. |
| 1767 | Expulsión de los jesuitas. |
| 1776 | Declaración de Independencia norteamericana. |
| 1788-1808 | Reinado de Carlos IV. La corona dominada por la reina María Luisa y sus favoritos amorosos, principalmente Manuel de Godoy. Época de pérdidas constantes para España. |
| 1789 | Comienza la Revolución Francesa. Entrada en España de prohibida propaganda francesa. |
| 1793-95 | Guerra contra Francia. España invadida. |
| 1796 | Alianza con Napoleón contra los ingleses. |
| 1797-1802 | Guerra contra Inglaterra. Invasión de Portugal por España. Los franceses cruzan los Pirineos. Paz de Amiens. |
| 1804 | Guerra reanudada. |
| 1805 | Trafalgar: ruina del poderío naval español. |
| 1806-07 | Guerras, tratos e intrigas que traicionan la autonomía de España y Portugal. |
| 1808 | Napoleón invade la península, y comienza la Guerra de la Independencia. Carlos IV abdica en Fernando VII. El Dos de Mayo en Madrid. Napoleón hace rey de España a su hermano José Bonaparte. Los patriotas españoles constituyen la Junta Suprema Central. |
| 1810 | Comienzan en México y la Argentina los movimientos americanos de independencia nacional contra España. |
| 1812 | Las Cortes de Cádiz promulgan la primera constitución legítima de España. |

| 1813 | Las Cortes de Cádiz suprimen la Inquisición. Las fuerzas napoleónicas definitivamente derrotadas y expulsadas de España. José Bonaparte huye a Francia. |
| 1814 | Fernando VII regresa a España, anula la constitución de 1812 y restablece la Inquisición. |
| 1820 | Levantamiento militar del coronel Riego contra Fernando VII. Intervalo constitucional hasta 1823. |
| 1823 | La Santa Alianza envía a España desde Francia un ejército («Los cien mil hijos de San Luis») que restablece el régimen absolutista de Fernando VII. Riego fusilado. |
| 1824 | La batalla de Ayacucho en el Perú: España pierde sus dominios continentales de América. |
| 1833 | Muere Fernando VII. Su hija Isabel (a los tres años de edad) Reina de España. Regencia de la Reina Madre, María Cristina (1833-1840). Regreso de los liberales emigrados durante la tiranía de Fernando VII. Comienza la división arbitraria e imprecisa del país en dos bandos: liberales (isabelinos) y tradicionalistas (carlistas y otros). Estalla la primera Guerra Carlista (1833-1839) en apoyo de la pretensión al trono de don Carlos, hermano de Fernando VII. |
| 1834 | Abolición de la Inquisición. Se publica en París *El moro expósito* del Duque de Rivas, primera obra definitiva de la literatura romántica española. |
| 1835 | Ley de la desamortización de los bienes de la Iglesia, bajo el ministerio de Mendizábal. |
| 1837 | Se promulga otra constitución liberal, derivada de la de 1812. |
| 1840-43 | Regencia del general Espartero. |
| 1843 | Coronación de Isabel II (reina hasta 1868). Pronunciamientos contra Espartero. Toda la época isabelina estará marcada por la inestabilidad política y múltiples gabinetes y ministros. |
| 1845-49 | Segunda Guerra Carlista, circunscrita a Cataluña. |
| 1848 | Manifiesto comunista de Marx y Engels. |
| 1853 | Caos político y escándalos en el gobierno: destierro de unos generales poderosos. |
| 1858 | Aventuras españolas imperialistas: expedición a Indochina, donde ya están los franceses. |

| 1859 | España en Marruecos: comienza la guerra de África. |
|------|---|
| 1868 | La Revolución de Septiembre (la «Septembrina») bajo los generales Prim y Serrano. Destierro de Isabel II. Comienza la primera gran insurrección cubana o Guerra de los Diez Años. |
| 1869 | Serrano regente. Gabinete de Prim. Cortes constituyentes. |
| 1870 | Amadeo de Saboya elegido Rey de España. Prim asesinado. |
| 1872 | Comienza la tercera Guerra Carlista (1872-1876). |
| 1873 | Anarquía y desorden. Abdica Amadeo de Saboya. Proclamación de la Primera República. |
| 1874 | Golpe de estado del general Pavía. Pronunciamiento de Sagunto: el general Martínez Campos proclama rey a Alfonso XII. Se constituye el gobierno-regencia de Cánovas del Castillo (conservador). |
| 1875 | Restauración de la monarquía borbónica: Alfonso XII, Rey (1875-1885). |
| 1876 | Constitución de 1876. Se abre en Madrid la autónoma y secular Institución Libre de Enseñanza dirigida por el krausista Francisco Giner de los Ríos: será una fuerza innovadora en la vida educativa e intelectual. |
| 1878 | Se inaugura la Escuela Primaria de la Institución Libre de Enseñanza. |
| 1879 | Pablo Iglesias funda el partido socialista español. |
| 1880 | Abolición de la esclavitud en Cuba. Se constituye el partido fusionista (de orientación liberal) bajo Sagasta. |
| 1881 | Comienza el «turno de los partidos»: alternación en el poder de Cánovas (conservador) y Sagasta (liberal), formalizada en el «Pacto del Pardo», 1885. |
| 1883 | El anarquismo en España. la «Mano Negra». |
| 1885 | Muere Alfonso XII, estando encinta la Reina María Cristina. Comienza la Regencia de María Cristina (1885-1902). |
| 1886 | Nace el príncipe (Alfonso XIII). |
| 1888 | El sindicalismo en España: fundación de la Unión General de Trabajadores. |
| 1892 | IV Centenario del descubrimiento de América. Primer viaje de Rubén Darío a España. |

| | |
|---|---|
| 1893 | Intensificación de la guerra de Marruecos. |
| 1895 | Comienza la Guerra de Independencia de Cuba. |
| 1896 | Agitación separatista en las Filipinas. |
| 1897 | Cánovas asesinado por un anarquista italiano. |
| 1898 | La guerra con los Estados Unidos, llamada el «Desastre». Pérdida de las últimas colonias ultramarinas: Cuba, Puerto Rico, las Filipinas, Guam (o Marianas). |
| 1901 | Primera huelga general, en Barcelona. Represalias violentas. |
| 1902 | Alfonso XIII, mayor de edad. |
| 1909 | Vuelve a estallar la guerra en Marruecos. Protestas contra la guerra. Huelga general en Barcelona: la Semana Trágica. Represalias violentas. |
| 1912 | El primer ministro liberal, Canalejas, asesinado por un anarquista. Convenio hispano-francés sobre el protectorado de Marruecos. |
| 1914 | Estalla la Primera Guerra Mundial. Neutralidad de España. Fuerte división de la opinión pública. |
| 1917 | Huelga general revolucionaria. |
| 1921 | Atentado contra el primer ministro Eduardo Dato. Desastre militar de Anual en Marruecos. |
| 1923 | Golpe de estado del general Primo de Rivera: dictadura hasta 1930. Hostilidad constante de los intelectuales contra el régimen. |
| 1930 | Caída de Primo de Rivera. |
| 1931 | Elecciones libres que causan la abdicación de Alfonso XIII y el establecimiento de la Segunda República. |
| 1931-36 | La Segunda República Española. Agitación social y política. Autonomía problemática de las provincias. Anticlericalismo, huelgas, idealismo, programas de reforma, atrocidades. Conflictos interiores entre los partidos de la izquierda. Fundación de la Falange por el derechista José Antonio Primo de Rivera. |
| 1936 | Triunfo del Frente Popular en las elecciones. Asesinato del líder José Calvo Sotelo. Pronunciamiento del general Francisco Franco en Marruecos y levantamiento del ejército y de los nacionalistas contra el gobierno legítimo. Muerte natural o asesinato de muchos intelectuales y escritores. |

| | |
|---|---|
| 1936-39 | La Guerra Civil Española. Intervención de Alemania e Italia a favor de los nacionalistas. Intervención de los rusos a favor de los lealistas. Indeterminación de las democracias occidentales. El sitio de Madrid, desde noviembre de 1936 hasta marzo de 1939. Caída de la República en mayo. |
| 1939-75 | Régimen de Francisco Franco. |
| 1975-presente | Restauración de la monarquía: el Rey Juan Carlos de Borbón. Democratización del país. España entra en la Comunidad Europea y en la OTAN (NATO). |

# I. EL PAISAJE CASTELLANO

... Castilla entretanto desarrollaba a mi vista el árido mapa de su desierto arenal, como una infeliz mendiga despliega a los ojos del pasajero su falda raída y agujereada en ademán de pedirle con qué cubrir sus macilentas y desnudas carnes ... y el carruaje vaga solo, como el arca (de Noé), en la inmensa extensión del más desnudo horizonte. Ni habitantes ni pueblos. ¿Dónde está la España?

Mariano José de Larra

Todos están en movimiento. Laín en coche, buscando retrospectivamente el paisaje que habían descubierto los escritores del 98 medio siglo antes. Unamuno, sintiéndose levantado al cielo por la mano de la meseta, o «adentrándose» en sus interminables andanzas por la península en busca de esencias españolas y quizás también de la suya propia. Machado, el eterno caminante, intuyendo en la ascética llanura el intransigente movimiento del tiempo, del hombre y de Castilla hacia un mar tanto real como metafórico. Baroja, camino de Toledo, poniéndose en contacto personal con ese campo castellano que él considera intrínseco en el arte del Greco. Y Azorín, haciendo uno de sus viajes sentimentales para experimentar la belleza de una tierra externamente atrasada pero concordada «íntima y espiritualmente con una raza y una literatura». Todos, pues, en movimiento intenso por «el paisaje más difícil y esencial de España», en busca de lo esencial de la nación así como de la construcción del propio yo. En muchos casos apenas es posible separar la esencia nacional de la individual.

Estos «poetas» del 98 aprovechan el paisaje de Castilla como vehículo metafórico para dar forma a sus propios «paisajes» interiores. La tierra misma rara vez se transforma en algo distinto de lo que realmente es, hablando geológicamente: un páramo austero, desolado, áspero, seco, de poca vegetación, pero de gran luminosidad por la presencia de un sol brillante en una ininterrumpida extensión de cielo que parece, tanto al turista como al poeta, bien cercano a una tierra también de «infinita» extensión. No se trata aquí de la idealización ni de la romántica humanización de la naturaleza, en que se le atribuyen sentimientos humanos para que sirva al hombre de espejo de las propias emociones. Este paisaje no contesta al hombre. Aquí es el poeta quien responde al paisaje, asumiendo la austeridad y la desolación de éste, en un arrebato interior e íntimo, sin que la tierra deje de ser lo que es en realidad: tierra, más aún, tierra castellana. Este arrobamiento resulta bien natural, ya que el espíritu personal de Machado y Unamuno, y en cierto modo el de Azorín, está ya predispuesto de antemano para esos mismos sentimientos desnudos que concretiza y expresa el paisaje de la meseta: soledad y silencio, sequedad, la voluntad de expresarse de un modo igualmente austero, agriedad, luminosidad intensa, movimiento por un campo desolado. No parece nada casual, pues, la pregunta que dirige Machado a los campos de Soria («¡Oh!, sí, conmigo vais») sobre la correspondencia entre ellos y su propia alma: «. . . me habéis llegado al alma, / ¿o acaso estábais en el fondo de ella?».

El hombre, según nos dice Unamuno hablando de los que viven en la meseta («Castilla»), siente en medio de la sequía de los campos sequedades del alma. Esta observación es quizás aun más aplicable a Unamuno mismo, quien sufría su propia sequedad de alma en forma de una intensa sed de eternidad. Uno de los muchos reflejos de esto en su obra es el ensayo sobre su visita a Palencia. El contenido material de la experiencia es la realidad de esa región castellana—antigüedades, iglesias, leyendas, paleontología, geografía, tierra—todo lo que contribuya al conocido propósito de despertar la conciencia de España. Pero el corazón del ensayo es el Cristo de Santa Clara, que el autor convierte en un símbolo angustioso del ser humano universal—Unamuno mismo, Cristo, todo individuo—cuya inmortalidad se limita a su voluntad de ser terrestre; o sea, a su sed de eternidad, sed que se apaga quizás solamente por la invisible agua soterraña del desierto donde está enterrado, y no en ningún paraíso poblado de ángeles y de espíritus eternos. Tal agua será, como veremos en otros ensayos de Unamuno, el agua de la intrahistoria. El lector notará que «En Palencia» se construye a base de variantes de agua, jugo y otros elementos acuáticos y fecundos, todos ellos opuestos a imágenes del desierto, sed, fósiles y demás sequedades.

No se puede separar el personalismo de estas visiones de Castilla y la tendencia a explicar el sentido de España a través del mismo paisaje castellano. Dado el fuerte impulso poético de los escritores del 98, su enfoque de España resulta muy a menudo un proceso de confrontación y penetración intuitiva, antes que un proceso de intelectualización analítica en busca de conclusiones definitivas o programáticas. Además, como nos dice Laín, ellos no son naturalistas, o sea, meros contempladores sentimentales de la hermosura de paisajes. Por ejemplo, la intimidad entre el bajo cielo de Castilla y la alta meseta, la que lleva a Unamuno a sentirse en un círculo unitivo con Dios («Tú me levantas, tierra de Castilla»), refleja dos aspectos de la obra del autor, uno personal, el otro un juicio sobre los castellanos. Por una parte, tenemos en Unamuno un angustiado deseo de ver la eternidad en el visible contexto terrestre, en forma de unión entre la tierra y el cielo; por otra, el efecto espiritualmente ascensional de la alta meseta y sus áridas ciudades elevadas en la historia espiritual de ascetismo y el anhelo místico de unir el alma con Dios, dos sentimientos destacados en la historia espiritual de Castilla (véase, por ejemplo, «Quijotismo», en la Parte V).

En Machado la identificación personal con Castilla tiende a ser aun más interiorizada e íntima. En «Orillas del Duero» el poeta-caminante pasa en su espíritu por un páramo tan infinito como la meseta real, y comparte con los campos la promesa de la soñada primavera que alivie su fatiga de hombre. La tierra, como su existencia de caminante, es «fuerte e ingrata», pero toda suya. Dentro del sueño corre eternamente el agua del Duero, prometiendo la eternidad quizás también para Castilla, y llevando implícitamente consigo el anhelo de lo eterno que vive en el alma del angustiado caminante. «El hospicio», por otra parte, parece poco personalista, ya que apenas se manifiesta el yo de la voz poética. Sin embargo, un patetismo hondísimo penetra esta viñeta invernal de Castilla, no muy alejado de la angustia personal que palpita por todos los «Campos de Castilla» machadianos. El caduco caserón, efectivamente, no es menos para Machado que para los pobres que residen allí «un rincón de sombra eterna» en una «Castilla de la muerte».

Como era de esperar, la visión de Castilla más seca y menos personal entre estos autores es la de Baroja. Aquí lo poético del paisaje depende más de la selección de detalles que del funcionamiento de la intuición de poeta. El caminar de Baroja por Illescas y su campo es un enfrentamiento: el escritor sensible pero desapasionado ante la realidad castellana, con la intención de llegar a través del ojo a la mejor comprensión de esta realidad y del efecto que produjo sobre la obra del Greco, uno de sus intérpretes clásicos.

Conocer a España, pues, es una gran motivación noventayochista, y se hace muy a menudo caminando y recordando. Al caminar, se proyectan los recuerdos, muchas veces plásticamente, sobre el paisaje, poblándolo, como dice Laín, con «animadas sombras humanas». Lo notable de estas proyecciones poéticas es cómo resultan dominadas por recuerdos del pasado cultural de España más bien que de su historia política. En la literatura y el arte de la patria y en los genios de su cultura antigua se encontraba, según la visión del 98, una expresión de lo más auténtico y valioso del espíritu nacional, no en sus reyes ni en sus hazañas imperiales, ni en su tradicionalismo institucionalizado. La vasta cultura de los escritores del 98 y su orientación historicista se reflejan indudablemente en todos los rincones de su obra, pero especialmente impresionante es su preocupación por la literatura clásica de su país, y de ésta la pre-setecentista, que encontraban frecuentemente ligada a la tierra castellana. Al dirigirse al Duero, pues, Machado evoca a los juglares medievales del romancero. Unamuno proyecta imágenes de don Quijote y Sancho y de un almuezín dirigiendo hacia la Meca una masa de moros arrodillados, y evoca frases calderonianas y el lema del imperio de Felipe II. Al visitar Palencia la cultura del mismo Unamuno opera sin límites, y se dilata por el paisaje una momia de Cristo. Baroja va en busca del Greco, y en un campesino montado a caballo intuye extendido sobre la llanura «algún gigante de la edad prehistórica cabalgando sobre un megaterio». Entretanto Azorín, quizás el más sentimental y libresco de todo el grupo, siente el detenerse del tiempo en la serenidad del silencioso campo, y con un par de obras clásicas en la mano evoca la íntima concordancia del paisaje con una y otra página de Cervantes, Fray Luis de León o *El Conde Lucanor*. Estas páginas concretizan la «grave prosa castellana» que Azorín ve reflejada en los esbeltos álamos de una colina allá en el páramo.

### DESCUBRIMIENTO DE UN PAISAJE

Pedro Laín Entralgo

El día es seco y luminoso. Un viento suave conmueve y hace rumorosa la fronda reciente de las acacias urbanas. El coche, por mano amiga conducido, asciende, ligero, por el Paseo de la Castellana hacia los altos de Chamartín.[1] Pronto quedan atrás
5  palacetes y viviendas burguesas. A mano derecha, sobre una colina de césped municipal e inventado, álzase sin brío, con un aire perennemente provisional, el Museo de Ciencias Naturales.

---

[1]La ruta es hacia el norte, a lo largo de la gran avenida de varios nombres, entre ellos Paseo de la Castellana, que corta Madrid en dos partes. Chamartín es un barrio del norte de la ciudad.

A mano izquierda, la mole geométrica—mitad escurialense, mitad marxista—de los Nuevos Ministerios.[2]

10 Chamartín adelanta hacia el camino sus casas menudas y humildes: tiendecitas híbridas—esas tiendas de arrabal donde se encuentra todo—, hogares menestrales, viviendas de mediocre decoro, en que el comerciante retirado y el profesor sensible buscan aire y silencio. El rojo del ladrillo y el verde vegetal—
15 árboles itinerarios, jardinillos domésticos—dan color modesto y reposado a este cabo de la ciudad. Van y vienen carrillos, vehículos militares, tranvías en que todos se conocen, muchachos en bicicleta. Verde y rojo se hacen muy pronto más densos y encumbrados, cuando el automóvil rodea la inequívoca preten-
20 sión oxoniense del Colegio de los Jesuítas. Una curva cuestecilla, una iglesuela, un cuartel reciente, pocas casas más, y ya se abre ante los ojos la anchura luminosa y desazonante de Castilla la Nueva. Un paisaje español se ofrece a nuestra mirada: el paisaje más difícil y esencial de España.

25 La cinta gris de la carretera, derechamente alargada ante el automóvil, sirve de eje al cuadro contemplado. Una línea tersa, precisa, da contorno a la tierra hacia Poniente: es el pueblo de Fuencarral, acostado como un galgo sobre la gleba y rematado a lo lejos por la humilde espadaña de su iglesia. La
30 luz justa y límpida del junio castellano hace patente, casi numerable, esa franja de edificios cuya techumbre compone la línea del horizonte. Por donde el sol nace, los montes de Guadalajara rematan con un festón brillante y desvaído—rojizo, siena, violeta—el suelo espacioso y ondulante. Frente a nosotros, hacia
35 el Norte, las cumbres de Somosierra[3] detienen la avidez de la mirada con su espesa mancha azul, sólo levemente jaspeada de vetas grises y verduzcas.

---

[2]La arquitectura de estos edificios estimulan en el autor dos recuerdos en forma de imágenes: el Monasterio de El Escorial y unas casas de vecindad construídas en Viena hacia 1930 por el Municipio, entonces de orientación socialista. Una de estas casas se llamaba «Karl-Marx-Haus».

[3]Puerto de la Sierra de Guadarrama, a unos 100 kilómetros de Madrid.

Entre la franja humana de Fuencarral y la franja geológica de allende el Jarama[4] tiéndense las dos sabanas desiguales que nos dan soporte y cobijo. Por arriba, la del cielo: azul puro y sencillo sobre la línea del monte, azul rosado o ígneo sobre la del poblado. Unas nubes sombrías, redondas ahora, deshilachadas luego, muévense lentamente a impulsos del viento. Sobre el fondo umbrío de la nube y sobre el fondo azul del cielo chillan los vencejos y dibujan curvas rayas negras con su vuelo incesante. Luces, colores y figuras se adelgazan, se esencializan en este cielo diáfano y preciso.

La sabana del suelo es ocre, gualda, gris. Trigales humildes ponen sobre ella la parva y dispersa alegría de la tierra. Va ya amarillecido a trechos. A lo lejos, encinas esparcidas salpican de oscura gravedad el fuego contenido de la tierra. Va descendiendo el suelo en ondas decrecientes hacia el menudo cauce del río que se desliza a nuestra mano diestra, entre la azulada carretera próxima y el rojizo monte lejano. Junto al río, algún sotillo de reposados olmos y una hilera de finos chopos, sonoros cuando los conmueve el viento, conceden cierta tregua de ternura vegetal a la dureza dramática, encendida, de la tierra en torno. El rumor de las hojas, el grito de los pájaros y alguna voz humana aislada, extraña, casi misteriosa, dan sonido a la inmensa quietud del paisaje.

Una emoción nueva nos pasa de los ojos al pecho. No es la emoción blanda, tibia y aguanosa que se adueña de nosotros, fundiéndonos vegetalmente con la tierra mollar, frente a los verdes valles del Norte. Tampoco es la dulce serenidad, ese ordenado y bien medido contento de ser hombre, mero hombre, que incitan en el alma los campos pingües de la Turena[5] o los serenos horizontes de la Toscana.[6] Es la nuestra una emoción entre dramática y delicada. «Llanuras bélicas y páramos de ascetas»,[7] llamó un poeta hondo y sencillo a otros campos de

---

[4]Río que nace en la Sierra de Guadarrama y fluye por la provincia de Madrid.

[5]Touraine, el llamado «jardín de Francia» cuya fertilidad proviene del río Loire.

[6]Región de la Italia central cuya ciudad más importante es Florencia.

[7]Cita de Antonio Machado, «Por tierras de España», en *Campos de Castilla*.

España, hermanos mayores de estos que ahora vemos. El corazón se nos levanta en vilo, seco y encendido, ante el llano rojo, pardo, amarillo, gris.

Drama, sí. Más no todo es en nosotros dramática sequedad. En el seno mismo de este acezante sentimiento, jaspeando de ternura la cálida y apretada pared de nuestro corazón, fluye una delgada vena de entrañable delicadeza. Drama y ternura, he aquí los dos componentes de la emoción que este paisaje despierta en los penetrales de nuestra alma. Nos parece ver al Cid[8] volviendo del combate: un Cid adusto, grave, la sangre hasta el codo, que acaricia con su diestra cruenta la cabeza triste de una niña abandonada.

Tal es el paisaje, tal la emoción con que nos conmueve. Un trozo de naturaleza se ha hecho paisaje por la virtud de una mirada humana, la nuestra, que le da orden, figura y sentido. Sin ojos contemplativos, no hay paisaje. Mira el hombre a la tierra, y lo que era muda geología, adición espacial de piedras, agua y verdura, hácese de golpe marco de su existencia: marco escenográfico, como en los paisajes que pintan o describen los artistas del Renacimiento, o marco sentimental, como en todos los paisajes que, con una secreta sed de reposo y evasión, vamos viendo los hombres posteriores al siglo XVIII. Este fugitivo y leve momento en que la naturaleza se transmuta en orla de la vida humana—intimidad e historia—es el decisivo en el nacimiento del paisaje. Aunque el hombre, por torpeza ingénita o por falta de recursos expresivos, no acierte a manifestar articuladamente su personal modo de vivir la parcela cósmica que le circunda y soporta.

Llega una ocasión en que por una razón o por otra, tal hombre atiende con más ahinco a la tierra en torno y logra ordenar con la palabra la huella impresa en su espíritu por esa atenta expectación; cuando esto ocurre, un nuevo paisaje nace

---

[8]Laín enlaza dos imágenes del épico guerrero que se encuentran en el antiguo *Poema de Mío Cid* (siglo XII). La del Cid con sangre hasta el codo es un estribillo repetido a lo largo del poema; el episodio de la niña ocurre en los versos 40-50 de la primera parte («Cantar del destierro»).

a vida histórica. Es, por ejemplo, el momento en que Virgilio[9] pone en dos sobrios, desnudos versos la emoción de ver oscurecerse la tierra itálica:

105
> *Et jam summa procul villarum culmina fumant,*
> *Majoresque cadunt altis de montibus umbrae.*

Ahí estaba la imponente geología de los Alpes, limitada a ser residencia cómoda o terrible de los hombres que los habitaban, hasta que el adelantado Petrarca,[10] por un costado, y Alberto
110 von Haller[11]—fisiólogo y poeta, ilustrado y sentimental—, por otro, descubrieron, mejor, inventaron, su antes inexpresada belleza y convirtieron al monte en paisaje. Ahí estaban los llanos y las sierras de Castilla, sus graves encinas y sus álamos delicados, hasta que unos cuantos hombres, hace no más de
115 cuatro o seis decenios, nos hicieron percibir el sentimiento dramático y tierno de su contemplación.

¿Cómo pudo ser, cómo fue la mirada que por vez primera advirtió la gentil figura y vio—o dio—el dramático sentido de este paisaje castellano? No fue, desde luego, una mirada natura-
120 lista. En ella no se fundió el ojo con la tierra en deliquio panteístico; no se sintió el hombre pura naturaleza vegetal o cósmica, ni elevó el campo a la condición de ser viviente, como acaso suceda mirando la estepa rusa o en la tibia y húmeda penumbra de la selva tropical. No hubo confusión del hombre
125 con la gleba. Entre la pupila de estos descubridores y la haz de la tierra que contemplaban un ensueño se interpuso; un ensueño inventado por su alma menesterosa y proyectado desde ella sobre el suelo castellano, tan asendereado y a la vez tan virginal. Veían así la tierra porque con los ojos del alma la
130 soñaban poblada de animadas sombras humanas: sombras

---

[9]Célebre poeta latino, autor de la *Eneida*; la cita viene de su primera égloga: «Ya humean a lo lejos los tejados de las casas, y sombras más largas caen de los altos montes».

[10]Francesco Petrarca (1304-1374), gran poeta y humanista del Renacimiento italiano.

[11]Botánico, fisiólogo y poeta suizo (1708-1777).

recordadas de hombres que pasaron, sombras imaginadas de hombres presentes, sombras posibles de hombres futuros. Entre el ojo y la tierra, creado por el alma contemplativa, vive y tiembla un ensueño de vida humana; una idea de la historia que fue, un proyecto de la historia que podría ser.

135

¿Quiénes son los hombres que nos han hecho ver así este paisaje de España? ¿Cuál fue su recuerdo de la España pretérita, cuál su imagen de la España presente, cuál su ensueño de la España posible y futura?

de *La Generación del noventa y ocho* (1945)

### TÚ ME LEVANTAS, TIERRA DE CASTILLA ...

Miguel de Unamuno

Tú me levantas, tierra de Castilla,
en la rugosa palma de tu mano,
al cielo que te enciende y te refresca,
al cielo, tu amo.

5

Tierra nervuda, enjuta, despejada,
madre de corazones y de brazos,
toma el presente en ti viejos colores
del noble antaño.

Con la pradera cóncava del cielo
10
lindan en torno tus desnudos campos,
tiene en ti cuna el sol y en ti sepulcro
y en ti santuario.

Es todo cima tu extensión redonda
y en ti me siento al cielo levantado,
15
aire de cumbre en el que se respira
aquí, en tus páramos.

43

¡Ara gigante, tierra castellana,
a ese tu aire soltaré mis cantos
si te son dignos bajarán al mundo
20                    desde lo alto!

de *Poesías* (1907)

## CASTILLA

Miguel de Unamuno

Por cualquier costa que se penetre en la Península
española, empieza el terreno a mostrarse al poco trecho accidentado; se entra luego en el intrincamiento de valles, gargantas,
hoces y encañadas, y se llega, por fin, subiendo más o menos, a
5 la meseta central, cruzada por peladas sierras que forman las
grandes cuencas de sus grandes ríos. En esta meseta se extiende Castilla, el país de los castillos.

Como todas las grandes masas de tierra, se calienta e
irradia su calor antes que el mar y las costas que éste refresca
10 y templa, más pronta en recibirlo y emitirlo más pronta. De
aquí resulta su extremado calor cuando el sol la tuesta, un frío
extremado en cuanto la abandona; unos días veraniegos y
ardientes, seguidos de noches frescas, en que tragan con deleite
los pulmones la brisa terral; noches invernales heladas en
15 cuanto cae el sol brillante y frío, que en su breve carrera diurna
no logra templar el día. Los inviernos, largos y duros, y los
estíos, breves y ardorosos, han dado ocasión al dicho de «nueve
meses de invierno y tres de infierno». En la otoñada, sin
embargo, se halla respiro en un ambiente sereno y plácido.
20 Deteniendo los vientos marinos, coadyuvan las tierras a enfriar
el invierno y a enardecer el verano; mas si bien impiden el paso
a las nubes mansas y bajas, no lo cierran a los violentos ciclones
que descargan en sus cuencas, viéndose así grandes sequías se-
guidas de aguaceros torrenciales.
25 En este clima extremado por ambos extremos, donde tan
violentamente se pasa del calor al frío y de la sequía al aguaducho, ha inventado el hombre en la capa, que le aísla del am-

biente, una atmósfera personal, regularmente constante en medio de las oscilaciones exteriores, defensa contra el frío y
30 contra el calor a la vez.

Los grandes aguaceros y nevadas descargando en sus sierras y precipitándose desde ellas por los empinados ríos, han ido desollando siglo tras siglo el terreno de la meseta, y las sequías que los siguen han impedido que una vegetación fresca
35 y potente retenga en su maraña la tierra mollar del acarreo. Así es que se ofrecen a la vista campos ardientes, escuetos y dilatados, sin fronda y sin arroyos, campos en que una lluvia torrencial de luz dibuja sombras espesas en deslumbrantes claros, ahogando los matices intermedios. El paisaje se presenta recor-
40 tado, perfilado, sin ambiente casi, en un aire transparente y sutil.

Recórrense a las veces leguas y más leguas desiertas sin divisar apenas más que la llanura inacabable donde verdea el trigo o amarillea el rastrojo, alguna procesión monótona y grave
45 de pardas encinas, de verde severo y perenne, que pasan lentamente espaciadas, o de tristes pinos que levantan sus cabezas uniformes. De cuando en cuando, a la orilla de algún pobre regato medio seco o de un río claro, unos pocos álamos, que en la soledad infinita adquieren vida intensa y profunda.
50 De ordinario anuncian estos álamos al hombre; hay por allí algún pueblo, tendido en la llanura al sol, tostado por éste y curtido por el hielo, de adobes muy a menudo, dibujando en el azul del cielo la silueta de su campanario. En el fondo se ve muchas veces el espinazo de la sierra, y al acercarse a ella, no
55 montañas redondas en forma de borona, verdes y frescas, cuajadas de arbolado, donde salpiquen al vencido helecho la flor amarilla de la argoma y la roja del brezo. Son estribaciones de huesosas y descarnadas peñas erizadas de riscos, colinas recortadas que ponen al desnudo las capas del terreno resquebrajado de
60 sed, cubiertas cuando más de pobres hierbas, donde sólo levantan cabeza el cardo rudo y la retama desnuda y olorosa, la pobre *ginestra contenta dei deserti* que cantó Leopardi.[12] En la llanura

---

[12]Giacomo Leopardi (1798-1837), poeta italiano romántico cuya obra atraía mucho a Unamuno. El sentido de la cita es «retama contenta del desierto».

se pierde la carretera entre el festón de árboles, en las tierras pardas, que al recibir al sol, que baja a acostarse en ellas, se en-
65 cienden de un rubor vigoroso y caliente.

¡Qué hermosura la de una puesta de sol en estas solemnes soledades! Se hincha al tocar el horizonte, como si quisiera gozar de más tierra y se hunde, dejando polvo de oro en el cielo y en la tierra sangre de luz. Va luego blanqueando la bóveda
70 infinita, se oscurece de prisa, y cae encima, tras fugitivo cre- púsculo, una noche profunda, en que tiritan las estrellas. No son los atardeceres dulces, lánguidos y largos del Septentrión.

¡Ancha es Castilla![13] ¡Y qué hermosa la tristeza reposada de ese mar petrificado y lleno de cielo! Es un paisaje uniforme
75 y monótono en sus contrastes de luz y sombra, en sus tintas disociadas y pobres en matices. Las tierras se presentan como en inmensa plancha de mosaico de pobrísima variedad, sobre que se extiende el azul intensísimo del cielo. Faltan suaves transiciones, ni hay otra continuidad armónica que la llanura
80 inmensa y el azul compacto que la cubre e ilumina.

No despierta este paisaje sentimientos voluptuosos de ale- gría de vivir, ni sugiere sensaciones de comodidad y holgura concupiscibles; no es un campo verde y graso en que dan ganas de revolcarse, ni hay repliegues de tierra que llamen como un
85 nido.

No evoca su contemplación al animal que duerme en noso- tros todos, y que medio despierto de su modorra se regodea en el dejo de satisfacciones de apetitos amasados con su carne desde los albores de su vida, a la presencia de frondosos campos
90 de vegetación opulenta. No es una naturaleza que recree al espí- ritu.

Nos desase más bien del pobre suelo, envolviéndonos en el cielo puro, desnudo y uniforme. No hay aquí comunión con la Naturaleza, ni nos absorbe ésta en sus espléndidas exuberan-
95 cias; es, si cabe decirlo, más que panteístico, un paisaje mono- teístico este campo infinito en que, sin perderse, se achica el hombre, y en que siente en medio de la sequía de los campos

---

[13]Grito tradicional para provocar más agresividad en los ataques contra los moros durante la Reconquista (711-1492).

sequedades del alma. El mismo profundo estado de ánimo que este paisaje me produce aquel canto en que el alma atormentada de Leopardi nos presenta al pastor errante que, en las estepas asiáticas, interroga a la luna por su destino.[14]

Siempre que contemplo la llanura castellana recuerdo dos cuadros. Es el uno un campo escueto, seco y caliente, bajo un cielo intenso, en que llena largo espacio inmensa muchedumbre de moros arrodillados, con las espingardas en el suelo, hundidas las cabezas entre las manos apoyadas en tierra, y al frente de ellos, de pie, un caudillo tostado con los brazos tensos al azul infinito y la vista perdida en él, como diciendo: «¡Sólo Dios es Dios!»[15] En el otro cuadro se presentaban, en el inmenso páramo muerto, a la luz derretida del crepúsculo, un cardo quebrando la imponente monotonía, en el primer término, y en lontananza, las siluetas de Don Quijote y Sancho sobre el cielo agonizante.

«Sólo Dios es Dios, la vida es sueño[16] y que el sol no se ponga en mis dominios»[17], se recuerda contemplando estas llanuras.

Atrevámonos a todo

. . . . . . . . . . . . . . . .

A reinar, fortuna, vamos;
No me despiertes si duermo.[18]

de *En torno al casticismo* (1895)

---

[14]Poema de Leopardi titulado «Canto nocturno de un pastor errante del Asia».

[15]La primera parte del credo musulmán: «Sólo Dios es Dios y Mahoma su profeta».

[16]Título de la famosa obra del dramaturgo español barroco, Pedro Calderón de la Barca (1600-1681).

[17]La declaración atribuida a Felipe II que se refiere a la extensión mundial del imperio español en el siglo XVI.

[18]Calderón, *La vida es sueño*, jornada III, escenas 3 y 4.

## En Palencia

### Miguel de Unamuno

Pasando estos días de bochorno al aire—¡qué charca, charca y no ola, de calor!—y de bochorno del alma nacional—aquí, otra charca—en esta antigua pero no vieja ciudad de Palencia,[19] la *Pallantia* de los romanos, que dicen los eruditos,
5 porque váyase a saber . . .! Dicen por aquí que con frecuencia aparecen en excavaciones restos romanos e ibéricos, pero no queda edificio alguno entero de aquella época. A lo más, algunos cimientos. Pero los cimientos romanos se encuentran por dondequiera en España, cuya lengua es tan romana como la de Italia,
10 y en el léxico, más. En el vocabulario italiano hay, en efecto, más elemento extrarromano que en el español.

Nombres, sí, quedan más que piedras. Se llama los «hornagones», en las laderas de estos cerros, donde empieza el páramo, a los restos de termas de patricios romanos; hay el pago de
15 Santa María de las Vestales, y hay el pago del Bosque, en un terrible descampado, donde hubo un *lucus*, un bosque sagrado romano. Y como han vuelto a traer agua, a alumbrar acequias, vuelve a verdear en árboles y hierbas; el desierto de siglos vuelve a la vida.

20 Es como un oasis el contorno de esta ciudad de Palencia; un oasis en medio del trágico desierto de la Tierra de Campos,[20] de los Campos Góticos.[21] Las aguas del Carrión, del dulce río claro, que abriéndose en dos brazos abraza aquí, junto a Palencia, a una isla; las aguas del Carrión y las del canal han hecho estas
25 huertas íntimas y frescas, donde aflora la dulce ternura

---

[19]Capital de la provincia de su nombre, a unos 50 kilómetros al norte de Valladolid, «antigua» por haber sido una ciudad romana, «no vieja» porque, como se explica más abajo, es un lugar verde, de agua y huertas frescas y fecundas.

[20]Austera región de paisaje seco y monótono que forma, al oeste de Palencia, la frontera entre Castilla la Vieja y León.

[21]Otro nombre de Tierra de Campos, que evoca su muy antigua tradición medieval así como su adusta austeridad.

castellana; esa ternura que suele brotar de las rocas. ¿No saca acaso la sandía su dulce jugo y refrescante de las abrasadas tierras de secano? Y en estos días de terrible bochorno . . .

Allá, en aquella línea derecha, que corona esos calizos
30 escarpes, empieza el páramo; el terrible páramo, el que se ve, como un mar trágico y petrificado, desde la calva cima del Cristo del Otero.[22] ¡El páramo! En él se ha vendido una hectárea de terreno por seis duros—¡treinta pesetas!—, y para aprovechar no más que una cosecha. El milagro de Sara,[23] la mujer de
35 Abraham. ¡El páramo! Y ¡qué áspera poesía la que inspira! Leed los libros de Julio Senador Gómez,[24] notario de Frómista,[25] hoy vecino de esta ciudad de Palencia—y ¡qué rato el que el otro día pasamos en su casa, donde le retienen sus achaques!—; leed *Castilla en escombros, La ciudad castellana, La canción del*
40 *Duero*[26], y veréis cuánto de áspera poesía profética, jeremíaca, apocalíptica contiene la obra de este hombre, trágico y vasto, y lisiado, como el páramo. Al borde del desierto han brotado los más jugosos, los más fuertes cantos de la eternidad del alma. Ni hay agua como el agua profunda, soterraña del desierto.
45 Hay frescura y ternura en estas huertas, que bordean el Carrión, al pie del páramo trágico, y hay frescura y ternura a la sombra de la catedral,[27] gótica, de esta ciudad palentina. Respiré el otro día al entrar en ella. Era un islote de frescor. Y frescor y ternura de siglos se exhalaba de aquellas tablas, pinta-
50 das por flamencos en nuestro tiempo del oro.[28] La catedral toda, el trascoro en especial, es de una frescura sencilla y tierna y

---

[22]Ermita (siglo XII) situada encima de una colina cónica al norte de la ciudad de Palencia.

[23]Ya muy vieja, Sara parió su único hijo, Isaac, mediante la intervención divina (Génesis 20, 21).

[24]Literato, pensador y abogado, muy conocedor de los problemas económicos y sociales de los campesinos castellanos (1872-1962).

[25]Pueblo a unos 30 kilómetros al norte de Palencia.

[26]Obras de Senador Gómez publicadas entre 1915 y 1920.

[27]Data del siglo XIV: estilo gótico transicional.

[28]El Siglo de Oro.

clara. Aquellas manos de Nuestra Señora de la Compasión y de San Juan, que la protege, son frutos de frescura también. Traen invisible agua del cielo a quien las contempla.

55     La catedral, manadero de frescura del espíritu, fue el alma de esa ciudad, episcopal y condal de consumo. Y lo decimos porque el obispo de Palencia es, por serlo, conde de Pernia; a la mitra va aneja, como en Coímbra,[29] una corona condal. El caudillo eclesiástico lo era a la vez civil o más bien feudal; lo que 60   quiere decir que la Iglesia se había civilizado. Y ello arranca de fondo romano.

    Y ved qué cosa más fresca y más clara la torre de la iglesia de San Miguel,[30] con sus grandes ventanales góticos, que dejan ver el cielo a través de ella. Una verdadera aguja gigantesca, 65   con su ojo abierto a un cielo claro; el ojo de la aguja por donde pasa el camello,[31] que ha peregrinado por el páramo, muerto de sed. Más muerto de sed el páramo mismo que él, que el camello.

    Pero vayamos a la iglesia de Santa Clara, a la del trágico Cristo de la tierra.[32] Es la iglesia de la leyenda de Margarita la 70   Tornera que conocéis siquiera por el poema de Zorrilla,[33] donde la Virgen hizo de tornera, mientras la que lo era del convento se fue a correr tierras en brazos de un tenorio.[34] Y al volver, las monjas, sus compañeras, no se habían percatado de su ausencia. Y allí está amado por las pobres clarisas del legendario convento 75   de la tornera, el «Cristo formidable de esta tierra», como le lla-

---

[29]Antigua ciudad universitaria de Portugal.

[30]Estilo gótico del siglo XIII, en cuyo sitio se dice que el Cid se casó con Jimena (siglo XI).

[31]«Os lo vuelvo a decir: Más fácil es que un camello entre por el ojo de una aguja, que un rico en el reino de Dios» (San Mateo, 19.24).

[32]En el convento del mismo nombre, construído en el siglo XIV de estilo gótico florido. Su reclinada figura de Cristo es una reliquia muy venerada.

[33]José Zorrilla (1817-1893), célebre poeta y dramaturgo romántico, autor de *Don Juan Tenorio*. Su versión de la antigua leyenda de Margarita la Tornera figura entre sus innumerables evocaciones poéticas de la España medieval.

[34]Substantivo forjado del apellido del famoso don Juan del drama de Zorrilla (1844). Un tenorio, pues, es un don Juan.

mamos en un poema hace siete años,[35] cuando nuestra otra visita a esta ciudad.

Aquí se dice por muchos que el Cristo yacente de Santa Clara es una momia; pero parece ser más bien un maniquí de madera articulado, recubierto de piel y pintado. Con pelo natural y grumos del almazarrón, en el que fingen cuajarones de sangre. La boca, entreabierta; negra por dentro, y no todos los dientes. Los pies, con los dedos encorvados.

Y ahora permitidme que reproduzca aquí una parte de mi poema[36] de la parte descriptiva:

«Cierra los dulces ojos con que el otro
desnudó el corazón a Magdalena,[37]
y hacia dentro de sí mirando ciego
ve las negruras de su gusanera . . .
No es este Cristo el Verbo[38]
que se encarnara en carne vividera,
este Cristo es la gana, la real gana
que se ha enterrado en tierra;
una escurraja de hombre troglodítico
con la desnuda voluntad, que ciega,
volviéndose a la nada,
se ha vuelto a la tierra . . .

---

[35]«El Cristo yacente de Santa Clara», citado en parte más abajo. Una versión en prosa está en *Andanzas y visiones españolas* (1922).

[36]Este poema es quizás la expresión más intensa en toda la obra de Unamuno de la irreconciliable dicotomía que le obsesionaba: el Dios-Verbo fideico que podía superar la carne para volver a su inmortalidad aborígine, y el otro Cristo, el hombre carnal que sudó, derramó sangre, y sintiéndose abandonado por Dios, agarró angustiadamente la única sustancia que le quedaba para satisfacer su sediente gana de la eternidad: la tierra en que fue enterrado y en que se convirtió. Este segundo Cristo de carne y hueso es el símbolo de la angustia de todo hombre, en especial, del propio Unamuno.

[37]María Magdalena, pecadora convertida por Cristo.

[38]"En el principio ya existía el Verbo; y el Verbo estaba con Dios, y el Verbo era Dios" (San Juan, 1.1).

Este Cristo español que no ha vivido,
negro cual el mantillo de la tierra
yace, cual la llanura, horizontal, tendido,
sin alma y sin espera,
con los ojos cerrados cara al cielo,
avaro en lluvia y que los panes quema;
y aun con sus negros pies de garra de águila
querer parece aprisionar la tierra».

Y acaba el poema:

«Porque este Cristo de mi tierra es tierra,
carne que no palpita,
tierra, tierra, tierra;
mojama recostada con la sangre,
tierra, tierra, tierra, tierra . . .»

Y fue cierto remordimiento de haber hecho aquel feroz poema—lo hice en esta misma ciudad de Palencia, y en dos días —lo que me hizo emprender la obra más humana de mi poema *El Cristo de Velázquez*,[39] el que publiqué este año.

El Cristo de Santa Clara, el que muchos creen momia, el que ha venido a descansar en manos de las pobres clarisas del convento de Margarita la Tornera—la que huyó por sed de maternidad—en este oasis de Palencia, en las frescas riberas del riente Carrión, es el Cristo del Páramo. El Páramo es una escombrera; escombrera del cielo. En días de terrible bochorno, como estos que estamos pasando, las piedras de encima del cielo han ido dejando caer su polvo a que se pose en este suelo. Y no el agua.

Piedras de rayo llaman por todas estas tierras a las hachas prehistóricas del hombre prehumano, que a las veces se encuentran en el suelo. Y aquí cerca, en las faldas del Otero se han encontrado restos paleontológicos, entre ellos, una gran tortuga fósil.

---

[39]Inspirado por el célebre cuadro de Cristo crucificado del pintor español Diego de Velázquez (1599-1660).

130       Sobre tortugas fósiles de otro género[40] están cimentadas
nuestras ciudades cuando ellas mismas no son ya tortugas
fósiles. Pero por entre los tapiales de adobes o de barro de los
corralillos de las casucas polvorientas y desde su origen ruino-
sas—hay ruinas de nacimiento—de sus arrabales asoman arbo-
135 lillos como enjaulados, las hojas empolvadas de alguna higuera
doméstica o alguna flor. Y una flor castellana es algo de que no
hay idea en los pueblos de ubérrimos jardines. Es la flor del
desierto.

      Aquí, en Palencia, empezaron los Estudios,[41] que, trasla-
140 dados después a Salamanca, de las orillas del Carrión a las del
Tormes, llegaron a ser la Universidad más célebre, en su
tiempo, de España, la de los teólogos y canonistas. Queda en
esta ciudad un nombre, el de la calle de los Estudios. El contorno de Salamanca, tierra de dehesas, de encinares, de terreno
145 ondulado, no es tan trágico como el de esta ciudad. Allí no hay
páramo cerca. La Armuña[42]—en árabe *almunia* es jardín o
huerto—es llanura que en primavera ríe de verdor y en verano
se dora con las espigas. ¡Pero la grandeza solemne de estos
trágicos campos góticos!

de *Andanzas y visiones españolas* (1922)


## ORILLAS DEL DUERO[43]

Antonio Machado

¡Primavera soriana, primavera
humilde, como el sueño de un bendito,

---

[40]Para Unamuno, igualmente fosilizadas están España y su historia.

[41]Alfonso VIII fundó en 1208 la Universidad de Palencia, la primera en España.

[42]Tierras hacia el sur de Salamanca.

[43]Río que nace en la sierra entre Burgos y Soria. Después de pasar por esta última ciudad, sigue un curso occidental a través de Castilla y León hacia Portugal,
donde desemboca en el Atlántico.

de un pobre caminante que durmiera
de cansancio en un páramo infinito!

5      ¡Campillo amarillento,
como tosco sayal de campesina,
pradera de velludo polvoriento
donde pace la escuálida merina!

       ¡Aquellos diminutos pegujales
de tierra dura y fría,
donde apuntan centenos y trigales
que el pan moreno nos darán un día!

       Y otra vez roca y roca, pedregales
desnudos y pelados serrijones,
la tierra de las águilas caudales,
malezas y jarales,
hierbas monteses, zarzas y cambrones.

       ¡Oh tierra ingrata y fuerte, tierra mía!
¡Castilla, tus decrépitas ciudades!
¡La agria melancolía
que puebla tus sombrías soledades!

       ¡Castilla varonil, adusta tierra,
Castilla del desdén contra la suerte,
Castilla del dolor y de la guerra,
tierra inmortal, Castilla de la muerte!

       Era una tarde, cuando el campo huía
del sol, y en el asombro del planeta,
como un globo morado aparecía
la hermosa luna, amada del poeta.

       En el cárdeno cielo violeta
alguna clara estrella fulguraba.
El aire ensombrecido
oreaba mis sienes, y acercaba
el murmullo del agua hasta mi oído.

35   Entre cerros de plomo y de ceniza
   manchados de roídos encinares,
   y entre calvas roquedas de caliza,
   iba a embestir los ocho tajamares
   del puente el padre río,
40   que surca de Castilla el yermo frío.

    ¡Oh Duero, tu agua corre
   y correrá mientras las nieves blancas
   de enero el sol de mayo
   haga fluir por hoces y barrancas,
45   mientras tengan las sierras su turbante
   de nieve y de tormenta,
   y brille el olifante
   del sol, tras de la nube cenicienta! . . .

    ¿Y el viejo romancero
50   fue el sueño de un juglar[44] junto a tu orilla?
   ¿Acaso como tú y por siempre, Duero,
   irá corriendo hacia la mar Castilla?

de Campos de Castilla (versión de 1917)

## EL HOSPICIO

Antonio Machado

   Es el hospicio, el viejo hospicio provinciano,
   el caserón ruinoso de ennegrecidas tejas
   en donde los vencejos anidan en verano
   y graznan en las noches de invierno las cornejas.

5   Con su frontón al Norte, entre los dos torreones
   de antigua fortaleza, el sórdido edificio

---

[44]Recitador histriónico, quizás poeta, que narraba o cantaba al aire libre los cantares épicos y los romances para el público medieval.

de agrietados muros y sucios paredones,
es un rincón de sombra eterna. ¡El viejo hospicio!

10    Mientras el sol de enero su débil luz envía,
su triste luz velada sobre los campos yermos,
a un ventanuco asoman, al declinar el día,
algunos rostros pálidos, atónitos y enfermos,

a contemplar los montes azules de la sierra;
o, de los cielos blancos, como sobre una fosa,
15    caer la blanca nieve sobre la fría tierra,
sobre la tierra fría la nieve silenciosa . . .

de *Campos de Castilla* (1912)


## ¡OH!, SÍ, CONMIGO VAIS . . .

### Antonio Machado

¡Oh!, sí, conmigo vais, campos de Soria,
tardes tranquilas, montes de violeta,
alamedas del río, verde sueño
del suelo gris y de la parda tierra,
5    agria melancolía
de la ciudad decrépita,
me habéis llegado al alma,
¿o acaso estábais en el fondo de ella?
¡Gentes del alto llano numantino[45]
10    que a Dios guardáis como cristianas viejas,
que el sol de España os llene
de alegría, de luz y de riqueza!

de *Campos de Castilla* (1912)

---

[45]Cerca de la ciudad de Soria está el sitio de la antigua Numancia, célebre por su larga resistencia contra los romanos que sitiaron y destruyeron la ciudad en el siglo II a. de J.C. Los numantinos prefirieron morir antes que rendirse a los conquistadores, hecho que le sirvió a Cervantes de tema dramático para *La Numancia* (1585).

## TIERRA CASTELLANA. EN SANTO TOMÉ[46]

### Pío Baroja

No creo que haya nada que explique de una manera tan completa la obra de un pintor como la tierra en donde vive, el aire que respira, el cielo que contempla.

Si en los demás artistas el medio ambiente influye con
5 energía, en el pintor no sólo influye, sino que domina, manda y subyuga.

Gran parte de la inteligencia del pintor está en su retina, en lo que ésta ha percibido. Por eso, antes de ver las obras del *Greco* en la ciudad de Toledo, he querido contemplar con mis
10 ojos los paisajes que el *Greco* contempló, y he ido a Illescas,[47] uno de los pueblos en donde hizo varios trabajos el gran Domenico, y desde aquí he tomado el día siguiente el camino viejo que lleva a la imperial ciudad.[48]

Poco antes de llegar a Illescas se ve desde el tren el
15 Hospital de la Caridad y la alta torre de la Asunción, recortándose sobre el cielo blanquecino, y a los pies de la torre un montón pardusco de tejados que el sol ha ido tostando con una labor de siglos. Un camino polvoriento, con álamos raquíticos, sube al pueblo.
20 Al detenerse el tren, fui el único viajero que bajó en Illescas, cuya estación estaba completamente abandonada y

---

[46]Pequeña iglesia de Toledo donde está fijado a la pared el famoso cuadro del Greco, *Entierro del Conde Orgaz* (pintado en 1586). El Greco (1541-1614) nació en Creta con el nombre griego, Domenicos Theotocopoulos, y llegó a Toledo hacia 1577 donde vivió hasta su muerte. En esta ciudad hay la mayor concentración de sus cuadros, con la posible excepción del Museo del Prado en Madrid.

[47]Pueblo entre Madrid y Toledo. La capilla de su Hospital de la Caridad conserva cinco cuadros del Greco. La iglesia de la Asunción data del siglo XIII; su torre mudéjar, del siglo posterior.

[48]Toledo, así llamada porque el emperador Carlos V, la declaró su capital. En 1560 Felipe II trasladó la Corte a Madrid.

desierta. Tomé por el camino y fui acercándome al pueblo, que parecía dormido profundamente bajo un sol de justicia; las puertas de las casas estaban cerradas; sus paredes reflejaban una luz deslumbradora; entre los hierros de los balcones y de las rejas, terminadas en la parte alta en cruces, brillaban rojos geranios y pálidas hortensias.

Atontado por el calor, que caía como un manto de plomo, seguí andando hasta llegar a la iglesia, en donde entré; una iglesia que es una alegría el verla, en donde las exaltadas líneas de las ojivas se mezclan con los voluptuosos arcos de herradura de los árabes y con los dibujos complicados y chabacanos de los altares platerescos.

Allí dentro hacía un fresco delicioso. En el presbiterio se veían cinco curas revestidos de sus casullas. Estaban celebrando una fiesta. Había poca gente en el templo: cerca del altar mayor, unas cuantas señoritas con sombreros vistosos; en la parte de atrás de la iglesia, debajo del coro, se veían algunas viejas, de rostro tostado por el sol, vestidas con trajes negros y refajos de bayeta, y a la luz tamizada y dulce que entraba por una vidriera de cristales amarillos y verdes, aquellas figuras tenían la simetría y el contraste de claroscuro de algunos cuadros impresionistas[49] . . .

Al concluir la función, y al salir a la calle, pregunté por el Hospital de la Caridad, obra de arquitectura del *Greco*; me indicaron el camino para llegar a él, y por una puerta, en cuya parte alta hay un letrero en el que se lee «Beneficencia Municipal», pasé a un patio con árboles, y de aquí al interior de una iglesia, no muy grande, suntuosa y fría, del estilo pobre y triste empleado por los arquitectos españoles de los siglos XVI y XVII.

La iglesia estaba desierta; me senté en un banco a descansar. Enfrente, en el altar mayor, ardían dos lamparillas de aceite: una muy alta; otra junto al suelo. Había un silencio de esos que parecen sonoros; del patio llegaba a veces el piar de los pájaros; al paso de alguna carreta por la calle retemblaba el

---

[49]El revolucionario estilo pictórico nacido en la segunda mitad del siglo XIX que tendía a eliminar precisos contornos lineales para intensificar el cromatismo de los objetos y reproducir así su «forma interior», según la intuye el artista.

suelo. De la bóveda central colgaban, suspendidas por barras de hierro, dos lámparas grandes, envueltas en lienzos blancos, como dos enormes lagrimones helados; de vez en vez crujía por el calor alguna madera.

60 Me acerqué a una gran verja central, pintarrajeada, de estilo plateresco, que divide la iglesia, y vi en el fondo una mujer que andaba colocando algo en un altar; y me pareció también una de las figuras blanquinegras del *Greco* . . .

Por la tarde, después de comer un cocido con gusto a hier-
65 babuena y de dormir, deslumbrado por el reflejo de la pared frontera que se veía por entre las cortinas del cuarto, vinieron las largas horas de aburrimiento y de fatiga.

A la caída de la tarde, salí al campo, y sentí, al contemplar el paisaje, una punzada en el alma de brutal melancolía. Bajo
70 un cielo de un azul turbado por vapores blancos, como salidos de un horno, se extendía la tierra, una tierra blanca, y luego campos de trigo, y campos de trigo de una entonación gris par-
dusca, que se extendían hasta el límite del horizonte; a lo lejos, alguna torre levantada junto a un pueblo tendido como una
75 nubecilla gris; los olivos, en los cerros, alineados como soldados en formación, llenos de polvo; alguno que otro chaparro, alguno que otro viñedo verde . . .

Y a medida que avanzaba la tarde calmosa, el cielo iba que-
dándose más blanco, y junto al horizonte se doraba en unos
80 sitios y se enrojecía en otros. Sentíase allí una solidificación del reposo, algo inconmovible que no puede admitir ni la posibilidad del movimiento.

Filas de mulas pasaban a lo lejos, levantando nubes de polvo, y un hombre, montado encima de una de las caballerías,
85 agrandado al destacarse en el cielo rojizo del crepúsculo, en la atmósfera rarificada, parecía algún gigante de edad prehistórica cabalgando sobre un megaterio . . .

Y, al volver hacia el hogar, me pareció que en aquel paisaje y en aquel anochecer estaba también el espíritu del *Greco* . . .
90 Al día siguiente, por la mañana, marché a Toledo, y fui pri-
meramente a Santo Tomé a ver el *Entierro del Conde de Orgaz*
. . .

Este cuadro, del cual no es fácil dar una idea describién-
dolo, es de los más maravillosos que se han pintado; es, induda-

95   blemente, la idea madre, el origen de algunos cuadros de Velázquez, entre ellos el de las lanzas.[50]

La manera como están tratadas las cabezas de los personajes de *La rendición de Breda* recuerda de un modo claro la del *Entierro del conde de Orgaz*, aunque éstas, para mi gusto, son
100   mejores.

Velázquez es el desarrollo al máximo de ciertas facultades pictóricas del *Greco*.

De un Ticinao,[51] quizá menos pintor, pero más exaltado y más poeta al sentir el espíritu de las llanuras castellanas, nació
105   el *Greco*; el *Greco*, más pintor y menos poeta, es Tristán.[52] Tristán, más pintor aún, Tristán en su última hipostasis, en su devenir, es Velázquez.

De los dos principios que integran el espíritu del *Greco*, uno de observación y otro de fantasía, que en el cuadro del conde de
110   Orgaz se funden en un verdadero *nexus*; el elemento de observación, en Velázquez, forma una curva completa. Velázquez, en el arte, es una circunferencia.[53]

El otro elemento de fantasía del *Greco* no se pierde, porque sigue en Zurbarán[54] y luego en Goya,[55] pero tampoco se com
115   pleta. Actualmente, un chispazo de aquella fantasía del *Greco* brilla en Rusiñol.[56]

(1900)

---

[50]Otro nombre de *La rendición de Breda*, pintada por Velázquez hacia 1635, para conmemorar la toma de esa ciudad holandesa por los españoles en 1625.

[51]Célebre pintor renacentista de Venecia (1477-1576), con quien probablemente había estudiado el Greco por algunos años antes de salir para Toledo.

[52]Luis Tristán Escamilla (1586-1624), pintor toledano cuya obra refleja la influencia del Greco.

[53]Es decir, el elemento de observación llega a su culminación en Velázquez. No hay ninguna línea de continuidad, ni posibilidad de mejorarla.

[54]Francisco de Zurbarán (1598-1664?), pintor español barroco.

[55]Francisco de Goya y Lucientes (1746-1828), magistral artista español de cuadros y aguafuertes.

[56]Santiago Rusiñol y Prats (1861-1931), pintor catalán, contemporáneo de la Generación del 98 y, como ellos, profundo intérprete del paisaje español.

# UN EXTRANJERO EN ESPAÑA

## Azorín

Cuando escribimos estas líneas, Madrid se prepara a recibir la visita del jefe del Estado francés . . .[57] Imaginemos una inocente fantasía. Un francés, un buen francés que tenga un poco—aunque no sea más que un poco—de la finura crítica de
5 un Sainte-Beuve, del colorismo de un Gautier, de la escrupolosidad de un Flaubert[58] (¿queréis más ?), ha releído una de las *Orientales* del gran Hugo[59] y se dispone a visitar a España. Hugo, en esa poesía titulada *Granada*, hace un compendio de su visión de la tierra española . . . Saint-Simon, Beaumarchais,
10 Hugo, Gautier, Mérimée,[60] marcan la línea de la observación francesa respecto a España. Estos son los grandes espíritus que de nosotros han sabido ver algo personal, intenso, original. Conoce nuestro francés—el que hemos imaginado—toda esta literatura hispanizante de sus compatriotas. Conoce también—
15 un poco—nuestros autores clásicos. Cuando se pone en el tren, su imaginación va preparada para recibir el espíritu de España. (La «canción de España», diría Barrès,[61] que es el último de los

---

[57]Raymond Poincaré, presidente de Francia 1913-20.

[58]Charles Sainte-Beuve (1804-1869), historiador y biógrafo francés; Théophile Gautier (1811-1872), teórico de la estética, crítico y poeta parnasiano; Gustave Flaubert (1821-1880), célebre novelista francés, autor de *Madame Bovary* y *Salammbô*.

[59]Víctor Hugo (1802-1885), escritor prodigioso de la literatura francesa del siglo XIX. La evocatica colección de exotismos líricos, *Les Orientales*, se publicó en 1829.

[60]Claude Saint-Simon (1675-1755), pensador ilustrado cuyas *Mémoires* tratan, entre otras cosas, de la Guerra de la Sucesión de España (1700-1714) que estableció la dinastía francesa de los Borbones en el trono español; Pierre Beaumarchais (1732-1799), creador del *Barbier de Séville* (1775); Théophile Gautier, autor de las poesías de *Voyage en Espagne* (1845); Prosper Mérimée (1803-1870), escritor prolífico, entre cuyas obras de orientación española figura la novela corta *Carmen* (1845).

[61]Maurice Barrès (1862-1923), novelista, hombre de letras y político nacionalista francés.

románticos franceses; romántico en una lengua clásica, densa, límpida y fresca.) El país vasco de España es idéntico al país vasco de Francia:[62] el mismo cielo bajo y sedante, las mismas praderías verdes y suaves, la misma lejanía cerrada por la montaña y por la bruma. Los franceses—tal Hugo—que ya ven, desde Fuenterrabía,[63] el paisaje de España, la reverberación de la luz vivaz, el colorido espléndido, se precipitan un poco. Esperad un momento, buenos amigos. Cuando se llega a Vitoria, ya el paisaje ha cambiado. Es la llanura alavesa un feliz eclecticismo del paisaje vasco y del incipiente panorama castellano. Los horizontes se descubren más dilatados y la luminosidad del cielo es más brillante.

El tren—o el automóvil—avanza. Ya en la tierra de Burgos, el paisaje ha cambiado. El aire es más puro y sutil; las llanuras comienzan. Nada más violento, más brusco, que este contraste entre el terreno desolado, yermo, seco, uniforme de Castilla y el verde y ondulado campo francés. Nada más distante de aquellos ríos plácidos y anchos, que estos ríos hondos, angostos y turbulentos. Nada más lejos de aquellos pueblecillos que se sospechan a lo lejos escondidos entre la fronda, que estos otros pueblecillos que se destacan en lo remoto del horizonte, con silueta enérgica, recortados fuertemente en el cielo radiante. ¿Adónde iremos a parar en nuestra peregrinación por España? ¿Cuál ha de ser nuestro primer contacto serio, íntimo, con esta tierra de aspereza, de luminosidad y de aire vivo? No iremos a Madrid; un hotel de Madrid, poco más o menos, es como un hotel de cualquier otra capital. No iremos a una ciudad populosa de provincias; las ciudades populosas se van uniformando sobre un mismo patrón y con un mismo aire. El tren ha llegado a la estación de una pequeña ciudad. Detengámonos aquí.

Un ómnibus nos lleva hasta la lejana población; este coche tiene los cristales rotos, o por lo menos, chiquitos, sucios; cuando anda hace un ruido sonoro de tablas, de hierros, de desvencijamiento; si es de noche, un farolillo colocado en lo interior humea

---

[62]Los vascos del norte de España y los del suroeste de Francia comparten el mismo abolengo antiguo.

[63]Pueblo español en el golfo de Vizcaya, casi en la frontera de Francia.

apestosamente. Avanzamos por las callejas del pueblo. En la fondita nos hacen subir al piso alto; recorremos varios pasillos (en que hay ladrillos sueltos que se mueven sonoramente al

55 poner el pie encima); al fin, nos abren un cuartito que exhala un fuerte olor a vaho, a humo de tabaco, tal vez a yodoformo. Nos acomodamos en él. ¿Qué remedio nos queda? Ya en nuestro interior nos sentimos vivamente contrariados. «No vale la pena —pensamos—de hacer este viaje; en España no se puede viajar;

60 no existen comodidades; los españoles—¡los pobres!—están muy atrasados». Nos disponemos a salir a la calle; al pasar por uno de los corredores de la fondita, nos asomamos a una ventana. El panorama que entonces descubrimos nos deja profundamente pensativos. Es una perspectiva de tejadillos, de paredones

65 vetustos; entre la grisura de las edificaciones columbramos unos cipreses que yerguen sus cimas puntiagudas y negras. ¿De dónde salen esos cipreses? ¿Del patio de un convento de monjas? Al final, más allá de las últimas edificaciones de la ciudad, se destaca la larga pincelada de una sierra azul, y si es en

70 invierno, con los picachos blancos. Hay una serenidad profunda, inefable, en el ambiente; forman una delicada armonía los cipreses rígidos, el cielo azul límpido, los viejos seculares paredones y la remota mancha de la montaña. Y en el silencio intenso, denso, diríase que el tiempo, en su correr eterno, se ha detenido.

75 ¿Cómo verá un extranjero todo esto? Es decir, ¿cómo sentirá un hombre, no habiendo nacido en España, la unión suprema e inexpresable de este paisaje con la raza, con la historia, con el arte, con la literatura de nuestra tierra?

En nuestros paseos por la ciudad, vamos recorriendo las

80 callejuelas, entramos en la iglesia, nos asomamos a los viejos caserones. Hemos necesitado un libro; hemos entrado en una tiendecilla; en el escaparate, polvoriento, había unas estampas religiosas, artículos de escribir y unos libros. En la tiendecilla no tienen ningún libro que hable de la ciudad; no se lee nada en el

85 pueblo; nadie pide ningún libro; el librero no sabe tampoco nada de nada. (Poco más o menos les ocurre lo mismo a los libreros de las grandes ciudades.) Volvemos a pensar, entristecidos, en la pobre España; va nuestra ira, irreprimible, contra los que no aman a España, contra los que no la conocen, ni quieren cono-

90 cerla, ni, enfrascados en concupiscencias y equívocos manejos,

ni buscan, ni procuran su bien. Pero, llegados junto al río, en las afueras de la población, este panorama tan noble en su austeridad, tan elegantemente severo, nos aplaca y hace olvidar el enojo íntimo que antes nos desazonaba.

95     En la fondita, cuando vamos a comer, comenzamos a entrar otra vez en el desasosiego. El yantar es mediocre; toleramos esto. Pero ¿por qué no ha de ser limpio? En las fonditas españolas (o en casi todas), los tenedores tienen entre los intersticios manchas amarillentas de huevo. ¿Por qué estas indefectibles
100 manchas de los tenedores de todas o casi todas las fonditas españolas? Un momento después, en nuestro cuarto, tenemos entre las manos las poesías de fray Luis, o el *Quijote*, o *La Celestina*, o *El conde Lucanor*.[64] Nuestro ánimo ha vuelto a serenarse. Hemos contemplado durante el día el paisaje de Castilla,
105 el cielo, las ringleras de gráciles álamos, el río y los oteros, la llanura amarillenta, las humaredas que se disuelven lejanamente en el aire, las remotas montañas. Nuestro espíritu ha vibrado hondamente frente a la vieja tierra. ¡Cuántas alegrías, cuántos dolores, cuántas esperanzas, cuántas decepciones, han
110 pasado por esta tierra durante siglos, a través de los años y de los años, a lo largo de las generaciones! Y todas estas exaltaciones y estas angustias de la larga cadena de nuestros antecesores, han venido a crear en nosotros, artistas, esta sensibilidad que hace que nos conmovamos ante el paisaje y que sintamos,
115 ligada a él, esta página de Cervantes o esta rima de fray Luis. ¿Cómo un extranjero sentirá esto? ¿Cómo, aun el mismo Barrès, que esto siente en su Lorena,[65] podrá sentirlo en las castellana Ávila, a la vista del panorama? ¿Y de qué manera un extranjero pasará por encima de la desapacibilidad de la fondita, del
120 desabrimiento de los yantares, de la falta de libros, de la parcial incultura, que nosotros mismos lamentamos, para ver tan sólo, suprema visión del arte, esta belleza de un paisaje concordado íntima y espiritualmente con una raza y una literatura; para

---

[64]Fray Luis de León (1537-1591), gran poeta lírico y erudito renacentista; *La Celestina*, obra maestra dramática de finales del siglo XV; *El Conde Lucanor*, clásica colección de cuentos moralizadores de Don Juan Manuel (1282-1349?).

[65]Lorraine, provincia del nordeste de Francia.

ver la exacta e inefable relación que existe entre la grave prosa
125  castellana y ese macizo de álamos que se levantan esbeltos en
el declive de un recuesto austero y limpio?

de *Los valores literarios* (1914)

# II. CIUDADES Y PUEBLOS VIEJOS

Aquí, en Paredes, creo que nació Berruguete, el escultor. Es una aldea grande, tendida en el llano, con algunos edificios amplios que deben de ser hospitales. ¡Iglesias y hospitales! Obras de la fe, obras de la caridad. Pero en ninguna parte, sobre los techos rojizos de estos poblados se advierte la huella de los dedos de la esperanza. Ni verdura en la tierra, ni esperanza en los corazones.

José Ortega y Gasset

La cara de la España antigua es bien visible por toda la meseta de Castilla (y en realidad por todo el país), sea o no propenso a la evocación poética el que la contempla. A pesar del bullicio de la motorizada vida de nuestro siglo y las estaciones de gasolina y antenas de televisor que pueblan el horizonte actual, los pueblos viejos se conservan poco más o menos intactos, con su aire auténtico de remotos siglos pasados. Toledo sigue siendo visualmente como era en tiempos de Carlos V; Ávila tiene mucho del mismo aspecto que tenía para Santa Teresa; el casco antiguo de la Salamanca actual no es muy distinto del que le era familiar a Fray Luis de León. A estos vivos recuerdos de una España fuerte y creadora dirigieron su atención los escritores del 98 en busca de raíces y sentidos auténticos de lo español.

La actitud generacional hacia el espectáculo de la vetustez de los pueblos tiende a ser ambivalente. Amor, ternura y añoranza, por una parte; por otra, amargura, hostilidad y un fuerte sentimiento de la omnipresencia de la muerte. Si aman lo viejo, esto al mismo tiempo les sirve como símbolo o metáfora de la decadencia nacional, ya que encuentran en los lugares antiguos un ambiente abrumador de abulia, sopor y desolación, en suma, un aire de muerte. En cambio, al escribir sobre la urgente necesidad de europeizar a España, rara vez abogan por un progresismo de modernización física o industrial que traiga el allanamiento de lo viejo. Todo lo contrario. Una vena de conservadurismo corre por sus obras respecto de lo auténticamente antiguo. «Conservar es renovar» escribe Azorín («La iglesia vieja»— Parte VII), y cita a Pío Baroja, quien expresaba esencialmente la misma idea, a pesar de sus tendencias al nihilismo (véanse la introducción y los ensayos de Baroja en la Parte VII). Aunque se luche por eliminar las mediocres instituciones del presente, la renovación que se busca para el porvenir es la que concuerda en su espíritu y energía con aquella España grande y joven del pasado remoto cuya cara queda visible en las antiguas fachadas de los pueblos.

A pesar de este amor por lo antiguo, las realidades de los pueblos y ciudades viejos provocan más un reconocimiento angustiado de la realidad presente que meras evocaciones nostálgicas del pasado, aunque tampoco faltan estas últimas, especialmente en la obra de Azorín (v.g., «La poesía de Castilla»). Todo el ambiente en su conjunto—silencio, somnolencia, marasmo, abandono—produce en los del 98 una nítida impresión de la presencia de la muerte, y es este motivo de la muerte lo que vemos más constantemente en sus confrontaciones con la España de su época a través de los pueblos. Cuando responde Unamuno al lema de un antiguo escudo—«Si en nuestra muerte de hoy, si en esta trágica modorra, si en este acorchamiento del ánimo patrio quédase alguna vida . . . ¿Pero dónde está?» («En Aguilar de Campóo»)—sus palabras tienen la fuerza de una voz colectiva, ya que el tono en que habla parece concordar perfectamente con la voz de sus contemporáneos. La frase «ciudades muertas» y sus infinitas variantes suenan a lo largo de la obra noventayochista como un estribillo de amor profundamente angustiado.

Sea mucho o poco lo que cada escritor comparta con sus coetáneos, lo cierto es que cada uno de ellos se dirige a España según su propia orientación literaria, siguiendo el camino que le convenga. Como queda dicho, no se trata aquí de ninguna escuela estilística, sí, en cambio, de afinidades, así como de divergencias. El panorámico detallismo de Azorín, por ejemplo, que encontramos en su evocación sentimental de los pueblos («La poesía de Castilla»), está bien lejos de la intensa austeridad de las visiones pueblerinas de Machado. Si la inspiración y muchos de los recuerdos azorinianos provienen de fuentes escritas—nótese que «La decadencia de un pueblo», que forma parte de la novela *Antonio Azorín* (1903), proviene en gran parte de un documento histórico del siglo XVI—, la inspiración de Machado, por el contrario, se arraiga en la profunda intimidad del alma y la intuición del poeta. Impresiona fuertemente a estos dos escritores el silencio de los pueblos con su mudo mensaje de la muerte. En Machado se ve tanta intensificación de esta realidad, que el sonido se elimina completamente («Noche de verano») o se reduce a un solo elemento audible dentro de un ambiente estático de silencio y soledad totales («En medio de la plaza»). No se trata en él de pintar cuadros con palabras en que se busquen solamente unos valores pictóricos. En cada poema hay movimiento interior, inseparable de ese único sonido, e inseparable también de los profundos sentimientos personales del poeta y de su visión de España.

En «Noche de verano», la plaza del viejo pueblo se convierte en una metáfora visual de la existencia humana, por la cual pasa el poeta-caminante en un momento del tiempo—el suyo propio—, un solitario movimiento fantasmal por la inmensidad de la existencia. La imagen del poeta como caminante, figura también en «En medio de la plaza», pero aquí se destaca la presencia de la muerte, y el aspecto de la plaza pueblerina pierde esa precisa claridad visual que tenía en el otro poema, para hacerse ahora más impresionista. El caminante, que en el primer poema era un austero fantasma, se percibe a sí mismo en éste de modo intuitivo como un alma en pena rodeada de sugerencias de la muerte. Hay en esta plaza otro movimiento más: el del agua, que es el eterno movimiento del tiempo y también el único sonido que interrumpe el silencio de la muerte.

En las otras selecciones de Machado figura más explícitamente el fondo de las ciudades muertas, y el poeta sigue enfocando el aislado sonido y el movimiento interior. Las voces infantiles que provocan la melancólica nostalgia en «La plaza y los naranjos» pasan vagando por las calles viejas como si fueran huellas del espíritu del poeta mismo, o sea, de ese caminante que parece está vagando siempre por paisajes y pueblos silenciosos. Silencio hay también en la famosa «Soria fría, *Soria pura*», interrumpido por la sola campanada que da la una. Pero dentro de ese mismo silencio se encuentra una concentración intensa de sonido y movimiento intuídos: la extraordinaria visión de galgos hambrientos que aúllan bajo la luna, acompañados de los graznidos de las cornejas. He aquí a Machado ante su España: un pasado aristocrático de hidalgos, escudos y galgos convertido dramáticamente en el famélico y sórdido presente por un poeta tan intensamente famélico en su espíritu como los galgos mismos y profundamente encariñado con la belleza de las ciudades antiguas, pese a su decadencia.

Unamuno comparte con Machado y los otros el amor por los pueblos y sus antigüedades, en especial por su Salamanca, aunque a veces adopte actitudes e imágenes más críticas que la mayoría de sus contemporáneos. Fundamental para la comprensión de su ideario es el concepto de la continuidad intrahistórica que vemos elaborado, como una especie de filosofía poética de la historia, en sus visitas a Segovia y Aguilar de Campóo (continuidad intrahistórica que recuerda además algunas ideas enunciadas por el precursor de la modernidad, Charles Baudelaire, en su ensayo, «El pintor de la vida moderna», creencias que discutiremos brevemente más adelante). Es debido a esta filosofía que el agua del río mantiene vivo el puente, por viejo que sea, conservando su función de puente al pasar por debajo de él. Estas aguas fecundas y funcionales, sean reales o metafóricas, se las ha quitado España a la vida de su pueblo, y de esta forma la ha reducido a ruinas. Pero una ruina, según el pensamiento de Unamuno, puede tener la esperanza de revivir. Hasta el desierto produce una flor aislada o la sandía con su jugo, mediante la invisible presencia de una fructífera agua subterránea. España, sin embargo, parece a veces negar esta esperanza a su ruina nacional, quitándole toda posibilidad de revivir a través del agua y haciéndola morir por segunda vez—remorir, diría Unamuno—en forma de un fósil, que es piedra para el museo, la ruina de ruinas. El museo unamunesco es la España de inflexibles tradiciones institucionalizadas—intransigentes, exclusivistas, fosilizadas—, cerradas a las aguas vivificantes del intercambio humano.

Pero la muerte no es total para Unamuno en las ciudades viejas de España. Las aguas de la intrahistoria fluyen visibles al menos por Salamanca, que sigue conservando su antigua función en la vida cultural del país. Si es eterna esa «dorada» ciudad donde el tiempo «se anega», no es simplemente porque el poeta Unamuno lo desee así sentimentalmente, sino porque Salamanca ha oído bien la antigua voz de Aguilar de Campóo y del aqueducto de Segovia. La vieja ciudad universitaria es, en fin, intrahistórica, un oasis en el desierto de tantas ciudades muertas.

## La poesía de Castilla

### Azorín

¿En qué nos hace pensar este florecimiento de la lírica que hay ahora en Castilla? Yo pienso en el paisaje castellano y en las viejas ciudades. La poesía lírica es la esencia de las cosas. La lírica de ahora—bajo someras influencias extrañas[1]—nos da la
5   esencia de este viejo pueblo de Castilla.

Yo veo las llanuras dilatadas, inmensas, con una lejanía de cielo radiante y una línea azul, tenuemente azul, de una cordillera de montañas. Nada turba el silencio de la llanada; tal

---

[1]Influencia francesa a través del modernismo que, aun siendo una fuerza innovadora auténticamente hispana, fue también una síntesis de los modos poéticos franceses del siglo XIX. Como ya queda dicho, cada joven poeta español del novecientos manifiesta de un modo u otro su reacción al impacto del modernismo.

vez en el horizonte aparece un pueblecillo, con su campanario,
10 con sus techumbres pardas. Una columna de humo sube lentamente. En el campo se extienden, en un anchuroso mosaico, los
cuadros de trigales, de barbechos, de eriazo. En la calma profunda del aire revolotea una picaza, que luego se abate sobre un
montoncillo de piedras, un majano, y salta de él para revolotear
15 luego otro poco. Un camino, tortuoso y estrecho, se aleja serpen-
teando; tal vez las matricarias inclinan en los bordes sus
botones de oro. ¿No está aquí la paz profunda del espíritu?
Cuando en estas llanuras, por las noches, se contemplen las
estrellas, con su parpadear infinito, ¿no estará aquí el alma
20 ardorosa y dúctil de nuestros místicos?

Yo veo los pueblos vetustos, las vetustas ciudades. En ellas
hay un parador o mesón de las Ánimas y otro de las Angustias;[2]
hay calles estrechas, en que los regatones y los talabarteros y
los percoceros tienen sus tiendecillas; hay una fuente de piedra
25 granulenta, grisácea, con las armas de un rey; hay canónigos
que pasan bajo los soportales; hay un esquilón que, en la hora
muerta de la siesta, toca cristalinamente y llama a la catedral;
hay un viejo paseo, desde el que se descubre en un mirador, por
encima de las murallas—como en Ávila, como en Pamplona—,
30 un panorama noble, severo, austero, de sembrados, huertecillos
y alamedas; hay en la estación un andén adonde los domingos,
los días de fiesta, van las muchachas y ven pasar el tren, soña-
doramente, con una sensación de nostalgia.

Yo veo en las viejas, venerables catedrales, estos patios que
35 rodea un claustro de columnas. Estos patios—como en León,
como en la misma Ávila—están llenos de maleza y de hierbajos
bravíos; nadie cuida esta plantas; ni la hoz ni el rastrillo han
entrado aquí desde hace largos años. Los pájaros trinan y saltan
entre el matorral. Nuestros pasos resuenan sonoramente en las
40 losas del claustro; respiramos a plenos pulmones este sosiego
confortador. En las tumbas que están adosadas a las paredes
duermen guerreros de la Edad Media, obispos y teólogos de hace
siglos. A mediodía, en el estío, cuando un sol ardiente cae de
plano sobre la ciudad e inunda el patio, donde los gorriones pían

---

[2]Nombres comunes que reflejan las preocupaciones religiosas de los españoles.

45 enardecidos; aquí en el claustro sonoro y silencioso, podemos pasar una larga hora, con un libro en la mano, rodeados de frescura y silencio.

Yo veo los viejos y grandes caserones solariegos. Un ancho patio de columnas tienen en medio; una ancha galería de arca-
50 das rodea el patio. Por esta galería, ¿no pasarían las damas con sus guardainfantes y sus pañuelos de batista en la mano, como en los retratos de Velázquez?[3] Por estas puertecillas de cuarterones de las estancias, de los corredores, ¿no entrarían y saldrían los viejos y terribles hidalgos, cuyas bravatas épicas reco-
55 gió Brantôme?[4] Hay en estos palacios vastas salas desmanteladas; una ancha escalera de mármol; un jardín salvaje; unas falsas o sobrado donde, entre trastos viejos, va cubriéndose de polvo—¡el polvo de los siglos!—un retrato de un conquistador, de un capitán de Flandes.[5]

60 Yo veo las añosas, seculares alamedas que hay en las afueras de las antiguas ciudades; en ellas pasean lentamente los clérigos, los abogados, los procuradores, los viejos militares.

Yo veo las ventas, mesones y paradores de los caminos. Tienen un ancho patio delante; dentro se ve una espaciosa
65 cocina de campana. ¿No se detuvieron aquí una noche aquellos estudiantes de *El Buscón*[6] que iban a Salamanca? ¿No pasó aquí unas horas aquel grave, docto, sentencioso y prudente Marcos de Obregón?[7] ¿No hay aquí una moza fresca y sanota que llene el ámbito de las cámaras con sus canciones?

---

[3]Como su retrato de Mariana de Austria, pintado hacia 1653.

[4]Pierre Brantôme (1535-1614), que sirvió con el ejército español en África y escribió memorias de su vida aventurera como *Vidas de los hombres ilustres y de los grandes capitanes franceses y extranjeros y Baladronadas de los españoles*.

[5]Región de los Países Bajos que a partir de finales del siglo XV formó parte del imperio de los Habsburgo y pasó al dominio de España con el advenimiento de Carlos V. A pesar de la rebelión contra Felipe II entre 1576 y 1584, Flandes quedó bajo el poder español hasta 1714, fecha de la desintegración general del imperio de España en Europa.

[6]La gran novela picaresca del siglo XVII, del escritor barroco, Francisco de Quevedo (1580-1645).

[7]Novela de tipo picaresco del siglo XVII, de Vicente Espinel (1550-1624).

70 Yo veo las vidas opacas, grises y monótonas de los señores de los pueblos en sus casinos y en sus boticas.

Yo veo estos señoritos, cuyos padres poseen tierras y bancales, y ellos tienen la mesa de su cuarto llena de libros de Derecho; el Marañón,[8] Manresa,[9] Mucio Escévola:[10] libros que 75 estudian afanosos para hacer unas oposiciones.

Yo veo estos charladores de pueblo que no hacen nunca nada; estos señores afables, ingeniosos, que tienen una profunda intuición de las cosas, que os encantan con su conversación y con su escepticismo.

80 Yo veo esta fuerza, esta energía íntima de la raza, esta despreocupación, esta indeferencia, este altivo desdén, este rapto súbito por lo heroico; esta amalgama, en fin, de lo más prosaico y lo más etéreo.

Todo esto me sugieren a mí algunos de estos poetas novísimos, que ponen en sus rimas el espíritu castellano bajo el afeite francés.

de *España* (1909)

## LA DECADENCIA DE UN PUEBLO

Azorín

He visitado la casa en que, viejo, perseguido, amargado, expiró Quevedo.[11] Hoy, ésta y la casa contigua forman una sola; pero aún se ven claras las trazas de la antigua vivienda y aún perdura íntegro el cuarto donde se despidió del mundo el autor

---

[8]*Leyes Civiles, penales, administrativas, de hacienda y notariales*, edición anotada y comentada por Manuel Marañón y León Medina (1890).

[9]*Comentarios al código civil* de José María Manresa (1881).

[10]*Comentarios al código civil* de Pedro de Apalatequi y Ricardo Oyuelos, quienes firmaron dichos comentarios con el seudónimo «Mucius Scévola» (1889).

[11]En Villanueva de los Infantes (Infantes), septiembre de 1645, participante y víctima de un sistema de favoritismo político e intriga cortesana.

5 de los *Sueños* . . .[12] La casa era pequeña, de dos pisos, sencilla, casi mezquina, sin requilorios arquitectónicos. Tenía una puertecilla angosta, todavía marcada en el muro; por esta puerta se entraba en un zaguán, que más bien era pasadizo estrecho, de apenas dos metros de anchura y ocho o diez de largo, por el que

10 discurre, soterrado, un arbollón que conduce las aguas llovedizas desde el patio a la calle. El patio—aún subsistente— es pequeñuelo, empedrado de guijos, con cuatro columnas dóricas, con una galería guarnecida con barandado de madera.

A la izquierda, conforme se entra en la casa, cerca de la

15 puerta de la calle, se abre otra puerta chica. Y esta puerta tranquea una reducida estancia, cuadrada, de paredes lisas, húmeda, de techo bajo, con una diminuta ventana.

Y una vieja, una de esas viejas de pueblo, vestida de negro, recogida, apañada, limpia, la cara rugosa y amarilla, me ha

20 dicho:

—Aquí, aquí en este cuartico es donde dicen que murió Quevedo . . .

\* \* \*

¿Cómo este pueblo rico, próspero, fuerte en otros tiempos,

25 ha llegado en los modernos al aniquilamiento y la ruina? Yo lo diré. Su historia es la historia de España entera a través de la decadencia austríaca.[13]

Infantes, en 1575, lo componían mil casas; hoy lo componen ochocientas setenta. «Yo no recuerdo haber visto en treinta años

30 —me dice un viejo—labrar una casa en Infantes». Contaba el pueblo en 1575 con mil trescientos vecinos; mil eran cristianos viejos; los otros trescientos eran moriscos. Era un pueblo nuevo, aristócrata, enérgico, poderoso, espléndido. «Nunca fué menor—

---

[12]Una serie de narraciones satírico-morales que critican biliosamente la sociedad y sus costumbres mediante unas visiones fantásticas y grotescas (publicada en 1627).

[13]La Casa de Austria (los Habsburgo), que reinó en España por casi dos siglos, desde la muerte de Fernando el Católico (1516) y el advenimiento de Carlos I (el emperador Carlos V) hasta la muerte de Carlos II (1700), pasando por los tres Felipes (II, III, y IV).

dicen las *Relaciones Topográficas*,[14] inéditas, ordenadas por
35 Felipe II—nunca fué menor; siempre ha ido en aumento y va
creciendo». En sus casas flamantes, de espaciosos salones, de
claros y elegantes patios acolumnados, habitaban cuarenta
hidalgos. Y este pueblo era como la capital del «antiguo y conocido campo de Montiel»,[15] que abarcaba veintidós pueblos, desde
40 Montiel hasta Alcubillas, desde Villamanrique hasta Castellar.
Y en esta centralización aristocrática y administrativa ha
encontrado Infantes su ruina. Los hidalgos no se ocupan en los
viles menesteres prosaicos. Tienen sus tierras lejos; hoy Infantes carece de población rural; entonces tampoco la tenía. Las
45 clases directoras poseían sus haciendas en término de la Alhambra.[16] Contaba entonces la Alhambra con una población densa
de caseríos y granjas. Todavía en el siglo XVIII, según el censo
de 1785, ordenado por Floridablanca,[17] eran *veinticuatro* las
granjas situadas dentro de los aledaños de la Alhambra. Y en
50 1575 existían en sus dominios las aldeas de Laserna, con quince
o dieciséis casas; la Nava, con quince; el Cellizo, con diez; Pozo
de la Cabra, con quince; La Moraleda, con doce; Santa María de
las Flores, con doce; Chozas del Águila, con ocho . . .
¿Cómo era posible que teniendo los señores lejos sus tierras
55 las cultivasen con el amor y la atención con que, en el caso de
verse libres de sus prejuicios antieconómicos, las hubiesen cultivado bajo su inmediata dependencia?
Tenían el eterno mayordomo, que aún perdura en las
Castillas, y en Albacete, y en Murcia;[18] pasaban por alto las tra-
60 bacuentas y gatuperios del delegado; necesitaban dinero para su

---

[14]*Relaciones topográficas de los pueblos de España*, 8 tomos (1575-78). El reinado de Felipe II corresponde a casi toda la segunda mitad del siglo XVI (1556-1599).

[15]Región de La Mancha, donde están situados la mayoría de los pueblos mencionados en esta selección.

[16]Pueblo de la región de Montiel.

[17]José Moñino (1728-1808), hecho Conde de Floridablanca por el rey Carlos III,
a quien sirvió el conde de ministro.

[18]Albacete (provincia y ciudad) ocupa la región oriental de la Mancha; hacia el
sudeste se extiende la provincia de Murcia.

vida fastuosa, y lo pedían a todo evento. Y la ruina llega inexorable.

Infantes, como tantos otros pueblos del Centro, se arruinó rápidamente en dos siglos.

Ya este sistema de explotar la tierra sin contribuir a
65 fortalecerla, canalizando ríos, regalándole abonos, conduce derechamente al agotamiento, sin remedio. Juntad ahora a esta decadencia de la agricultura la decadencia de la ganadería. Siempre—y éste es un mal gravísimo—han andado en España dispares y antagónicas la agricultura y la ganadería. Esta sepa-
70 ración ha contribuido a concentrar en pocas manos la riqueza pecuaria; ha impedido su difusión y crecimiento; ha dificultado la cultura, en cada región, de las especies más convenientes; ha privado, en fin, de los aprovechamientos de los ganados al bene-ficio de los campos.

75 Una y otra cultura, la de la tierra y la de la ganadería, se han hostilizado durante siglos; una y otra se han arruinado y han traído aparejada en su ruina la ruina de España. La de la tierra, por falta de aguas (Infantes, entre catorce mil hectáreas, tiene seis de ragadío constante) y por la estatificación de los pro-
80 cedimientos de cultivo; la de la ganadería, por el cambio radicalísimo de la propiedad adehesada, producido por la des-vinculación y desamortización, por la roturación de los pastos, por el cegamiento de veredas, cordeles y cañadas, y por la baja del Arancel en lo referente a importación de lanas extranjeras.

85 Hemos de sumar aun a estas causas y concausas de abati-miento las contínuas y formidables plagas de langosta, que, desde hace siglos, caen sobre estas campiñas, como las de 1754, 55, 56 y 57, de que habla Bowles[19] en su *Introducción a la geo-grafía física de España*. Hoy la langosta es la obsesión abruma-
90 dora de los labradores manchegos. «Más que de los tiempos de llover o no llover—he oído decir a un labriego esta mañana en la plaza—, me acuerdo de la langosta».

Añadamos también las poderosas trabas de la amortiza-ción, tanto civil como eclesiástica. La amortización acumula en

_____

[19]William Bowles (m. 1780), naturalista inglés. El título completo de su obra es *Introducción a la historia natural y a la geografía de España*. Bowles escribió también toda una Historia de la langosta de España.

95  escasas manos la propiedad territorial; se paraliza el comercio
de las tierras fragmentadas—que no existen—; la dificultad de
adquirir la tierra encarece su precio; las inmensas extensiones
conglomeradas imposibilitan el cultivo intensivo, matan la
población rural y ponen rémora incontrastable a las obras de
100  irrigación y de labranza.

Y cuando hayamos ensamblado y considerado todos estos
motivos de ruina que han convergido sobre este pueblo, como
sobre infinidad de tantos otros, todavía habremos de juntar a
ellos, como calamidad suprema, otra poderosísima que inaugura
105  la Casa de Austria con Felipe II, y persevera con intensidad
hasta estos tiempos. Hablo de la burocracia y del expediente
. . .[20]

Infantes y los pueblos comarcanos son pobres; no tienen
agua; no hay en ellos rastro de huerta; no cultivan frutales; la
110  cultura del grano se hace a dos y tres hojas. ¿Cómo con esta
pobreza pudiera mantenerse tan complicada y costosa máquina
administrativa? No es posible; apenas si durante un siglo
alienta. El creciente desarrollo que los vecinos notan en su contestación al Cuestionario[21] de Felipe II, se detiene al promediar
115  el siglo XVII; y luego, cuando al final la miseria cunde por toda
España, Infantes se doblega; las nobles familias se arruinan; se
cierran los grandes caserones; desaparecen hidalgos y tristura,
acaba de recogerse sobre sí mismo en hosquedad terrible.

«No hay arboleda ninguna en estas huertas ni en la villa—
120  declaran en 1575 los vecinos—, porque no se dan a ello; *antes
cotan los árboles que hay, porque son poco inclinados a ello*».
«Las casas—dicen en otra parte—son bajas, sin luceros ni ventanas a la calle».

\* \* \*

---

[20]En los dos párrafos que omitimos, Azorín nos da una lista de la masa de fun-
cionarios políticos y judiciales que invaden Infantes a finales del siglo XVI y que le
extraen con sus artificios burocráticos enormes cantidades de dinero a expensas del
bienestar local.

[21]Mandado para la preparación de las ya mencionadas *Relaciones topográficas*.
Azorín se vale de esta fuente histórica en varias ocasiones.

125 El odio al árbol y el odio a la luz . . . Aquí, en la ancha
cocina de la posada, esta noche, al cabo de tres siglos, un viejo
me dice:

—En este pueblo las casas tienen las ventanas y las
puertas cerradas siempre. Yo no recuerdo haber visto algunas
130 nunca abiertas; los señores salen y entran por las puertas de
servicio, a cencerros tapados. Es un carácter huraño el de las
clases pudientes; una honda división las separa del pueblo. Y los
señores, cuando dan las ocho de la noche, si quieren salir de
casa, han de hacerse acompañar de dependientes y criados . . .
135 Suena una larga campanada grave, melódica, sonorosa,
pausada. Luego rasga los aires otra; después otra; después otra
. . . Yo pienso en las palabras del viejo, esta mañana, junto al
caño del agua:

—Esta es la agonía; es la agonía de la muerte . . .
140 Y cuando he salido a la calle y he peregrinado entre las
tinieblas, en la noche silenciosa, a lo largo de los vetustos palacios, al ras de las enormes rejas saledizas, que tantos suspiros
recogieron, he sentido una grande, una profunda, una abrumadora ternura hacia este pueblo muerto.

de *Antonio Azorín* (1903)

### LA PLAZA Y LOS NARANJOS . . .

Antonio Machado

La plaza y los naranjos encendidos
5 con sus frutas redondas y risueñas.

Tumulto de pequeños colegiales,
que al salir en desorden de la escuela,
llenan el aire de la plaza en sombra
con la algazara de sus voces nuevas.

10 ¡Alegría infantil en los rincones
de las ciudades muertas! . . .

¡Y algo nuestro de ayer, que todavía
vemos vagar por estas calles viejas!

de *Soledades* (1903)


## EN MEDIO DE LA PLAZA ...

Antonio Machado

En medio de la plaza y sobre tosca piedra,
5    el agua brota y brota. En el cercano huerto
eleva, tras el muro ceñido por la hiedra,
alto ciprés, la mancha de su ramaje yerto.

La tarde está cayendo frente a los caserones
de la ancha plaza en sueños. Relucen las vidrieras
10    con ecos mortecinos de sol. En los balcones
hay formas que parecen confusas calaveras.[22]

La calma es infinita en la desierta plaza,
donde pasea el alma su traza de alma en pena.
El agua brota y brota en la marmórea taza.
15    En todo el aire en sombra no más que el agua suena.

(1907)


## NOCHE DE VERANO

Antonio Machado

Es una hermosa noche de verano.
20    Tienen las altas casas

---

[22]Hay más de un modo de explicar estas misteriosas imágenes de la muerte:
formas puramente subjetivas; verdaderas cabezas humanas percibidas intuitivamente
como calaveras, separadas o no de su cuerpo por el hierro del balcón; imágenes esti-
muladas por los reflejos del sol que tiemblan en las vidrieras; o una combinación de
varios de estos elementos.

abiertos los balcones
del viejo pueblo a la anchurosa plaza.
En el amplio rectángulo desierto,
bancos de piedra, evónimos y acacias
25   simétricos dibujan
sus negras sombras en la arena blanca.
En el cénit,[23] la luna, y en la torre,
la esfera del reloj iluminada.
Yo en este viejo pueblo paseando
30   solo, como un fantasma.

de *Campos de Castilla* (1912)

## ¡SORIA FRÍA, *SORIA PURA* . . .!

### Antonio Machado

¡Soria fría, *Soria pura,*
35   *cabeza de extremadura,*[24]
con su castillo guerrero
arruinado, sobre el Duero;
con sus murallas roídas
y sus casas denegridas!

40   ¡Muerta ciudad de señores
soldados o cazadores;
de portales con escudos
de cien linajes hidalgos,
y de famélicos galgos,
45   de galgos flacos y agudos,

---

[23]Si la luna está en el cenit, las «negras sombras» que proyectan en la arena los objetos de la plaza no pueden ser sombras sino los objetos mismos.

[24]«Soria pura, cabeza de Extremadura» es el lema del blasón de la ciudad. Durante la Reconquista se llamaron «Extremadura» las regiones fronterizas entre Castilla y la tierra mora. El antiguo lema, pues, declara que Soria fue el principio de la región reconquistada bajo la iniciativa castellana, y afirma el valor guerrero de los antiguos sorianos en aquellas batallas iniciales contra los moros.

que polulan
por las sórdidas callejas,
y a la medianoche ululan,
cuando graznan las cornejas!

50      ¡Soria fría! la campana
de la Audiencia da la una.
Soria, ciudad castellana,
¡tan bella! bajo la luna.

de Campos de Castilla (1912)

## UNA OBRA DE ROMANOS

### Miguel de Unamuno

Hace cuatro días he vuelto a ver el acueducto de Segovia, esa obra de romanos que es una de las maravillas monumentales de España y uno de sus pocos monumentos de orden civil. Viéndolo se comprende el valor del dicho vulgar: «¡Eso es obra
5 de romanos!», y aquel apelativo que se le dio a Roma llamándole «pueblo rey». Porque es obra de veras regia y verdaderamente popular. Ahora, lo que en ninguno de nuestros viajes a Segovia hemos averiguado es cómo le llama el pueblo. Que de seguro no acueducto. Porque acueducto es un vocablo erudito o culto, cuya
10 forma vulgar es «aguaducho». Pero «aguaducho» se le llama a una avenida de aguas, a una inundación, y también, sobre todo en el Mediodía, a un puesto de venta de agua.

Arpa de piedra le llamó Zahonero[25] al colosal aguaducho de Segovia, aunque de seguro no canta el viento, por fuerte que
15 sople, entre sus arcadas. En torno de ellas chirlean los vencejos, que ponen entre sus piedras sus nidos. Porque esas piedras, amontonadas tácticamente sin argamasa alguna, achaflanadas por aguas y soles y vientos de siglos, conservan su individualidad cada una de ellas y son como otros tantos soldados de una

---

[25]José Zahonero (1853-1931), novelista, cuentista y frecuente colaborador de periódicos y revistas.

20 legión en orden de batalla quieta. El aguaducho de Segovia
tiene algo de un az (no haz) romano armado de todas armas. Y
para llevar agua al campamento o a la ciudad.

Hoy no lleva ya agua, lo han jubilado. Lo han jubilado de su
función—¡lástima!—para mejor conservarlo como monumento.
25 Pero es fácil que al no sentir sobre su espinazo el riego dulce de
las linfas de la sierra empiece a sentirse inválido y decaiga más
de prisa. El agua, trasportar la cual era su función, ha debido
preservarle de la ruina. Porque, ¿qué es lo que ha abatido a
tierra, lo que ha aterrado a tantos monumentos? ¿La barbarie
30 de los hombres? Pero los bárbaros suelen ser conservadores.No
son ellos los que destruyen lo pasado, sino los que tienen que
levantar sobre su suelo el porvenir.

Aquel formidable planfletista que fue Pablo Luis Courier,[26]
en su carta V, escrita en Veretz (Turena)[27] a 12 de noviembre de
35 1819, escribía: «Los monumentos se conservan donde los hombres han perecido, en Balbek, en Palmira[28] y bajo la ceniza del
Vesubio;[29] pero en otras partes la industria, que lo renueva todo,
les hace una guerra continua. Roma misma ha destruido sus
antiguos edificios y se queja de los bárbaros. Los godos y los
40 vándalos[30] querían conservarlo todo. No ha estado en sus manos
el que ella quedara y no sea hoy tal como la encontraron. Pero
a pesar de sus edictos condenando a muerte a quien estropeara
las estatuas y los monumentos, todo ha desaparecido, todo ha
tomado una forma nueva».

45 Hoy ya no se lleva el agua por lo alto, cara al cielo, a solearse y airearse y como en brindis a Júpiter; hoy se la lleva por bajo
tierra en canales soterraños. Y aquí, como el secular aguaducho
de Segovia, obra de romanos, que enmarca el cielo, cede a una

---

[26]Helenista y escritor político francés (1772-1825), autor de *Lettres écrites de
France et d'Italie* (1824).

[27]Véase nota 5, Parte I.

[28]Ciudad de la Siria antigua, también llamada Heliópolis, sitio de ruinas preclá-
sicas así como grecolatinas. Actualmente forma parte del Líbano. Palmira es otro sitio
sirio célebre por su antigüedad y sus ruinas orientales.

[29]Pompeya, sepultada bajo las cenizas del Vesubio (79 d. de J.C.).

[30]Pueblos germánicos que invadieron el imperio romano en los siglos IV y V.

nueva táctica de ingeniería y, ejército de reserva, más bien de
50 veteranos inválidos, se acerca a la derrota, a la ruina definitiva.
¡Porque ya no lleva agua!
    El mismo día en que llegué a Segovia había pasado—y era
la segunda vez—por Madrigal de las Altas Torres,[31] «nombre
alto, sonoro y significativo», que diría Cervantes. Pero ¡ay!, que
55 las altas torres de Madrigal de las Altas Torres—las de los
cubos de sus murallas—no son ya ni altas ni muchas de ellas
torres. Como no defienden nada, como no soportan nada—salvo
algún nido de cigüeñas—las han ido dejando aterrarse. Su falta
de función las ha arruinado. Que hasta una tumba se mantiene
60 mientras guarda los huesos de su habitante de queda y reposo—
¡y no siempre!—, pero si hasta el muerto emigra de ella, la
tumba se hace ruina. Y la ruina de una tumba es lo más trágico
que hay. Y otras veces se la quiere convertir en cuna. Que si al
Cristo recién nacido le acostó su madre en un pesebre, en el
65 comedero de un asno, amigo del pobre y amigo del Redentor,
que caballero en él metió en Jerusalén su gloria, a nosotros nos
acuestan al nacer no pocas veces en algo como tumbas para bri-
zarnos en ellas el espíritu al eco de leyendas de muertos.
    El camino del agua de Segovia, la calzada romana del agua,
70 corre riesgo de arruinarse como se han arruinado en España
otras calzadas romanas sobre que peregrinaban los hombres. De
la antigua *via argentea*,[32] camino de plata, que iba de Mérida a
Narbona, queda en esta ciudad de Salamanca[33] una mitad del
puente romano. Y si estas arcadas romanas del puente se con-
75 servan, es merced al agua sobre que se tienden. El agua que
bajo ellas discurre las ha preservado, dándoles función, como el
agua que corría sobre las arcadas romanas del aguaducho de

---

[31]Pueblo de Castilla la Vieja entre Salamanca y Valladolid, donde nació Isabel
la Católica (1451).

[32]Antigua ruta entre dos importantes centros romanos, Narbonne, puerto mediterráneo de Francia, y Mérida, en el suroeste de España, por la cual pasaba mucho
tráfico comercial. De este hecho económico vino el nombre del camino. Para algo sobre
Mérida en tiempos romanos, véanse los dos artículos de Mariano José de Larra titula-
dos «Las antigüedades de Mérida».

[33]La ciudad de Unamuno, donde vivió, trabajó y escribió la mayoría de sus
obras.

Segovia le ha preservado a éste. Y si aún persiste tanto que levantó el pueblo rey es porque guarda su función, porque lleva o conserva algún género de agua. Como en el Derecho mismo.

Las arpas de piedra, como las de oro, acaban por enmudecer y por arruinarse cuando su canto no suena a cosa de entendimiento en los oídos de los hombres; pero los aguaduchos de doctrina corriente de ideas, y sobre todo de ideas que apagan nuestra sed de justicia, duran más que aquéllas. La *Ilíada* de Roma es el Código de Justiniano[34] o acaso más bien la Ley de las Doce Tablas[35]. Y el aguaducho de Segovia, obra de romanos, es, a su vez, un código.[36]

de *Andanzas y visiones españolas* (1922)

---

[34]Compilación monumental de las leyes romanas hecha bajo la dirección de Justiniano (485-565), emperador del Imperio bizantino, la que ha tenido profunda influencia en la historia del Derecho.

[35]Código antiguo (siglo V a. de J.C.) de leyes romanas formulado en beneficio de la plebe. Para Unamuno, lo que comparten los dos códigos romanos con la epopeya de Homero (la *Ilíada*) no es sólo la dimensión épica, sino también la raíz intrahistórica. La épica primitiva es arte del pueblo, de transmisión oral y de espíritu popular. Roma, que no sabía producir sino una poesía épica culta (la *Eneida* de Virgilio), sí sabía crear los códigos de justicia del pueblo, que siguen viviendo con función vital dentro de toda la humanidad.

[36]Lo mismo que los códigos legales son aguaduchos de ideas que apagan nuestra sed de justicia, así también es el aguaducho de Segovia un código, que puede apagar nuestra sed de eternidad. Aparece también en otros ensayos de Unamuno la idea de que las estructuras de piedra son como obras escritas, y viceversa. De esta forma se enfatiza la importancia de la palabra para los modernos. Véase, por ejemplo, «La Torre de Monterrey a la luz de la helada» (En *Andanzas y visiones españolas*) donde se elabora más detalladamente la misma idea.

# EN AGUILAR DE CAMPÓO

## Miguel de Unamuno

En la antigua villa de Aguilar de Campóo,[37] entre ruinas,
en esta Castilla en escombros que dijo Senador Gómez,[38] como
peregrinos de la Historia y de la Patria. Hace muchos años,
recorriendo con unos amigos alrededores de nuestro Bilbao,[39] un
5  aldeano decía a otro señalándonos: «Estos, ¿de minas o de
aguas?»...[40] Y el interpelado, que nos conocía contestó: «¿Estos?
¡No!» A ver «náa»[41] más; «inosentes». Y así en Aguilar de
Campóo, inocentemente, a ver nada más.[42] A ver, a vivir, a
morir, a revivir y también a remorir.[43] A apacentar nuestras
10  desesperadas y esperanzas entre ruinas.

    Por dondequiera escudos heráldicos, muchos en ruinas, de
casas y ruinas de nobleza. Aquí, como empresa del escudo:
«Qui[44] la sierpe mató con la infanta casó», y un águila sobre un
árbol mirando la matanza de la sierpe. Pero la mataron matán-
15  dole el pasto, matando la tierra, y ahora, ¡pobre de la infanta!
Allí: «Ceballos para vencellos ardid es de caballeros». Sí, se ha
cebado de dinero a los moros peligrosos, ¿pero «vencellos»? Más
allá: «Belar se deve la vida de tal suerte que quede vida en la

---

[37]Pueblo muy antiguo en la meseta superior de Castilla muy cerca de las montañas Cantábricas, a unos 100 kilómetros al norte de Palencia. Pasa por él el río
Pisuerga.

[38]Véase nota 24, Parte I.

[39]Lugar de nacimiento de Unamuno.

[40]Es decir, inspectores o ingenieros mandados por el gobierno por razones oficiales.

[41]«Nada». La reproducción del dialecto local es rara en Unamuno.

[42]Actividad típica de la generación del 98.

[43]Visión cíclica de la continuidad vital intrahistórica unamuniana que conecta
también con conceptos semejantes sustentados por Azorín y Valle-Inclán..

[44]Unamuno conserva los arcaísmos de los lemas: "Qui = quien; "ceballos" y "vencellos" = cebarlos y vencerlos; "belar" = velar; "deve" = debe.

87

muerte».[45] Si en nuestra muerte de hoy, si en esta trágica mo-
20  dorra, si en este acorchamiento del ánimo patrio quedase alguna vida . . . ¿Pero dónde está?

En los soportales de la plaza de Aguilar de Campóo se lee:
«Café Siglo XX». Es lo único del siglo XX, el café. ¿Pero eso es de
siglo?[46] Todo un mundo aquellos soportales por donde resbala
25  mansamente, como el Pisuerga allí cerca, la Historia. Cuando
resbala . . . Allí, el socallo, se duerme la vida y alguna vez se la
sueña. Pero es el sueño de siempre, el mismo cada vez. ¿Vez? No
hay más que una, el rato inmóvil. «Es un sosiego hediondo, como
el del agua corrompida», dice en uno de sus libros Senador
30  Gómez.

Las ruinas del castillo de Aguilar, entre ruinas de montes.
Y no se distinguen las unas de las otras. Diríase que son ruinas
de castillos, de castillos de esta Castilla leonesa,[47] aquellos atormentados monolitos, que remedan fábricas arquitectónicas, de
35  la cumbre de las Tuerces,[48] donde un tiempo ramoneaba el
ganado entre matorrales y hoy el tasugo (tejón) pasta macucas
hozándolas. Del pelo del tasugo se hacen brochas para enjabonar la cara al que se afeita, y de su piel colleras de lujo para
colgar esquilones al ganado . . . ¡una industria!

40    ¡Las ruinas de Santa María la Real,[49] convento que fue de
premostratenses! ¡Ruinas! Ruinas en que andan golloríos y
gorriones, piando alegría de vivir fuera de la Historia, y allí
cerca discurre sobre verdura el agua clara que baja de los riscos
calizos. Y las ruinas siguen arruinándose. Faltan capiteles, que
45  han sido llevados al Museo Arqueológico de Madrid. Es la tala
de la ciencia. ¿Ciencia? Y del mismo modo va yendo España toda

---

[45]El antiguo refrán advierte que hay que vivir moralmente bien en este mundo
para ganar la salvación en el otro. Unamuno interpreta el lema solamente en función
de este mundo, en lo que queda aquí de vida al morirnos.

[46]Es decir, «Pero eso, ¿tiene que ver con siglos?». El siglo es una medida cronológica que pertenece a la historia, no a la intrahistoria.

[47]Aguilar de Campóo, como Palencia hacia el sur, está en la frontera entre
Castilla y León.

[48]Sitio elevado de los alrededores del pueblo, de fantásticas formas rocosas.

[49]Monasterio del siglo XIII.

al Museo. Y un museo es el más terrible de los cementerios, porque no se le deja en paz al pobre muerto. Y luego ruinas de cementerio, ruinas de tumba.

50    Allí, junto a las ruinas de Santa María la Real, carretera por medio, en las escarpadas laderas del risco, una cueva y en ella una laude, la tapadera de un sepulcro, donde dice: «Aquí yace sepultado el noble y esforzado caballero Bernardo del Carpio»,[50] etcétera. Probablemente una superchería. Que es otra
55    forma de ruinas. Porque las supercherías y las leyendas en piedra suelen ser ruinas; ruinas de Historia, piezas de Museo.

Casi toda la tradición tradicionalista de España, la de los falsos cronicones, es superchería; superchería bajo un mítico Santiago[51]—embuste de Compostela—en cuyo día se esperó este
60    año . . .[52] ¡Otra superchería! Porque se nos quiere hacer vivir de mentiras, señor, de mentiras. Y a lo mejor—que es lo peor—cree en ellas alguien, señor, las cree . . ., ¡el muy frívolo! Y esto no tiene remedio . . .

Sentados al socallo, allá en lo alto de las Tuerces, al abrigo
65    de una roca saliente, a este rico sol, henchíamos nuestra mirada con aquella desolación que nos ceñía en redondo—golpes de verdura al borde del agua que corre en el fondo del valle—, y entre aquellas ronchas de lo que fue monte y es hoy desierto veíamos a la Patria rezumando pus y sangraza por entre agrie-
70    tadas costras de cicatrices.

¿Quedan entre estas ruinas hombres? ¿Queda en los arrui- nados hombres hombría? Y pensábamos en esa simbólica san- día, fruto de secano, que saca dulce jugo, frescor de agua entra- ñada, de la reseca roca. Hay agua en el fondo, en el cogollo del
75    corazón rocoso. Y hasta una ruina puede ser una esperanza.

---

[50]Héroe español legendario del siglo IX, tema de cantares épicos y de un ciclo de romances.

[51]El apóstol Santiago el Mayor, santo patrono de España, cuyo sepulcro se en- cuentra, según la tradición, en la catedral de Santiago de Compostela, gran centro europeo de veneración católica, en Galicia.

[52]Es decir, «en cuya fiesta puso todo el país tantas expectativas durante este año». La fiesta de Santiago gana significación especial en los años en que el día de fiesta (25 de julio) cae en domingo. Tales años se llaman «Año Santo de Santiago» o «Año Compostelano». Unamuno escribía este artículo en 1920, un Año Compostelano.

Pero hay que libertarse del Museo; hay que sacudirse del ensalmo de las piezas de Museo. Como el testamento de Isabel la Católica,[53] por ejemplo. Nuestras leyendas mismas ya no viven, no hay en ellas vida en la muerte; son ruinas de leyendas,
80 piezas de Museo. El troglodítico tradicionalismo español huele a Museo donde no entra ni el sol ni el aire. La guerra de África que hizo D. Pedro Antonio de Alarcón,[54] verbigracia, no es ya ni leyenda: es cosa de erudición literaria, pronto cosa de archivo.

Y esta España arruinada, entre ruinas de leyendas, man-
85 dada recoger para el Museo, ¿va a arruinarse más aún, arrui-nando a Marruecos?[55] ¿Pretenderá luego conquistar el Sahára? ¿Fundar allí un imperio sin hombres?

«Belar se deve la vida de tal suerte que quede vida en la muerte», dice Aguilar de Campóo.

de *Andanzas y visiones españolas* (1922)


## ATARDECER DE ESTÍO EN SALAMANCA

Miguel de Unamuno

Del color de la espiga triguera
ya madura,
son las piedras que tu alma revisten,
Salamanca;

---

[53]La imagen de España como el agresivo paladín del cristianismo.

[54]Novelista español del siglo XIX (1833-1891), que partició en la guerra de África como soldado voluntario y que publicó en 1860 una obra muy popular llamada *Diario de un testigo en la guerra de África*. La campaña de África en 1859-60 le costó a España unos 7.000 muertos, pero fomentó ilusiones nacionales de gloria. No es de extrañar que Unamuno despreciara la pintura positiva del militarismo por parte de Alarcón. Otros escritores del 98 expresan semejante antipatía por la guerra de Marruecos. Véase, por ejemplo, «La guerra» de Azorín (Parte VII).

[55]Aunque se produjo de vez en cuando éxito en la política internacional y en la extensión de territorios, la larga aventura española fue últimamente un desastre en el aspecto humano y económico. La sublevación del caudillo marroquí, Abd-el-Krim, y la derrota de los españoles en Anual (1921) coinciden cronológicamente con este ensayo de Unamuno y con otros de la misma colección *(Andanzas)*.

5        y en las tardes doradas de junio
         semejan tus torres,
         del sol a la puesta,
         gigantescas columnas de mieses
         orgullo del campo.

10       Desde lo alto derrama su sangre,
         lluvia de oro,
         sobre ti el regio sol de Castilla,
         pelícano[56] ardiente;
         y en tus piedras anidan palomas
15       que arrullan en ellas
         eternos amores
         al acorde de bronces sagrados[57]
         que lanzan al aire
         seculares quejas
20       de los siglos.

         Los vencejos tu cielo repasan
         poblando su calma
         con hosanas de vida ligera,
         jubilosa,
25       las tardes de estío;
         y este cielo, tu pres y tu dicha,
         Salamanca,
         es el cielo que esmalta tus piedras
         con oro de siglos.

30       Como poso del cielo en la tierra
         resplende tu pompa,
         Salamanca,

---

[56]El modo que tiene el pelícano de abrir la bolsa bajo su largo pico, donde tiene
depositados alimentos, ha originado la leyenda de que el pelícano se abre el pecho con
el pico para alimentar a sus polluelos con su sangre.

[57]Las campanas de las iglesias.

del cielo platónico[58]
que en la tarde del Renacimiento,
35    cabe el Tormes, Fray Luis[59] meditando
soñara.

Sobre ti se detienen las horas,
de reveza,
soltando su jugo,
40    su savia de eterno;
y en tus aguas se miran los siglos
dejando a la historia
colmar tu regazo
con frutos de otoño.

45    Cuando puesto ya el Sol, de tu seno
rebotan tus piedras
el toque de queda,
me parecen los siglos mejerse,
que el tiempo se anega,
50    y vivir una vida celeste
—¡quietud y visiones!—
¡Salamanca!

(1908)

---

[58]La visión del cielo en la poesía de Fray Luis de León se apoya en arquetipos ideales conforme a la corriente neoplatónica del Renacimiento. La naturaleza se presenta bajo imágenes de orden y armonía perfectos, algo así como los paisajes de la novela pastoril de aquella época. Buen ejemplo de esta visión de Fray Luis es su famoso poema «Noche serena»; de la novela pastoril *Los siete libros de la Diana* de Jorge de Montemayor.

[59]Salamanca es la ciudad de Fray Luis de León, como lo es de Unamuno, aunque ninguno de los dos nació allí. Eminente escriturista y clasicista, además de poeta, Fray Luis fue por muchos años del siglo XVI catedrático en la Universidad de Salamanca, en cuyo patio se ve todavía su figura. El famoso río Tormes del pícaro Lazarillo pasa por Salamanca, y a sus orillas, en la granja de su orden (los Agustinos), escribió Fray Luis muchas de sus obras.

# III. GENTES

En el camino, señero,
por la llana polvorienta,
mi corazón castellano
ama, duda, sufre y sueña.

Enrique de Mesa

## LA MARCHA DEL REGIMIENTO

### Ramiro de Maeztu

Maeztu escribió este artículo en Mallorca en abril de 1898, el mismo mes en que el Congreso norteamericano declaró la guerra a España. Bajo la sombra de aquella guerra, las tropas se van a las Islas Baleares a servir de defensores, e incorporado a sus filas está el periodista Maeztu hecho soldado. El tono patriótico proviene del fervor del momento, ya que el autor había sido un crítico constante de la miserable política colonial del gobierno y había pronosticado la pérdida definitiva de las colonias. Sin embargo, el artículo está libre de jingoísmo y patroterías, e incluso se vislumbra cierta objetividad periodística en la técnica. La reacción patriótica del pueblo ante la aparición del regimiento es natural en la época, existiera o no una antipatía popular entre los españoles contra la guerra. En efecto, lejos de ser un suceso meramente español, el episodio adquiere cierta dimensión universal. Con unos pocos cambios de detalles específicos, tendríamos un cuadro de cualquier país de antaño cuando era movilizado. Maeztu no se mete personalmente en la narración hasta el final del artículo. Lo que dice allí no es una cínica e indiferente declaración ante el sino de los soldados españoles, sino que expresa una confianza, matizada de angustia, en la fecundidad nacional para crear otra España nueva, derrotada o no la que tenía a la vista en una guerra contra los Estados Unidos.

\* \* \*

Camino de la estación del Mediodía va un regimiento de línea. Catorce kilómetros de marcha por la carretera, con todo el equipo, el correaje y el armamento, han fatigado a los muchachos y andan con la cabeza caída y el uniforme blanqueado por
5  el polvo; blancas las correas, blanco el pantalón rojo, blanco el capote azul, blanco el rostro, dibujando el conjunto perfiles empolvados.

Marchan de dos en dos, por entrambas aceras, pensativos, melancólicos, al cruzar los arrabales.

Se acercan al centro de Madrid, se oye un ¡viva España!, ordena el coronel formar de a cuatro, la música entona un pasodoble, la gente se amontona alrededor del regimiento, y como movidos por un resorte, los cuerpos de los soldados se yerguen, las cabezas se levantan, los encogidos pechos se desdoblan, una sonrisa cruza mil semblantes, los ojos se iluminan y el cansancio desaparece. ¡Que no se diga que parecen muertos! Muévense los brazos con gallardo brío, el paso se encauza y acelera.

La gente prorrumpe en vivas estruendosos, una imagen brillante, algo así como una borrachera de valor y de triunfo, cruza, como una ráfaga de viento, los mil espíritus de un mismo cuero y el regimiento se aleja entre la multitud entusiasmada.

A las veces asoman por los ojos de los expedicionarios tristes remembranzas; el último apretón de manos del padre que se volvió de espaldas para no dejar ver las lágrimas; el llanto franco de la madre, de la hermana y de la novia, sus últimos abrazos, que aún parecen se les cuelgan del cuello.

Pero la música prosigue entonando el marcial pasodoble. Óyense a lo lejos los vivas de la gente; ¡atrás las penas! ¡erguid el cuerpo! . . . ¿qué se pierde, si en todo caso se pierde la vida? . . . Por de pronto se abandona la existencia cuartelera, vida de cepillar botones y de frotar correas . . .

Al salir de Madrid el regimiento, con rumbo a las Baleares,[1] parece la estación del Mediodía un inmenso escenario en el momento de la apoteosis. Se suceden sin tregua los vivas frenéticos, cien banderas se agitan en los aires, cien mil personas escoltan al ejército, agrupándose a lo largo de la vía férrea en una extensión de más de una legua.

La apoteosis se repite en todas las estaciones del camino.

---

[1]Las islas españolas del Mediterráneo, de las que forman parte Mallorca, Menorca e Ibiza.

En un pueblo—Alcalá de Henares—[2] las casas se cierran;
40  mujeres, niños, viejos y enfermos corren a la estación. El himno
de Cádiz[3] retumba a los vientos.

El labriego sacude su escepticismo habitual respecto de las
cosas públicas; por una vez endereza el cuerpo, encorvado perpe-
tuamente, sobre el arado y se quita el sombrero, saludando las
45  banderas que ondean en el tren militar, las mismas banderas
que tremolaron los manifestantes y depositaron en las manos
del ejército, para que con su pecho las defienda.

En un delirio loco. Por todas partes—en Aragón[4] muy especialmente—las estaciones desbordan muchedumbres. Junto a
50  la silueta del campesino se divisa la del médico y la del alcalde,
tal como las dibujan los caricaturistas; aquí y allá aparece el
tipo sano y simpático de nuestro cura de misa y olla, que con la
cara sofocada de rabia y la teja en la mano, depone por un día
la prédica del Evangelio, y sintiéndose español de cuerpo y
55  alma, grita a los soldados que respetuosamente le saludan: —¡A
ellos, muchachos, a ellos, y enseñadles a tener vergüenza!

De los pueblos más pobres, aportan los *maños* cestas reple-
tas de vino y vituallas. En lo alto de un cerro asoma un aragonés clásico, con el pañuelo en la cabeza, que cierra los puños y
60  agita los brazos, señalando el horizonte que la locomotora va
ganando.

En Calatayud[5] hay diez mil personas en la estación.
Separadas de la multitud yérguense unas seis soberanas moce-
tonas, de estatura majestuosa, colores frescos y caderas olímpi-
65  cas.

---

[2]A unos 30 kilómetros al nordeste de Madrid, lugar de nacimiento de Cervantes
y sitio de la famosa universidad del siglo XVI.

[3]Canción militar que data de la época de la Guerra de la Independencia contra
Napoleón y los conflictos por establecer en España el liberalismo político. El himno
llevó también el nombre del general Rafael de Riego (1785-1823), uno de los líderes
del movimiento constitucionalista, y sirvió de símbolo liberal. La misma canción fue
declarada himno nacional de la segunda República española en 1931.

[4]El tren va con rumbo a Barcelona.

[5]Antiguo pueblo situado al suroeste de Zaragoza.

En sus cuerpos egregios parecen encarnarse los dioses fecundos del cielo pagano . . .

. . . Al zarpar de Barcelona la gente ocupa hasta las vergas
de los barcos mercantes.

70      Y al terminar el viaje, cuando el cansancio rinde a los soldados, entre las negruras de la ausencia, se destaca una visión
halagadora, la de las aragonesas de Calatayud, imagen de
triunfo y de vida.

¿Qué importa la guerra? . . . ¿Qué la muerte? . . . En esas
75   caderas arrogantes cabe otra España, si acaso ésta se hundiera.

de *Hacia otra España* (1899)


## LA TUMBA DE LARRA

Pío Baroja

El conocido homenaje a Larra ha llegado a ser un acto simbólico
de toda la generación del 98, aunque de los noventayochistas más
notables, sólo Azorín y Baroja figuran en el grupo de siete jóvenes
que participaron en el suceso. De un modo u otro, todos ellos compar-
5   tían, entre otras cosas, el escepticismo iconoclasta y la ironía intelectual del gran estilista romántico. En su ensayo dedicado a dicho
episodio, resume Baroja las palabras pronunciadas por Azorín ante
la tumba, las que explican la relación íntima que sentían con Larra
algunos jóvenes del 98. Azorín, por otra parte, incorpora a su cuasi-
10  autobiográfica novela, *La voluntad* (1902), no sólo algunas de estas
palabras de Baroja, sino también todo el discurso que él mismo había
leído en el cementerio. Para ampliar el resumen de Baroja, citamos
aquí unas frases del discurso de Azorín: «Y si ser libre es gustar de
todo y renegar de todo—en amena inconsecuencia que horroriza a la
15  consecuente burguesía—, Larra es el más libre, espontáneo y
destructor espíritu contemporáneo. Por este ansioso mariposeo intelectual, ilógico como el hombre y como el universo ilógico; por este
ansioso mariposeo intelectual, simpática protesta contra la rigidez
del canon, honrada disciplina del espíritu, es por lo que nosotros lo
20  amamos. Y porque lo amamos, y porque lo consideramos como a uno
de nuestros progenitores literarios, venimos hoy, después de sesenta

98

y cuatro años de olvido, a celebrar su memoria» (*La voluntad*, Parte II, cap. IX).

* * *

25    El día 13[6] por la tarde, aniversario de la muerte de Larra,[7] fuimos algunos amigos a visitar su tumba al cementerio de San Nicolás.[8]

El cementerio este se encuentra colocado a la derecha de un camino próximo a la estación del Mediodía. A su alrededor hay
30  eras amarillentas, colinas áridas, yermas, en donde no brota ni una mata, ni una hierbecilla.

A los lados del camino del campo santo se levantan casuchas roñosas, de piso bajo solo, la mayoría sin ventanas, sin más luz ni más aire que el que entra por la puerta.

35  El día en que fuimos era espléndido, el cielo estaba azul, tranquilo, puro. Desde lejos, a mitad de la carretera, por encima de los tejadillos del cementerio, se veían las copas de los negros cipreses, que se destacaban en el horizonte de un azul luminoso.

Llegamos al campo santo; tiene éste delante un jardín
40  poblado de árboles secos y verdes arrayanes, y una verja de hierro que le circunda.

Llamamos, sonó una campana de triste tañido, y una mujer y una niña salieron a abrirnos la puerta. Enfrente de ésta hay un pórtico con una ventana semicircular en medio, con los cris-
45  tales rotos; a los lados se ven las campanas.

Por encima del tejado del pórtico, de una enorme chimenea de ladrillo salía una bocanada lenta de humo negrísimo.

—¿Vienen ustedes a ver a alguno de la familia?—nos dijo la mujer.

50  —Sí—contestó uno de nosotros.

Entramos, cruzamos el jardín, después el pórtico, en donde un enorme perrazo quiso abalanzarse sobre nuestras piernas, y pasamos al primer patio.

---

[6]De febrero de 1901.

[7]El joven periodista se suicidó el 13 de febrero de 1837, antes de cumplir los 28 años de edad.

[8]El episodio tiene lugar en Madrid.

Un silencio de muerte lo envuelve. Sólo de cuando en
55  cuando se oye el cacareo lejano de algún gallo, o la trepidación
de un tren que pasa.

Las paredes del patio, bajo los arcos, están atestadas de
nichos, abandonados, polvorientos; cuelgan aquí coronas de
siemprevivas, de las que no queda más que su armazón; allí se
60  ven cintajos podridos; en otra parte, una fotografía iluminada;
más lejos, un ramo arrugado, seco, símbolo de vejez o de ironía.
En los suelos crece la hierba, hermosa y fresca, sin preocuparse
de que vive con los detritos de los muertos.

La mujer, acompañada de la niña, nos lleva frente al nicho
65  que guarda las cenizas de Larra. Está en el cuarto tramo; su
lápida es de mármol negro; junto a él, en el suelo, se ve el nicho
de Espronceda.[9] Los dos amigos descansan juntos, bien solos,
bien olvidados. En el nicho de Larra cuelga una vieja corona; en
el de Espronceda, nada. Nosotros dejamos algunas flores en el
70  marco de sus nichos.

Martínez Ruiz[10] lee unas cuartillas hablando de Larra. Un
gran escritor y un gran rebelde, dice; y habla de la vida atormentada de aquel hombre, de su espíritu inquieto, lleno de
anhelos, de dudas, de ironías; de sus ideas amplias, no sujetas
75  a un dogma frío e implacable, sino libres, movidas a los impulsos de las impresiones del momento. Nos dice cómo, desalentado
y amargado por la frivolidad ambiente, sin esperanza en lo
futuro, sin amor por la tradición, los desdenes de la mujer querida colmaron su alma de amargura y le hicieron renunciar a la
80  existencia.

Y concluye de leer, y permanecemos todos en silencio. Se
oye el silbido de un tren que parece un llamamiento de angustia
y de desesperación.

—Pueden ustedes ver lo demás—nos dice la mujer; y
85  siguiéndola a ella y a la niña, bajamos escaleras y recorremos
pasillos oscuros como catacumbas llenas de nichos, adornados
con flores y coronas y cintas marchitas.

---

[9]José de Espronceda (1808-1842), famoso poeta romántico y contemporáneo de
Larra.

[10]El futuro Azorín.

La muerte pesa sobre nosotros, e instintivamente vamos buscando la salida de aquel lugar.

90 Ya de vuelta en el jardín, miramos hacia el pórtico y nos ponemos a leer un letrero confuso que hay en él. La mujer, sonriendo, cogida de la mano de la niña, nos dice, señalando el letrero:

Templo de la verdad es el que miras.
95 No desoigas la voz con que te advierte
que todo es ilusión, menos la muerte.

—Eso es lo que pone ahí; adiós, señoritos.

Y la mujer saludó alegremente, después de recitar estos versos lúgubres.

100 Y salimos, y nos fuimos encaminando hacia Madrid. Iba apareciendo, a la derecha, el ancho tejado de la estación del Mediodía; enfrente, la mole del Hospital General, amarillento, del color de la piel de un ictérico; a la izquierda, el campo yermo, las eras amarillas, las colinas desnudas, con la enorme desola-
105 ción de los alrededores madrileños . . .

de «Otros ensayos», *Obras completas*, tomo VIII


## EL ESPAÑOL NO SE ENTERA

### Pío Baroja

La falta de toda inclinación hacia la introspección y autocrítica por parte de los españoles es un tema que se mantiene constante en la obra de los noventayochistas, a veces implícito, otras veces, como aquí Baroja, sumamente explícito. Ignorancia, torpeza, vacuidad,
5 despiste—todo ello igualmente marca la pintura que nos da más abajo Machado de sus soñolientos compatriotas, y llega a su máxima intensificación en los esperpentos de Valle-Inclán. La idea esperpéntica de que España es una anomalía en el contexto de la Europa moderna, está bien presente en otros escritores del 98.

10 * * *

El español actual es impotente para ver la realidad. No puede, no se entera; además, no tiene curiosidad ninguna.

101

Un español llega al mundo como un viajero inquieto a la estación de un tren en donde la parada es larga. Va, viene, se
15  sienta, pregunta una porción de cosas inútiles. Detrás de la mampara de cristales de esa estación hay un pueblo, un monte, un castillo ... El español no se entera, tiene prisa. ¿Prisa para qué? Para nada ... Los demás viajeros han recorrido el pueblo; alguno ha comprado algo que le convenía comprar; todos están
20  a la hora del almuerzo en la fonda. Él no, él no ha visto el pueblo; se le ha ocurrido salir en el momento de almorzar, y come mal, de prisa y corriendo, y está a punto de que se le escape el tren.

Así me represento al español andando por la vida, sin plan,
25  sin tino y, sobre todo, sin fuerza para ver la realidad.

En el comercio, en la industria, en la política, en la literatura o en la ciencia, el español apenas ve.

Todos los escritores españoles presenciarían hoy luchas como las de la *Ilíada*[11] y, si no estaban ya de antemano recono-
30  cidas como sustancia literaria, no las apreciarían. Pensarían en el abate Coignard,[12] en Pierrot y Colombina[13] o en cualquier otra cursilería de moda por el estilo.

En el comercio, en la ciencia y en la industria pasa igual. Yo recuerdo un profesor de Medicina que, habiendo llegado a
35  hacer con perfección más de diez mil preparaciones histológicas, no se le había ocurrido nunca cambiar los procedimientos que veía en los libros; todo lo hacía como lo leía; pero nunca fue capaz de hacer un ensayo por su cuenta.

Hace unos meses estaba yo en un pueblo, y en la fonda me
40  encontré con un vinatero rico. Este señor, hablando de la riqueza de España y de las demás naciones, me dijo muy seria-

---

[11]La epopeya de Homero sobre la guerra de Troya.

[12]Protagonista de dos obras populares del novelista francés Anatole France: *La Rôtisserie de la Reine Pédauque* (1892) y *Les Opinions de Jérôme Coignard* (1893).

[13]Pierrot y Colombina son unos personajes tradicionales de las farsas caricaturescas que se originaron en la *commedia dell´ arte* italiana. Típicos de estas obras son teatralerías y payasadas, vestidos extravagantes, caras grotescamente pintadas, e improvisaciones de diálogo poco sutiles. Muy populares en Francia, lo eran también entre los francófilos burgueses de España, de modo que Baroja las desprecia como una frivolidad cursi.

mente que el terreno bueno de Francia para la agricultura era, poco más o menos, como el terreno malo de España.

—Usted sabrá—le dije yo—que le extensión superficial de
45 España es casi tan grande como la de Francia.

—Sí.

—Usted sabrá que Francia tiene cerca de cuarenta millones de habitantes y que España no llega a veinte. ¿Cómo se explica usted que teniendo nosotros, según usted, mayor riqueza y una
50 extensión superficial parecida, vivamos nosotros menos y peor y ellos el doble de nosotros y mejor?

—Porque son más trabajadores—dijo el hombre, molesto.

—Es que si fuera así—repliqué yo—habría que matarnos a todos los españoles.
55     Y es que aquí la gente no se entera. No hay español que al ir a París, que es el primer punto de salida del español, no nos haya hablado del Barrio Latino, de los barracones de feria del bulevard de Clichy y de todas esas cosas ridículas y amaneradas de la Ville Lumière;[14] pero nadie nos ha hablado de la fuerza in-
60 dustrial que representa París, que, en el fondo, es su vida; de la extrañeza de que el puerto fluvial de París sea el de más comercio de Francia, de mucho más tonelaje que Marsella[15] y que El Havre;[16] ni de que el valle del Sena[17] sea uno de los más fértiles del mundo.
65     Y es que el español no se entera; va un catalán allí a lucir sus melenas, o un andaluz a lucir su capa; va un americano que tiene la nostalgia de las plumas y del taparrabo,[18] y unos y otros no pueden ver más que lo que les han dicho que hay.

En último término, esta tendencia a no enterarse del
70 español (del español de España, porque el español de América está en otras condiciones) es un procedimiento de defensa, es un

---

[14]Villa de luz, o sea, París.

[15]Marseille, puerto francés en el Mediterráneo.

[16]Puerto de París, en el estuario del río Sena.

[17]El río Seine, que cruza el norte de Francia, pasa por París y desemboca en el canal de la Mancha frente a Inglaterrra.

[18]El «bárbaro» americano, «descendiente» poco culto del indio primitivo.

velo que pone el instinto vital sobre las cosas para que podamos
vivir.

Cuando la realidad es completamente dura y amarga, el
75 instinto de vivir hace que los hombres no la veamos; cuando la
realidad comienza a dulcificarse un poco, los hombres comienzan también a verla y se hacen pesimistas.

De aquí creo yo que nace el pesimismo de los que van ente-
rándose de las cosas en España. Los que están tranquilos, los
80 que lo consideran todo con un buen aspecto, es que no se ente-
ran. Y ésa es la mayoría de los españoles.

de *Nuevo tablado de Arlequín* (1917)

## LOS PANADEROS

Pío Baroja

La sostenida hostilidad de Baroja y sus contemporáneos hacia
la sociedad institucionalizada no se extiende generalmente a la
plebe. La clase obrera continúa siendo una reserva de vigor espontáneo y dinámico, poco restringido por los tabúes y convencionalismos
del mundo aburguesado. Los panaderos de Baroja, todos provincia-
nos y poco metidos en la «cultura» de Madrid, apenas prestan atención a esas amargas realidades que conocen bien, sea el trabajo duro,
el frío y la lluvia del invierno, o la omnipresencia de la muerte. Lo
que importa es vivir vitalmente, con espíritu libre y con apetito,
aprovechándose de toda circunstancia, incluso la muerte, para
hacerlo. Baroja comunica esto en forma vital, sin sentimentalismos
ni ideología ni heroísmo, presentándonos un trozo de humanidad
intensa aunque vulgar. Todo en clave menor, y muy a lo Baroja.

\* \* \*

El coche de muerto se dirigía por la Ronda[19] hacia el Prado.
Era un coche de tercera, ramplón, enclenque, encanijado; estaba
pintado de negro, y en las cuatro columnas de los lados que

---

[19]Serie de calles, o rondas, que pasa por el Madrid antiguo; ésta, la de Segovia
o Toledo.

sostenían el techo y en la cruz que lo coronaba tenía vivos
5  amarillos, como los de un uniforme de portero[20] o de guardia de
Orden Público.

No se parecía en nada a esas carrozas fúnebres tiradas por
caballos empenachados, de movimientos petulantes; no llevaba
palafreneros de media blanca y empolvada peluca; no; era un
10  pobre coche, modesto, sin pretensiones aristocráticas, sin más
aspiración que la de llenar de carne el pudridero del Este y no
romperse en pedazos un día de toros, camino de las Ventas.[21]

Lo arrastraban dos caballos escuálidos y derrengados, en
vísperas de entregar sus almas al dios de los caballos; uno de
15  ellos era cojitranco, y hacía bambolearse al coche como a un
barco en alta mar y le arrancaba unos crujidos y unos rechina-
mientos que partían el alma.

El cochero, subido en el alto pescante, enfundado en su
librea negra y raída, el sombrero de copa metido hasta las cejas
20  y la corbata subida hasta la barba, dirigía los caballos con las
riendas en una mano y el látigo en la otra, y sonreía benévola-
mente desde sus alturas a la Humanidad que se agitaba a sus
pies, con toda la benevolencia que da a un espíritu recto y filosófico una docena de *quinces* introducidos en el estómago.
25  Era un cochero jovial, un cochero que comprendía el mérito
de ser jovial, y seguramente que los que él conducía no podían
quejarse, porque cuando iba un poco cargado, lo cual pasaba un
día sí y el otro también,[22] entretenía a los señores difuntos por
todo el camino con sus tangos y sus playeras, y saltaban los
30  buenos señores, sin sentirlo, en sus abrigados ataúdes, de los
puertos de la muerte a las orillas de la nada.

Iban por en medio de la calle, y tenían las botas y los pan-
talones bastantes llenos de barro, para no tener necesidad de
fijarse en dónde ponían los pies.

---

[20]El que guarda la entrada de un edificio y está encargado de los servicios del
mismo.

[21]La plaza de toros de Madrid; el encargo del coche sería recoger el cuerpo de un
torero acornado.

[22]Es decir, el cochero estaba siempre un poco borracho.

Primero, junto al coche, presidiendo el duelo, marchaban dos primos del difunto, bien vestidos, hasta elegantes; con su pantalón de pana y su gran cadena de reloj, que les cruzaba el chaleco.

Luego iban los demás, formando dos grupos aparte. La causa de aquella separación era la rivalidad, ya antigua, existente entre la tahona del *Francés* y la tahona del *Gallo*; las dos colocadas muy cerca, en la misma calle.

Al entierro de Mirandela, antiguo oficial de masas de la tahona del *Gallo* y luego hornero en la tahona del *Francés*, no podían faltar ni los de una casa ni los de la otra. Y, efectivamente, estaban todos.

Allí se veía en el grupo de los del *Gallo*: el maestro, conocido por el sobrenombre de *O ferrador*;[23] *el Manchego*, uno de los antiguos de la tahona, con su sombrero de alas anchas, como si fuera a cazar mariposas, su blusa blanca y su bastón; *el Maragato*, con su aspecto de sacristán; *el Moreno* y Basilio, *el Americano*.

El otro grupo lo capitaneaba el mismo *O francés*, un *auvergnat* grueso y colorado, siempre con la pipa en la boca; junto a él iban los dos hermanos Barreira, con sombreros cordobeses y vestidos de corto; dos gallegos de instintos andaluces y aficionados a los toros; y detrás de ellos los seguían Paco, conocido con el mote de *la Paquilla*; Benito *el Aragonés*, y *el Rubio*, el repartidor.

De cuando en cuando, de alguno de los dos grupos partía una sentencia más o menos filosófica, o más o menos burlesca: «La verdad es que para la vida que uno lleva, más valiera morirse». «Y ¡qué se va a hacer!». «Y que aquí no se puede decir no quiero . . .».

El día era de invierno, oscuro, tristón; las casas, ennegrecidas por la humedad, tenían manchas negruzcas y alargadas en sus paredes, lagrimones que iba dejando la lluvia; el suelo estaba lleno de barro, y los árboles descarnados entrecruzaban en el aire sus ramas secas, de las cuales aún colgaban, temblorosas, algunas hojas mustias y arrugadas.

---

[23]Gallego por «el herrador».

Cuando el coche fúnebre, seguido por el acompañamiento, bajó la calle de Atocha[24] y dio vuelta a las tapias del Retiro,[25] comenzaba a llover.

A la derecha se extendía la ancha llanura madrileña, ya
75 verde por el trigo que retoñaba; a lo lejos surgía, entre la niebla, la ermita del cerrillo de los Ángeles;[26] más cerca, las dos filas de casas del barrio del Pacífico, que iban a terminar en las barriadas del puente de Vallecas.

Al pasar por una puerta del Retiro, próxima al hospital del
80 Niño Jesús, propuso uno echar unas copas en un merendero de allí cerca, y se aceptó la idea.

—Aquí vaciamos un frasco de vino con el pobre Mirandela cuando fuimos a enterrar a Ferreiro; ¿os acordáis?—dijo *el Maragato*.

85 Todos movieron la cabeza tristemente con aquel recuerdo piadoso.

—El pobre Mirandela decía—añadió uno de los Barrerias— que camino del Purgatorio hay cuarenta mil tabernas y que en cada una de ellas hay que echar una copa. Estoy seguro de que
90 él no se contenta sólo con una.

—Necesitará lo menos una cuartilla, porque él era aficionado, si bien se quiere—añadió *el Moreno*.

—Y ¿qué se va a hacer?—repuso con su habitual filosofía *O ferrador*, contestándose a sí mismo—Va uno a su casa y la
95 mujer riñe y los rapaces lloran, y ¿qué se va a hacer?

Salieron del merendero, y al cabo de poco rato llegaron a la calle de Alcalá.[27]

Algunos, allí se despidieron del cortejo, y los demás entraron en dos tartanas que anunciaban unos cocheros, gritando:
100 «¡Eh! ¡Al Este! ¡Al Este, por un real!».

El coche de muerto comenzó a correr de prisa, tambaleándose con la elegancia de un marinero borracho, y tras de él

---

[24]Calle principal que da en el paseo del Prado.

[25]Parque del Buen Retiro, en el centro de Madrid.

[26]En los alrededores del sur de la ciudad, camino de Toledo.

[27]Una de las calles más importantes de Madrid, que comienza en el centro y continúa hasta los límites del este de la ciudad.

siguieron las dos tartanas, dando tumbos y tumbos por la carretera.

105    Al paso se cruzaban otros coches fúnebres, casi todos de niño. Se llegó a las Ventas, se cruzó el puente, atravesaron las filas de merenderos, y siguieron los tres coches, uno tras de otro, hasta detenerse a la puerta del cementerio.

Se hizo el entierro sin grandes ceremonias. Lloviznaba y 110 corría un viento muy frío.

Allá se quedó el pobre Mirandela, mientras sus compañeros montaron en las tartanas.

—Esta es la vida—dijo *O ferrador*. Siempre dale que dale. Bueno. Es un suponer. Y después viene un cura, y ¿qué? Nada. 115 Pues eso es todo.

Llegaron a las Ventas. Había que resolver una cosa importante: la de la merienda. ¿Qué se iba a tomar? Algo de carne. Eso era indudable. Se discutió si sería mejor traer jamón o chuletas; pero el parecer general fue el de traer chuletas.

120    *El Maragato* se encargó de comprarlas, y volvió en un instante con ellas envueltas en un papel de periódico.

En un ventorro prestaron la sartén, dieron unas astillas para hacer fuego y trajeron vino. *La Paquilla* se encargó de freír las chuletas.

125    Se sentaron todos a la mesa. Los dos primos del muerto, que presidían el duelo, se creyeron en el caso de poner una cara resignada; pero pronto se olvidaron de su postura y empezaron a engullir.

Los demás hicieron lo mismo. Como dijo *O ferrador*: «El 130 muerto al hoyo y el vivo al bollo».

Comían todos con las manos, embutiéndose en la boca pedazos de miga de pan como puños, llenándose los labios de grasa, royendo la última piltrafa de los huesos.

El único vaso que había en la grasienta mesa pasaba de 135 una mano a otra, y a medida que el vinazo iba llenando los estómagos, las mejillas se coloreaban y brillaban los ojos alegremente.

Ya no había separación: los del *Gallo* y los del *Francés* eran unos; habían ahogado sus rivalidades en vino y se cruzaban 140 entre unos y otros preguntas acerca de amigos y parientes: Y

¿Lenzuela, el de Goy? Y ¿Perucho, el de Furis? Y ¿*el Farruco de Castroverde*? Y ¿*el Tolo de Monforte*? Y ¿Silvela? . . .

Y llovían historias, y anécdotas, y risas, y puñetazos en la mesa, y carcajadas; hasta que de pronto *el Manchego*, sin saber 145 por qué, se incomodó y con risa sardónica empezó a decir que en Galicia no había más que nabos, que todos los gallegos eran unos hambrientos y que no sabían lo que era el vino.

—¡Claro! Y en la Macha, ¿qué hay?—le preguntaban los gallegos.

150 —El mejor trigo y el mejor vino del mundo—replicaba *el Machego*.

—En cuanto a trigo y a centeno—repuso *el Maragato*—,, no hay tierra como la Maragatería.

Todos se echaron encima, protestando; se generalizó la 155 disputa, y todos gritaban, discutían, y de cuando en cuando, al terminar el barullo de cada período oratorio, se oía con claridad, a modo de interrogación:

—¿Entonces?

Y luego, con ironía:

160 —¡Claro!

*O ferrador* sacó el reloj, vio que era tarde y hora de marcharse.

Afuera se presentaba un anochecer triste. Corría un viento helado. Una nubecilla roja aparecía sobre Madrid, como una 165 lejana esperanza de buen tiempo.

*El Manchego* seguía vociferando en contra de los gallegos.

—*Léveme o demo*[28]—le decía uno de ellos—, a pesar de eso, ya quieres casar a tu hija con un gallego.

—¡Yo! ¡Yo!—replicó él, y echó el sombrero al suelo con un 170 quijotesco desdén por su mejor prenda de vestir—; antes la quiero ver entre cuatro velas.[29]

Entonces *O ferrador* quiso calmarle con sus reflexiones filosóficas.

---

[28]Gallego por «Lléveme el demonio».

[29]Es decir, muerta.

—Mira, *Manchego*—le decía—, ¿de dónde son los goberna-
175 dores, ministros y demás? . . . Pues de la Galicia hombre, de la
Galicia. ¡Y qué se va a hacer!

Pero *el Manchego*, sin darse por convencido, seguía furioso,
ensuciándose en el maldito barco que trajo a los gallegos a
España.

180 Luego, con el frío, se fueron calmando los excitados ánimos.
Al llegar a la estatua de Espartero,[30] los de la tahona del *Gallo*
se separaron de los de la tahona del *Francés* . . .

A la noche, en los amasaderos sombríos de ambas tahonas,
trabajaban todos medio dormidos a las vacilantes luces de los
185 mecheros de gas.

de *Vidas sombrías* (1900)

## RECUERDO INFANTIL

### Antonio Machado

La monotonía que invade este melancólico recuerdo es algo que
experimentó también Azorín y, mediante él, Baroja. Efectivamente
podrían ser estos versos de Machado un microcosmos poético de los
recuerdos infantiles del pueblo de Yecha en *Las confesiones de un
pequeño filósofo* de Azorín (1904). Baroja incorpora el mismo hastío
de colegio a su visión de Yécora (contrafigura de Yecla) en *El camino
de perfección* (1904), aunque en forma mucho más vigorosa y negativa que la poética usada por Azorín. El pasado que añoran estos
escritores del 98 no es su propia juventud, si bien el recuerdo es a
veces más dulce que el austero de Machado en este poema. El tema
de Caín, que atraía también a Unamuno, parece haber tenido una
significación muy personal para Machado. Para aquél, el cainismo es
más bien cuestión de la condición humana, en especial la del español,
en quien se convierte muchas veces en pura envidia. (Véase la novela
*Abel Sánchez* y, más abajo, *El Marqués de Lumbría*.)

---

[30]Baldomero Espartero (1792-1879), general y político del siglo XIX, cuya estatua está en cruce de las calles de Alcalá y O'Donell.

* * *

Una tarde parda y fría
de invierno. Los colegiales
estudian. Monotonía
de lluvia tras los cristales.

5    Es la clase. En un cartel
se representa a Caín
fugitivo, y muerto Abel,
junto a una mancha carmín.

Con timbre sonoro y hueco
10   truena el maestro, un anciano
mal vestido, enjuto y seco,
que lleva el libro en la mano.

Y todo un coro infantil
va cantando la lección:
15   mil veces ciento, cien mil,
mil veces mil, un millón.

Una tarde parda y fría
de invierno. Los colegiales
estudian. Monotonía
20   de la lluvia en los cristales.

de Soledades (1903)

## DEL PASADO EFÍMERO

Antonio Machado

Machado nos pinta, como para una galería hispana, un vivo retrato de cierto tipo de provincias, personalizando así esa torpeza soñolienta y desidiosa que Baroja critica en términos generales en «El español no se entera». Por ser típico de poetas, sabe Machado percibir y plasmar esta desolación provinciana en pocas pinceladas, dándole cuerpo ya mediante la primera palabra del poema, como si

111

la señalase el poeta con el dedo. El último sentido del retrato se encuentra en el título y en los últimos versos: que este fenómeno, aunque presente en el paisaje humano de España, no tiene raíces en la cultura nacional, ni tampoco sustancia ni valor en sí mismo. Es inútil y superfluo, la sombra de un mito de casticismo que en realidad nunca ha existido. Un hombre hueco, en fin, como los que bostezan en los dos poemitas que siguen a «Del pasado efímero».

* * *

> Este hombre del casino provinciano
> que vio a *Carancha*[31] recibir[32] un día,
> tiene mustia la tez, el pelo cano,
> ojos velados de melancolía;
> 5   bajo el bigote gris, labios de hastío,
> y una triste expresión que no es tristeza,
> sino algo más y menos: el vacío
> del mundo en la oquedad de su cabeza.
> Aun luce de corinto terciopelo
> 10   chaqueta y pantalón abotinado,
> y un cordobés color de caramelo,
> pulido y torneado.
> Tres veces heredó; tres ha perdido
> al monte su caudal; dos ha enviudado.
> 15   Sólo se anima ante el azar prohibido,
> sobre el verde tapete reclinado,
> o al evocar la tarde de un torero,
> la suerte de un tahúr, o si alguien cuenta
> la hazaña de un gallardo bandolero,
> 20   o la proeza de un matón, sangrienta.
> Bosteza de política banales
> dicterios al Gobierno reaccionario,

---

[31]José Sánchez del Campo (1848-1925), famoso torero andaluz, llamado «Cara Ancha».

[32]Método peligroso de matar el toro en la corrida, en que el matador espera a que se lance hacia él el toro, antes de estoquearlo.

y augura que vendrán los liberales,[33]
cual toma la cigüeña al campanario.
25 Un poco labrador, del cielo aguarda
y al cielo teme; alguna vez suspira,
pensando en su olivar, y al cielo mira
con ojo inquieto, si la lluvia tarda.
Lo demás, taciturno, hipocondríaco,
30 prisionero en la Arcadia[34] del presente,
le aburre; sólo el humo del tabaco
simula algunas sombras en su frente.
Este hombre no es de ayer ni es de mañana,
sino de nunca; de la cepa hispana
35 no es el fruto maduro ni podrido,
es una fruta vana
de aquella España que pasó y no ha sido,
esa que hoy tiene la cabeza cana.

de *Campos de Castilla* (versión de 1917)

## NUESTRO ESPAÑOL BOSTEZA...

Antonio Machado

—Nuestro español bosteza.
¿Es hambre? ¿Sueño? ¿Hastío?
Doctor, ¿tendrá el estómago vacío?
—El vacío es más bien en la cabeza.

de *Campos de Castilla* (versión de 1917)

---

[33]Esta política de vaivén ocurrió muy a menudo en el siglo XIX. En muchos casos los liberales eran más reaccionarios que los conservadores.

[34]La intención de Machado es sarcástica.

### Ya hay un español...

Antonio Machado

Ya hay un español que quiere
vivir y a vivir empieza,
entre una España que muere
y otra España que bosteza.
5    Españolito que vienes
al mundo, te guarde Dios.
Una de las dos Españas
ha de helarte el corazón.

de *Campos de Castilla* (1912)

### Luna en Toledo

Azorín

El viaje a Toledo que aquí narra retrospectivamente Azorín es autobiográfico, como lo es la visita a la tumba de Larra. Le acompañó Baroja, y los dos incorporaron el episodio a sus obras poco después del suceso: Azorín en *La voluntad* (2a. parte, cap. IV), Baroja en *El camino de perfección*. Lo que más destaca en estas impresiones de Toledo es el sentimiento de la presencia de la muerte, cosa que ya hemos notado en «La tumba de Larra» y «Los panaderos», así como en las selecciones sobre los pueblos viejos. Azorín explica esta negra preocupación del 98 en el artículo mismo.

\* \* \*

En diciembre de 1900 fuimos por dos o tres días a Toledo y allí nos hospedamos en una vieja posada con presunciones de fonda. Digo con presunciones porque si en las posadas no hay en el comedor mesa redonda, la mesa redonda de las antiguas
5  fondas, allí la había. Y claro que debía estar cubierta con un mantel de hule.

114

Comimos en la mesa redonda con trajineros, tratantes y labradores.

—¿Usted de Madrid, compañero?—me preguntó mi vecino de mesa.

—¿Y usted será de Illescas, de Sonseca o de Escalona?[35]

—De Sonseca, señor, para servir a usted.

De compañero pasé a señor. Compañero era más cordial. Compañero es siempre, en Castilla, el desconocido con quien se tropieza. Compañero es amigo. En los caminos de la Mancha, al cruzar con un labriego, envuelto en su cabaza parda—si es invierno—y caballero en una de las mulas del par, el buen hombre saluda: «¡Vaya usted con Dios, amigo!» En la posada toledana, cosarios, tratantes y labriegos, éramos todos amigos. La parla de estos hombres toledanos de los pueblos y de los campos la envidiaría un purista. Si es que los puristas tiene idea del idioma.

Callejitas y callejitas. Altos, tras mucho andar, en plazoletas desiertas. Diríase que allá arriba, en la celosía de un convento se ha producido un ruidito. Seguramente habrá unos ojos que nos estarán mirando en este ámbito de soledad. Ya en el hospital de Santa Cruz—una de las bellas cosas de Toledo—, todos en redor del sepulcro del cardenal Tavera.[36] Berruguete[37] no ha esculpido nada más bello. El arte italiano no ha hecho tragedia más angustiosa. Todo el horror de la muerte está en la nariz afilada del cardenal que yace tendido en el sepulcro.

El nihil[38] supremo e inapelable se expresa en esa nariz, que es la nariz de los que llevan dos días insepultos. Nos cuenta Pedro Salazar y Mendoza, en su *Crónica del cardenal Tavera* (Toledo, 1603), que el cardenal no se dejó retratar nunca. Los retratos que de él se hicieron fueron pintados después de su

---

[35]Tres pueblos de la provincia de Toledo.

[36]Juan Pardo de Tavera (1472-1545), cardenal primado, inquisidor general y político de enorme influencia durante el reinado de Carlos V.

[37]Alonso González Berruguete (1490-1561), el gran escultor español del siglo XVI.

[38]La irrevocable desintegración del hombre como ser de carne y hueso, prometida por la nada de la muerte.

muerte, de mano de Berruguete o por su encargo. El cardenal era de rostro más largo que ancho. Tenía los ojos rasgados y verdes. Y sus manos eran largas y blancas.

40     Ha habido en el fondo de la generación del 98 un légamo de melancolía. En reacción contra la frivolidad ambiente, esos escritores eran tristes. Triste era el Greco y triste era Larra, admirado por tal generación. Pero, ¿por qué se había ido hacia esos artistas? ¿Por qué fundamentalmente, se era triste? De la
45 tristeza y no de la alegría, salen las grandes cosas en arte. No se diga, como se suele, que la tristeza provenía de la consideración del Desastre colonial. Nos entristecía el Desastre. Pero no era, no, la causa política, sino psicológica. Emanaba, a no dudar, del replegamiento sobre sí mismo de esos escritores.
50 Replegamiento a que obligaba el cansancio, ya naciente, de una sociedad—la sociedad de la Restauración—[39] que llegaba a su final, acaso—los hechos lo han confirmado—trágico final.

    Vagábamos una noche por la ciudad y nos detuvimos en una plazuela solitaria. La luna, una luna clara, plateada,
55 llenaba el área. Vimos que un muchacho cargado con un ataúd blanco, chiquito, subía el escalón de un portal, llamaba a la puerta y cuando le abrieron preguntó:

    —¿Es aquí donde han encargado una cajita para un niño?

    No era allí. En la cajería—este nombre llevan las fune-
60 rarias en Castilla—habían sin duda tomado mal las señas. Se puso el chico en marcha con su ataúd y llamó en otra puerta.

    —¿Es aquí donde han encargado una cajita para un niño?

    Tampoco era allí. El episodio iba cobrando tonos de angustia. De lo real se pasaba a lo fantástico de una balada en
65 los países septentrionales.[40] En ella estábamos, a la luz trágica también de esta luna, y no en Toledo. No acabó la escena en el segundo tras-tras a una puerta. La Muerte llamó a otra. Ya no

---

[39]Las últimas décadas del siglo XIX, a partir de la restauración de los Borbones en el trono de España, en 1875, después del fracaso de la primera República.

[40]Como ocurre tantas veces en la literatura del 98, la experiencia provoca un recuerdo literario. Aquí el recuerdo lleva a la poetización del episodio, en que Azorín intuye la metamorfosis del niño en la Muerte misma. Para subrayar esta imagen de ser niño la Muerte, el autor recurre a la palabra infantil «tras-tras» que tiene el sentido de «penúltimo» en ciertos juegos de niños.

era un chicuelo que llevaba al hombro un ataúd, sino la Muerte misma.

70 —¿Es aquí donde han encargado una cajita para un niño? Con su nariz afilada yacía Tavera en el frío mármol. En Santo Tomé, veinte o treinta caballeros asistían al sepelio del Conde de Orgaz,[41] y en la cripta de una iglesia—la de San José —nos paseábamos, a la mañana siguiente, entre las momias de
75 los muertos en la guerra de la Independencia.[42] Por la tarde, estábamos contemplando el palacio del conde[43] retratado por el Greco, cuando me acerqué yo al caserón decrépito, y en una de las ventanas del sótano encontré un librito antiguo, entre tiestos y trapajos. Lo conservo todavía. Le faltaban muchas
80 hojas, y comenzaba el texto en la 23, en esta forma: «Mejor sería guardarte de los pecados que huir de la muerte. Si hoy estás aparejado, ¿cómo lo estarás mañana? ¿Qué sabes si amanecerás?».

de *Madrid* (1941)


## EL APAÑADOR

### Azorín

Prevalece aquí un ambiente de silencio en una España vieja donde confluyen el pasado y el presente, y donde apenas hay porvenir. Decadencia, abulia, el sabor de la muerte—todo sentido a través de la sensibilidad poética de un escritor que quiere comunicar el sentimiento, la impresión, de esa confluencia más bien que el hecho mismo. Este acercamiento emotivo y estético es una constante de la obra de Azorín.

\* \* \*

---

[41]Véase el ensayo de Pío Baroja, «Tierra castellana—En Santo Tomé» (Parte I).

[42]El levantamiento contra Napoleón, a partir del dos de mayo de 1808.

[43]El Conde de Orgaz.

El apañador va gritando por las callejas:

—¡Componer sombrillas y paraguas!

Hay un silencio profundo en la ciudad vetusta; toca de tarde en tarde una campanita de alguna iglesia; los recios portones de las casas están cerrados; sobre los umbrales reposan los anchos escudos.

—¡Componer paraguas y sombrillas!—torna a gritar el apañador.

Un perro pasa junto a él y le husmea un momento; luego prosigue su marcha indefinida, sin rumbo. El apañador continúa marchando también lentamente, un poco triste. Esta ciudad parece muerta.

—¡Componer paraguas y sombrillas!—grita de nuevo nuestro amigo.

Suenan a lo lejos los martillos de una herrería; bajo el ancho alero de un caserón se abre una ventanilla, se asoma a ella una vieja, y chilla:

—¡Eh, eh, apañador!

El apañador entonces se detiene y mira a todos lados; no ve a nadie ni en las puertas ni en las ventanas.

—¡Eh, eh, apañador!—torna a chillar la viejecita.

El apañador levanta la cabeza, la ve, y dice:

—¿Qué quiere usted?

La viejecita le dice que espere en la puerta, que ella bajará a abrirle, y nuestro amigo se acerca a la ancha y noble portada y espera un momento.

Cuando la viejecita ha abierto la puerta, el apañador y ella sostienen un breve diálogo; lo que esta buena dueña quiere es que el apañador componga un paraguas; el apañador, por su parte, está dispuesto a componerlo. El paraguas es un viejo paraguas. ¿Cuántas generaciones habrá cobijado este paraguas?

La viejecita y el apañador entran en una vasta estancia; ya casi no hay muebles en esta sala. Se ve en ella una vieja cómoda, un poco inclinada, lamentablemente inclinada, porque le falta un pie; hay también unas sillas desfondadas, rotas; se ve también un fanal de vidrio resquebrajado, con un niñito Jesús, al que le han quitado las lentejuelas de su traje; están colgados asimismo en las paredes algunos cuadros negruzcos sin marco.

El apañador se sienta en una silla y comienza a ejercitar su
40  oficio; la viejecita, sentada también en una sillita baja, le mira
hacer en silencio. Un rato llevan los dos en esta guisa, cuando
se oye allá en lo interior de la casa una voz que grita:

—¡Leonor! ¡Leonor!

Leonor, que es esta dueña, va a levantarse para acudir al
45  llamamiento, pero en el mismo instante aparece en la puerta de
la sala un caballero.

—¡Ah!—exclama este caballero—. ¿Están componiendo el
paraguas?

La viejecita no dice nada; el caballero se pasa la mano por
50  la barba canosa y larga; está pálido, y su traje se ve lleno de
manchas y descuidado.

—¿Se quedará bien el paraguas?—pregunta el caballero al
apañador.

—Muy bien—contesta éste—; como si fuera nuevo.

55  —¿Cómo si fuera nuevo?—repite el caballero con gesto de
duda.

—Lo que usted oye—replica con firmeza el apañador.

Este apañador es hombre de convicciones firmes. ¿Cuánto
tiempo hace que él va por el mundo? ¿Cuántas cosas ha sido?
60  ¿Cuántas vueltas y revueltas ha dado por caminos y por
posadas, y cuántos altos y bajos ha tenido en su vida? El viejo
hidalgo le contempla en silencio; él no ha salido de su vetusto
caserón; ya sus tierras han desaparecido; han desaparecido
hasta los muebles de su casa; él no hace nada; él tiene una
65  mirada triste y larga; él dice cuando cae sobre él una desgracia:
«¡Qué le vamos a hacer!». El paraguas que acaba de componer el
apañador, ¿es que ha de guarecer a los descendientes de este
hidalgo? No; la estirpe que fue gloriosa un día, se acaba en este
pobre hombre. El apañador ha cumplido su misión y sale a la
70  calle; acaso la viejecita le dice al caballero que la compostura del
paraguas ha costado tanto y que en casa apenas queda dinero
para la comida de la noche. «¡Qué le vamos a hacer!», dirá tristemente el caballero. Y en la calle, al mismo tiempo, se oirá la voz
del hombre errante, que grita:

75      —¡Componer sombrillas y paraguas!

de España (1909)

## LA CASTA CASTELLANA

### Miguel de Unamuno

En la ruda y monótona vida de los castellanos de la meseta encuentra Unamuno lo esencial y perdurable del alma castellana. En ella sigue viviendo el alma del pasado, continua, unificadora, auténticamente castiza—intrahistórica, en fin, y por ello eterna. En uno y otro detalle acierta Unamuno en su pintura de los campesinos—su personalidad, modos de vivir, aspectos psicofisiológicos—, pero no debemos buscar en el conjunto un cuadro completo de verdadera autenticidad histórica. La intención de Unamuno es otra, o sea, hacer que la «casta castellana» le sirva de microcosmos para ver a toda la humanidad, por la cual persiste, soterrada como un mar (o lago o laguna—ambos le sirven a Unamuno de metáfora), el alma eterna del hombre, independiente de los límites del tiempo cronológico o de las capas sobrepuestas por la cultura histórica. La pintura de esta «casta» sigue un proceso de mitificación, más bien que de idealización, en que los campesinos resultan ser arquetipos bucólicos de la humanidad eterna dentro de la realidad de la meseta.

En última instancia, lo atemporal tan buscado y deseado por Unamuno concierne la verdadera esencia de las cosas, su dimensión eterna. Todo esto, por supuesto, tiene que ver con la modernidad de diversas formas y encaja muy bien con, por ejemplo, las ideas que Valle-Inclán expresa en *La lámpara maravillosa* (1916 y 1922 ), su poética moderna. Y es que los modernos como Unamuno, Valle-Inclán, Azorín, Baroja y A. Machado desean expresar por medio de sus textos lo fundamental en un pueblo—en unas gentes—, lo que conecta a ciertos seres humanos con lo esencial en todos los pueblos, con lo universal. Por consiguiente, al explorar los modernos la simultaneidad de lo trascendente—la constante existencia y coexistencia de lo intrahistórico, usando el concepto de Unamuno—, estaban aceptando el presente efímero y transitorio como el espacio por excelencia del arte, de la literatura. En el contexto de lo ya dicho sobre el credo modernista de estos autores es útil también mencionar ciertas teorías precursoras del escritor francés Charles Baudelaire (1821-1867) en su ensayo «El pintor de la vida moderna». Allí él define la modernidad y el arte de una manera dual y algo paradójica: «La Modernidad es lo transitorio, lo fugitivo, lo contingente, la mitad del arte cuya otra mitad es lo eterno y lo inmutable». Es decir, la creencias de Baudelaire y las de muchos de los noventayochistas son muy parecidas cuando se expresan sobre la circularidad del tiempo–su inexistencia cronológica en términos trascendentales–y la importancia de lo cotidiano en la comprensión y expresión de este fenómeno. Esto último lleva a algunos de los noventayochistas a añorar períodos inocentes en la historia de los pueblos y aspectos sencillos de la humanidad como instantes/circunstancias cuando y donde es perceptible lo trascendente—lo intrahistórico—en la realidad.

\* \* \*

La población se presenta, por lo general, en el campo castellano, recogida en lugares, villas o ciudades en grupos de apiñadas viviendas, distanciados de largo en largo por extensas y peladas soledades. El caserío de los pueblos es compacto y re-
5   cortadamente demarcado, sin que vaya perdiéndose y difuminándose en la llanura con casas aisladas que le rodean, sin matices de población intermedia, como si las viviendas se apretaran en derredor de la iglesia para prestarse calor y defenderse del rigor de la naturaleza, como si las familias buscaran una se-
10   gunda capa, en cuyo ambiente aislarse de la crueldad del clima y la tristeza del paisaje. Así es que los lugareños tienen que recorrer a las veces en su mula no chico trecho hasta llegar a su labranza, donde trabajan, uno aquí, otro allá, aislados, y los gañanes no pueden hasta la noche volver a casa, a dormir el
15   reconfortante sueño del trabajo sobre el escaño duro de la cocina. Y ¡que es de ver verlos a la caída de la tarde, bajo el cielo blanco, dibujar en él sus siluetas, montados en sus mulas, dando al aire sutil sus cantares lentos, monótonos y tristes, que se pierden en la infinita inmensidad del campo lleno de surcos!
20   Mientras ellos están en la labor, sudando sobre la dura tierra, hacen la suya las comadres, murmurando en las solanas en que gozan del breve día. En las largas veladas invernales suelen reunirse amos y criados bajo la ancha campana del hogar, y bailan éstos al compás de seca pandereta y al de algún
25   viejo romance no pocas veces.

121

Penetrad en uno de estos lugares o en una de las viejas ciudades amodorradas en la llanura, donde la vida parece discurrir calmosa y lenta en la monotonía de las horas, y allí dentro hay almas vivas, con fondo transitorio y fondo eterno y una intra-
30 historia castellana.

Allí dentro vive una casta de complexión seca, dura y sarmentosa, tostada por el sol y curtida por el frío, una casta de hombres sobrios, producto de una larga selección[44] por las heladas de crudísimos inviernos y una serie de penurias periódicas,
35 hechos a la inclemencia del cielo y a la pobreza de la vida. El labriego que al pasar montado en su mula y arrebujado en su capa os dió gravemente los buenos días os recibirá sin grandes cortesías, con continente sobrio. Es calmoso en sus movimientos, en su conversación pausado y grave y con una flema que le hace
40 parecer a un rey destronado. Esto cuando no es socarrón, voz muy castiza de un carácter muy castizo también. La socarronería es el castizo humorismo castellano, un humorismo grave y reposado, sentencioso y flemático; el humorismo del bachiller Sansón Carrasco, que se bate caballerosamente con Don Quijote
45 con toda la solemnidad que requiere el caso, y que acaba tomando en serio el juego.[45] Es el *humorismo* grave de Quevedo, el que hizo los discursos de Marco Bruto.[46]

De ordinario suele ser silencioso y taciturno, mientras no se le desata la lengua. Recordad aquel viejo Pero Vermuez[47] que
50 vive en el *romanz de myo Cid*, un fósil hoy, pero que tuvo alma y vida, aquel Pero Vermudoz, al cual *cató myo Cid*, y le dice:

---

[44]La selección natural, proceso en que sobreviven los más fuertes y robustos.

[45]El *Quijote*, 2a. parte, cap. III y IV.

[46]*La vida de Marco Bruto* (1644), una glosa del texto de Plutarco sobre la vida de ese patricio romato que mató a Julio César. Quevedo comenta el texto con discusiones sobre la política y la moral.

[47]Uno de los lugartenientes del Cid. Lo que llama Unamuno «romanz de myo Cid» es el *Poema de mío Cid*, donde se encuentran el episodio y las citas en el tercer cantar, versos 3301-3328. Las variantes del nombre «Pedro Bermúdez» que emplea Unamuno son auténticas. «Pero Mudo» es un juego de palabras del *Poema*, basado en el nombre del personaje y su tendencia a hablar poco.

*Fabla,*[48] *Pero Mudo, varón que tanto callas,*

y entonces

> *Pero Vermudzo conpeço de fablar;*
> *detienes'le la lengua, non puede delibrar,*
> *mas cuando enpieça, sabed, nol da vagar;*[49]

55

y Pero Mudo, al romper a hablar, suelta a los infantes[50] un torrente acusatorio, en que les dice:

> *¡Lengua sin manos!,*[51] *¿quo osas fablar?*

60 Todo Pero Mudo se vierte en este apóstrofe: lengua sin manos, ¿cómo osas hablar?

Es tan tenaz como lento, yendo lo uno emparejado con lo otro. Diríase que es en él largo lo que llaman los psicofisiólogos el tiempo de reacción, que necesita de bastante rato para darse 65 cuenta de una impresión o de una idea, y que una vez que la agarra no la suelta a primeras, no la suelta mientras otra no la empuje y expulse. Así es que sus impresiones parece son lentas y tenaces, faltándoles el nimbo que las circunda y une como materia conjuntiva, el matiz en que se diluye la una desvanecién-70 dose antes de dejar lugar a la que sigue. Es cual si se sucedieran tan recortadas como las tintas del paisaje de su tierra, tan uniformes y monótonas en su proceso.

Entrad con él en su casa, en cuya fachada os hieren la vista, a la luz del sol entero, ringorrangos de añil chillón sobre 75 fondo blanco como la nieve. Sentaos a su mesa a comer con él una comida sencilla y sin gran artificio culinario, sin otro condimento que picantes o ardientes, comida sobria y fuerte a la vez, impresiones recortadas para el paladar.

---

[48]«Fabla» por «habla».

[49]«Pero Vermudoz trata de hablar pero no puede; no se le mueve la lengua, no acierta con las palabras, pero cuando empieza, sabed, no puede parar».

[50]Los dos Infantes de Carrión, que se habían casado con las hijas del Cid, las habían maltratado y abandonado en el robledo de Corpes (Cantar III del *Poema*).

[51]Lengua de mujer, sin manos o brazos de hombre, en fin, «cobarde». «Quo» significa «cómo».

Si es día festivo, después de la comida asistís al baile, a un
80 baile uniforme y lento, danzando al son de monótono tamboril
o pandereta, o de chillona dulzaina, cuyos sones burilados se os
clavan en el oído como una serie de punzadas acústicas. Y les
oiréis cantares gangosos, monótonos también, de notas arras-
tradas, cantares de estepa, con que llevan el ritmo de la labor
85 del arado. Revelan en ellos un oído poco apto para apreciar matices de cadencias y semitonos.

Si estáis en ciudad, y hay en ella algunos cuadros de la
vieja y castiza escuela castellana, id a verlos, porque esta casta
creó en los buenos tiempos de su expansión una escuela de pin-
90 tura realista, de un realismo pobre en matices, simplicista, vigoroso y rudo, de que sale la vista como de una ducha. Tal vez
topéis con algún viejo lienzo de Ribera[52] o de Zurbarán, en que
os salte a los ojos un austero anacoreta de huesosa complexión,
en que se dibujan los músculos tendinosos en claros vivos sobre
95 sombras fuertes, un lienzo de gran pobreza de tintas y matices,
en que los objetos aparecen recortados. Con frecuencia las figuras no forman un todo con el fondo, que es mero accesorio de de-
coración pobre. Velázquez, el más castizo de los pintores castellanos, era un pintor de hombres, y de hombres enteros, de una
100 pieza, rudos y decididos, de hombres que llenan todo el cuadro.

No encontraréis paisajistas, ni el sentimiento del matiz, de
la suave transición, ni la unidad de un ambiente que lo en-
vuelva todo y de todo haga armónica unidad. Brota aquí ésta de
la colocación y disposición más o menos arquitectónica de las
105 partes; muchas veces las figuras son pocas.

A esa seca rigidez, dura, recortada, lenta y tenaz, llaman
naturalidad; todo lo demás tiénenlo por artificio pegadizo o poco
menos. Apenas les cabe en la cabeza más naturalidad que la
bravía y tosca de un estado primitivo de rudeza. Así es que
110 dicen que su vino, la primera materia para hacerlo, el vinazo de
sus cubas, es lo natural y sano, y el producto refinado, más aro-
mático y matizado, que de él sacan los franceses, falsificación
química. *¡Falsificación! ¡Verificación* sí que es! ¡Como si la

---

[52]José de Ribera (1591-1652), como Zurbarán, destacado pintor barroco de
España. Véase nota 54, Parte I.

tierra fuera más que un inmenso laboratorio de primeras mate-
115 rias, al que corrige el hombre, que sobrenaturaliza a la naturaleza, humanizándola! No es dogma de esta casta lo que decía
Schiller[53] en su *Canción del ponche*, que también el arte es don
celeste, es decir, natural.

Estos hombres tienen un alma viva y en ella el alma de sus
120 antepasados, adormecida tal vez, soterrada bajo capas sobrepuestas, pero viva siempre. En muchos, en los que han recibido
alguna cultura sobre todo, los rasgos de la casta están alterados,
pero están allí.

Esa alma de sus almas, el espíritu de su casta, hubo un
125 tiempo en que conmovió al mundo y lo deslumbró con sus relámpagos, y en las erupciones de su fe levantó montañas. Montañas
que podemos examinar y socavar y revolver a la busca en sus
laderas de la lava ardiente un día y petrificada hoy, y bajo esta
lava, los restos de hombres que palpitaron de vida, las huellas
130 de otros.

de *En torno al casticismo* (1895)

## EL MARQUÉS DE LUMBRÍA

### Miguel de Unamuno

En cada una de las novelas que forman el tomo *Tres novelas
ejemplares y un prólogo*, reduce Unamuno a sus personajes—«agonis-
tas» les llama el autor—a una sola realidad unilateral: su voluntad,
o sea, según explica don Miguel en su prólogo, su «querer ser» o su
«querer no ser». Lo que Unamuno hace estética y unilateralmente en
la pintura del personaje, por cuanto la voluntad absorbe al resto de
la personalidad, es aplicado también a la temática de la obra, ya que
la voluntad del personaje central es una fuerza obsesiva y aniquila-
dora que lleva a la destrucción de otros y aun a la propia destrucción.
Esto es una forma del cainismo que, como ya queda notado, veía
Unamuno inherente a la condición humana e intensificado en sus

---

[53]J.C. Friedrich Schiller (1759-1805), poeta y dramaturgo alemán, cuyas teorías
sobre la estética fueron una fuente primaria del romanticismo europeo.

propios compatriotas, ese «peso de siglos» que cae sobre la cabeza de Tristán al final de *El marqués de Lumbría*.

La voluntad de Carolina es la única fuerza dinámica en esta novela. El contrajuego corre a cargo de la debilidad volitiva de Tristán, el pobre abúlico que sufre de la antitética enfermedad de «querer no ser» y que, por consiguiente, se deja tragar completamente por la supervoluntad de esa hija mayor del Marqués.

Es en el fondo de la novela, más que en el tema unamunesco —aunque ambos están perfectamente integrados—, donde se encuentra el reflejo más visible de la visión noventayochista de España. El ambiente es una de esas antiguas ciudades «muertas», vista aquí desde dentro, en un palacio aristocrático en plena decadencia, donde no penetra ni siquiera el sol para modificar la implacable esterilidad de las salas. No cabe nada de esa fecundidad intrahistórica que siente Unamuno viva en el pueblo de las provincias. Aquí tenemos lo contrario: decrepitud, senilidad, degeneración patológica, exclusivismo de clases, y, más que nada, egoísmo feroz y fatal que promete sólo más muerte que la que ya penetra en la oscuridad de la antigua casona. El fondo de *El marqués de Lumbría* es como una metáfora de la España histórica.

\* \* \*

La casona solariega de los marqueses de Lumbría,[54] el palacio, que es como se le llamaba en la adusta ciudad de Lorenza,[55] parecía un arca de silenciosos recuerdos del misterio. A pesar de hallarse habitada, casi siempre permanecía con las
5 ventanas y los balcones que daban al mundo cerrados. Su fachada, en la que se destacaba el gran escudo de armas del linaje de Lumbría, daba al mediodía, a la gran plaza de la Catedral y frente a la ponderosa y barroca fábrica de ésta; pero como el sol la bañaba casi todo el día y en Lorenza apenas hay días
10 nublados, todos sus huecos permanecían cerrados. Y ello porque el excelentísimo señor marqués de Lumbría, don Rodrigo Suárez

---

[54]Nombre formado a partir de «la umbría», que corresponde a la oscuridad y falta de abertura en la vida y casa del Marqués.

[55]Lugar imaginario, pero basado en una imagen compuesta de viejas ciudades españolas.

de Tejada, tenía horror a la luz del sol y al aire libre. «El polvo de la calle y la luz del sol—solía decir—no hacen más que deslustrar los muebles y echar a perder las habitaciones, y luego las moscas . . .». El marqués tenía verdadero horror a las moscas, que podían venir de un andrajoso mendigo, acaso de un tiñoso. El marqués temblaba ante posibles contagios de enfermedades plebeyas. Eran tan sucios los de Lorenza y su comarca . . .

20   Por la trasera daba la casona al enorme tajo escarpado que dominaba al río. Una manta de yedra cubría por aquella parte grandes lienzos del palacio. Y aunque la yedra era abrigo de ratones y otras alimañas, el marqués la respetaba. Era una tradición de familia. Y en un balcón puesto allí, a la umbría, libre del sol y de sus moscas, solía el marqués ponerse a leer mientres le arrullaba el rumor del río, que gruñía en el congosto de su cauce, forcejeando con espumarajos por abrirse paso entre las rocas del tajo.

El excelentísimo señor marqués de Lumbría vivía con sus dos hijas, Carolina, la mayor, y Luisa, y con su segunda mujer, doña Vicenta, señora de brumoso seso, que cuando no estaba durmiendo estaba quejándose de todo, y en especial del ruido. Porque así como el marqués temía al sol, la marquesa temía al ruido, y mientras aquél se iba en las tardes de estío a leer en el balcón en sombra, entre yedra, al son del canto secular del río, la señora se quedaba en el salón delantero a echar la siesta sobre una vieja butaca de raso a la que no había tocado el sol, y al arrullo del silencio de la plaza de la Catedral.

El marqués de Lumbría no tenía hijos varones, y ésta era la espina dolorosísima de su vida. Como que para tenerlos se había casado, a poco de enviudar con su mujer, con doña Vicenta, su señora, y la señora le había salido estéril.

La vida del marqués trascurría tan monótona y cotidiana, tan consuetudinaria y ritual como el gruñir del río en lo hondo del tajo o como los oficios litúrgicos del cabildo de la Catedral. Administraba sus fincas y dehesas, a las que iba de visita, siempre corta, de vez en cuando, y por la noche tenía su partida de tresillo con el penitenciario, consejero íntimo de la familia, un beneficiado y el registrador de la Propiedad. Llegaban a la misma hora, cruzaban la gran puerta, sobre la que se ostentaba

la placa del Sagrado Corazón de Jesús con su «Reinaré en España y con más veneración que en otras partes», sentábanse en derredor de la mesita—en invierno una camilla—, dispuesta ya, y al dar las diez, como por máquina de reloj, se iban ale-
55 jando, aunque hubiera puestas, para el siguiente día. Entretanto, la marquesa dormitaba y las hijas del marqués hacían labores, leían libros de edificación—acaso otros obtenidos a hurtadillas—o reñían una con otra.

Porque como para matar el tedio que se corría desde el
60 salón cerrado al sol y a las moscas, hasta los muros vestidos de yedra, Carolina y Luisa tenían que reñir. La mayor, Carolina, odiaba al sol, como su padre, y se mantenía rígida y observante de las tradiciones de la casa; mientras Luisa gustaba de cantar, de asomarse a las ventanas y a los balcones y hasta de criar en
65 éstos flores de tiesto, costumbre plebeya, según el marqués. «¿No tienes jardín?», le decía éste a su hija, refiriéndose a un jardincillo anexo al palacio, pero al que rara vez bajaban sus habitantes. Pero ella, Luisa, quería tener tiestos en el balcón de su dormitorio, que daba a una calleja de la plaza de la Catedral, y
70 regarlos, y con este pretexto asomarse a ver quién pasaba. «Qué mal gusto de atisbar lo que no nos importa . . .», decía el padre; y la hermana mayor, Carolina, añadió: «¡No, sino de andar a caza!». Y ya la tenían armada.

Y los asomos al balcón del dormitorio, y el riego de las
75 flores de tiesto dieron su fruto. Tristán Ibáñez del Gamonal, de una familia linajuda también y de las mas tradicionales de la ciudad de Lorenza, se fijó en la hija segunda del marqués de Lumbría, a la que vió sonreír, con ojos como de violeta y boca como de geranio, por entre las flores del balcón de su dormitorio.
80 Y ello fue que, al pasar un día Tristán por la calleja, se le vino encima el agua de riego que rebosaba de los tiestos, y al exclamar Luisa: «¡Oh, perdone, Tristán!», éste sintió como si la voz doliente de una princesa presa en un castillo encantado le llamara a su socorro.

85 —Esas cosas, hija—le dijo su padre—, se hacen en forma y seriamente. ¡Chiquilladas, no!

—¿Pero a qué viene eso, padre?—exclamó Luisa.

—Carolina te lo dirá.

Luisa se quedó mirando a su hermana mayor, y ésta dijo:

90      —No me parece, hermana, que nosotras, las hijas de los
marqueses de Lumbría, hemos de andar haciendo las osas en
cortejeos y pelando la pava desde el balcón como las artesanas.
¿Para eso eran las flores?

        —Que pida entrada ese joven—sentenció el padre—, y pues
95  que, por mi parte, nada tengo que oponerle, todo se arreglará.
¿Y tú, Carolina?

        —Yo—dijo ésta—tampoco me opongo.

        Y se le hizo a Tristán entrar en la casa como pretendiente
formal a la mano de Luisa. La señora tardó en enterarse de ello.

100      Y mientras trascurría la sesión de tresillo, la señora dormitaba en un rincón de la sala, y, junto a ella Carolina y Luisa,
haciendo labores de punto o de bolillos, cuchicheaban con
Tristán, al cual procuraban no dejarle nunca solo con Luisa,
sino siempre con las dos hermanas. En esto era vigilantísimo el
105  padre. No le importaba, en cambio, que alguna vez recibiera a
solas Carolina al que debía ser su cuñado, pues así le instruiría
mejor en las tradiciones y costumbres de la casa.

        Los contertulios tresillistas, la servidumbre de la casa y
hasta los del pueblo, a quienes intrigaba el misterio de la
110  casona, notaron que a poco de la admisión en ésta de Tristán
como novio de la segundona del marqués, el ámbito espiritual
de la hierática familia pareció espesarse y ensombrecerse. La
taciturnidad del marqués se hizo mayor, la señora se quejaba
más que nunca del ruido, y el ruido era mayor que nunca.
115  Porque las riñas y querellas entre las dos hermanas eran
mayores y más enconadas que antes, pero más silenciosas.
Cuando al cruzarse en un pasillo, la una insultaba a la otra, o
acaso la pellizcaba, hacíanlo como en susurro, y ahogaban las
quejas. Sólo una vez oyó Mariana, la vieja doncella, que Luisa
120  gritaba: «Pues lo sabrá toda la ciudad, ¡sí, lo sabrá la ciudad
toda! ¡Saldré al balcón de la plaza de la Catedral a gritárselo a
todo el mundo». «¡Calla!», gimió la voz del marqués, y luego una
expresión tal, tan inaudita allí, que Mariana huyó despavorida
de junto a la puerta donde escuchaba.

125      A los pocos días de esto, el marqués se fue de Lorenza, lle-
vándose consigo a su hija mayor, Carolina. Y en los días que
permaneció ausente, Tristán no pareció por la casa. Cuando
regresó el marqués solo, una noche se creyó obligado a dar

alguna explicación a la tertulia del tresillo. «La pobre no está
bien de salud—dijo mirando fijamente al penitenciario—; ello la
lleva, ¡cosa de nervios!, a constantes disensiones, sin importancia, por supuesto, con su hermana, a quien, por lo demás, adora,
y la he llevado a que se reponga». Nadie le contestó nada.

Pocos días después, en familia, muy en familia, se celebra-
ba el matrimonio entre Tristán Ibáñez del Gamonal y la hija segunda del excelentísimo señor marqués de Lumbría. De fuera
no asistieron más que la madre del novio y los tresillistas.

Tristán fue a vivir con su suegro, y el ámbito de la casona
se espesó y entenebreció más aún. Las flores del balcón del dormitorio de la recién casada se ajaron por falta de cuidado; la
señora se dormía más que antes, y el señor vagaba como un
espectro, taciturno y cabizbajo, por el salón cerrado a la luz del
sol de la calle. Sentía que se le iba la vida, y se agarraba a ella.
Renunció al tresillo, lo que pareció su despedida del mundo, si
es que en el mundo vivió. «No tengo ya la cabeza para el juego—
le dijo a su confidente el penitenciario—; me distraigo a cada
momento y el tresillo no me distrae ya; sólo me queda preparar-
me a bien morir».

Un día amaneció con un ataque de perlesía. Apenas si
recordaba nada. Mas en cuanto fue recobrándose, parecía
agarrarse con más desesperado tesón a la vida. «No, no puedo
morir hasta ver cómo queda la cosa». Y a su hija, que le llevaba
la comida a la cama, le preguntaba ansioso: «¿Cómo va eso?
¿Tardará?». «Ya no mucho, padre». «Pues no me voy, no debo
irme, hasta recibir al nuevo marqués; porque tiene que ser
varón, ¡un varón!; hace aquí falta un hombre, y si no es un Suárez de Tejada, será un Rodrigo y un marqués de Lumbría». «Eso
no depende de mí, padre . . .». «Pues eso más faltaba, hija—y le
temblaba la voz al decirlo—, que después de habérsenos metido
en casa ese . . . botarate, no nos diera un marqués . . . Era capaz
de . . .». La pobre Luisa lloraba. Y Tristán parecía un reo y a la
vez un sirviente.

La excitación del pobre señor llegó al colmo cuando supo
que su hija estaba para librar. Temblaba todo él con fiebre
expectativa. «Necesitaba más cuidado que la parturienta»—dijo
el médico.

—Cuando dé a luz Luisa—le dijo el marqués a su yerno—, si es hijo, si es marqués, tráemelo enseguida, que lo vea, para que pueda morir tranquilo; tráemelo tú mismo.

170 Al oír el marqués aquel grito, incorporóse en la cama y quedó mirando hacia la puerta del cuarto, acechando. Poco después entraba Tristán, compungido, trayendo bien arropado al niño, «¡Marqués!»—gritó el anciano—. «¡Sí!». Echó un poco el cuerpo hacia adelante a examinar al recién nacido, le dio un
175 beso balbuciente y tembloroso, un beso de muerte, y sin mirar siquiera a su yerno se dejó caer pesadamente sobre la almohada y sin sentido. Y sin haberlo recobrado murióse dos días después.

Vistieron de luto, con un lienzo negro, el escudo de la fachada de la casona, y el negro lienzo empezó desde luego a
180 ajarse con el sol, que le daba de lleno durante casi todo el día. Y un aire de luto pareció caer sobre la casa toda, a la que no llevó alegría ninguna el niño.

La pobre Luisa, la madre, salió extenuada del parto. Empeñóse en un principio en criar a la criatura, pero tuvo que
185 desistir de ello. «Pecho mercenario . . ., pecho mercenario . . .», suspiraba. «¡Ahora, Tristán, a criar al marqués!»—le repetía a su marido.

Tristán había caído en una tristeza indefinible y se sentía envejecer. «Soy como una dependencia de la casa, casi un
190 mueble», se decía—. Y desde la calleja solía contemplar el balcón del que fue dormitorio de Luisa, balcón ya sin tiestos de flores.

—Si volviésemos a poner flores en tu balcón, Luisa . . .—se atrevió a decirle una vez a su mujer.

—Aquí no hay más flor que el marqués—le contestó ella.

195 El pobre sufría con que a su hijo no se le llamase sino el marqués. Y huyendo de casa, dio en refugiarse en la Catedral. Otras veces salía, yéndose no se sabía adónde. Y lo que más le irritaba era que su mujer ni intentaba averiguarlo.

Luisa sentíase morir, que se le derretía gota a gota la vida.
200 «Se me va la vida como un hilito de agua—decía—; siento que se me adelgaza la sangre; me zumba la cabeza, y si aún vivo, es porque me estoy muriendo muy despacio . . . Y si lo siento, es por él, por mi marquesito, sólo por él . . . ¡Qué triste vida la de esta casa sin sol! . . . Yo creía que tú, Tristán, me hubieses
205 traído sol, y libertad, y alegría; pero no, tú no me has traído más

que al marquesito . . . ¡Tráemelo!». Y le cubría de besos lentos, temblorosos y febriles. Y a pesar de que se hablaban, entre marido y mujer se interponía una cortina de helado silencio. Nada decían de lo que más les atormentaba las mentes y los
210 pechos.

Cuando Luisa sintió que el hilito de su vida iba a romperse, poniendo su mano fría sobre la frente del niño, de Rodriguín, le dijo al padre: «Cuida del marqués. ¡Sacrifícate al marqués! ¡Ah, y a ella dile que la perdone!». «¿Y a mí?», gimió Tristán. «¿A ti?
215 ¡Tú no necesitas ser perdonado!». Palabras que cayeron como una terrible sentencia sobre el pobre hombre. Y poco después de oírlas se quedó viudo.

Viudo, joven, dueño de una considerable fortuna, la de su hijo el marqués, y preso en aquel lúgubre caserón cerrado al sol,
220 con recuerdos que siendo de muy pocos años le parecían ya viejísimos, pasábase las horas muertas en un balcón de la trasera de la casona, entre la yedra, oyendo el zumbido del río. Poco después reanudaba las sesiones de tresillo. Y se pasaba largos ratos encerrado con el penitenciario, revisando, se decía, los papeles
225 del difunto marqués y arreglando su testamentaría.

Pero lo que dió un día que hablar en toda la ciudad de Lorenza fue que, después de una ausencia de unos días, volvió Tristán a la casona con Carolina, su cuñada, y ahora su nueva mujer. ¿Pues no se decía que había entrado monja? ¿Dónde y
230 cómo vivió durante aquellos cuatro años?

Carolina volvió arrogante y con un aire de insólito desafío en la mirada. Lo primero que hizo al volver fue mandar quitar el lienzo de luto que cubría el escudo de la casa. «Que le dé el sol —exclamó—, que le dé el sol, y soy capaz de mandar
235 embadurnarlo de miel para que se llene de moscas». Luego mandó quitar la yedra. «Pero Carolina—suplicaba Tristán—, ¡déjate de antiguallas!».

El niño, el marquesito, sintió, desde luego, en su nueva madre al enemigo. No se avino a llamarla mamá, a pesar de los
240 ruegos de su padre; la llamó siempre tía. «¿Pero quién le ha dicho que soy su tía?—preguntó ella—. ¿Acaso Mariana?». «No lo sé, mujer, no lo sé—contestaba Tristán—; pero aquí, sin saber cómo, todo se sabe». «¿Todo?». «Sí, todo; esta casa parece que lo dice todo . . .». «Pues callemos nosotros».

245 La vida pareció adquirir dentro de la casona una recogida
intensidad acerba. El matrimonio salía muy poco de su cuarto,
en el que retenía Carolina a Tristán. Y en tanto, el marquesito
quedaba a merced de los criados y de un preceptor que iba a
diario a enseñarle las primeras letras, y del penitenciario que se
250 cuidaba de educarle en religión.

Reanudóse la partida de tresillo; pero durante ella,
Carolina, sentada junto a su marido, seguía las jugadas de éste
y le guiaba en ellas. Y todos notaban que no hacía sino buscar
ocasión de ponerle la mano sobre la mano, y que de continuo
255 estaba apoyándose en su brazo. Y al ir a dar las diez, le decía:
«¡Tristán, ya es hora!». Y de casa no salía él sino con ella, que se
le dejaba casi colgar del brazo y que iba barriendo la calle con su
mirada de desafío.

El embarazo de Carolina fue penosísimo. Y parecía no
260 desear al que iba a venir. Cuando hubo nacido, no quiso verlo.
Y al decirle que era una niña, que nació desmedrada y enteca,
se limitó a contestar secamente: «¡Sí, nuestro castigo!». Y cuando
poco después la pobre criatura empezó a morir, dijo la madre:
«Para la vida que hubiese llevado . . .».

265 —Tú estás así muy solo—le dijo años después un día
Carolina a su sobrino, el marquesito—; necesitas compañía y
quien te estimule a estudiar, y así, tu padre y yo hemos decidido
traer a casa a un sobrino, a uno que se ha quedado solo . . .

El niño, que ya a la sazón tenía diez años y que era de una
270 precocidad enfermiza y triste, quedóse pensativo.

Cuando vino el otro, el intruso, el huérfano, el marquesito
se puso en guardia, y la ciudad toda de Lorenza no hizo sino
comentar el extraordinario suceso. Todos creyeron que como
Carolina no había logrado tener hijos suyos, propios, traía el
275 adoptivo, el intruso, para molestar y oprimir al otro, al de su
hermana . . .

Los dos niños se miraron, desde luego, como enemigos,
porque si imperioso era el uno, no lo era menos el otro. «¿Pues
tú qué te crees—le decía Pedrito a Rodriguín—, que porque eres
280 marqués vas a mandarme? . . . Y si me fastidias mucho, me voy
y te dejo solo». «Déjame solo, que es como quiero estar, y tú vuél-
vete adonde los tuyos». Pero llegaba Carolina, y con un «¡Niños!»
los hacía mirarse en silencio.

133

—Tío—(que así le llamaba) fue diciéndole una vez Pedrito
a Tristán—, yo me voy, yo me quiero ir, yo quiero volverme con
mis tías; no le puedo resistir a Rodriguín; siempre me está
echando en cara que yo estoy aquí para servirle y como de
limosna.

—Ten paciencia, Pedrín, ten paciencia; ¿No la tengo yo?—Y
cogiéndole al niño la cabecita, se la apretó a la boca y lloró sobre
ella, lloró copiosa, lenta y silenciosamente.

Aquellas lágrimas las sentía el niño como un riego de
piedad. Y sintió una profunda pena por el pobre hombre, por el
pobre padre del Marquesito.

La que no lloraba era Carolina.

Y sucedió que un día, estando marido y mujer muy arrima-
dos en un sofá, cogidos de las manos y mirando al vacío penumbroso de la estancia, sintieron ruido de pendencia, y al punto
entraron los niños, sudorosos y agitados. «¡Yo me voy! ¡Yo me
voy!»—gritaba Pedrito—. «¡Vete, vete y no vuelvas a mi casa!»,
le contestaba Rodriguín. Pero cuando Carolina vió sangre en las
narices de Pedrito, saltó como una leona hacia él, gritando:
«¡Hijo mío! ¡Hijo mío!». Y luego volviéndose al marquesito, le
escupió esta palabra: «¡Caín!».

—¿Caín? ¿Es acaso mi hermano?—preguntó abriendo
cuanto pudo los ojos el marquesito.

Carolina vaciló un momento. Y luego, como apuñándose el
corazón, dijo con voz ronca. «¡Pedro es mi hijo!»

—¡Carolina!—gimió su marido.

—Sí—prosiguió el marquesito—, ya presumía yo que era su
hijo, y por ahí lo dicen . . . Pero lo que no sabemos es quién sea
su padre, ni si lo tiene.

Carolina se irigió de pronto. Sus ojos centelleaban y le tem-
blaban los labios. Cogió a Pedrito, a su hijo, lo apretó entre sus
rodillas y, mirando duramente a su marido, exclamó:

—¿Su padre? Dile tú, el padre del marquesito, dile tú al
hijo de Luisa, de mi hermana, dile tú al nieto de don Rodrigo
Suárez de Tejada, marqués de Lumbría, dile quién es su padre.
¡Díselo! ¡Díselo, que si no, se lo diré yo! ¡Díselo!

—¡Carolina!—suplicó llorando Tristán.

—¡Díselo! ¡Dile quién es el verdadero marqués de Lumbría!

—No hace falta que me lo diga—dijo el niño.

—Pues bien, sí; el marqués es éste, éste y no tú; éste, que nació antes que tú, y de mí que era la mayorazga, y de tu padre, 325 sí, de tu padre. Y el mío, por eso del escudo . . . Pero yo haré quitar el escudo, y abriré todos los balcones al sol, y haré que se le reconozca a mi hijo como quien es: como el marqués.

Luego empezó a dar voces llamando a la servidumbre y a la señora, que dormitaba, ya casi en la imbecilidad de la 330 segunda infancia. Y cuando tuvo a todos delante mandó abrir los balcones de par en par, y a grandes voces se puso a decir con calma:

—Éste, éste es el marqués, éste es el verdadero marqués de Lumbría; éste es el mayorazgo. Éste es el que yo tuve de 335 Tristán, de este mismo Tristán que ahora se esconde y llora, cuando él acababa de casarse con mi hermana, al mes de haberse ellos casado. Mi padre, el excelentísimo señor marqués de Lumbría, me sacrificó a sus principios, y acaso también mi hermana estaba comprometida como yo . . .

340 —¡Carolina!—gimió el marido.

—Cállate, hombre, que hoy hay que revelarlo todo. Tu hijo, vuestro hijo, ha arrancado sangre, ¡sangre azul!, no, sino roja, y muy roja, de nuestro hijo, de mi hijo, del marqués . . .

—¡Qué ruido, por Dios!—se quejó la señora, acurrucándose 345 en una butaca de un rincón.

—Y ahora—prosiguió Carolina dirigiéndose a los criados— id y propalad el caso por toda la ciudad; decid en las plazuelas y en los patios y en las fuentes lo que me habéis oído; que lo sepan todos, que conozcan todos la mancha del escudo.

350 —Pero si toda la ciudad lo sabía ya . . .—susurró Mariana.

—¿Cómo?—gritó Carolina.

—Sí, señorita, sí; lo decían todos . . .

—Y para guardar un secreto que lo era a voces, para ocultar un enigma que no lo era para nadie, para cubrir unas 355 apariencias falsas, ¿hemos vivido así, Tristán? ¡Miseria y nada más! Abrid esos balcones, que entre la luz, toda la luz y el polvo de la calle y las moscas, y mañana mismo se quitará el escudo. Y se pondrán tiestos de flores en todos los balcones, y se dará una fiesta invitando al pueblo de la ciudad, al verdadero pueblo. 360 Pero no; la fiesta se dará el día en que éste, mi hijo, vuestro hijo, el que el penitenciario llama hijo del pecado, cuando el verda-

135

dero pecado es el que hizo hijo al otro, el día en que éste sea reconocido como quien es y marqués de Lumbría.

Al pobre Rodriguín tuvieron que recogerle de un rincón de la sala. Estaba pálido y febril. Y negóse luego a ver ni a su padre ni a su hermano.

—Le meteremos en un colegio—sentenció Carolina.

En toda la ciudad de Lorenza no se hablaba luego sino de la entereza varonil con que Carolina llevaba adelante sus planes. Salía a diario, llevando del brazo y como a un prisionero a su marido, y de la mano al hijo de su mocedad. Mantenía abiertos de par en par los balcones todos de la casona, y el sol ajaba el raso de los sillones y hasta daba en los retratos de los antepasados. Recibía todas las noches a los tertulianos del tresillo, que no se atrevieron a negarse a sus invitaciones, y era ella misma la que, teniendo al lado a Tristán, jugaba con las cartas de éste. Y le acariciaba delante de los tertulianos, y dándole golpecitos en la mejilla, le decía: «¡Pero qué pobre hombre eres, Tristán!». Y luego, a los otros: «¡Mi pobre maridito no sabe jugar solo!». Y cuando se habían ellos ido, le decía a él: «¡La lástima es, Tristán, que no tengamos más hijos . . . después de aquella pobre niña . . . aquélla sí que era hija del pecado, aquélla y no nuestro Pedrín . . . Pero ahora, a criar a éste, al marqués!».

Hizo que su marido lo reconociera como suyo, engendrado antes de él, su padre, haberse casado, y empezó a gestionar para su hijo, para Pedrín, la sucesión del título. El otro, en tanto, Rodriguín, se consumía de rabia y de tristeza en un colegio.

—Lo mejor sería—decía Carolina—que le entre la vocación religiosa. ¿No la has sentido tú nunca, Tristán? Porque me parece que más naciste tú para fraile que para otra cosa . . .

—¡Y que lo digas tú, Carolina! . . .—se atrevió a insinuar suplicante su marido.

—¡Sí, yo; lo digo yo, Tristán! Y no quieras envanecerte de lo que pasó y que el penitenciario llama nuestro pecado, y mi padre, el marqués, la mancha de nuestro escudo. ¿Nuestro pecado? ¡El tuyo, no, Tristán, el tuyo, no! ¡Fui yo quien te seduje! ¡Yo! Ella, la de los geranios, la que te regó el sombrero, el sombrero, y no la cabeza, con el agua de sus tiestos, ella te trajo acá, a la casona. Pero quien te ganó fui yo. ¡Recuérdalo! Yo quise ser la madre del marqués. Sólo que no contaba con el otro. Y el otro era fuerte, más fuerte que yo. Quise que te rebelaras, y tú no supiste, no pudiste rebelarte . . .

—Pero Carolina . . .

405 —Sí, sí, sé bien todo lo que hubo; lo sé. Tu carne ha sido siempre muy flaca. Y tu pecado fue el dejarte casar con ella; ése fue tú pecado. ¡Y lo que me hiciste sufrir! . . . Pero yo sabía que mi hermana, que Luisa no podría resistir a su traición y tú ignominia. Y esperé. Esperé pacientemente y criando a mi hijo. Y 410 ¡Lo que es criarlo cuando media entre los dos un terrible secreto! ¡Le he criado para la venganza! Y a ti, a su padre . . .

—Sí, que me despreciara . . .

—¡No, despreciarte, no! ¿Te desprecio yo acaso?

—¿Pues qué otra cosa?

415 —¡Te compadezco! Tú despertaste mi carne y con ella mi orgullo de mayorazga. Como nadie se podía dirigir a mí sino en forma y por medio de mi padre . . . como yo no iba a asomarme, como mi hermana, al balcón, a sonreír a la calle . . ., como aquí no entraban más hombres que patanes del campo o esos del tre-420 sillo, patanes también de coro . . . Y cuando entraste aquí te hice sentir que la mujer era yo, yo y no mi hermana . . . ¿Quieres que te recuerde la caída?

—¡No, por Dios, Carolina, no!

—Sí, mejor es que no te la recuerde. Y eres el hombre caído. 425 ¿Ves cómo te decía que naciste para fraile? Pero no, no, tú naciste para que yo fuese la madre del marqués de Lumbría, de don Pedro Ibáñez del Gamonal y Suárez de Tejada. De quien haré un hombre. Y le mandaré labrar un escudo nuevo, de bronce, y no de piedra. Porque he hecho quitar el de piedra para 430 poner en su lugar otro de bronce. Y en él una mancha roja, de rojo de sangre, de sangre roja, de sangre roja como la que su hermano, su medio hermano, tu otro hijo, el hijo de la traición y del pecado, le arrancó de la cara, roja como mi sangre, como la sangre que también me hiciste sangrar tú . . . No te aflijas—y al 435 decirle esto le puso la mano sobre la cabeza—, no te acongojes, Tristán, mi hombre . . . Y mira ahí, mira al retrato de mi padre, y dime tú, que le viste morir, qué diría si viese a su otro nieto, al marqués . . . ¡Conque te hizo que le llevaras a tu hijo, al hijo de Luisa! . . . Pondré en el escudo de bronce un rubí, y el rubí

440  chispeará al sol. Pues, ¿qué creíais, que no había sangre, sangre roja, roja y no azul, en esta casa? Y ahora, Tristán, en cuanto dejemos dormido a nuestro hijo, el marqués de sangre roja, vamos a acostarnos.

Tristán inclinó la cabeza bajo un peso de siglos.

(1920)

# IV. INTROSPECCIÓN HISTÓRICA

España, aunque ya estaba perdida (para mediados del siglo XVII) toda esperanza en el éxito de su antiguo intento político, prefirió permanecer adormecida en él, sin fuerzas para crearse nuevos propósitos nacionales conforme a los nuevos tiempos que el desarrollo histórico de los pueblos trajo para Europa.

Ramón Menéndez Pidal

Los escritores del 98 no son historiadores dedicados a la tarea de investigar. En efecto, a juzgar por las despectivas actitudes de algunos de ellos—v.g., Unamuno, Valle-Inclán, Baroja—para con las investigaciones eruditas de sus compatriotas, se puede decir que son «anti-historiadores». Pero eran hombres de enorme cultura e intelectualidad; leían con voracidad vastas cantidades de libros de historia de toda Europa, y escribían siempre con una voluntad fuertemente historicista en la que es evidente la sólida presencia de sus lecturas. Su aproximación a la historia y a la historia de España, tanto en la formación de ellas como en la visión, es amplia, sintética y últimamente personal. Se compone de todo tipo de lecturas y experiencias culturales: historia, literatura, filosofía, pintura, arquitectura, etc.; además, la gama de la cultura del escritor se colorea al pasar por su sensibilidad de poeta y su propio sentido de la vida y del arte. De modo que la objetividad científica o histórica no es un rasgo caracterizador de este enfoque de la historia. Más aplicable para definirla sería una variante de esa verdad expuesta más arriba por Laín Entralgo, a saber, que entre la pupila del poeta y la tierra castellana que poetiza, se interponen una visión y una pasión de España y de su historia. Aquí se podría decir que entre el ojo del escritor historicista del 98 y el paisaje histórico que él contempla, se interponen la intuición y el sentimiento personal de un poeta apasionado.

Lo que más estima la generación del 98 en la historia de su país es esa España antigua, llena de brío, arrojo y de joven espíritu creador, que existía antes de que su vigor y energía fueran viciados por el autodestructivo imperialismo y la institucionalización egoísta de la corona, bajo los Austrias y los Borbones. En aquellas raíces remotas, conservadas en la obra de sus genios y en el espíritu de su plebe, se encuentra lo más auténtico y castizo de lo español, y no en ese tradicionalismo falso de instituciones oficiales y sus intereses creados. De modo que cuando el angustiado Antonio Machado medita en la «Castilla miserable, ayer dominadora» («A orillas del Duero»), expresa no un anhelo nostálgico por la vuelta al poder de la España imperial y su vasta extensión territorial, sino una confrontación poética con la realidad del cambio que ha experimentado la fortuna nacional. En el interludio histórico de este poema, el heroico brío del Cid y de los Conquistadores de América se contrapone a la imagen de una Castilla harapienta, sepultada en la indiferencia ante el fermento de las nuevas ideas y la industrialización del mundo exterior.

De manera semejante, si bien en forma mucho menos poética, piensa Baroja sobre la degeneración cualitativa de la nación y busca una nueva España culturalmente modernizada, que persistiera «en su línea antigua» («Ideal de España»). Una de estas raíces antiguas de poder renovador es la étnica del País Vasco, una cultura y una lengua de remotísima antigüedad. Como veremos más adelante (Parte VII), la misma idea la dirige Unamuno, enemigo como Baroja del separatismo, a los catalanes y los vascos, aunque no como un deseo, sino como una obligación por parte de esos españoles de idioma no castellano. Su deber, para Unamuno, es aprovechar su antigua cultura como una fuerza vigorosa para la revitalización de la cultura castellana.

La literatura desempeña un papel importante entre los escritores del 98 a la hora de elaborar su visión de la historia nacional. Observamos en ellos, no sólo la omnipresencia de referencias y recuerdos literarios, sino también la asunción de la historia en la literatura. El proceso toma varias formas, como lo sugieren las selecciones que incluimos. En Azorín, que con Unamuno es el más adicto a la poetización del ensayo, la literatura sirve muchas veces de vehículo para penetrar en un trasmundo de circunstancias históricas que intuye el autor por detrás de los hechos de una obra literaria clásica («Un hidalgo»). En estos casos, el proceso de Azorín consiste en glosar la vida de los personajes, llevando esta vida más allá de la perspectiva del autor original con el fin de explorar las circunstancias vulgares que habrían existido pero que no se pintan en la obra. El fondo del presente ejemplo es la época histórica y el lugar en que ocurre el episodio, a saber, el Toledo del siglo XVI, ciudad donde vivía el hidalgo a quien servía de mozo Lazarillo de Tormes en la famosa novela picaresca de ese nombre. Lo que resulta es una especie de historización sentimental de la literatura, y también una aplicación, en el campo de la historia, de la conocida búsqueda azoriniana de los «primores de lo vulgar» en que se manifiestan tanto el movimiento humano como la permanencia de las cosas.

En Maeztu, por otra parte, escritor más intelectual y menos orientado hacia procesos estéticos, la historia misma y no la literatura ocupa el primer plano, aunque figura bien lo literario en su interpretación histórica. Buscando en «La España de Cervantes» las raíces del rápido declive español, sintetiza Maeztu el sentido de dos obras literarias en que ve reflejado todo el paso heroico del siglo

XVI ibérico hacia el cansancio y la terminación de una época de inconmensurable energía peninsular. Este proceso es en cierto sentido el reverso del de Azorín, o sea, la literarización de la historia.

En sus esfuerzos por sacar a luz unas esencias auténticas de su país, algunos escritores del 98 amplían sus propios cuadernos con uno que otro libro documental del pasado, no como nota al pie de una historia erudita, sino como la sustancia de un ensayo introspectivo, convirtiendo el documento, al exponerlo, en una experiencia o visión personal y evocativa. Como ya hemos visto, Azorín aprovecha un libro de informes económicos y sociales preparado en el siglo XVI para elaborar la decadencia de los pueblos de España (véanse la introducción de la Parte II y «La decadencia de un pueblo»). Al valerse de ese documento—que ya conocía Azorín a través de sus propias investigaciones pero que se acababa de editar por primera vez—, lo personaliza según sus propios sentimientos y estilo, y se lo comunica al lector con esa sencillez anti-erudita y anti-retórica típica de toda su obra. Pero mientras que la historia se convierte en literatura, queda intacta la esencia de las ideas originales.

En el ensayo «En Yuste» de Unamuno, el proceso consiste en una integración de elementos ajenos más bien que en una conversión estética, como veíamos en Azorín. La *Historia de la Orden de San Jerónimo* del Padre Sigüenza no sólo trata de los hechos de los últimos años de Carlos V en Yuste, sino que corresponde, para Unamuno, en su sobrio estilo y lenguaje, a la desnuda austeridad del paisaje de la región donde vivió y murió el retirado emperador. Más aún, la obra del Padre Sigüenza añade una dimensión humana y anecdótica a la vasta perspectiva unamuniana de la eternidad intrahistórica, ya que es precisamente el tipo de historia humanizada que Unamuno cree debe reemplazar a las historias eruditas. El conjunto de los elementos del ensayo—historia, tierra, lluvia, una caja de madera, y la profunda intuición del autor-pregrino—se integra para formar quizás el mejor ejemplo concreto del concepto de la intrahistoria que se elabora y define en la selección paralela, «La tradición eterna». La historia del Padre Sigüenza, en fin, como el ensayo del mismo Unamuno, es en sí intrahistórica.

De las selecciones que siguen, las más analíticamente históricas, así como las menos literarizadas, son las de Ganivet. Pero aquí también se vislumbra la intervención de la intuición y la pasión al dirigirse al escritor a la verdad de la historia. Más aún, el *Idearium español*, de donde provienen estos pasajes, se apoya en una teoría geopolítica quizás insostenible que, como indicaremos, presupone un determinismo geográfico-histórico en la naturaleza de islas, penínsulas y naciones continentales. Pero falte lo que falte en lo de precisión histórica y en la objetividad científica, los escritores del 98 son incisivos tasadores del pasado. Hay pocas apologías, pero también poca crítica gratuita. Si pecan de sentir demasiado la historia en lugar de analizarla, la compensación es la visión interior, o sea, poética, de la realidad, cuya expresión tal vez vale más como modo de comunicación eficaz que la elaboración científica de la realidad histórica. En este sentido, finalmente, si bien a los noventayochistas les preocupaban las esencias auténticas de España según eran derivables de su historia, como también hemos observado les interesaba explorar ciertas fuerzas y características primordiales para ellos existentes en el ser humano del presente momento histórico, atributos que le conectan con sus antepasados. Estos nexos hacen patente que lo trascendente en el individuo es siempre lo mismo al ser la realidad más profunda—la poética con bases subjetivas—igual en el ayer, en el hoy y, potencialmente, en el mañana. Al efecto basta que recordemos, por ejemplo, las teorías evocativas de Valle-Inclán sobre «el quietismo estético» en *La lámpara maravillosa* y en su novela corta *Augusta* (en la colección *Corte de amor*) y la presencia de lo míticogallego en algunas de sus restantes obras; ni unas ni otras las estudiaremos en esta ocasión.

## A ORILLAS DEL DUERO

### Antonio Machado

Mediaba el mes de julio. Era un hermoso día.
Yo, solo, por las quiebras del pedregal subía,
buscando los recodos de sombra, lentamente.
A trechos me paraba para enjugar mi frente
5  y dar algún respiro al pecho jadeante;
o bien, ahincando el paso, el cuerpo hacia adelante
y hacia la mano diestra vencido y apoyado
en un bastón, a guisa de pastoril cayado,

trepaba por los cerros que habitaban las rapaces
10    aves de altura, hollando las hierbas montaraces
de fuerte olor—romero, tomillo, salvia, espliego—.
Sobre los agrios campos caía un sol de fuego.

Un buitre de anchas alas, con majestuoso vuelo
cruzaba solitario el puro azul del cielo.
15    Yo divisaba, lejos, un monte alto y agudo,
y una redonda loma cual recamado escudo,
y cárdenos alcores sobre la parda tierra
—harapos esparcidos de un viejo arnés de guerra—
las serrezuelas calvas por donde tuerce el Duero
20    para formar la corva ballesta de un arquero
en torno a Soria. —Soria es una barbacana
hacia Aragón que tiene la torre castellana—.[1]
Veía el horizonte cerrado por las colinas
obscuras, coronadas de robles y de encinas;
25    desnudos peñascales, algún humilde prado
donde el merino pace y el toro arrodillado
sobre la hierba rumia, las márgenes del río
lucir sus verdes álamos al claro sol de estío,
y, silenciosamente, lejanos pasajeros,
30    ¡tan diminutos! —carros, jinetes y arrieros—
cruzar el largo puente y bajo las arcadas
de piedra ensombrecerse las aguas plateadas
del Duero.

El Duero cruza el corazón de roble
35    de Iberia y de Castilla.[2]

¡Oh, tierra triste y noble,
la de los altos llanos y yermos y roquedas,
de campos sin arados, regatos ni arboledas;

---

[1]La provincia de Soria es la última región castellana del nordeste, frente a
Navarra y Aragón.

[2]Ya se ha notado que el Duero corre a través de la península hasta el Atlántico.
Véase nota 43, Parte I.

decrépitas ciudades, caminos sin mesones,
40 y atónitos palurdos sin danzas ni canciones
que aún van, abandonando el mortecino hogar,
como tus largos ríos, Castilla, hacia el mar!

Castilla miserable, ayer dominadora,
envuelta en sus andrajos desprecia cuanto ignora.
45 ¿Espera, duerme o sueña? ¿La sangre derramada
recuerda, cuando tuvo la fiebre de la espada?
Todo se mueve, fluye, discurre, corre o gira;
cambian la mar y el monte y el ojo que los mira.
¿Pasó? Sobre sus campos aún el fantasma yerra
50 de un pueblo que ponía a Dios sobre la guerra.[3]

La madre en otro tiempo fecunda en capitanes
madrastra es hoy apenas de humildes ganapanes.
Castilla no es aquella tan generosa un día,
cuando Mío Cid Rodrigo el de Vivar[4] volvía,
55 ufano de su nueva fortuna y su opulencia,
a regalar a Alfonso[5] los huertos de Valencia;
o que, tras la aventura que acreditó sus bríos,
pedía la conquista de los inmensos ríos
indianos[6] a la corte, la madre de soldados
60 guerreros y adalides que han de tornar cargados
de plata y oro a España, en regios galeones,
para la presa cuervos, para la lid leones.
Filósofos nutridos de sopa de convento
contemplan impasibles el amplio firmamento;[7]

---

[3]Dios como escudo o estandarte.

[4]Pueblo del Cid en las afueras de Burgos, donde quizás nació el héroe (1043?) y donde pasó la niñez.

[5]Alfonso VI, Rey de Castilla y León entre 1072 y 1109, el que desterró de Castilla al Cid en 1081. Durante el destierro el Cid conquistó Valencia, lo que fue importante para restablecer buenas relaciones entre el monarca y el campeador. Se narran estos sucesos en el *Poema de mío Cid*.

[6]De América.

[7]Visión de la vida intelectual castellana bajo la influencia eclesiástica, «despre-

65     y si les llega en sueños, como un rumor distante,
        clamor de mercaderes de muelles de Levante,[8]
        no acudirán siquiera a preguntar ¿qué pasa?
        Y ya la guerra[9] ha abierto las puertas de su casa.

        Castilla miserable, ayer dominadora,
70     envuelta en sus harapos desprecia cuanto ignora.

        El sol va declinando. De la ciudad lejana
        me llega un armonioso tañido de campana
        —ya irán a su rosario las enlutadas viejas—.
        De entre las peñas salen dos lindas comadrejas;
75     me miran y se alejan, huyendo, y aparecen
        de nuevo, ¡tan curiosas! . . . Los campos se obscurecen.
        Hacia el camino blanco está el mesón abierto
        al campo ensombrecido y al pedregal desierto.

                    de *Campos de Castilla* (1912)

## EL BÉLICO ESPÍRITU PENINSULAR

### Angel Ganivet

España es una península, o con más rigor, «la península», porque no hay península que se acerque más a ser isla que la nuestra. Los Pirineos son un istmo y una muralla; no impiden las invasiones, pero nos aíslan y nos permiten conservar nuestro
5 carácter independiente. En realidad, nosotros nos hemos creído que somos insulares, y quizá este error explique muchas anomalías de nuestra historia. Somos una isla colocada en la conjun-

---

ciando cuanto ignora», sin inclinación a analizar por sus propios pensamientos lo que ven. Estos versos y los que siguen son una elaboración de «Castilla miserable . . . desprecia cuanto ignora».

[8]La actividad comercial del este de España, en la costa del Mediterráneo. Castilla queda dormida, sin interés en lo que pasa fuera.

[9]La guerra ideológica entre lo viejo y lo nuevo, o sea, entre lo tradicional y lo moderno.

ción de dos continentes, y si para la vida ideal no existen istmos, para la vida histórica existen dos: los Pirineos y el Estrecho;[10]
10 somos una «casa de dos puertas», y, por lo tanto, «mala de guardar»,[11] y como nuestro partido constante fue dejarlas abiertas, por temor de que las fuerzas dedicadas a vigilarlas se volviesen contra nosotros mismos,[12] nuestro país se convirtió en una especie de parque internacional, donde los pueblos y razas
15 han venido a distraerse cuando les ha parecido oportuno; nuestra historia es una serie inacabable de invasiones y de expulsiones, una guerra permanente de independencia . . .

Un hecho que a primera vista parece inexplicable, la excesiva duración del poder árabe en España,[13] nos descubre la
20 causa, sin que pueda ser otra, de tan extraña metamorfosis. Así como la existencia de la Turquía europea no tiene su razón de ser en la vitalidad propia del pueblo turco, sino en la rivalidad de las potencias,[14] impotentes cuando se trata de calmar susceptibilidades y suspicacias, así también la existencia de la dominación
25 ción arábigohispana en su largo período de descenso está principalmente sostenida por los celos de nuestras regiones. Se desea acabar la Reconquista, pero se teme lo que va a venir después; se trabaja por el triunfo del cristianismo, pero no se descuida otro punto importante: conservar la independencia de los
30 diferentes pedazos de territorio y los privilegios forales. De ahí esa absurda política de particiones constantes de los Estados, inspirada, no en el amor paternal (pues tengo para mí que los reyes de la Edad Media eran más duros de corazón que los del día), sino en que las exigencias de las regiones y hasta de las
35 villas, que deseaban campar libremente por sus respetos. A

---

[10]De Gibraltar.

[11]Refrán popular; también el título de una comedia de Calderón de la Barca.

[12]La posibilidad de subversión desde dentro, dada la lealtad inconstante de los defensores militares.

[13]Ocho siglos, 711-1492.

[14]El Congreso de Berlín (1878) había establecido artificialmente una Turquía europea que se extendía desde Constantinopla hasta el mar Adriático, abarcando partes de Bulgaria, el norte de Grecia y Servia (hoy región de Yugoslavia), así como Albania.

cada paso que se da hacia adelante sigue un alto y una reflexión; todos se miran de reojo, y se comparan y miden a ver si uno ha crecido más que otro y hay que acogotarlo para que se ponga al mismo nivel; raros son los momentos en que, por coincidir en el Gobierno hombres de ideas más audaces, se busca la igualdad luchando, rivalizando en ardor y en esfuerzo. Los pequeños Estados que quedaban encerrados y alejados del campo de la lucha, se aliaban o buscaban el apoyo extranjero, y los que tenían frontera abierta, como fueron últimamente Portugal, Castilla y Aragón, procuraban mantener el equilibrio.

Sin embargo, este equilibrio debía de romperse, y al fin se vio a las claras que Castilla, por su posición central, echaba sobre sí la mayor parte de la obra de Reconquista; y como la preponderancia futura de Castilla era un amago contra la independencia de los demás, nació espontáneamente, como eflorescencia de nuestro espíritu territorial, la idea de buscar fuera del suelo español fuerzas para ser independientes en España. Portugal, Estado atlántico, se transforma en nación marítima y dirige la vista hacia el continente africano,[15] y Aragón, Cataluña y Valencia, Estado mediterráneo, encuentran apoyo en el Mediterráneo y en Italia.[16] Así nace el espíritu conquistador español, que se distingue del de los demás pueblos en que mientras todos conquistan cuando tienen exceso de fuerzas, España conquista sin fuerzas, precisamente para adquirirlas. Así es como hemos llegado a ser los conquistadores de la leyenda, los terribles halcones o aguiluchos del famoso soneto de los *Trofeos* del poeta hispanofrancés José María de Heredia.[17]

El espíritu conquistador nace en el occidente y en el oriente de España antes que en el centro, en Castilla, que luego acierta a monopolizarlo; y en cada región toma un carácter distinto, porque así lo imponía la naturaleza de las conquistas. En

---

[15]Las exploraciones del siglo XV.

[16]Entre los siglos XIII y XV el reino de Aragón conquistó Sicilia, Cerdeña y Nápoles, así como otras regiones del Mediterráneo.

[17]Poeta parnasiano que nació en Cuba pero vivió casi toda la vida en Francia (1842-1905). El mencionado soneto se llama «Les Conquérants» (1869), o sea, «Los conquistadores».

Portugal los conquistadores son navegantes y descubridores; pero no navegan y descubren por curiosidad, puesto que les mueve el deseo del dominio. En Cataluña y Aragón se encuen-
70 tran trazas de los conquistadores típicos, principalmente en la célebre expedición contra turcos y griegos,[18] mas el rasgo predominante es la conquista apoyada por la política y la diplomacia. «La incorporación de Navarra a la Corona de España[19]—ha dicho Castelar—[20] es un capítulo de Maquiavelo».[21] Fernando el
75 Católico no es un diplomático improvisado: es un maestro formado en la escuela italiana, y es mucho más astuto que Maquiavelo, quien en el fondo (y no se vea intención irónica en mis palabras) era un buen hombre, como hoy diríamos; un excelente patriota, enamorado de la idea de la unidad de Italia, deseoso de
80 que su patria fuese grande y fuerte como las demás y convencido de que su idea no podía realizarse por medios distintos de los que sus adversarios empleaban. Maquiavelo ha recogido la odiosidad que acompaña a los pensamientos tortuosos y pérfidos, por haber escrito, sistematizándolo, lo mismo que en su
85 tiempo practicaban príncipes tenidos por muy cristianos. Los conquistadores de la parte oriental de España[22] fueron, pues, los

---

[18]Aventura militarista del siglo XIV que puso el ducado de Atenas primero bajo el poder de Sicilia y después, a finales del siglo, bajo el de Aragón, que se lo incorporó a su imperio.

[19]En 1512, por Fernando el Católico, nombrado regente en el testamento de su esposa Isabel, que murió en 1504. La regencia de Fernando duró hasta su muerte en 1516, aunque fue interrumpida brevemente en 1506-1507. El nombramiento de regente fue necesario porque Fernando había heredado por nacimiento sólo la corona de Aragón; la heredera legítima de Castilla había sido Isabel, y a la muerte de ésta, su incapacitada hija, Juana la Loca. Oficialmente, Juana fue Reina de España durante la regencia de su padre.

[20]Emilio Castelar (1832-1899), escritor y político, célebre por su elocuencia de orador.

[21]Niccolò Machiavelli (1469-1527), famoso autor y estadista italiano cuya obra principal, *Il Principe* (1532), elaboró unos medios amorales y despóticos por los cuales un príncipe podría ganar y sostener su poder. La palabra «maquiavélico» se aplica normalmente a la astucia pérfida en la política, pero como indica Ganivet, hay varios modos de interpretar la obra de este célebre florentino.

[22]Los aragoneses.

más civilizados, por exigirlo así el medio a que debían adaptarse. En Italia aprendimos por necesidad a ser finos diplomáticos, y en Italia transformamos los guerreros del cerco de Granada[23] en ejército organizado en la forma más perfecta a que han podido remontarse nuestras flacas facultades de organización.

En Castilla, el espíritu conquistador nace del de rivalidad, apoyado por la religión. La tendencia natural de Castilla era la prosecución en el suelo africano de la lucha contra el poder musulmán, del que entonces podían temerse aún reacciones ofensivas; pero interponiéndose Colón, las fuerzas que debieron ir contra África se trasladaron a América. La organización política dada a la nación por los Reyes Católicos había de tener como complemento una restauración intelectual, que diere a las obras del espíritu más amplia intervención en la vida y una restauración de las fuerzas materiales del país, empobrecido por las guerras. Mas estas dos obras requerían mucha constancia y mucho esfuerzo: la primera fue iniciada con brillantez, porque el impulso partió de los reyes y de los hombres escogidos de que supieron rodearse; pero la segunda, que era más obra de brazos que de cabeza y más de sudar que de discurrir, tenía que descansar sobre los hombros del pueblo trabajador, el cual, no encontrándose en la mejor disposición de ánimo para entrar en la faena, acogió con júbilo la noticia del descubrimiento del Nuevo Mundo, que atraía y seducía como cosa de encantamiento. Y dejando las prosaicas herramientas de trabajo, allá partieron cuantos pudieron en busca de la independencia personal, representada por el «oro»; no por el oro ganado en la industria o el comercio, sino por el oro puro, en pepitas.

Así, pues, el espíritu de agresión que generalmente se nos atribuye, es sólo, como dije, una metamorfosis del espíritu territorial: ha podido adquirir el carácter de un rasgo constitutivo de nuestra raza por lo largo de su duración; pero no ha llegado a imponérsenos, y ha de tener su fin cuando se extingan los últimos ecos de la política que le dio origen. En la historia de

---

[23]El último reino moro de España, conquistado por los Reyes Católicos en 1492 después del mencionado cerco.

España sólo aparece un conato de verdadera agresión: el envío de la armada *Invencible* contra Inglaterra;[24] y sabido es que esa aventura, cuyo fin fue tan desastrado como lógico, no fue obra nuestra exclusiva: nosotros pusimos el brazo, pero no pusimos el pensamiento, puesto que el interés político o religioso no abarca todo el pensamiento íntimo de una nación. El examen de los documentos relativos a la diplomacia pontificia en España (al que ha dedicado recientemente un concienzudo trabajo un escritor español peritísimo en la materia, don Ricardo de Hinojosa[25]) pone de relieve que si España tuvo un momento la idea de agredir a Inglaterra, protectora y amparadora de los rebeldes flamencos, esa idea fue alimentada y sostenida y resucitada y subvencionada por la Iglesia de Roma con tanta o mayor insistencia que la empleada para constituir la Liga[26] contra los turcos, la cual respondía a un pensamiento más justo: el de defenderse contra un poder violento y en auge, peligroso para los intereses de toda Europa.

Y en nuestra historia interior, siendo como es, por desgracia, fertilísima en guerras civiles, no existen tampoco guerras de agresión, sino luchas por la independencia. La unión nace por la paz y en virtud de enlaces o del derecho hereditario: así se unieron Aragón y Cataluña,[27] Castilla y Aragón, España y Portugal. La guerra aparece sólo al separarse: de un lado se combate por la independencia; del otro por conservar la unidad, es decir, la legalidad política establecida; por lo tanto, no hay agresión. Un hecho como la ocupación de Gibraltar por Ingla-

---

[24]En 1588.

[25]Historiador y archivero (1861-1919), cuyas investigaciones en el Vaticano produjeron *Los despachos de la diplomacia pontífica en España* (1896).

[26]Alianza formada en 1570 entre España, Venecia y el Papa para suprimir la amenaza turca. La liga duró sólo tres años, pero produjo la batalla de Lepanto (1571), en que una poderosa flota cristiana, dirigida por Don Juan de Austria, hermano de Felipe II, consiguió una gran victoria sobre los otomanos. Lepanto debilitó el poderío turco y elevó enormemente el prestigio imperial de España.

[27]En el siglo XII, por un casamiento; Castilla y Aragón, por el enlace de Isabel y Fernando, los Reyes Católicos, en 1479; España y Portugal, unidos entre 1580 y 1640, por la sucesión de Felipe II al trono portugués.

terra,[28] sin derecho ni precedente que lo justifique, por cálculo y conveniencia, no existe en nuestra historia.

150

\* \* \*

Los términos «espíritu guerrero» y «espíritu militar» suelen emplearse indistintamente, y, sin embargo, yo no conozco otros más opuestos entre sí. A primera vista se descubre que el espíritu guerrero es espontáneo, y el espíritu militar, reflejo; que el
155 uno está en el hombre y el otro en la sociedad; que el uno es un esfuerzo contra la organización, y el otro un esfuerzo de organización. Un hombre armado hasta los dientes va proclamando su flaqueza cuando no su cobardía; un hombre que lucha sin armas da a entender que tiene confianza absoluta en su valor;
160 un país que confía en sus fuerzas propias desdeña el militarismo, y una nación que teme, que no se siente segura, pone toda su fe en los cuarteles. España es por esencia, porque así lo exige el espíritu de su territorio, un pueblo guerrero, no un pueblo militar.
165 Abramos una historia de España por cualquier lado y veremos constantemente lo mismo: un pueblo que lucha sin organización. En el período romano sabemos que Numancia[29] prefirió perecer antes que someterse; pero no sabemos quién hizo allí de cabeza, y casi estamos seguros de que allí no hubo
170 cabeza; buscamos ejércitos y no encontramos más que guerrillas, y la figura que más se destaca no es la de un jefe regular, la de un rey o régulo, sino la de Viriato,[30] un guerrillero. En la Reconquista, habiendo tantos reyes, algunos sabios y hasta santos, la figura nacional es el Cid, un rey ambulante, un gue-
175 rrillero que trabaja por cuenta propia; y el primer acto que anuncia el futuro predominio de Castilla no parte de un rey, sino del Cid, cuando emprende la conquista de Valencia e intercepta el paso a Cataluña y Aragón. No importa que la conquista no fuera definitiva: basta la intención, el arranque; así, pues, al

---

[28]En 1704, durante la Guerra de la Sucesión Española.

[29]Véase nota 45, Parte I.

[30]Pastor lusitano que dirigió una lucha contra los romanos en el siglo II a. de J.C.

180 exaltar la figura del Cid, al colocarla por encima de sus reyes, el
pueblo de Castilla no va descaminado. Cuando los que combaten
buscan un apoyo en la religión, no se contentan con invocar el
auxilio divino, sino que transforman a Santiago en guerrero, y
no en general, en simple soldado del arma de caballería.[31] Y esto
185 no es obra exclusiva de la religión, del odio al infiel, puesto que
en nuestro siglo, contra los cristianos franceses, Aragón trans-
formó a la Virgen del Pilar[32] en Capitana de las tropas aragonesas.

Cuando la fuerza de los acontecimientos nos obligó a mez-
190 clarnos en los asuntos de Europa, el guerrero se convierte en
militar; pero nuestras creaciones militares no son organismos
complicados: son la compañía y el tercio. Para presentar ante
Europa una figura militar de primer orden, tenemos que acudir
a un capitán nada más, al Gran Capitán,[33] el creador de nuestro
195 ejército en las campañas de Italia. Y la genialidad de Gonzalo de
Córdoba consistió, como ya dije hablando de Séneca,[34] en que no
inventó nada, en que no hizo más que dar forma a nuestras
ideas. Entonces también había grandes ejércitos, y el Gran
Capitán creó la táctica de los que son menores en número: la de-
200 fensiva combinada con las maniobras rápidas y las agresiones
aisladas, esto es, la táctica de guerrillas, medio infalible para
quebrantar la cohesión del enemigo, para fraccionarlo y para
derrotarlo, cuando ese enemigo confía el éxito a una sola cabeza
y anula las iniciativas de los núcleos secundarios, desligados.

---

[31]Según la leyenda, apareció Santiago, montado en un caballo blanco y con una
bandera blanca, entre los soldados cristianos durante la batalla de Clavijo (844), una
de las primeras de la Reconquista. Con la ayuda del Apóstol, las fuerzas de Ramiro
I de Asturias vencieron a las del emir de Córdoba en aquel pueblo de la provincia de
Logroño. Algunos historiadores niegan tanto la aparición de Santiago como la misma
existencia de la batalla, diciendo que ocurrió en otro lugar del norte de España.

[32]Figura legendaria de Aragón, cuya imagen está en la catedral de Zaragoza.
Ganivet se refiere a la revitalización del culto de esta Virgen durante las guerras
napoleónicas.

[33]Gonzalo Fernández de Córdoba (1453-1515), general de los ejércitos de los
Reyes Católicos que ganó una larga serie de victorias sobre los franceses en Italia,
asegurando así el poder de España en el reino de Nápoles.

[34]Filósofo estoico hispanorromano, nacido en Córdoba (4 a. de J.C.-65).

205    Para nuestras empresas de América no fue necesario cambiar nada, y los conquistadores, en cuanto hombres de armas,
fueron legítimos guerrilleros, lo mismo los más bajos que los
más altos, sin exceptuar a Hernán Cortés.[35] He aquí por qué
Europa no ha comprendido nunca a nuestros conquistadores, y
210    los ha equiparado a bandoleros.

de *Idearium español* (1897)

## EL ERROR DE LOS HABSBURGO

Angel Ganivet

La política exterior de España en la Edad Moderna podría
ser gráficamente representada por una «Rosa de los vientos».[36]
La política de Castilla era africana o meridional, porque la toma
de Granada y la terminación de la Reconquista no podía ser el
5    último golpe contra los moros: entonces estaba aún pujante el
poder musulmán y debía de temerse una nueva acometida, pues
el mahometismo lleva en sí un germen de violencia que hoy
parece extinguido y mañana reaparece encarnado en un pueblo
más joven que de nuevo le da calor y vida; y aparte de esto, era
10    lógico que la respuesta se acomodase a la agresión, que no ter-
minase en nuestro suelo invadido, sino que prosiguiera en el
territorio de nuestros invasores. La política de Aragón era medi-
terránea u oriental, y como al unirse Aragón y Castilla se unieron bajo la divisa de igualdad, constituyeron, más que una
15    unión, una sociedad de socorros mutuos; así Aragón ayudó a la
conquista de Granada, Castilla tenía que ayudar a Aragón en
sus empresas de Italia. Y por un azar histórico, en el mismo
campamento de Santa Fe,[37] donde se formaba el núcleo militar

---

[35]Capitán extremeño que conquistó México (1485-1547).

[36]Círculo dividido en los 32 rumbos de la vuelta del horizonte, como la cara de
la brújula náutica.

[37]Pueblo muy cerca de Granada, donde estuvo colocado el ejército de los Reyes
Católicos durante el cerco de dicha ciudad.

que después pasó a los campos de Italia,[38] nacía también el pen-
20  samiento de aceptar los planes de Colón, y con esto el comienzo
de nuestra política occidental o americana. Teníamos, pues, tres
puntos cardinales: Sur, Este y Oeste, y sólo nos faltaba el Norte,
que vino con gran oportunidad al incorporarse a España los
Países Bajos.[39] Y luego, de la combinación de tan encontradas
25  políticas surgieron las políticas intermedias, y no hubo nación
en Europa con la cual, ya con uno, ya con otro pretexto, no tuviéramos que entendernos por la diplomacia o por la guerra . . .

En el comienzo de la Edad Moderna había en España dos
tendencias políticas naturales y justificadas: la de Castilla y la
30  de Aragón, esto es, la africana y la italiana, y después de unidos
Aragón y Castilla, la segunda política debió de perder algún
terreno. Los descubrimientos y conquistas en América, que tan
profunda brecha nos abrieron, tenían también su justificación
en nuestro carácter, en nuestra fe y en la fatalidad providencial
35  con que nos cayó sobre los hombros tan pesada carga. Pero
nuestra acción en el centro del Continente fue un inconmensurable absurdo político, un contrasentido cuya sola disculpa
fue y es el estar amparado por las ideas entonces imperantes en
materias de derecho político y prácticas de gobierno. Al
40  empeñarse España, nación peninsular, en proceder como las
naciones continentales, se condenaba a una ruina cierta, puesto
que si una nación se fortifica adquiriendo nuevos territorios que
están dentro de su esfera de acción natural, se debilita en
cambio con la agregación de otros que llevan consigo contingen-
45  cias desfavorables a sus intereses propios y permanentes . . .

España cometió ese error, y cuando lo cometió hubo quien
comprendiera, bien que vaga e instintivamente, los riesgos a
que nos exponía; hubo muchos que lo comprendieron, y los unos
se murieron y a los otros los degollaron. Para mí, la muerte de

---

[38]Bajo el Gran Capitán. Véase nota 33.

[39]Ya parte del imperio austríaco, se incorporaron automáticamente a España
con el advenimiento de Carlos V, que por casualidad nació allí (en Gante) y fue edu-
cado en Flandes. Ganivet es irónico al considerar la adquisición española de los Países
Bajos una «gran oportunidad».

50 Cisneros,[40] muerte oportuna, que le libró de recibir en el rostro
la bocanada de aire extranjero que traía consigo el joven Carlos
de Gante, fue la muerte de Castilla; y la decapitación de los
comuneros[41] fue el castigo impuesto a los refractarios, a los que
no querían caminar por las nuevas sendas abiertas a la política
55 de España. Los comuneros no eran liberales o libertadores,
como muchos quieren hacernos creer; no eran héroes románticos
inflamados por ideas nuevas y generosas y vencidos en el
combate por Villalar[42] por la superioridad numérica de los
imperiales y por una lluvia contraria que les azotaba los rostros
60 y les impedía ver al enemigo. Eran castellanos rígidos, exclusivistas, que defendían la política tradicional y nacional contra
la innovadora y europea de Carlos I. Y en cuanto a la batalla de
Villalar, parece averiguado que ni siquiera llegó a darse . . .[43]
   Admitido el error político inicial, hay que reconocer que
65 Carlos I fue un hombre oportuno. En España no había nadie
capaz de comprender su política, y esto prueba, sin necesidad de
más demostraciones, que su política era ajena a nuestros intereses, aunque estuviera apoyada en derechos indiscutibles y en
vagas aspiraciones de nuestra nación. Carlos I representó en
70 nuestra historia un papel análogo, aunque en sentido inverso,
al de Napoleón en la de Francia. Napoleón hizo de Francia una
nación insular.[44] Carlos I hizo de España una nación conti

---

[40]Francisco Jiménez de Cisneros (1436-1517), el eminente prelado y político que
fue, entre otras cosas, confesor de Isabel la Católica, reformador de las órdenes religiosas de España, fundador de la Universidad de Alcalá de Henares, y dos veces
regente de España por breves períodos.

[41]La sublevación de las comunidades de Castilla fue un extenso movimiento
sedicioso en los primeros años del reinado de Carlos V para defender los derechos
castellanos contra las acciones extranjerizantes del nuevo monarca, que no era
español y que introducía extranjeros en los oficios públicos y hacía exacciones para
propósitos extranacionales. La rebelión, que se manifestó también en otras partes de
España, quedó deshecha ya para 1522.

[42]Pueblo en la provincia de Valladolid. Las fuerzas del emperador derrotaron
fácilmente a los comuneros en esta batalla (1521).

[43]Es decir, que ni siquiera tuvo lugar una verdadera batalla.

[44]Según la teoría que elabora Ganivet en *Idearium español*, lo característico de
los pueblos insulares es la agresión, de los peninsulares la independencia, y de los

nental. Él supo llevar de frente las diversas y contradictorias políticas que despuntaron casi a la vez: acudió a los Países
75 Bajos, a Italia, a Túnez[45] y a América: todo lo abrazó con golpe de vista amplio, admirable y certero; mas su obra era personalísima, porque él miraba a España desde fuera y nos atribuía las mismas ambiciones que a él, nacido en el centro del Continente, le atormentaban.

80 Al pasar el poder de Carlos I a Felipe II,[46] se nota inmediatamente que la política de la Casa de Austria va a convertirse en un peligro para Europa y va a dar al traste con nuestra nación. Felipe II era un español, y lo veía todo con ojos de español, con independencia y exclusivismo; así, no podía con-
85 tentarse con la apariencia del poder; quería la realidad del poder. Fue un hombre admirable por lo honrado, y en su espejo deberían mirarse muchos monarcas que se ufanan de su potestad sobre reinos cuya conservación les exige sufrir humillaciones no menores que las que sufren los ambiciosos vulgares
90 para mantenerse en puestos debidos a la intriga y al favoritismo. Felipe II quiso ser de hecho lo que era de derecho; quiso reinar y gobernar; quiso que la dominación española no fuese una etiqueta útil sólo para satisfacer la vanidad nacional, sino un poder efectivo, en posesión de todas las facultades y atribu-
95 tos propios de la soberanía; una fuerza positiva que imprimiese la huella bien marcada del carácter español en todos los países sometidos a nuestra acción, y de rechazo, si era posible, en todos los del mundo. Con este criterio planteó y resolvió cuantos problemas políticos le ofreció su tiempo, y a su tenacidad fueron
100 debidos sus triunfos y sus fracasos.

Para otra nación, el conflicto religioso que surgió al aparecer en los Países Bajos la Reforma, hubiera sido relativamente de fácil solución; pasados los primeros momentos de resistencia, vistas las proporciones que tomaba la herejía, se
105 hubiera buscado una componenda para poner a salvo la domina-

---

continentales el espíritu de resistencia.

[45]Carlos conquistó Túnez en 1535.

[46]El emperador abdicó sus dominios en 1555-56. Véase más abajo el artículo de Unamuno, «En Yuste».

ción; esto lo hubiera hecho hasta Francia, católica también, pero menos rigorista, más enamorada de su prestigio político que de sus ideas religiosas, como lo demostró aliándose con los protestantes y hasta con los turcos, cuando así convino a sus intereses. Sólo España era capaz de plantear la cuestión en la forma en que lo hizo y arriesgar el dominio material por sostener el imperio de la religión. Y mientras las demás naciones hubieran concluido por perder el dominio algo más tarde, sin dejar huella de su paso, nosotros lo perdimos antes de tiempo, pero dejamos una nación católica más en Europa.

La política de Felipe II tuvo el mérito que tiene todo lo que es franco y lógico: sirvió para deslindar los campos y para hacernos ver la gravedad de la empresa acometida por España al abandonar los cauces de su política nacional. Si Felipe II no triunfó por completo y dejó como herencia una catástrofe inevitable, la culpa no fue suya, sino de la imposibilidad de amoldarse él y su nación a la táctica que exigía y exige la política del continente. Una nación no se impone sólo con fuerzas militares y navales, necesita tener ideas flexibles y que se presten a una rápida difusión; y estas ideas no hay medio de inventarlas: nacen, como vemos constantemente en Francia, de la fusión de las ideas tomadas del extranjero con las ideas nacionales. Hay que sacrificar la espontaneidad del pensamiento propio; hay que fraguar «ideas generales» que tengan curso en todos los países, para aspirar a una influencia política durable. Nosotros, por nuestra propia constitución, somos inhábiles para esas manipulaciones, y nuestro espíritu no ha podido triunfar más que por la violencia. Yo creo que a la larga el espíritu que se impone es el más exclusivista y el más original; pero cuando llega a imponerse, no tiene ya alcance político: su influencia es ideal, como la de los griegos sobre los romanos.

Con Felipe II desaparece de nuestra nación el sentido estético, esto es, la facultad de apreciar en su totalidad nuestros varios intereses políticos. España se defiende largo tiempo con el instinto de conservación, pero sin pensar siquiera cuál ha de ser en caso de sacrificio el interés sacrificado, poniéndolo todo al mismo nivel: lo pasajero y fugaz de nuestra política, como lo esencial y permanente. La idea fundamental de nuestros gobernantes era que la fuerza política dependía de la extensión del

145 territorio; no mermándose éste, la nación conservaba enteros sus prestigios y su vitalidad. Así fuimos sosteniéndonos o fue sosteniéndonos nuestro ejército, núcleo de resistencia que contuvo el desmembramiento y que en ocasiones llegó a representar él solo la nación, con mejor derecho que el agregado in-
150 menso de territorios y de gentes que la formaban.

En mi opinión, lo más triste que hay en nuestra decadencia no es la decadencia en sí, sino la refinada estupidez de que dieron repetidas muestras los hombres colocados al frente de los negocios públicos en España. Se halla a lo sumo algún hombre
155 hábil para ejecutar una misión que se le encomiende; pero no encontraremos uno solo que vea y juzgue la política nacional desde un punto de vista elevado, o por lo menos céntrico. A todos les ocurría lo que, según la frase popular, les ocurre a los músicos viejos: no les quedaba más que el compás.

160 Acaso hubiera sido un bien para España que el largo y doloroso descenso que se inicia en la paz de Westfalia[47] y se consuma en la de Utrecht[48] hubiera sido una caída rápida, en la que hubiéramos probablemente sacado a salvo la unidad nacional; pero diseminadas nuestras fuerzas para atender a muchos
165 puntos a la vez, debilitados por un gasto incesante de energía, tanto más considerable cuanto la ruina estaba más próxima, las soldaduras de las diversas regiones españolas comenzaron a despegarse y estuvo a punto de dislocarse la nación. Y se dislocó en parte, puesto que Portugal, cuya unión era más reciente, con-
170 cluyó por conquistar su independencia.[49]

No es justo exigir a los hombres de aquella época un conocimiento de nuestros intereses tan cabal como el que hoy tenemos, juzgando los hechos a distancia y con diferente criterio político; pero sí es justo declarar que aun con las ideas que
175 entonces imperaban se habría podido proceder con más cordura,

---

[47]El tratado (1648) que terminó la Guerra de los Treinta Años y reajustó varios territorios europeos, incluso los Países Bajos, cuya independencia reconoció España.

[48]La serie de tratados (1713-15) con que terminó la Guerra de la Sucesión Española y llevó a los Borbones al trono español. Al mismo tiempo España perdió casi todos sus dominios europeos.

[49]En 1640.

si nuestros hombres de Estado se hubieran hallado a la altura de la situación, o cuando menos, sabido separar lo permanente de la nación, que era la metrópoli, la península unida, de lo accidental, que eran los Estados de ella dependientes y las colonias.

180 La confusión en este punto fue tan completa, que se llegó a poner sobre un pie de igualdad y a defender con igual empeño en algún tratado, como el de los Pirineos,[50] el dominio de España en Portugal (cuya rebeldía era favorecida y apoyada por Francia), y los intereses personales de los príncipes de Condé.[51]

185 Por muy elevado que sea el concepto que se profese de la lealtad política, no es jamás disculpable que se sacrifique el interés de una nación, que es algo sustantivo y permanente, en obsequio de un particular, cuyos servicios pueden ser privadamente recompensados.

190 La política borbónica no fue mejor que la austríaca en este punto. Continúa admitida la idea de que el engrandecimiento nacional ha de venir del exterior, de que la fuerza está en la cantidad, en la extensión del territorio. Este es el sistema generalmente seguido por los nobles arruinados: nada de redu-

195 cir los gastos por no descubrir lo que está a la vista, que la casa se hunde; préstamos usurarios, alardes estúpidos de poder para inspirar confianza, enlaces en que se busca una dote providencial y demás expedientes de mala índole. No fue otra nuestra política en los comienzos de la Casa de Borbón. El

200 asunto más ruidoso de la época fue la famosa cuestión de los ducados, y nuestra obra maestra en política el experimento de galvanización del intrigante Alberoni.[52] El espíritu español, enviciado ya en el sistema del artificio, falto de una mano fuerte que le obligara a buscar la salvación donde únicamente podía

205 hallarla, en la restauración de las energías nacionales, acepta

---

[50]Tratado de 1659, entre Francia y España.

[51]Rama menor de la Casa de Borbón.

[52]Giulio Alberoni (1664-1752), eclesiástico italiano cuya astucia política le llevó al primer ministerio de la corte de Felipe V. Fue colaborador y ejecutor de la política de la ambiciosa Isabel de Farnesio, segunda mujer del Rey, que quería recuperar los estados italianos perdidos en el tratado de Utrech para instalar allí a sus propios hijos como soberanos.

con agrado todas las panaceas políticas que le van ofreciendo los agiotistas de la diplomacia, y continúa largo tiempo arrastrándose por los bajos fondos de la mendicidad colectiva, adornado con el oropel de fingidas y risibles grandezas.

de *Idearium español* (1897)

## LA ESPAÑA DE CERVANTES

### Ramiro de Maeztu

Si Cervantes está cansado cuando concibe a Don Quijote,[53] no lo está menos la nación española. Al terminar el siglo XV y en el curso del siglo XVI España completaba la liberación del territorio nacional contra un enemigo que durante ocho siglos lo
5 había ocupado, realizaba la unidad religiosa, expulsaba a moros y a judíos,[54] llevaba a cabo la epopeya de descubrir, conquistar y poblar las Américas, a costa, en parte, de su propia despoblación; paseaba sus banderas victoriosas por Flandes, Alemania, Italia, Francia, Grecia, Berbería.[55] De cada hogar español había
10 salido un monje o un soldado, cuando no un monje y un soldado a la vez. Santa Teresa[56] había visto salir de su casa para América a todos sus hermanos, y, gran lectora de libros de caballerías,[57] había soñado con recorrer el mundo. Todo el siglo XVI fue para España un estadillo de energía. Recordad los nombres
15 de los primeros circunnavegantes: Elcano, Legazpi, Maga-

---

[53]La primera parte fue publicada en 1605; la segunda en 1615.

[54]Los judíos fueron expulsados en 1492; los moros no definitivamente hasta principios del siglo XVII.

[55]El África del Norte.

[56]Teresa de Jesús (1515-1582), natural de Ávila, religiosa mística, reformadora de la Orden de las Carmelitas, y autora de varias obras místicas, así como del *Libro de su vida*, fuente de muchos detalles personales como los citados aquí por Maeztu.

[57]Fábulas de las prodigiosas aventuras de los caballeros andantes, de origen medieval pero de renovada invención en el siglo XVI en España y sumamente populares a lo largo de aquel siglo.

llanes;[58] los de los conquistadores: Hernando de Soto, Valdivia, Urdaneta, Garay, Solís, para no hablar de Cortés, de Pizarro y de Almagro;[59] evocad la memoria del cardenal Cisneros, de Ignacio de Loyola, de Santa Teresa,[60] y no nos olvidemos de los
20 Reyes Católicos, del Gran Capitán,[61] del Duque de Alba,[62] de Felipe II. Acompañemos con la imaginación a nuestros tercios en sus campañas victoriosas, sigámosles cuando van con Carlos V a Witemberg[63] y quieren desenterrar, para quemarlos, los restos de Lutero, el hombre maléfico, a su juicio, que había roto
25 en dos la Cristiandad. No nos olvidemos de que la batalla de Lepanto[64] había arrancado de las manos del turco el dominio del mar Mediterráneo.

Pensemos también que el móvil de aquel incesante batallar era puro y generoso. Los mejores españoles se daban cuenta
30 clara de que aquellas campañas les estaban arruinando. Ahí están las cartas de Felipe II, cuando era aún Príncipe Regente de España,[65] a su padre el Emperador, en las que se decía que

---

[58]Juan Sebastián Elcano (1476-1526), el marinero que culminó el primer viaje alrededor del mundo, al morir en las Filipinas el jefe de la expedición, Fernando Magallanes (1470-1521). Miguel López de Legazpi (m. 1572) fue el navegante que conquistó las Islas Marianas y las Filipinas, y fundó la ciudad de Manila.

[59]En el medio siglo que siguió al descubrimiento de América, los conquistadores españoles habían recorrido todo el continente, desde la Tierra del Fuego hasta el río Colorado; el Perú, la Florida, el Misisipí (Hernando de Soto); Chile (Pedro de Valdivia); las Filipinas (Fray Andrés de Urbaneta); el Perú, Paraguay, la Argentina (Juan de Garay); el mar Caribe, el Perú, la Argentina (Juan Díaz de Solís). Diego de Almagro participó con Francisco Pizarro en la conquista del Perú; Hernán Cortés conquistó México.

[60]Santo de la Iglesia y fundador de la Compañía de Jesús (los Jesuitas) (1491-1556). Véanse más arriba las notas sobre Cisneros y Santa Teresa.

[61]Véase nota 33.

[62]Fernando de Álvarez de Toledo (1508-1582), general y administrador bajo los Habsburgo, fanático gobernador de los Países Bajos.

[63]Ciudad alemana donde Martín Lutero (1483-1546) fijó en 1517 las famosas 95 tesis a la puerta de la iglesia, dando así el paso definitivo a la rebeldía contra la Iglesia.

[64]Véase nota 26.

[65]En los años 1540.

la pobreza de las tierras españolas no consentía que se las gravase con impuestos tan altos como los que podían soportar las más ricas del centro de Europa. Esto mismo repiten, incansables, las peticiones de las Cortes de Castilla.[66] Y, a pesar de todo, Felipe sigue, al subir al trono, la política trazada por su padre, por el mandato de lo que creía su deber—el mantenimiento de la fe católica por medio de las armas—le parecía más urgente, más ineludible, que la de defender los intereses de su patria. Y es que la prodigiosa actividad física del pueblo español durante todo el siglo XVI estaba también acompañada, e inspirada, por intenso fervor espiritual, que es la otra forma de actividad en la que también ardieron, hasta consumirse, las energías nacionales. De España surgieron, a la vez el espíritu místico de Santa Teresa y el militante de la Compañía de Jesús, así como la mayor y mejor parte de la obra social y educativa de la Compañía y de su producción intelectual. España es también el espíritu y el brazo de la Contrarreforma, que alza fronteras definitivas a la difusión del protestantismo por el centro de Europa. De España nace el movimiento antirrenacentista, en el seno de la Iglesia católica, que le devuelve la severidad que el humanismo la había hecho perder en Italia. Los teólogos españoles llevan la voz cantante y decisiva en el Concilio de Trento,[67] que fija la ortodoxia de la Iglesia frente a las perplejidades de la Reforma y del Renacimiento. De la fecunda actividad literaria de España surgen los orígenes del drama y de la novela modernos.

Lo que eran los españoles de aquel tiempo lo sabemos por los cuadros del Greco. Un español no habría sabido quizá verlos. El cretense percibió que aquellos hombres, que en lo físico no eran extraordinarios, estaban animados por una espiritualidad excepcional, que sólo podía expresarse pictóricamente por excepcionales procedimientos. El Greco simbolizó, en la luz, el ideal

---

[66]Asamblea consultativa de representantes de los varios cuerpos y clases, sin más poder que hacer peticiones al monarca y votar sobre impuestos que éste solicitaba. Una institución de raíces medievales que existía en cada reino.

[67]Concilio ecuménico convocado tres veces entre 1545 y 1563 para enfrentarse con la crisis provocada por la Reforma. No hubo delegados protestantes.

65 que encendía aquellos cuerpos. Concibió la luz como una
sustancia que en el éter vibra y en el aire se rompe, rodea los
cuerpos, disuelve los límites, aligera los pesos, convierte la
gravedad en ascensión y transforma a los hombres en llamas,
que en su propio fuego se divinizan y consumen.

70 Pero en los años en que el *Quijote* se engendra y escribe,
España se halla ya, y en consecuencia de su pasmosa actividad
creadora, exhausta, despoblada—sólo en el reino de Felipe II
había perdido dos millones de almas—, miserable, cercana a la
derrota. ¿Y cuál podía ser el anhelo más íntimo de aquel país
75 demasiado trabajado sino el de descansar? Oigamos a Galdós[68]
en su ensayo sobre Cervantes:

«No faltaban héroes todavía, porque esta tierra, aun
después de extinguido su vigor, conservaba los gérmenes de
aquella raza vencedora que tuvo descendientes por muchos
80 siglos después. Había grandes generales aún y soldados valerosos; pero el ejército se moría de hambre y desnudez en las
tierras de Holanda y de Milán. Todo indicaba la proximidad de
aquellas desventuras horribles, de aquellos encantamientos que
se llamaron Rocroi,[69] la insurrección de Nápoles,[70] el levanta-
85 miento de Cataluña, la autonomía de Portugal, la emancipación
de los Países Bajos».

¿Nos imaginamos a los soldados de los ejércitos españoles
«muertos de hambre y desnudez», leyendo el *Quijote* en tierras
de Flandes o de Italia? Cada uno de ellos podía sentirse Don
90 Quijote, por lo idealista y por lo maltratado. ¿Qué buscarían en
sus páginas sino esa ansia profunda de reposo y de vuelta a la

---

[68]Benito Pérez Galdós (1843-1920), el mayor novelista español del siglo XIX. El
mencionado ensayo fue publicado en el periódico *La Nación* en abril de 1868 con el
título «El aniversario de la muerte de Cervantes (1616-1868)», y fue reimpreso en la
revista *Vida nueva* en 1898 con el título «Cervantes». Todo esto se encuentra en el
artículo de Peter B. Goldman, «Galdós and Cervantes: Two Articles and a Fragment»
(*Anales galdosianos*, año VI, 1971) donde está reproducido enteramente dicho ensayo.

[69]Pueblo de Francia donde sufrió España una derrota decisiva a manos de los
franceses, hacia finales de la Guerra de los Treinta Años (1643).

[70]En 1647. La sublevación de Cataluña y de Portugal ocurrió en 1640. La larga
guerra en los Países Bajos terminó con la tregua de doce años (1609), que constituyó
últimamente un reconocimiento de hecho de la soberanía de aquella región.

casa solariega de la patria, que no se atreverían a confesar porque eran vencedores, pero que sentirían en el alma con vehemencia mayor que su silencio? Aquellos soldados hambrientos y desnudos tenían que percibir, a todo lo largo del cuerpo, los temblores de aquellas tierras, próximas a perderse para España. ¿Y qué impresión les produciría la lectura de un libro cuyas páginas todas eran condenación de la vida aventurera y heroica de los caballeros andantes? ¿Se atendrían al texto de Don Quijote, el loco, cuando dice: «Más bien parece el soldado muerto en la batalla que vivo y salvo en la huida»?[71] ¿O preferirían la copla del mancebo cuerdo que cantaba:

> A la guerra me lleva
> mi necesidad,
> si tuviera dineros
> no fuera, en verdad?

¿O el dicho de Sancho: «No ha de ser todo: Santiago y cierra, España?»[72]

Pero no hay necesidad de preguntar cuando la historia nos ofrece concreta y clara respuesta. Durante todo el siglo XVI gozó España de la codiciable facultad o poder que los autores de libros militares llaman la iniciativa, y es la capacidad de iniciación de movimientos. Dedicamos nuestros esfuerzos en esa centuria a consolidar y asegurar la civilización cristiana de la Edad Media, amenazada internamente por la Reforma y aun por el Renacimiento y externamente por el poder creciente de los turcos, a conquistar y cristianizar América y a convertir al Cristianismo los pueblos paganos, judíos o musulmanes. Para realizar este ideal final concebimos los dos ideales instrumentales de la unidad católica y de la monarquía universal, que cantó Hernando de Acuña[73] en el soneto:

---

[71]Parte II, cap. XXIV. Se encuentra la citada copla en el mismo capítulo.

[72]Parte II, cap. IV. El sentido es que, como decía Sancho, «tiempos hay que acometer, y tiempos de retirar». «¡Santiago, y cierra, España!» fue el grito de guerra entre los cristianos durante la Reconquista.

[73]Poeta y soldado (1520-1580). El título del soneto, dedicado a Carlos V, es «Al Rey nuestro Señor».

Ya se acerca, Señor, o ya es llegada
la edad gloriosa en que promete el cielo
una grey, y un pastor sólo en el suelo,
125      por suerte a nuestros tiempos reservada;
ya tan alto principio en tal jornada
os muestra el fin de vuestro santo celo,
y anuncia al mundo, para más consuelo,
un Monarca, un Imperio y una Espada.

130      No fuimos lo bastante poderosos para impedir que la
Cristiandad se dispersara, ni para evitar que al Reino de Dios,
con que soñábamos, sucediera el Reino del Hombre, que en Inglaterra proclamó, poco después, Lord Bacon.[74] Es posible que
el sueño nuestro no fuera realizable, ni conveniente entonces,
135  pero no tenemos para qué avergonzarnos de haberlo concebido,
aunque sí tengamos que dolernos de la excesiva sangre que
derramamos al intentar realizarlo. Fue un gran sueño el
nuestro, y nuestros padres lo persiguieron con energía de
héroes, hasta que lo aventaron las tempestades que deshicieron
140  en los mares del Norte las formaciones de la Armada Invencible.
    Algunas veces se ha preguntado la razón de que no se
expresara esta gran epopeya española en algún libro que pudiera parangonarse con el *Quijote*. Estas preguntas negativas
no tienen, en rigor, contestación. No hay razón, por ejemplo,
145  para que Garcilaso[75] no escribiera esa obra. Pero la verdad es
que fue escrita, sólo que en portugués. *Os Lusiadas*[76] es la
epopeya peninsular, y sabido es que la historia espiritual y
artística de los pueblos hispánicos no debe hacerse aislada-
mente. En las *Lusiadas* se encuentra la expresión conjunta del
150  genio hispánico mundial y su religiosidad característica: la divi-
nización de la virtud humana. Varias veces se ha hecho el
paralelo entre las vidas de Cervantes y Camoens. Con ocasión

---

[74]Francis Bacon (1561-1626), filósofo, ensayista y estadista inglés.

[75]Garcilaso de la Vega (1503-1536), el insigne poeta renacentista de España.

[76]Poema épico culto (publicado en 1572) sobre los viajes y triunfos del navegante
portugués del siglo XV, Vasco de Gama, escrito por su compatriota Luis Camoens
(1524-1580), el célebre poeta renacentista.

del centenario del poeta lusitano lo rehacía recientemente el señor Rodríguez Marín:[77] los dos genios peninsulares mostraron grandeza en el ideal y valor en su defensa; los dos vivieron una vida de andanzas, peleas, aventuras y amores; los dos sufrieron miserias y cárceles; ambos gozaron los resplandores de la gloria en las cercanías de la muerte. Pero a lo que habría de habituarse es a considerar *Os Lusiadas* y el *Quijote* como las dos partes de un solo libro escrito por dos hombres, a pesar de su disparidad aparente: epopeya y novela, verso y prosa, entusiasmo e ironía. Vasco de Gama[78] y Don Quijote, héroes de la realidad y sombras de la imaginación.

Donde acaban las *Lusiadas* empieza *Don Quijote*. Esto es todo. No serían aquéllos libros de plenitud si se limitasen a cantar las hazañas ya realizadas. En toda plenitud ha de incluirse el ideal, que mira al porvenir. No ha de contentarse con la visión del mar desde la orilla, sino que ha de escuchar también la canción del barco, que no podía oír el conde Arnaldos,[79] porque sólo los navegantes la perciben. Ahora va a realizarse, viene a decirnos Camoens, el gran suceso por el que he suspirado en todo el poema y en todo el curso de mi vida. Acordaos de que al ir a Marruecos perdí un ojo. Me queda aún otro para ver el triunfo. La epopeya comienza con una excitación al rey don Sebastián[80] para que someta a los moros al poder cristiano y acaba con otra en el mismo sentido. Ésta es la única empresa para la que de buena gana se juntan patricios y plebeyos y en la que se unen espontáneamente españoles y portugueses. Es el ideal de Cervantes, que perdió una mano en Lepanto y no puede

---

[77]Francisco Rodríguez Marín (1855-1943), distinguido investigador de la literatura española en su época.

[78]El primer europeo (1469-1524) que hizo por mar el viaje a la India. El épico viaje duró tres años, 1497-99.

[79]Véase el ensayo de Azorín. «El Romancero», en la próxima parte.

[80]Rey de Portugal, 1557-1578.

180 olvidar sus torturas de Argel.[81] Lo expresó en su epístola a
Mateo Vázquez,[82] y nunca lo ha apartado de la mente.

Era también el ideal del pueblo, que miraba con malos ojos
las expediciones militares a países lejanos. Al salir la de Vasco
de Gama maldice, por labios de un anciano, del primero que
185 puso velas a un madero y del ansia de gloria que lleva a los
hombres a tierras tan remotas, cuando aun queda por cumplir,
a las puertas de casa, su misión propia de sujetar y civilizar al
moro.

*¿No tens junto contigo o ismaelita?*[83]

190 Portugal y su monarca tienen que realizar una hazaña. No
es cosa fácil llevarla a feliz término, porque el pueblo duda de
sus capacidades. Para curarle de sus dudas escribe Camoens su
epopeya. Al cantar las proezas de los grandes navegantes
portugueses descubridores del camino de la India no piensa en
195 el pasado, sino en el porvenir. Hace falta infundir a los portugueses confianza en sí mismos y estimularles con la
perspectiva de la fama. Otros pueblos cristianos se olvidarán de
seguir su tradición; se aliarán a los turcos, dejarán el sepulcro
de Cristo en poder de los infieles que no son fuertes sino por su
200 unión en la fe de Mahoma. Portugal, en cambio, aunque
pequeño, es fiel a sí mismo y a su religión y al ideal hispánico,
y tiene asuntos en el África, manda en el Asia más que nadie,
ara los campos del nuevo mundo.

*E si mais mundo ouvera lá chegara.*[84]

205 Las *Lusiadas* concluye con un hiato. Pasan treinta y tres
años desde su publicación.[85] En el camino señalado por el dedo

---

[81]El barco en que viajaba Cervantes a España en 1575 fue apresado por unos
piratas argelinos, y el escritor-soldado sufrió cinco años de duro cautiverio en Argel.
Fue rescatado en 1580.

[82]Antiguo amigo de Cervantes y secretario del Rey Felipe II.

[83]«¿No tienes junto a ti al árabe?» (*Las Lusiadas*, canto IV, estrofa 100).

[84]«Y si hubiera más mundo, allá llegaría» (*Las Lusiadas*, canto VII, estrofa 14).

[85]Los años entre la aparición de *Las Lusiadas* (1572) y la de la primera parte del
*Quijote* (1605).

de Camoens aparece primero una figura: un hidalgo cabalga en un rocín y blande lanza; el pueblo lusitano se figura que será el rey don Sebastián, pero cuando piensa que va a aparecer detrás
210 el cortejo de sus caballeros, no ve sino a un escudero sobre las alforjas de un borrico. Son Don Quijote y Sancho. Al volverlos a mirar desaparecen. No son sino fantasmas.

¿Qué ha sucedido en este tiempo? Dos fechas: 1578 y 1588. El rey don Sebastián ha perecido en Alcázarquivir,[86] con sus
215 caballeros, flor del reino. La Grande Armada se ha ido a pique en los mares del Norte. El pueblo portugués se queda atónito, sin advertir que sus ilusiones se habían disipado. Camoens, en cambio, consternado, no recobró nunca el fuego necesario para escribir en verso.

220 En España no vislumbra las consecuencias que últimamente se derivan de la pérdida de la Armada más que el rey don Felipe. Sabía que su imperio ultramarino requería, para ser conservado, el dominio del mar, que había buscado primero por las buenas, casándose con una reina de Inglaterra,[87] después
225 anexionándose las costas y la escuadra portuguesa, y finalmente construyendo la mayor flota que manos humanas habían fabricado. No lo quiso Dios. Y murió don Felipe persuadido de que estaba perdido su imperio.

Cervantes no enmudece por el desastre de su Armada, y no
230 es tan sólo que no lo crea irreparable, sino que la genialidad propia de su espíritu consiste precisamente en sortear desengaños. A Camoens le coge el fracaso nacional demasiado viejo para soportarlo. Cervantes se va haciendo poco a poco a las dificultades de su patria, y cuando las aguas de la desilusión se le
235 entran por la boca se consuela, en vez de ahogarse, burlándose de sus antiguas ilusiones.

---

[86]La batalla tuvo lugar en Marruecos, donde Sebastián se veía a sí mismo fanáticamente como guerrero cristiano cuya misión era destruir a los infieles moros. Al morir, el joven Rey no tenía más de 24 años de edad y no tenía hijos. Poco después, el trono portugués pasó a su tío, Felipe II (en 1580).

[87]En 1554 Felipe II se casó con Mary Tudor, que murió cuatro años después sin darle ningún heredero. Nunca se realizó el enlace que proponía el Rey con la nueva reina de Inglaterra, Isabel I.

Sin las *Lusiadas* no se puede entender el libro de Cervantes. ¿Cómo habría podido desencantarse todo ese mundo que rodea a Don Quijote de la Mancha, si no hubiera conocido antes el encantamiento del ideal? ¿Contra qué gigantes habría peleado Don Quijote si los pueblos hispánicos no llevasen ya un siglo peleando realmente con gigantes? ¿Para qué destruir los libros de caballerías, si no fuera porque de libros de caballerías se nutrían las almas de aquellas generaciones que se creían llamadas a destinos que eclipsasen los de los pueblos de la Antigüedad, y que, en efecto, llegaron a eclipsarlos en más de un sentido?

Tampoco sin el *Quijote* se entienden del todo las *Lusiadas*. He aquí una epopeya interrumpida en casi todos sus cantos por las lamentaciones del poeta. ¿De dónde surgen estas quejas? ¿Cómo se justifican artísticamente? ¿Por qué vienen a ser como la voz del coro antiguo,[88] por la que se expresan las normas naturales? Más de diez veces parece estar Camoens a punto de abandonar el poema. Unas veces se queja de la codicia de los portugueses; otras de su falta de gusto por las letras; otras, de su apagamiento y vil tristeza. Sólo un esfuerzo heroico le permite acabar la epopeya. ¿Qué es esto?

Aquí entra la clave del *Quijote*. Lo que en las *Lusiadas* está aún oculto se hace aquí evidente. Ni por un momento disimula Cervantes que lo mejor que puede hacer su hidalgo es estarse quietecito en casa. Este el el sentimiento de toda la novela. Y lo que necesita el poeta que escribe las *Lusiadas* es eso mismo: un poco de descanso. Sólo que no se lo dice a sí mismo. Lo que se dice es que quiere las batallas, las hazañas, la epopeya y la victoria de su patria en Marruecos. No sólo cantar esta victoria, sino contribuir a ganarla. Y la naturaleza se le resiste, no porque la suya sea flaca, sino porque está demasiado trabajada.

Son quejas que tienen la amargura de los hombres que han querido, intentado y hecho mucho. Como el trabajo manual produce venenos que no se eliminan sino con el descanso, el alma se emponzoña igualmente con el trabajo espiritual, y los hombres que han hecho demasiado se infeccionan con toxinas que

---

[88]El coro de la tragedia clásica griega.

sólo desaparecerían en una isla de paz, si la hubiera en el
mundo. Las quejas de Camoens son cansancio. Cansados han de
275  estar los hombres y las razas que han intentado conquistar al
mismo tiempo el mundo de la acción y el del espíritu. Este es el
caso de los pueblos hispánicos en tiempo de Camoens. Por eso
tienen sus quejas un valor objetivo que legitima su presencia en
un poema heroico. Entre las *Lusiadas* y el *Quijote* media el
280  curso de una generación. España ha seguido batallando y evan-
gelizando. En estos treinta y tres años ni se han colgado las
plumas, ni se han envainado las espadas. Ahora ya se conoce la
esencia de las quejas: son cansancio; hay que descansar.

No está bien que se lea el *Quijote* sin las *Lusiadas*, ni
285  viceversa. ¿Adónde se irá con el empuje de la epopeya, pero sin
el freno de la novela? Como no se adapten los medios a los fines,
donde se busque imperio no se hallará tal vez sino la muerte, y
menos mal si se sabe ennoblecerla con las palabras últimas del
rey don Sebastián: «Morir, pero despacio». ¿Y adónde se irá con
290  la ironía del *Quijote*, pero sin la fe de las *Lusiadas*? Al ideal de
la «paz en la indolencia», que denunció el conde de la Mortera[89]
al recibir a Azorín en la Academia de la Lengua.[90] Y tampoco se
logrará esa paz, porque con perder uno el apetito no lo han
perdido los demás.

de *Don Quijote, Don Juan y la Celestina* (1926)

---

[89]Gabriel Maura (1879-1963), historiador, ensayista y especialista en jurispru-
dencia. Se dice que fue Maura el que aplicó primero el término «generación» a los
escritores posteriormente llamados «del 98». Véase pág. 179.

[90]En 1924. La Real Academia de la Lengua es la prestigiosa organización que
cuenta entre sus miembros a muchos de los eruditos y escritores más distinguidos de
España, y que publica, entre otras cosas, el autorizado *Diccionario de la lengua española*.

## LA GLORIA

### Azorín

¿Cuál era el concepto de la gloria en el siglo XVI? ¿Qué es la gloria para un español de esa centuria y de los tiempos posteriores? La gloria suprema es la gloria de la acción. La gloria de la inteligencia—gloria científica, gloria literaria—casi
5   no existe. Si existe, es tan tenue, tan subordinada a la otra, que se puede desdeñar. España es una nación profundamente cristiana. El cristianismo pone como pináculo de la vida la virtud. En España, todo concurre a la exaltación del hecho sobre el pensamiento. Todo viene concertado, desde los orígenes de la
10  Historia, para el triunfo de la acción sobre la inteligencia. El paisaje, la configuración de la tierra—tan diversa en tantas regiones—, el modo de vivir del español, las empresas guerreras, la conquista de América, todo, en suma, impele a la acción. El cristianismo está en consonancia con lo más íntimo y
15  profundo de España. El Renacimiento, que es primacía de la inteligencia, no podía profundizar en tierra española. A la especulación intelectual de otros pueblos, nosotros oponíamos la voluntad que acaba en virtud. Los ideales eran en absoluto antagónicos. En *El héroe*, de Gracián,[91] se examinan todos los
20  heroísmos. El de las armas merece el aplauso y la reverencia del autor. El heroísmo militar es acción en sublimidad. Pero, al llegar a la última página del libro, Gracián escribe: «Ser héroe del mundo, poco o nada es. Serlo del cielo, es mucho; a cuyo gran Monarca sea la alabanza, sea la honra, sea la gloria». ¿Podrá
25  nadie afirmar que el ideal de inteligencia es superior al ideal de virtud? Absurdo es incriminar a España su infecundidad científica; su camino era otro. Y candidez—o excesiva nobleza— en los defensores de España es ir a situarse para sus defensas

---

[91]Baltasar Gracián (1601-1658), jesuita y escritor español cuya obra es un ejemplo capital del pesimismo barroco así como de la estilística conceptista de la época. *El héroe* fue publicado en 1637.

en el mismo terreno en que los partidarios del intelectualismo
30   han querido plantear el problema.

de Una hora de España (1924)

## UN HIDALGO

### Azorín

#### LAS RAÍCES DE ESPAÑA

Es en 1518, en 1519, en 1520, en 1521, o en 1522. Este
hidalgo vive en Toledo; el autor desconocido de *El Lazarillo de
Tormes*[92] ha contado su vida. La casa es grande, ancha; tiene un
zaguán un poco oscuro, empedrado de guijos menuditos; sobre
5   la puerta de la calle hay un enorme escudo de piedra; el balcón
es espacioso, con barrotes trabajados a forja; y allá dentro del
edificio, a mano izquierda, después de pasar por una vasta sala
que tiene una puertecilla en el fondo, se ve un patizuelo claro,
limpio, embaldosado con grandes losas, entre cuyas junturas
10   crece la hierba. Y no hay en toda la casa ni tapices, ni sillas, ni
bancos, ni armas, ni cornucopias, ni cuadros, ni mesas, ni
cortinajes. Y no hay tampoco—y esto es lo grave—ni pucheros,
ni cazuelas, ni sartenes, ni platos, ni vasos, ni jarros, ni
cuchillos, ni tenedores. Pero este hidalgo vive feliz; en realidad,
15   la vida no es más que la representación que tenemos de ella. En
la sala grande que encontramos a la derecha, conforme entramos, aparece un cañizo con una manta: ésta es la cama. En el
patio, colocado en uno de sus ángulos, vemos un cántaro lleno de
agua: éstas son las provisiones.

20       En la casa reina un profundo silencio; la calle es estrecha,
tortuosa. Se percibe el rumor rítmico, imperceptible, tenue, que
hacen con sus tornos unas hilanderas de algodón que viven al
lado—estos tornos simpáticos que vosotros habréis visto en el

---

[92]La primera novela picaresca, de autor anónimo, publicada en 1554. El episodio
del hidalgo es el tercer capítulo de esta pequeña obra clásica.

cuadro de Velázquez—;[93] de cuando en cuando se oye una
25 canción, tal vez un romance vetusto—como estos que cantan los
pelaires de Segovia en la novela *El Donado hablador*—,[94] o bien,
de tarde en tarde, rasga el aire el son cristalino de una campana
—estas campanas que en Toledo tocan los franciscanos, o los
dominicos, o los mercedarios, o los agustinos, o los capuchinos—;
30 si estas campanadas es por la mañana cuando suenan, entonces
nuestro hidalgo se levanta de su alfamar. Son las seis, las seis
y media, las siete. En un cabo de la mísera cama están las
calzas y el jubón del hidalgo, que a él le han servido de cabecera;
él los toma y se los va poniendo; luego coge el sayo, que él
35 zarandea y limpia; después coge la espada. Y ya, a punto de
ceñirse el tabalarte, la tiene un momento en sus manos, mirán-
dola con amor, contemplándola como se contempla a un ser
amado. Esta espada es toda España; esta espada es toda el
alma de la raza; esta espada nos enseña la entereza, el valor, la
40 dignidad, el desdén por lo pequeño, la audacia, el sufrimiento
silencioso, altanero.

Si este hidalgo no tuviera esta espada, ¿comprendéis que
pudiera vivir tranquilo, feliz, contento, en una casa sin sillas,
sin mesa, sin cacharros y sin pucheros? Y él la mira, la remira,
45 pasa su mano con cariño por la ancha taza, la blande un
momento en el aire y le dice a este mozuelo que le sirve de
criado y que le está observando atento: «¡Oh, si supieses, mozo,
qué pieza es ésta! No hay marco de oro en el mundo porque yo
la diese». Y a seguida la coloca a su lado siniestro. Y a seguida
50 toma la capa de sobre el poyo donde él la puso con mucho cuidado la noche antes, después de soplar bien, y se envuelve arro-
gantemente en ella: «Lázaro—le dice a su criado—, cuida bien
de la casa; yo me voy a oír misa». Y sale por la calle adelante;
sus pasos son lentos; su cabeza está erguida altivamente, pero
55 sin insolencia; un cabo de la capa cruza por encima del hombro
y su mano izquierda ha buscado el pomo de la espada y se ha
posado en él con voluptuosidad, con satisfacción íntima. Un

---

[93]«Las hilanderas», pintada hacia 1657.

[94]Novela picaresca (1624 y 1626) por Jerónimo de Alcalá, eclesiástico, médico y
escritor segoviano (1563-1632).

sordo portazo ha resonado en la calle; estas vecinas hilanderas han dejado sus tornos un instante y se han asomado al balcón.

60 «¡Miren qué gentil va!»—dice una—. «¡Trazas tiene de ser galán!»—exclama otra—. «¡Buen caballero es!»—añade una tercera—. Y todas estas toledanitas menudas, traviesas—estas toledanitas que por estos mismos días precisamente elogiaba por su viveza Brantôme en sus *Pies des dames galantes*—;[95]

65 todas estas toledanitas ríen, acaso un poco locas, un poco despiadadas, con sus risas cristalinas, del buen hidalgo, digno y fiero, que se aleja paso a paso, lentamente, majestuosamente, por la calle arriba. ¿No veis en estas risas joviales acaso un símbolo? ¿No le veis en estas hilanderas que trabajan en sus

70 tornos durante todo el día y que se chancean de este hidalgo vecino suyo, íntegro, soñador, valiente, pero que no puede comer? ¿No lo veis el eterno y doloroso contraste, tan duradero como el mundo, entre la realidad y el espíritu, entre los trabajos prosaicos, sin los cuales no hay vida, y el ideal, sin el cual

75 tampoco es posible la vida?

Pero las campanas de los franciscanos, de los agustinos, de los dominicos, de los mercedarios, de los capuchinos, de los trinitarios, están llamando a misa. Nuestro hidalgo penetra en una de esas diminutas iglesias toledanas, blancas, silenciosas;

80 tal vez en el fondo se abre una ancha reja y a través de los claros del enrejado se columbran las siluetas blancas o negras de las monjas que van y vienen. Y acabada la misa nada más conveniente que dar un paseo por las afueras. Hace un tiempo claro, tibio, risueño; son los días del promedio del otoño; los

85 árboles van amarilleando; comienzan a caer las hojas y son movidas, traídas, llevadas por el viento, con un rumor sonoro, a lo largo de los caminos; sobre el cielo azul, radiante, destacan las cúpulas, campanarios, muros dorados, muros negruzcos, miradores altos, chapiteles de la ciudad; a lo lejos, frente a noso-

90 tros, a la otra banda del hondo Tajo,[96] se despliega el panorama

---

[95]Véase nota 4, Parte II.

[96]Río que nace en el este de España (provincia de Teruel) y, como el Duero, cruza toda la península, desembocando en el Atlántico frente a Lisboa. En torno a

adusto, sobrio, intenso, azul oscuro, ocre apagado, verde sombrío
—los colores del *Greco*—[97] de los extremos cigarrales.[98] Acaso a
esta hora plácida de la mañana, salen de la ciudad y pasean por
las frondosas huertas estos viejos nobles—don Rodrigo, don
95 Lope, don Gonzalo—[99] que son llevados en sus literas y caminan
luego un momento encorvados, titubeantes, cargados con el peso
de sus campañas gloriosas al lado de doña Isabel y don Fernando;[100] o estos galanes con sus anchas golas rizadas, que
sueñan con ir a Flandes, a Italia, y escriben billetes amorosos
100 con citas de Catulo y Ovidio;[101] o estas lindas doncellas ocultas
en sus mantos anchos y que sólo dejan ver, en toda su negrura,
una mano blanca, suave, sedosa, larga, puntiaguda, tal vez
ornada de una afiligranada sortija de oro trabajada por Alfonso
Núñez, Juan de Medina, Pedro Diez, finos aurífices toledanos;[102]
105 o estas dueñas sesentonas, ochentonas, que llevan unos grandes
pantuflos, unas anchas tocas, que acaso tienen un rudimento de
bigote, que van de casa en casa llevando encajes y bujerías, que
conocen las virtudes curativas de las hierbas, y que es posible
que puedan proporcionarnos un diente de un ahorcado o un
110 pedazo de soga . . . Y nuestro hidalgo va paseando entre toda
esa multitud de amadas y amadores. ¿No habéis visto en cierto

---

Toledo, corta una barranca hondísima que da un carácter especial de fortaleza a esa
ciudad.

[97]Azorín está recordando la famosa vista de Toledo pintada por el Greco a principios del siglo XVII, a finales de su vida.

[98]En aquel entonces, los jardines de Toledo, situados al otro lado del Tajo frente
al puente de San Martín y la catedral de San Juan de los Reyes.

[99]Personas históricamente auténticas, aunque Azorín se toma cierta libertad con
la cronología: Rodrigo Ponce de León (1443-1492), capitán distinguido en las campañas andaluzas contra los moros; Lope de Stúñiga, defensor de la joven Isabel y sus derechos de pretendiente a la corona de Castilla durante la guerra de sucesión (1474-79)
contra Alfonso V de Portugal; sobre Gonzalo Fernández de Córdoba, el Gran Capitán,
véase nota 33.

[100]Los Reyes Católicos.

[101]Dos poetas latinos del primer siglo a. de. J.C., célebres, entre otras cosas, por
sus poesías amorosas y eróticas.

[102]Históricamente auténticos.

lienzo de Velázquez—*La fuente de los Tritones*—la manera con que un galán se inclina ante una dama? Este gesto supremo, rendido y altivo al mismo tiempo, sobrio, sin extremosidad molesta, sin la puntita de afectación francesa, discreto, elegante, ligero; este gesto, único, maravilloso, sólo lo ha tenido España; este gesto, esta leve inclinación, es toda la vieja y legendaria cortesía española; este gesto es Girón, Infantado, Lerma, Uceda, Alba, Villamediana;[103] este gesto es el que hace nuestro hidalgo ante unas tapadas que pasean ante la fronda; luego habla con ellas, discreta, ríe, cuenta sus aventuras.

Tal vez estas damas, en el curso de esta charla, insinúan—ya conocéis la letra—el deseo de una merienda o tal cual refrigerio; entonces nuestro amigo siente un momento de vaga angustia, alega una urgencia inaplazable y se despide; ellas sonríen bajo sus mantos; él se aleja, lento, gallardo, apretando con leve crispación el puño de su espada. Y va pasando la mañana; doce graves, largas campanadas han sonado en la catedral; es preciso ir a casa; ya en todos los comedores de la ciudad se tienden los blancos manteles, de lino o de damasco, sobre las mesas; nuestro hidalgo regresa hacia su caserón. Y aquí, en este punto, comienza una hora dolorosa. Vosotros ¿no os habéis paseado por una sala de vuestra casa silenciosos, abstraídos de todo, en esos momentos en que honda contrariedad abruma vuestro espíritu? No sentís ira; no sentís indignación; no sale de vuestros labios ni un reproche ni un lamento: es una angustia íntima, mansa, una conformidad noble con el destino lo que os embarga. Así camina este hidalgo por las estancias y corredores de su casa. Estando en estos paseos llaman a la puerta; es Lázaro. Si antes acaso había en el ceño de nuestro amigo un dejo de fruncimiento, ahora, de pronto, su semblante se ha serenado.

—Lázaro, ¿cómo no has venido a comer?—le dice, sonriendo, a su criado—. Yo te he estado esperando y, viendo que no venías, he comido.

---

[103]Nombres de algunos de los duques más conocidos de España. Girón es el nombre familiar de los Duques de Ahumada.

Lázaro no ha comido; pero ha traído unos mendrugos y una uña de vaca que ha limosneado por la ciudad; él lo cuenta así.

—Lázaro—torna a decirle afablemente el caballero—, no quiero que demandes limosna; podrían creer que pides para mí...

Pero Lázaro se sienta en el poyo y se pone a comer; el caballero pasea y le mira.

—¡Buenas trazas tienes para comer, Lázaro!—le dice por tercera vez—. ¿Es eso uña de vaca?

—Uña de vaca es, señor—replica Lázaro.

—Yo te digo—vuelve a decir el buen hidalgo—que no hay mejor bocado en el mundo, para mi gusto.

Entonces Lázaro—que sabe que su señor está en ayunas—le ofrece un pedazo de la vianda; él titubea un poco; al fin —perdonémosle esta abdicación magna—, al fin come. En este instante de perplejidad, ¿qué cosas habrán pasado por el cerebro de este hombre heroico?

Por la tarde torna de nuevo a pasear el caballero por las callejas toledanas; acaso platica con unos amigos—aunque él dice que no los tiene; recoged este otro rasgo de simpatía—, o acaso desde el acantilado mira correr en lo profundo las ondas mansas y rojizas del río. Otra vez tocan luego las campanitas de los conventos. ¿Va a una novena, a un trisagio, a un sermón nuestro amigo? Cuando entra en su casa, de regreso, le dice a Lázaro:

—Lázaro, esta noche ya es tarde para salir a comprar mantenimientos; mañana será de día y proveeremos nuestra despensa.

Y después pone su capa con cuidado sobre el poyo—luego de soplar bien—, se desnuda y se acuesta.

Esto era en 1518, en 1519, en 1520, en 1521 o en 1522. En este mismo siglo, una mujer, gran penetradora de almas—Teresa de Jesús—, escribía lo siguiente en el libro de *Las fundaciones*:[104] «Hay personas muy honradas, que, aunque mueran de hambre, lo quieren más que no lo sientan los de fuera».

---

[104]Libro publicado póstumamente (1613) en que Santa Teresa narra su propia labor como reformadora y fundadora de conventos. Véase nota 56.

Ésta es la grandeza española: la simplicidad, la fortaleza, el sufrimiento largo y silencioso bajo serenas apariencias; ésta es una de las raíces de la patria que ya se van secando.

de *Los pueblos* (1905)

## VALOR DE LA CULTURA ESPAÑOLA

Pío Baroja

Hace ya más de siglo y medio, al publicarse la *Enciclopedia*,[105] en Francia, en el tomo «Geografía» apareció un artículo, titulado «España», en que se decía: «¿Qué se debe a España; de dos, de cuatro, de diez siglos a esta parte, qué ha
5 hecho por Europa?» El autor de este estudio, Masson de Morvilliers, se decidía por negar el concurso de España a la civilización. Tal artículo, en su tiempo, hizo mucho ruido. El abate Cavanilles[106] contestó con unas observaciones; el abate italiano Denina[107] pronunció un discurso-respuesta, en francés,
10 en la Academia de Berlín; don Antonio Ponz[108] habló del trabajo de Masson en su *Viaje fuera de España* y don Juan Pablo

---

[105]Vasta obra racionalista sobre las artes y las ciencias publicada en Francia a partir de 1571 y por muchos años dirigida por los «filósofos» Denis Diderot y Jean D'Alembert. El ataque contra España por Masson de Morvillers apareció en *L'Encyclopedie Métodique* (1782), y como indica Baroja, inició una polémica internacional. La defensa de la cultura española asumió las dimensiones de un contra-ataque del tradicionalismo católico frente al escepticismo y racionalismo de los enciclopedistas.

[106]Antonio José Cavanilles (1745-1804), eclesiástico y botánico español.

[107]Carlo Denina (1731-1813), literato e historiador italiano, bibliotecario de Napoleón.

[108]Pintor y escritor español (1725-1792), investigador de manuscritos y obras de arte, y autor también de una enorme visión de España en 20 tomos titulada *El viaje de España*.

Forner[109] hizo una oración apologética acerca de la cultura española.

Para mí, estos apologistas tenían razón en parte, pero no
15    en todo. Así como Masson no quería ver lo positivo de la civilización española, los apologistas no querían ver sus deficiencias. Ciertamente, España no ha tenido esas minorías selectas de cultura media de los países centroeuropeos. España nunca ha sido foco, sino periferia. Algunos hombres extraordinarios, y
20    luego, plebe. Ese es nuestro haber. Cuando hemos pretendido formar centros de cultura, como el Aranjuez del siglo XVIII,[110] o el Madrid de Alfonso XII,[111] hemos llegado a muy poco; en cambio, la plebe, cuando se ha lanzado a su obra, a pelear con el moro, a colonizar América, a luchar con el francés o a inven-
25    tar sus héroes, ha hecho algo grande.

Será incompleta nuestra cultura, pero negar su concurso a la civilización universal me parece absurdo. Con esencia española se han creado gran parte de los héroes de la literatura universal; de aquí han salido el Cid, Don Juan y Don Quijote, que
30    han hecho soñar a las imaginaciones del mundo; con esencia española se han formado los tipos de los conquistadores y de los guerrilleros, de los causuistas audaces y de los moralistas alambicados; con esencia española se ha formado el tipo triste y pensativo del caballero retratado por el *Greco*; de esencia espa-
35    ñola es la dama sabia, estilo Teresa de Cepeda,[112] y de la esencia española es la obra de Calderón, de Velázquez y de Goya.

¿Por qué el extranjero puede exigir más a un país? Nosotros, sí; nosotros podemos pedirle más al nuestro, porque vemos que España, grande en algunas actividades, ha sido muy
40    pequeña en otras.

---

[109]Crítico y erudito español (1756-1797), vigoroso defensor de la cultura española y polemicista contra Rousseau y los enciclopedistas franceses. Su apología, *Oración apologética por la España y su mérito literario*, apareció en 1786.

[110]Los Reyes Borbones del siglo XVIII reconstruyeron el palacio y los jardines de este antiguo sitio real, haciéndolo un centro de actividades cortesanas. A veces se llama a Aranjuez el Versalles de España.

[111]La época de la Restauración, 1875-1885.

[112]Santa Teresa de Jesús.

España ha quedado rezagada en un momento de la Historia y tiene mucha obra muerta que hay que arrojar al mar y mucha obra viva que realizar.

El siglo XVIII fue para nosotros de aletargamiento, y el XIX, época de constantes agitaciones, no siempre fecundas. Quitando algunas personalidades de brío y algún hombre de genio, como Goya, estos dos siglos no han construido un edificio sólido de cultura. La Restauración, que quiso ser un renacimiento, no fue más que una falsificación ética, literaria y política. Tras de esta época, hemos comenzado a notar que no tenemos una ciencia española, ni una gran literatura moderna, ni un gran arte contemporáneo, ni una cultura general, ni tenemos historiadores. La Restauración nos mistificó todo y dio una apariencia de España europea que se vino abajo con estruendo.

La obra antigua de España es hermosa; pero hay que coronarla, y no está coronada.

de *Divagaciones apasionadas* (1924)

## IDEAL DE ESPAÑA

### Pío Baroja

¿Qué quisiéramos que fuera España¿ ¿Qué quisiéramos que fuera el País Vasco dentro de España?

Quizá los españoles contestáramos cada cual de distinto modo a esta pregunta. Yo quisiera que España fuera muy moderna, persistiendo en su línea antigua; yo quisiera que fuera un foco de cultura amplio, extenso, un país que reuniera el estoicismo de Séneca y la serenidad de Velázquez, la prestancia del Cid y el brío de Loyola.[113] En ese foco de civilización hispánica, en que hubiera la reintegración de todos los sentimientos y de los principios étnicos que han constituido la Península, me gustaría ver el País Vasco como un núcleo no latino, como una

---

[113]San Ignacio, fundador de los Jesuitas. Véase nota 60.

fuente de energía, de pensamiento y de acción, que representara
los instintos de la vieja y oscura raza nuestra antes de ser satu-
rada de latinidad y de espíritu semítico.

15    Herder[114] dice en uno de sus libros: «La perfección de una
cosa consiste en que sea todo lo que ella deba y pueda ser». Es
lo que, después de Herder, entrará de lleno en la filosofía de
Hegel[115] con el nombre de *Werden* y será el devenir o llegar a ser
en los idiomas latinos.

20    El devenir de España estará en la fructificación y en el
desarrollo de todos sus elementos étnicos, como el devenir del
País Vasco sería no borrarse del todo en la latinidad, sino dar a
su cultura un carácter propio peculiar no latino.

No es extraño que, pensando así, yo haya tenido la aspira-
25  ción de dar un matiz no latino, poco retórico y poco elocuente, de
precisión y de sequedad, dentro de la literatura española.

Claro que yo creo que este comienzo de cultura vasca hay
que intentarlo a base del castellano, no a base del vascuence.

Esa tesis que ha sostenido don Julio de Urquijo,[116] afir-
30  mando la posibilidad de que el éuscaro sea lengua de civilización, me parece una fantasía de filólogo, pero no una realidad.

Hay que aceptar el hecho consumado, y el hecho consumado es que nuestro idioma de cultura es el castellano, que
poco a poco empieza a dejar de ser castellano para ser español.

de *Divagaciones apasionadas* (1924)

## LA TRADICIÓN ETERNA: INTRAHISTORIA

### Miguel de Unamuno

Hay una tradición eterna, como hay una tradición del
pasado y una tradición del presente. Y aquí nos sale al paso otra

---

[114]Johann Herder (1744-1803), filósofo, poeta y crítico alemán que figura entre
los iniciadores del romanticismo.

[115]Georg Hegel (1770-1831), filósofo y teórico alemán.

[116]Historiador y filólogo vasco (1871-1950).

frase de lugar común, que siendo viva se repite también como cosa muerta, y es la frase de «el presente momento histórico».

5  ¿Ha pensado en ello el lector? Porque al hablar de un momento presente *histórico* se dice que hay otro que no lo es, y así es en verdad. Pero si hay un presente *histórico*, es por haber una tradición del presente, porque la tradición es la sustancia de la historia. Esta es la manera de concebirla en vivo, como la
10  sustancia de la historia, como su sedimento, como la revelación de lo intra-histórico, de lo inconsciente en la historia. Merece esto que nos detengamos en ello.

Las olas de la historia, con su rumor y su espuma que reverbera al sol, ruedan sobre un mar continuo, hondo, inmen-
15  samente más hondo que la capa que ondula sobre un mar silen- cioso y a cuyo último fondo nunca llega el sol. Todo lo que cuen- tan a diario los periódicos, la historia toda del «presente mo- mento histórico», no es sino la superficie del mar, una superficie que se hiela y cristaliza en los libros y registros, y una vez cris-
20  talizada así, una capa dura, no mayor con respecto a la vida intra-histórica que esta pobre corteza en que vivimos con rela- ción al inmenso foco ardiente que lleva dentro. Los periódicos nada dicen de la vida silenciosa de los millones de hombres sin historia que a todas horas del día y en todos los países del globo
25  se levantan a una orden del sol y van a sus campos a proseguir la oscura y silenciosa labor cotidiana y eterna, esa labor que como la de las madréporas suboceánicas echa las bases sobre que se alzan los islotes de la historia. Sobre el silencio augusto, decía, se apoya y vive el sonido; sobre la inmensa humanidad
30  silenciosa se levantan los que meten bulla en la historia. Esa vida intra-histórica, silenciosa y continua como el fondo mismo del mar, es la sustancia del progreso, la verdadera tradición eterna, no la tradición mentida que se suele ir a buscar al pa- sado enterrado en libros y papeles y monumentos y piedras ...

35  En este mundo de los silenciosos, en este fondo del mar, debajo de la historia, es donde vive la verdadera tradición, la eterna, en el presente, no en el pasado, muerto para siempre y enterrado en cosas muertas. En el fondo del presente hay que buscar la tradición eterna, en las entrañas del mar, no en los
40  témpanos del pasado, que al querer darles vida se derriten, revertiendo sus aguas al mar. Así como la tradición es la

sustancia de la historia, la eternidad lo es del tiempo, la historia es la forma de la tradición como el tiempo la de la eternidad. Y buscar la tradición en el pasado muerto es buscar la eternidad
45 en el pasado, en la muerte, buscar la eternidad de la muerte . . .

La tradición eterna es lo que deben buscar los videntes de todo pueblo, para elevarse a la luz, haciendo consciente en ellos lo que en el pueblo es inconsciente, para guiarle así mejor. La tradición eterna española, que al ser eterna es más bien huma-
50 na que española, es la que hemos de buscar los españoles en el presente vivo y no en el pasado muerto. Hay que buscar lo eterno en el aluvión de lo insignificante, de lo *inorgánico*, de lo que gira en torno de lo eterno como cometa errático, sin entrar en ordenada constelación con él, y hay que penetrarse de que el
55 limo del río turbio del presente se sedimentará sobre el suelo eterno y permanente.

La tradición eterna es el fondo del ser del hombre mismo. El hombre, esto es lo que hemos de buscar en nuestra alma. Y hay, sin embargo, un verdadero furor por buscar en sí lo menos
60 humano; llega la ceguera a tal punto, que llamamos original a lo menos original. Porque lo original no es la mueca, ni el gesto, ni la *distinción*, ni lo *original*; lo verdaderamente original es lo originario, la humanidad en nosotros. ¡Gran locura la de querer despojarnos del fondo común a todos, de la masa idéntica sobre
65 que se moldean las formas diferenciales, de lo que nos asemeja y une, de lo que hace que seamos *prójimos*, de la madre del amor, de la humanidad, en fin, del hombre, del verdadero hombre, del legado de la especie! ¡Qué empeño por entronizar lo seudo-original, lo distintivo, la mueca, la caricatura, lo que nos
70 viene de fuera! Damos más valor a la acuñación que al oro, y, ¡es claro!, menudea el falso. Preferimos el arte a la vida, cuando la vida más oscura y humilde vale infinitamente más que la más grande obra de arte.

Este mismo furor que, por buscar lo diferencial y distintivo,
75 domina a los individuos, domina también a las *clases históricas* de los pueblos. Y así como es la vanidad individual tan estúpida que, con tal de originalizarse y distinguirse por algo, cifran muchos su orgullo en ser más brutos que los demás, del mismo modo hay pueblos que se vanaglorian de sus defectos. Los carac-
80 teres nacionales de que se envanece cada nación europea son

muy de ordinario sus defectos. Los españoles caemos también en este pecado.

Hay un ejército que desdeña la tradición eterna, que descansa en el presente de la Humanidad, y se va en busca de
85 lo *castizo* e *histórico* de la tradición al pasado de nuestra casta, mejor dicho, de la casta que nos precedió en este suelo. Los más de los que se llaman a sí mismos tradicionalistas, o sin llamarse así se creen tales, no ven la tradición eterna, sino su sombra vana en el pasado. Son gentes que por huir del ruido presente
90 que les aturde, incapaces de sumergirse en el silencio de que es ese ruido, se recrean en ecos y retintines de sonidos muertos. Desprecian las constituciones forjadas más o menos filosóficamente a la moderna francesa, y se agarran a las forjadas históricamente a la antigua española; se burlan de los que quieren
95 hacer cuerpos vivos de las nubes, y quieren hacerlos de osamentas; execrando del jacobinismo,[117] son jacobinos. Entre ellos, más que en otra parte, se hallan los dedicados a ciertos estudios llamados históricos, de erudición y compulsa, de donde sacan legitimismos y derechos históricos y esfuerzos por escapar a la
100 ley viva de la prescripción y del hecho consumado, y sueños de restauraciones.

¡Lástima de ejército! En él hay quienes buscan y compulsan datos en archivos, recolectando papeles, resucitando cosas muertas en buena hora, haciendo bibliografías y catálogos, y
105 hasta catálogos de catálogos, y describiendo la cubierta y los tipos de un libro, desenterrando incunables y perdiendo un tiempo inmenso con pérdida irreparable. Su labor es útil, pero no para ellos ni por ellos, sino a su pesar; su labor es útil para los que la aprovechan con otro espíritu.
110 Tenía honda razón al decir el señor Azcárate[118] que nuestra cultura del siglo XVI debió de *interrumpirse* cuando la hemos

---

[117]Uno de los partidos radicales de la Revolución Francesa, aliado con la clase obrera de París y responsable por el Reinado del Terror (1793-94). Para Unamuno, aunque los tradicionalistas españoles aborrezcan la doctrina revolucionaria de los jacobinos, su propio doctrinarismo exclusivista no es menos destructivo e intolerante que el jacobinismo.

[118]Gumersindo de Azcárate (1840-1917), político, catedrático y filósofo español, presidente del Ateneo de Madrid y del Instituto de Reformas Sociales.

olvidado; tenía razón contra todos los desenterradores de osamentas. En lo que la hemos olvidado se interrumpió como *historia*, que es como quieren resucitarla los desenterradores, pero lo olvidado no muere, sino que baja al mar silencioso del alma, a lo eterno de ésta . . .

Mil veces he pensado en aquel juicio de Schopenhauer[119] sobre la escasa utilidad de la historia y en los que lo hacen bueno, a la vez que en lo regenerador de la aguas del río del Olvido. Lo cierto es que los mejores libros de historia son aquellos en que vive lo presente, y si bien nos fijamos, hemos de ver que cuando se dice de un historiador que resucita siglos muertos, es porque les pone su alma, los anima con un soplo de la intra-historia eterna que recibe del presente. «Se oye el trotar de los caballos de los francos en los relatos merovingios de Agustín Thierry»,[120] me dijeron, y, al leerlos, lo que oí fue un eco del alma eterna de la humanidad, eco que salía de las entrañas del presente.

Pensando en el parcial juicio de Schopenhauer, he pensado en la mayor enseñanza que se saca de los libros de viaje que de los de historia, de la transformación de esta rama del conocimiento en sentido de vida y alma, de cuánto más hondos son los historiadores artistas o filósofos que los pragmáticos, de cuánto mejor nos revelan un siglo sus obras de ficción que sus historias, de la vanidad de los papiros y ladrillos.[121] La historia presente es la vida y la desdeñada por los desenterradores tradicionalistas, desdeñada hasta tal punto de ceguera que hay hombre de Estado que se quema las cejas en averiguar lo que hicieron y dijeron en tiempos pasados los que vivían en el ruido, y pone cuantos medios se le alcanzan para que no llegue a la historia viva del presente el rumor de los silenciosos que viven debajo de ella, la voz de hombres de carne y hueso, de hombres vivos.

---

[119]Arthur Schopenhauer (1788-1860), filósofo alemán.

[120]Historiador francés (1795)-1856) cuya obra principal, *Relatos de los tiempos merovingios* (1840), tiene que ver con la remota época de los primeros reyes francos, los merovingios de los siglos V-VII.

[121]Historia oficial de sucesos históricos y estructuras arquitectónicas.

Todo cuanto se repita que hay que buscar la tradición eterna en el presente, que es intra-histórica más bien que histó-
145 rica, que la historia del pasado sólo sirve en cuanto nos llega a la revelación del presente, todo será poco. Se manifiestan esos tradicionalistas de acuerdo con estas verdades, pero en su cora-zón las rechazan. Lo que les pasa es que el presente les aturde, les confunde y marea, porque no está muerto, ni en letras de
150 molde, ni se deja agarrar como una osamenta, ni huele a polvo, ni lleva en la espalda certificados. Viven en el presente como sonámbulos, desconociéndolo e ignorándolo, calumniándolo y denigrándolo sin conocerlo, incapaces de descifrarlo con alma serena. Aturdidos por el torbellino de lo *inorgánico*, de lo que se
155 revuelve sin órbita, no ven la armonía siempre *in fieri* de lo eterno, porque el presente no se somete al tablero de ajedrez de su cabeza. Le creen un caos; es que los árboles les impiden ver el bosque. Es en el fondo la más triste ceguera del alma, es una hiperestesia enfermiza que les priva de ver el *hecho*, un solo
160 hecho, pero un hecho vivo, carne palpitante de la naturaleza. Abominan del presente con el espíritu senil de todos los *lauda-tores temporis acti*,[122] sólo sienten lo que los hiere, y, como los viejos, culpan al mundo de sus achaques. Es que la dócil sombra del pasado la adaptan a su mente, siendo incapaces de adaptar
165 ésta al presente vivo; he aquí todo: hacerse medida de las cosas. Y así llegan, ciegos del presente, a desconocer el pasado en que hozan y se revuelven.

Se los conoce en que hablan con desdén del éxito, del divino éxito, único que a la larga tiene razón, aquí donde creemos
170 tenerla todos; del éxito que, siendo más fuerte que la voluntad se le rinde cuando es ésta constante, cuando es la voluntad eterna, madre de la fe y de la esperanza, de la fe viva, que no consiste en creer lo que no vimos, sino en creer lo que no vemos; maldicen al éxito, que para la siega de las ideas espera a su
175 sazón, tan sordo a las invocaciones del impaciente como a las execraciones del despechado. Se les conoce en que creen que al presente reina y gobierna la fuerza oprimiendo al derecho; se les conoce en su pesimismo.

---

[122]Los que elogian el tiempo pasado (latín).

Hay que ir a la tradición eterna, madre del ideal, que no es
180 otra cosa que ella misma reflejada en el futuro. Y la tradición
eterna es tradición universal, cosmopolita. Es combatir contra
ella, es querer destruir la humanidad en nosotros, es ir a la
muerte, empeñarnos en distinguirnos de los demás, en evitar o
retardar nuestra absorción en el espíritu general europeo
185 moderno. Es menester que pueda decirse que «verdaderamente
*se muere* y verdaderamente está cuerdo Alfonso Quijano el
Bueno»;[123] que esos «cuentos» viejos que desentierran de nuestro
pasado de aventuras, y que «han sido verdaderos en nuestro
daño, los vuelva nuestra *muerte*, con ayuda del cielo, en pro-
190 vecho nuestro!».[124] Para hallar la humanidad en nosotros y
llegar al pueblo nuevo conviene, sí, nos estudiemos, porque lo
accidental, lo pasajero, lo temporal, lo castizo, de puro subli-
marse y exaltarse se purifica destruyéndose. De puro español,
y por su hermosa muerte sobre todo, pertenece Don Quijote al
195 mundo. No hagamos nuestro héroe a un original a quien no le
sirva ante la conciencia eterna de la humanidad toda la labor
que en torno a su sombra hagan los entomólogos de la historia,[125] ni la que hagan los que ponen sobre nuestras cualidades
nuestros defectos, toda esa falange que cree de *mal gusto*, de
200 *ignorancia* y *mandado recoger* el decir la verdad sobre esa sombra, y de muy buen tono burlarse del himno de Riego.[126]

Volviendo el alma con pureza a sí, llega a matar la ilusión,
madre del pecado, a destruir el yo egoísta, a purificarse de sí
misma, de su pasado, a anegarse en Dios. Esta doctrina mística,
205 tan llena de verdad viva en su simbolismo, es aplicable a los
pueblos como a los individuos. Volviendo a sí, haciendo examen
de conciencia, estudiándose y buscando en su historia la raíz de
los males que sufren, se purifican de sí mismos, se anegan en la
humanidad eterna. Por el examen de su conciencia histórica

---

[123]El verdadero nombre de don Quijote.

[124]Paráfrasis de unas palabras de don Quijote mismo, dichas un poco antes de
su muerte. Véase el último capítulo de esa obra de Cervantes.

[125]Los historiadores que se fijan como científicos en los hechos precisos de la
historia, sin esforzarse por ver ningún sentido trascendente.

[126]Véase nota 3, Parte III.

210 penetran en su intra-historia y se hallan de veras. Pero ¡ay de
aquel que al hacer examen de conciencia se complace en sus
pecados pasados y ve su originalidad en las pasiones que le han
perdido, pone el pundonor mundano sobre todo!

El estudio de la propia historia, que debía ser un impla-
215 cable examen de conciencia, se toma, por desgracia, como fuente
de apologías y apologías de vergüenzas, y de excusas, y de dis-
culpaciones y componendas con la conciencia, como medio de
defensa contra la penitencia regeneradora. Apena leer trabajos
de historia en que se llama gloria a nuestras mayores ver-
220 güenzas, a las *glorias* de que purgamos; en que se hace jactancia
de nuestros pecados pasados; en que se trata de disculpar
nuestras atrocidades innegables con las de otros. Mientras no
sea la historia una confesión de un examen de conciencia, no
servirá para despojarnos del pueblo viejo, y no habrá salvación
225 para nosotros.

La humanidad es la casta eterna, sustancia de las castas
históricas, que se hacen y deshacen como las olas del mar; sólo
lo humano es eternamente castizo. Mas para hallar lo humano
eterno hay que romper lo castizo temporal y ver cómo se hacen
230 y deshacen las castas, cómo se ha hecho la nuestra y qué indi-
cios nos da de su porvenir su presente.

de *En torno al casticismo* (1895)

## En Yuste[127]

### Miguel de Unamuno

Uno de los más grandes escritores con que cuenta España
—y en el respecto de la lengua, si otros le igualan, no se puede
decir que haya otro quien le supere—es el P. Fr. José de

---

[127]Pequeño pueblo de la provincia de Cáceres (Extremadura) cerca de Plasencia.
En el monasterio de San Jerónimo de Yuste vivió el retirado emperador Carlos V, después de abdicar la corona, desde febrero de 1557 hasta su muerte en septiembre de
1558.

Sigüenza,[128] de la Orden, hoy en España extinguida, de los Jeró-
5 nimos,[129] que en el año último del siglo XVI publicó, estando en
El Escorial, su *Historia de la Orden de San Jerónimo*, libre de
las pedanterías estilísticas y lingüísticas del siglo XVII, y que es
una de las obras en que más sereno, más llano, más comedido,
más recogido y más grave y más castizo discurre nuestro
10 romance castellano. Los capítulos 37, 38, 39 y 40 de la tercera
parte son los que tratan de la vida y muerte que hizo en Yuste
el emperador Carlos V, y a ellos hay que acudir.

La lengua y el estilo de este relato casan a maravilla con el
paisaje que hoy nos ofrece la comarca de Yuste. En aquellas
15 fragosidades pedregosas, donde se dan los más dulces frutos;
donde el tomillo y la jara aroman a los berruecos; donde parece
que el campo es música de armonioso monacal, y que vuela
sobre los pliegues de la sierra, alas al suelo, el canto solemne y
litúrgico de los salmos penitenciales, se respira aire del siglo
20 XVI español. El campo nos habla en la misma lengua, grave,
reposada y purísima del P. Sigüenza. Difícil sería encontrar en
España un paisaje más castizamente español, y español quin-
cetista. Oscuros pensamientos de eternidad parecen brotar de
la tierra.

25 El P. Sigüenza nos cuenta cómo se le dispusieron al emperador los aposentos que había de habitar en Yuste, según la
traza que había enviado desde Flandes; todo ello muy pobre,
como se ve hoy en lo que queda.

«Está plantado al medio día—dice el historiador jeroni-
30 miano—[130] en respecto de la iglesia, que le haze espaldas al
Norte, y a la parte de la huerta, donde se descubre una larga y
hermosa vista. Lo principal de toda la fábrica son ocho pieças,
o quadras de a veynte pies, poco más o menos en ancho, y

---

[128]Distinguido predicador así como historiador, y director de la biblioteca del
Escorial (1544-1606).

[129]Expulsada de España en 1835.

[130]Unamuno reproduce el texto en su forma original, con los siguientes arcaísmos tipográficos: z por c (*haze*); ç por z (*pieças*); q por c (*quadros*); y por i (*veynte*); x
por j (*baxo*); omisión de la h inicial y v por b (*aviendo*); th por t (*cathólica*); ss por s
(*interessada*); contracción de vocales (*dellas*) por de ellas.

veynte y cinco en largo. Las quatro pieças están a la huella, y
35 casi al mismo andar del claustro baxo, y las otras quatro respon-
den puntualmente debaxo dellas, porque como la casa está
levantada en la ladera de una cuesta muy alta, el edificio va
cayendo como por sus poyos. Estas quatro pieças, ansí altas
como baxas, las dividen dos tránsitos o callejones, que van de
40 Oriente a Poniente; el alto sale a una plaça, con un colgadizo
grande al Poniente, adornado de muchas flores y diversidad de
naranjos, cidros, limones y una fuente, bien labrada. El baxo a
la huerta y a lo que cae debaxo desta plaça, o colgadizo, que se
sustenta sobre columnas de piedra, y pilares de ladrillo. Las
45 pieças tienen sus chimeneas en buena proporción puestas, y sin
esto, una estufa a la parte de Oriente, donde también ay otro
jardín y fuente, de mucha variedad de flores y plantas singula-
res, buscadas con cuydado. Escaleras para subir al coro, y baxar
a los aposentos, bien traçadas; y al fin, rodeado de naranjos y
50 cidros, que se lançan por las mismas ventanas de las quadras,
alegrándolo con olor, color y verdura. Esta es la celda de aquel
gran monarca Carlos quinto; para religioso, harto espaciosa;
para quien tanto abarcaba, pequeña».

No ya pequeña, mezquina era, por lo que hoy se ve de ella,
55 la que el P. Sigüenza llama celda del emperador. El cuarto en
que dormía, y en el que se abre una puertecilla al altar mayor
de la iglesia para que pudiese oír misa desde la cama, es sombrío; no recibe luz más que de un pequeño balcón. Hay otro
aposento, cuyo balconcillo da cerca de un estanque, del que se
60 dice llegaba entonces hasta el pie mismo del balconcillo, y que
desde éste podía el emperador pescar en aquél; es de suponer
que no más que tencas, como no le llevaran otros peces para que
los pescase.

Lo más hermoso es el colgadizo o terraza, sentado en el
65 cual fundía el César hispanogermánico[131] sus recuerdos de conquistas—y conquistas de todas clases—en la solemne paz
sedante de aquel campo, que habla de paz y de reposo. Aún se

---

[131]Palabra forjada del doble papel real que desempeñó Carlos de Gante: Carlos
I, Rey de España, y Carlos V, Emperador del imperio austríaco, o sea, del Sacro
Imperio Romano Germánico.

alza allí cerca, abrigado al arrimo de la iglesia, uno de los
naranjos. Mientras yo me sumía, sentado en el colgadizo, en los
70 recuerdos de aquella España, imperial y monástica, la lluvia
cantaba en el floraje de los naranjos y lavaba con agua del cielo
sus pomas de oro. Cuchicheaba también en el estanque. Y como
siempre, encontraba yo no sé qué misterio, qué místico agüero
en el gotear de la lluvia, en la sobrehaz de las aguas, sosegadas.
75 ¡Sentir llover sobre una laguna!

Llovían los recuerdos de gloria y de infamia, de lucha y de
paz, de vida y de muerte sobre el lago del pensamiento de la
eternidad quieta. Una docena de años más de los tres siglos y
medio hace[132] desde que, valiéndonos de palabras del P. Si-
80 güenza, «diziendo Jesús a la tercera salió aquella alma tan pía
y tan cathólica del cuerpo a las dos y poco más de la noche,
miércoles, día de San Matheo,[133] año de mil quinientos y cincuenta y ocho, aviendo estado dos años menos quinze días apa-
rejándose para este punto, retirado del mundo, renunciados los
85 estados y todo género de negocios terrenos, tratando sólo los de
su alma», y en los últimos seis años[134] de estos poco más que tres
siglos y medio, después que visité la otra vez el retiro de Yuste,
hase hundido el imperio de los Austrias. Acaso no queda ya de
él como la ruina del monasterio de Yuste, más que el Trono de
90 España, que, aunque de Borbón titular, ha vuelto a ser de Habsburgo, y en espíritu, más que Borbón.[135] La Corona de España,

---

[132]Unamuno escribía estas líneas en 1920, 362 años después de la muerte de
Carlos en 1558.

[133]El 21 de septiembre.

[134]Unamuno se refiere al período de 1914-20 y la primera Guerra Mundial, que
produjo la desintegración del imperio de Austria-Hungría.

[135]El imperialismo español en Marruecos provoca esta conclusión. Para
Unamuno, la guerra de África recuerda más la política internacional de los Habsburgo en los siglos XVI y XVII que la de los Borbones en los dos siglos posteriores.

de esta España de Juana la Loca,[136] es ya lo único habsburgiano que queda entre los dinastas de la tierra.

Del colgadizo o terraza se baja por una gran rampa. Por ésta podía bajar y subir a caballo el emperador, que apenas si se paseaba a pie en los dos años últimos de su vida.

Cerca del Yuste está el pueblecito de Cuacos; un lugarejo cercano, que se ha hecho famoso por las molestias que dicen proporcionaron sus vecinos al emperador. «El lugar de Quacos— escribe el P. Sigüenza—, que es el más cercano al convento, participava más destos favores como más vezino a la fuente, y ellos sabían conocerlo harto mal,[137] porque es gente alguna de ella de baxos respetos, desagradecida, interessada, bruta, maliciosa». Y más adelante agrega: «Podránse alabar los de Quacos que vencieron ellos la paciencia y clemencia del César, lo que no pudieron hazer muy valientes y fuertes enemigos; tanto fue su descomedimiento». Por nuestra parte, cuando hace doce años visitamos por primera vez Yuste, hicimos noche en Cuacos, gozando de una sencilla pero muy cordial hospitalidad lugareña, y en esta vez ni nos apeamos del caballo el breve rato que en los soportales de su plaza aguardamos al guía, que hubo que acompañarnos al monasterio. Pero la mala fama de Cuacos sigue en toda la comarca.

¡Qué regreso al dejar, con la pena de aquel a quien le despiertan de un sueño sosegado, el reposadero imperial! Allí quedaba la caja de madera, hoy vacía, en que estuvo el cuerpo del César hispanogermánico hasta que le llevaron al feísimo y protocolario panteón[138] de El Escorial; a aquella especie de archivo de cuerpos de reyes, guardados éstos como en un almacén, en una especie de cofres, que parecen grandes soperas. Mientras

---

[136]Hija segunda de los Reyes Católicos (1479-1555), esposa de Felipe el Hermoso, archiduque de Austria, y madre de Carlos V. A la muerte de Isabel, heredó la corona, aunque su padre gobernó el país como regente. En 1509 Fernando la llevó al castillo-convento de Tordesillas donde vivió retirada hasta su muerte, víctima de la locura congénita.

[137]Privilegios otorgados por el emperador ("la fuente") a sus vecinos de Cuacos, que por su parte respondieron muy mal a estos favores reales. El sentido de "conocer" es "reconocer".

[138]Reposo oficial para los restos de los reyes y reinas de España.

volvíamos de Yuste a caballo, silenciosos todos, iba cayendo el día en la noche, y la lluvia nos envolvía y nos aislaba a cada uno de los peregrinos. Cubierto con la capucha de mi impermeable, protegido por las perneras, dejaba a mi caballería que se buscase un sendero, y no podía apartar mi imaginación de aquella caja de madera, hoy vacía, en que el cuerpo de Carlos V de Alemania y I de España empezó a hacerse polvo, mientras su espíritu acaso caía como una gota de lluvia en la inmensa laguna, sin fondo ni orillas, de la eternidad de la Historia.

de *Andanzas y visiones españolas* (1922)

# V. LITERATURA CLÁSICA

El ciego sol, la sed y la
                fatiga . . .
Por la terrible estepa castellana,
al destierro, con doce de los suyos
—polvo, sudor y hierro—el
                Cid cabalga.

Manuel Machado

. . . de horribles blasfemias
de las Academias,
líbranos, Señor.

Rubén Darío, «Letanía de
nuestro Señor Don Quijote»

«Una generación excesivamente libresca» ha llamado Baroja a sus coetáneos del 98, queriendo decir con esto que, ante las mezquinas circunstancias de su época—políticas, económicas, educativas—, el joven intelectual, idealista y descontento, quedó apenas sin otra opción que la de tomar refugio en sus lecturas y vida literaria, apartándose de la inmediata realidad prosaica en torno a él. De forma que la posible participación del disidente en la vida pública, se convirtió en un activismo de tipo intelectual, arraigado en la extensa gama de sus lecturas y comunicado a través de su propia obra literaria. La misma orientación libresca produce una tendencia muy fuerte hacia la literarización de sus obras, cosa que ya habrá notado el lector en los ilimitados recuerdos y referencias literarios que van jalonando las selecciones, y en el comentario que las acompaña. En la mayoría de los casos, esto no es un mero despliegue de erudición, sino un modo de sentir, ver y comentar a través de un filtro de libros, sean éstos históricos, filosóficos o pura literatura. En fin de cuentas, los escritores del 98 no son historiadores ni filósofos, sino escritores, en el sentido amplio de esa palabra. Como buenos modernos que fueron, casi todos ensayan una variedad de géneros literarios y escriben bajo un impulso de fe en la autonomía y las potencias del arte—de la palabra—, y con una preocupación profunda por el estilo y la estilización. De esto resulta que su ya literarizado intelectualismo se hace una y otra vez una especie de *literaturización*, en que la perspectiva del pensador se mezcla con la sensibilidad y la perspectiva del artista literario, o efectivamente se somete a ellas.

Se destaca en la obra del 98 la preocupación por la literatura antigua de España como expresión del auténtico espíritu nacional y como fuente para la comprensión de lo español y la regeneración de sus fuerzas espirituales y culturales. Dentro de este marco literario se vislumbran por lo menos dos constantes colectivas: una atracción intensa que sienten por los poetas de la Edad Media—ante quienes reaccionan no intelectualmente, como sucede ante los escritores sete-centistas, sino a través de su propia sensibilidad de poeta, y sus propios modos de poetización—, y la atracción, quizás inevitable, por el *Quijote*, al que se dirigen con una intensidad analítica que es poéticamente apasionada y no menos intelectualista. En los escritores y las obras medievales—v.g., Jorge Manrique, el Romancero, Gonzalo de Berceo, el *Poema de mío Cid*—se ve proyectada una España primitiva y vigorosa en que se escribía con una perspectiva, como diría Unamuno, intrahistórica, libre del peso de las codificaciones e ideologías institucionalizadas de la historia moderna. Además de este ancho humanismo primitivo, corresponden también a los gustos e ideales literarios del 98 el brío espontáneo y la desnudez anti-retórica del estilo antiguo, para el cual existían pocas normas preconcebidas que limitasen el afán creador del poeta. Y lo que es más, la sobriedad de un Berceo o un Manrique les parece un espejo de la austeridad del paisaje de Castilla, así como una proyección de la energía espiritual de aquellos castellanos medievales, cuyo carácter era a su vez tan austero como la tierra con la que se identificaban íntimamente, curioso tipo de determinismo geográfico-literario. En estas voces, y en las de los anónimos juglares de los romances y cantares épicos, se oye la voz auténtica de Castilla la Vieja, la voz, en fin, de una España creadora, castiza y eterna.

Como era de esperar, ninguna manifestación del genio literario español figura más que el *Quijote* en los procesos introspectivos del 98. La gran novela de Cervantes es no sólo la obra maestra de la literatura de España, sino también la que había fomentado el mayor número de mitos falsos y medias verdades sobre la índole nacional y la tradición castiza. Nada más lógico, pues, para los «librescos» noventayochistas, que dirigirse a esa obra capital para explorar la psique del país, impugnar las vigentes falsedades y provocar una mayor conciencia del sentido de la obra misma y las profundas lecciones que ésta ofrece a la España moderna. Sus interpretaciones del *Quijote* manifiestan una postura más crítica ante España que la que se ve en esas visiones de la España primitiva hechas por el filtro de la literatura, donde se enlaza poéticamente el pasado remoto con una España soñada, sin precisar sus actitudes para con el mundo actual. Las salidas del exaltado Alonso Quijano les sirven de vehículo metafórico para enfocar lo que *no* es su nación a principios del siglo XX, y expresar cómo debe ser, según ciertas normas regenerativas sugeridas en la obra de Cervantes. El conjunto de sus visiones del *Quijote* forma una especie de apasionado programa espiritual, orientado hacia la renovación de la patria en el camino hacia otra España.

No es necesario decir que cada uno se dirige al *Quijote* según su propia orientación individualista. El personalismo de los escritores del 98 es tan innegable como su desdén colectivo por el estéril formulismo de los eruditos de biblioteca. Con su acostumbrado acierto sintético, resume Valle-Inclán la actitud de sus coetáneos hacia las investigaciones académicas sobre Cervantes al caricaturizarlas en su farsa *La enamorada del Rey* (1920) en forma de comentarios sobre cuántas veces se lee la palabra «venta» en el *Quijote* o cuántos eructos suelta Sancho Panza (para publicarlos después en bastardilla). En general, los noventayochistas siguen el camino interior señalado por Unamuno en su ensayo «¡Adentro!». Azorín se va a la Mancha para seguir la ruta de don Quijote mismo y meditar el sentido de la obra, poniéndose en contacto directo con los pueblos y paisajes manchegos y saboreando con su acostumbrada melancolía los primores locales de lo vulgar. Para Unamuno, tan propenso a convertir preocupaciones en obsesiones, el Caballero de la Triste Figura (o sea, don Quijote) es simultáneamente un trasunto de España, arquetipo intrahistórico, símbolo del conflicto agónico del hombre atrapado entre la inmortalidad y la nada, y ejemplo vivo de la autonomía del personaje literario frente a su creador. En fuerte contraste con él, enlaza Valle-Inclán el idealismo quijotesco con el ideal poético de Rubén Darío para moldear una farsa burlesca (*La enamorada del Rey*), en que el blanco de la burla está constituido por ciertas instituciones nacionales, en especial literarias. La orientación que vemos en Maeztu y Baroja es más ideológica e intelectual: en éste, un Cervantes filosóficamente «pedestre» y reaccionario, si bien un maestro de la técnica novelística; en aquél, una España abúlica de nuestra época que ha perdido la iniciativa histórica que estimuló la creación del *Quijote*. El tema de la voluntad y la abulia que elabora Maeztu («España y el *Quijote*») es el que ya habían planteado antes del año del Desastre Ganivet, Unamuno y el mismo Maeztu, y que sigue siendo un denominador común de la visión generacional del *Quijote*.

Todo lo que encuentran los escritores del 98 en la vida española de su época—«inacción», «mezquindad», «abandono», «miopía egoísta», «marasmo», etc.—representa una negación del heroísmo quijotesco que cada español tomaba, paradójicamente, por sentado como parte de su herencia, pero que cada uno entendía mal (como se entendían mal, según los noventayochistas, otras obras clásicas de su país). España se encuentra, según ellos, en un estancamiento abúlico en que la impetuosidad irrazonada ha reemplazado la exaltación quijotesca; los españoles por su parte se disculpan de sus vicios y fracasos atribuyéndolos a un exceso de «quijotismo» en el carácter nacional, y mantienen que deben curar dicho exceso haciéndose menos «quijotes». Para combatir tales perversiones inmovilizantes en el pensamiento del país, los escritores del 98 proponen un «arrebato de la voluntad» basado en el verdadero mensaje de Cervantes, según lo leen ellos mismos: un idealismo generoso y justiciero, un espíritu heroico que cuenta con la audacia y la confianza en sí mismo, y un renovado sentimiento de lo ideal que reconozca sin engaños las realidades nacionales tales y como son, pero que tenga fe en la potencialidad de la nación para realizar empresas verdaderamente grandes y humanas. Si don Quijote no puede ser sino un símbolo de la historia de España—sus guerras, su cinismo y sus patrioterías, su egoísmo—, ¡muera ese don Quijote!, grita Unamuno, y ¡viva el intrahistórico Alonso Quijano! Pero el quijotismo auténtico, mantiene el mismo Unamuno en el ensayo «Quijotismo», es en sí intrahistórico. Para hacerlo fecundo, son necesarios el trabajo y el esfuerzo, junto con una eficacia espiritualista que depende de la voluntad de obrar bien por parte de los hombres de buena voluntad. Unamuno desarrolla más extensamente esta idea en su *Vida de don Quijote y Sancho* (1905).

## CARRIÓN DE LOS CONDES

### Miguel de Unamuno

CARRIÓN de los Condes,[1] ¿sabes
de los Condes de Carrión?
De tus iglesias las naves,[2]
¿saben la navegación
5     de la fe? Corre la vena
del Carrión, y es siempre una

---

[1]Pueblo muy antiguo, a unos 40 kilómetros al norte de Palencia (en la provincia de este nombre) y solar de los Condes de Carrión, famosos en la Edad Media por ser los infantes de esa casa y maridos de las hijas del Cid (véase nota 50, Parte III). El río que corre junto a esta villa lleva el mismo nombre de Carrión.

[2]Entre las iglesias de Carrión de los Condes figuran dos de estilo románico del siglo XII, Santa María del Camino y la iglesia de Santiago.

y la misma; corre ajena
al correr de la fortuna.
Y al estallar el repique
10    de tus naves, ¿qué respondes?
¿No oyes a Jorge Manrique,[3]
Carrión, Carrión de los Condes?
Como la misma montaña,
tu madre, la del Condado[4]
15    tan quieto, río de España,
tan quieto y tan asentado.
En San Zoil,[5] junto al río,
que es una vida, se vive
en encierro de albedrío;
20    *bene vivere*:[6] Bembrive.
Y los Condes, ¿qué se hicieron?
¿Qué del Cid y su romance?[7]
Tus coplas, ¿dónde se fueron?
¿Cual, Jorge,[8] tu último lance?

25    Esta es la vida que queda,
mientras la historia se pasa;

---

[3]Insigne poeta del siglo XV (1440-1479) famoso por las coplas elegíacas escritas a la muerte de su padre. Manrique nació en Paredes de Nava, pueblo no muy lejos de Carrión de los Condes y su río. Por todo este poema de Unamuno hay ecos de las *Coplas* de Manrique, especialmente esos versos que cita Machado en la próxima selección: «Nuestras vidas son los ríos/que van a dar a la mar,/que es el morir». Para Unamuno, esta idea corresponde bien a su visión de la vida intrahistórica.

[4]El río Carrión nace en las montañas al norte del pueblo de Saldaña, que está a su vez a pocos kilómetros al norte de Carrión de los Condes, a orillas del mismo río. En la Edad Media Carrión perteneció al condado de Saldaña.

[5]San Zoilo, monasterio benedictino fundado en Carrión de los Condes en el siglo XI.

[6]Vivir bien. Bembrive es la corrupción española de esta frase latina. Unamuno se refiere a un monasterio cercano llamado de Benevivere o Bembrive.

[7]El *Poema del Cid*.

[8]Jorge Manrique.

aquí al borde de la rueda[9]
el Señor nos dejó casa.

(1930)

## GLOSA

Antonio Machado

*Nuestras vidas son los ríos*
*que van a dar a la mar,*
*que es el morir.*[10] ¡Gran cantar!

Entre los poetas míos
5    tiene Manrique un altar.

Dulce goce de vivir;
mala ciencia del pasar,
ciego huir a la mar.

Tras el pavor de morir
10   está el placer de llegar.

¡Gran placer!
Mas ¿y el horror de volver?
¡Gran pesar!

(1907)

---

[9]De fortuna, un tema capital de las *Coplas* de Manrique. Implícita es la identifi-cación de la rueda con el río.

[10]Versos de las *Coplas* de Jorge Manrique, ya mencionados en nota 3 de la selec-ción anterior.

# EL ROMANCERO

## Azorín

Romances, viejos romances, centenarios romances, romances populares: ¿quién os ha compuesto?[11] ¿De qué cerebro habéis salido y qué corazones habéis aliviado, en tanto que la voz os cantaba? Los romances evocan en nuestro espíritu el
5  recuerdo de las viejas ciudades castellanas, de las callejuelas, de los caserones, de las anchas estancias con tapices, de los jardines con cipreses. Estos romances populares, tan sencillos, tan ingenuos, han sido dichos o cantados en el taller de un orfebre; en un cortijo, junto al fuego, de noche; en una calleja, a la ma-
10  ñana, durante el alba, cuando la voz tiene una resonancia límpida y un tono de fuerza y de frescura. Muchos de estos romances son artificiosos y pulidos.[12] Os conocemos: vosotros habéis sido escritos por algún poeta que ha querido mostrar en ellos su retórica, su lindeza y su elegancia. Otros, breves, toscos, tienen
15  la hechura y la emoción de la obra que ha sido pensada y sentida. Estos romances *populares*, ¿los ha compuesto realmente el pueblo? ¿Los ha compuesto un tejedor, un alarife, un carpintero, un labrador, un herrero? O bien, ¿son estos romances la obra de un verdadero artista, es decir, de un hombre que ha llegado a
20  saber que el arte supremo es la sobriedad, la simplicidad y la claridad?

Romances caballerescos, romances moriscos, romances populares:[13] a lo largo de vuestros versos se nos aparece la

---

[11]Los autores de estas maravillas de poesía lírica son anónimos. El único modo definitivo de transmisión en la época de su composición, la Edad Media, fue oral.

[12]El llamado «romance culto», en contraste con el lirismo más espontáneo de los romances populares.

[13]Azorín no cita sino tres de las varias categorías de romances, las que son muchas y a veces de etiqueta arbitraria e imprecisa. Baste aquí con decir que los romances moriscos puede que sean «populares», así como los caballerescos. Estos últimos, sin embargo, son muchas veces más librescos, o sea, más narrativos y menos líricos, y forman parte de ciclos de épico-romances sobre las hazañas de héroes caballe-

España de hace siglos. Entre todos los romances amamos los
25 más breves. Son estos romances unas visiones rápidas, sin más
que un embrión de argumento. Han podido ser estos romances
concebidos por un hombre no profesional de las letras. Los otros,
más largos, más complicados, revelan un estudio, un artificio,
diversas manipulaciones y transformaciones, que han hecho que
30 la obra llegue a ser como hoy la vemos. Aquéllos son a manera
de una canción que se comienza y no se acaba; algo ha venido a
hacer enmudecer al autor; algo que no sabemos lo que es, y que
puede ser fausto o trágico. Lo inacabado tiene un profundo encanto. Esta fuerza rota, este impulso interrumpido, este vuelo
35 detenido, ¿qué hubieran podido ser y adónde hubieran podido
llegar? Estos romances breves reflejan un minuto de una vida,
un instante fugitivo, un momento en que un estado de alma que
comienza a mostrársenos, no acaba de mostrársenos. Tienen la
atracción profunda de un hombre con quien hemos charlado un
40 momento, sin conocerle, en una estación, en una antesala, y a
quién no volvemos a ver; o el encanto—inquietante y misterioso
—de una de esas mujeres que, no siendo hermosas, durante
unas horas de viaje comenzamos a encontrarles una belleza
apacible, *callada*, que ya durante tiempo, desaparecida esa
45 mujer en el remolino de la vida, ha de quedar en nuestra alma
como un reguero luminoso . . .

\* \* \*

El conde Arnaldos ha salido en la mañana de San Juan a
dar un paseo por la dorada playa.[14] Ante él se extiende el mar

---

rescos y legendarios como Lanzarote (Launcelot), Orlando (Rolando), y el Cid ya poco
histórico.

[14]Reproducimos todo el poema que glosa Azorín. El lector debe notar que el
romance consiste en versos de ocho sílabas, rimados en una sola asonancia
alternante. Entre las formas arcaicas, obsérvense las siguientes: *Haber* por *tener*;
*facer* por *hacer* (*faz*=hace); *amainar* por *amenizar*; *mástel* por *mástil*; *fablar* por
*hablar*.

*Romance del Conde Arnaldos*

| ¡Quien hubiese tal ventura | sobre las aguas del mar, |
| como hubo el conde Arnaldos | la mañana de San Juan! |
| Con un falcón en la mano | la caza iba a cazar, |

50 inmenso y azul. La mañana está límpida y fresca. Fulge el añil
del cielo; unas aves pasan volando blandamente sobre las aguas.
El conde ve avanzar una galera. Desde la remota lejanía, en que
ha aparecido como un puntito, ha ido poco a poco avanzando
hasta la costa. Las velas son blancas: blancas como las redondas
55 nubes que ruedan por el azul; blancas como las suaves espumas
de las olas. En el bajel viene un marinero entonando una canción; su voz es llevada por el ligero viento hacia la playa. Es una
voz que dice contentamiento, expansión, jovialidad, salud, esperanza. ¿Qué cuitas íntimas tiene el conde? ¿Por qué, al oír esta
60 voz juvenil y vibrante, se queda absorto? Una honda correlación
hay entre la luminosidad de la mañana, el azul del mar, la
transparencia de los cielos y esta canción que entona al llegar
a la costa quien viene acaso de remotas y extrañas tierras.

Exclama el conde:

65     Por Dios, te ruego, marinero,
      dígasme ora ese cantar.

Y el marinero replica:

      Yo no digo esta canción
      sino a quien conmigo va.

70     Nada más; aquí termina el romance.

«A quien conmigo va». ¿Adónde? ¿Hacia el mar infinito y
proceloso? ¿Hacia los países de ensueño y de alucinación?

                    * * *

---

vio venir una galera                que a tierra quiere llegar.
Las velas traía de seda,            la jarcia de un cendal,
marinero que le manda,              diciendo viene un cantar
que la mar facía en calma           los vientos hace amainar,
los peces que andan 'nel hondo      arriba los hace andar,
las aves que andan volando          'nel mástel las faz' posar;
allí fabló el conde Arnaldos        bien oiréis lo que dirá:
—Por Dios te ruego, marinero;       dígasme ora ese cantar.
Respondióle el marinero,            tal respuesta le fue a dar:
—Yo no digo esta canción           sino a quien conmigo va.

Es por el mes de mayo.[15] La tierra respira vitalidad y sen-
75 sualidad. Ya los árboles están cubiertos de follaje nuevo. La luz
tiene una viveza que antes no tenía; las sombras—la del alero
de un tejado, la de un viejo muro—adquieren imperceptibles
colores: sombras rojas, sombras violetas, sombras azules. Canta
el agua como antes no cantaba, y sentimos un irreprimible
80 deseo de ahondar nuestras manos en las fuentes claras, límpi-
das y frescas. Los insectos zumban; pasan rápidos en el aire los
panzudos y torpes cetonios, que van a sepultarse en el seno de
las rosas . . .

Un prisionero está en su cárcel. No puede él gozar de la
85 Naturaleza, que despierta exuberantemente. Su encarcelamiento es rigurosísimo, cruel, bárbaro. Oscuro completamente
es su calabozo; no entra en él la luz del día.

> Ni sé cuándo es de día,
> ni cuándo las noches son,

90 dice lamentándose, el prisionero. Es decir, sí lo sabe; mejor
dicho, lo adivina. Llega hasta el calabozo el canto de una avecilla; cuando esta avecilla canta, el prisionero sabe que ya en el
mundo es de día y que todos los seres, las plantas, las cosas—
¡todos, menos él!—gozan de la luz del sol. Esta avecica (como la
95 arañita de otro célebre prisionero[16]) era su único consuelo.
¡Cómo llegaban hasta su alma angustiada los trinos de este pa-
jarito libre y feliz!

Y ya el prisionero no oye esta avecica:

---

[15]*Romance del Prisionero*

| | |
|---|---|
| Por el mes era de mayo, | cuando hace la calor, |
| cuando canta la calandria | y responde el ruiseñor, |
| cuando los enamorados | van a servir al amor, |
| sino yo triste, cuitado, | que vivo en esta prisión, |
| que ni sé cuando es de día, | ni cuando las noches son, |
| sino, por una avecilla, | que me cantaba al albor: |
| matómela un ballestero; | ¡déle Dios mal galardón! |

[16]Silvio Pellico (1789-1854), poeta romántico italiano que refiere en su obra *Mis prisiones* que, cuando se encontraba preso en Venecia, se consolaba alimentando a una arañita.

Matómela un ballestero.
100        ¡Déle Dios mal galardón!

*  *  *

Mis arreos son las armas;
mi descanso es pelear . . .[17]

Cuando hoy leemos este viejo romance, nos imaginamos a
105 un guerrero sudoroso, fatigado, polvoriento. Su vida es una perdurable fatiga; duerme sobre las peñas, a cielo abierto; su sueño
es ligero, febril, interrumpido por sobresaltos y alarmas. Se destroza los pies ascendiendo por las breñas y asperezas de las
montañas; caen sobre él las aguas del cielo y azotan su rostro
110 los vendavales helados. No hay para él mísero descanso; todo
para él son peligros y dolores. ¿Por qué, hoy, nosotros, hombres
modernos, damos a este romance, no el tono tradicional de
altivez y de heroísmo, sino el de dolor y resignación? ¿Cómo,
para nosotros, este hombre no canta alegre todos estos duros
115 trabajos, sino que los cuenta entristecido? ¿Adónde va este
hombre sudoroso, fatigado, extenuado?

Ahora, al leer este romance, recordamos la poesía de
Gautier[18] *Après le feuilleton*, en los *Esmaltes y camafeos*. El
poeta también está rendido, fatigado, extenuado. En estos
120 versos nos refiere el ritmo de su vida, toda trabajos y fatigas. Ni
por un momento puede dejar de escribir. Sí; por un momento, sí.
Es ahora ese momento; ahora, cuando ha acabado su largo,
interminable folletón. Ahora tiene unos instantes de descanso.

---

[17]*Romance de la Constancia*

| Mis arreos son las armas, | mi descanso es pelear, |
| mi casa las duras peñas, | mi dormir siempre velar. |
| Las manidas son escuras, | los caminos por usar, |
| el cielo con sus mudanzas | ha por bien de me dañar, |
| andando de sierra en sierra | por orillas de la mar, |
| por probar si mi ventura | hay lugar donde avadar. |
| Pero por vos, mi señora, | todo se ha de comportar. |

[18]Teófilo Gautier, poeta parnasiano francés (véanse notas 58 y 60, Parte I). La
fecha de la colección que menciona Azorín es de 1852. El poema recordado se llamaría
en castellano «Después del folletín», o sea, después de sus trabajos de crítica literaria.

Luego, otra vez ha de inclinarse sobre las cuartillas para conti-
125 nuar el trabajo de toda la vida.

> Pero por vos, mi señora,
> todo se ha de comportar,

dice el personaje del antiguo romance. Por la belleza, por la paz,
por el progreso, por el ideal lejano, por lo que, cada uno en
130 nuestra esfera, pudiéramos hacer en favor de todo esto, com-
portemos nuestras fatigas y nuestros dolores. Ese ideal sea la
lucecita que nos alumbre en nuestra noche.

Romances, romances viejos, centenarios romances: ¿quién
os han imaginado y qué voces os han cantado en las viejas ciu-
135 dades españolas, en los pasados siglos?

de *Al margen de los clásicos* (1915)

## LA RUTA DE DON QUIJOTE

### Azorín

#### LA PRIMERA SALIDA

Yo creo que le debo contar al lector, punto por punto, sin
omisiones sin efectos, sin lirismos, todo cuanto hago y cuanto
veo. A las seis, esta mañana, allá en Argamasilla,[19] ha llegado
5 a la puerta de mi posada Miguel, con su carrillo. Era ésta una
hora en que la insigne ciudad manchega aún estaba medio dormida; pero yo amo esta hora fuerte, clara, fresca, fecunda, en
que el cielo está transparente, en que el aire es diáfano, en que
parece que hay en la atmósfera una alegría, una voluptuosidad,
10 una fortaleza que no existe en las restantes horas diurnas.

—Miguel—le he dicho yo—, ¿vamos a marchar?

—Vamos a marchar cuando usted quiera—me ha dicho
Miguel.

---

[19]El lugar de La Mancha donde vivía Alonso Quijano el Bueno (don Quijote), y
de cuyo nombre no «se acordaba» el narrador de la famosa novela de Cervantes (véase
la primera frase de la obra).

Y yo he subido en el diminuto y destartalado carro; la jaca
15 —una jaquita microscópica—ha comenzado a trotar vivaracha
y nerviosa. Y, ya fuera del pueblo, la llanura ancha, la llanura
inmensa, la llanura infinita, la llanura desesperante, se ha extendido ante nuestra vista. En el fondo, allá en la línea remota
del horizonte, aparecía una pincelada larga, azul, de un azul
20 claro, tenue, suave; acá y allá, refulgiendo al sol, destacaban las
paredes blancas, nítidas, de las casas diseminadas en la campiña; el camino, estrecho, amarillento, se perdía ante nosotros,
y de una banda y de otra, a derecha e izquierda, partían centenares y centenares de surcos, rectos, interminables, simétricos.
25     —Miguel—he dicho yo—, ¿qué montes son esos que se ven
en el fondo?
     —Esos montes—me contesta Miguel—son los montes de
Villarrubia.
     La jaca corre desesperada, impetuosa; las anchurosas
30 piezas se suceden iguales, monótonas; todo el campo es un llano
uniforme, gris, sin un altozano, sin la más suave ondulación. Ya
han quedado atrás, durante un momento, las hazas sembradas,
en que el trigo temprano o el alcalcel comienzan a verdear sobre
los surcos; ahora, todo el campo que abarca nuestra vista es una
35 extensión gris, negruzca, desolada.
     —Esto—me dice Miguel—es *liego*; un año se hace la barbe-
chera y otro se siembra.
     Liego vale tanto como eriazo; un año, las tierras son sem-
bradas; otro año se dejan sin labrar; otro año se labran—y es lo
40 que lleva el nombre de barbecho—; otro año se vuelven a sembrar. Así, una tercera parte de la tierra, en esta extensión inmensa de la Mancha, es sólo utilizada. Yo extiendo la vista por
esta llanura monótona; no hay en toda ella ni una sombra; a
trechos, cercanos unas veces, distantes otras, aparecen en medio
45 de los anchurosos bancales sembradizos diminutos pináculos de
piedra; son los *majanos*; de lejos, cuando la vista los columbra
allá en la línea remota del horizonte, el ánimo desesperanzado,
hastiado, exasperado, cree divisar un pueblo. Mas el tiempo va
pasando; unos bancales se suceden a otros; y lo que juzgábamos
50 poblado se va cambiando, cambiando en estos pináculos de cantos grises, desde los cuales, inmóvil, misterioso, irónico tal vez,

211

un cuclillo—uno de estos innumerables cuclillos de la Mancha—nos mira con sus anchos y gualdos ojos . . .

Ya llevamos caminando cuatro horas; son las once; hemos
55 salido a las siete de la mañana. Atrás, casi invisible, ha quedado el pueblo de Argamasilla; sólo nuestros ojos, al ras de la llanura, columbran el ramaje negro, fino, sutil, aéreo, de la arboleda que exorna el río; delante destaca siempre, inevitable, en lo hondo, el azul, ya más intenso, ya más sombrío, de la cordillera lejana.
60 Por este camino, a través de estos llanos, a estas horas precisamente, caminaba una mañana ardorosa de julio el gran Caballero de la Triste Figura;[20] sólo recorriendo estas llanuras, empapándose de este silencio, gozando de la austeridad de este paisaje, es como se acaba de amar del todo íntimamente, pro-
65 fundamente, esta figura dolorosa. ¿En qué pensaba don Alonso Quijano, el Bueno, cuando iba por estos campos a horcajadas en *Rocinante*,[21] dejadas las riendas de la mano, caída la noble, la pensativa, la ensoñadora cabeza sobre el pecho? ¿Qué planes, qué ideales imaginaba? ¿Qué inmortales y generosas empresas
70 iba fraguando?

Mas ya, mientras nuestra fantasía—como la del hidalgo manchego—ha ido corriendo, el paisaje ha sufrido una mutación considerable. No os esperancéis; no hagáis que vuestro ánimo se regocije; la llanura es la misma; el horizonte es idéntico; el cielo
75 es el propio cielo radiante; el horizonte es el horizonte de siempre, con su montaña zarca; pero en el llano han aparecido unas carrascas bajas, achaparradas, negruzcas, que ponen intensas manchas rotundas sobre la tierra hosca. Son las doce de la mañana; el campo es pedregoso; flota en el ambiente cálido de
80 la primavera naciente un grato olor de romero, de tomillo y de salvia; un camino cruza hacia Manzanares.[22] ¿No sería, acaso, en este paraje, junto a este camino, donde Don Quijote encontró a Juan Haldudo, el vecino de Quintanar? ¿No fue ésta una de las más altas empresas del caballero? ¿No fue atado Andresillo

---

[20]Apelativo que Sancho Panza crea para don Quijote, conforme con las prácticas de los caballeros andantes en los libros de caballerías (I, cap. 19).

[21]El decrépito rocín de don Quijote.

[22]Pueblo al suroeste de Argamasilla.

85  a una de estas carrascas y azotado bárbaramente por su amo?
Ya Don Quijote había sido armado caballero; ya podía meter el
brazo hasta el codo en las aventuras; estaba contento; estaba
satisfecho; se sentía fuerte; se sentía animoso. Y entonces, de
vuelta a Argamasilla, fue cuando deshizo este estupendo
90  entuerto. «He hecho, al fin—pensaba él—, una gran obra». Y, en
tanto, Juan Haldudo[23] amarraba otra vez al mozuelo a la encina
y proseguía en el despiadado vapuleo. Esta ironía honda y des-
consoladora tienen todas las cosas de la vida . . .

Pero, lector, prosigamos nuestro viaje; no nos entristezca-
95  mos. Las quiebras de la montaña lejana ya se ven más distintas; el color de las faldas y de las cumbres, de azul claro ha
pasado a azul gris. Una avutarda cruza lentamente, pausada-
mente, sobre nosotros; una bandada de grajos, posada en un
bancal, levanta el vuelo y se aleja graznando; la transparencia
100  del aire, extraordinaria, maravillosa, nos deja ver las casitas
blancas remotas; el llano continúa monótono, yermo. Y nosotros,
tras horas y horas de caminata por este campo, nos sentimos
abrumados, anonadados, por la llanura inmutable, por el cielo
infinito, transparente, por la lejanía inaccesible. Y ahora es
105  cuando comprendemos cómo Alonso Quijano había de nacer en
estas tierras, y cómo su espíritu, sin trabas, libre, había de volar
frenético por las regiones del ensueño y de la quimera. ¿De qué
manera no sentirnos aquí desligados de todo? ¿De qué manera
no sentir que un algo misterioso, que un anhelo que no podemos
110  explicar, que un ansia indefinida, inefable, surge de nuestro
espíritu? Esta ansiedad, este anhelo, es la llanura gualda, ber-
meja, sin una altura, que se extiende bajo un cielo sin nubes,
hasta tocar, en la inmensidad remota, con el telón azul de la
montaña. Y esta ansia y este anhelo es el silencio profundo,
115  solemne, del campo desierto, solitario. Y es la avutarda que ha
cruzado sobre nosotros con aleteos pausados. Y son los monte-
cillos de piedra, perdidos en la estepa, y desde los cuales, iróni-
cos, misteriosos, nos miran los cuclillos . . .

Pero el tiempo ha ido transcurriendo; son las dos de la
120  tarde; ya hemos atravesado rápidamente el pueblecillo de

---

[23]El episodio ocurre en Parte I, cap. 4.

Villarta;[24] es un pueblo blanco, de un blanco intenso, de un blanco mate, con las puertas azules. El llano pierde su uniformidad desesperante; comienza a levantarse el terreno en suaves ondulaciones; la tierra es de un rojo sombrío; la montaña aparece cercana; en sus laderas se asientan cenicientos olivos. Ya casi estamos en el famoso Puerto Lápice.[25] El puerto es un anchuroso paso que forma una depresión de la montaña; nuestro carro sube corriendo por el suave declive; a la venta famosa donde Don Quijote fue armado caballero.

Ahora, aquí, en la posada del buen Higinio Mascaraque, yo he entrado en un cuartito pequeño, sin ventanas, y me he puesto a escribir, a la luz de una bujía, estas cuartillas.

## EN EL TOBOSO

El Toboso[26] es un pueblo único, estupendo. Ya habéis salido de Criptana;[27] la llanura ondula suavemente, roja, amarillenta, gris, en los trechos de eriazo, de verde imperceptible en las piezas sembradas. Andáis una hora, hora y media; no veis ni un árbol, ni una charca, ni un rodal de verdura jugosa. Las urracas saltan un momento en medio del camino, mueven nerviosas y petulantes sus largas colas, vuelan de nuevo; montoncillos y montoncillos de piedras grises se extienden sobre los anchurosos bancales. Y de tarde en tarde, por un extenso espacio de sembradura, en que el alcacel apenas asoma, camina un par de mulas, y un gañán guía el arado a lo largo de los surcos interminables.

---

[24]El carrillo se dirige hacia el norte.

[25]Encrucijada al norte de Villarta. Ocurren allí los episodios del cap. 8, Parte I, del *Quijote*. Quizás estuviese allí la venta donde don Quijote fue armado caballero andante (I, cap. 3).

[26]El pequeño lugar de La Mancha donde vivía, en la imaginación de don Quijote, su «sin par» dama, Dulcinea.

[27]Pueblo llamado oficialmente Campo de Criptana, donde quizás pelease don Quijote contra los molinos de viento (I, cap. 8).

—¿Qué están haciendo aquí?—preguntáis un poco extrañados de que se destroce de esta suerte la siembra.

—Están rejacando—se nos contesta naturalmente.

*Rejacar* vale tanto como meter el arado por el espacio
150 abierto entre surco y surco con el fin de desarraigar las hierbezuelas.

—Pero ¿no estropean la siembra?—tornáis a preguntar—.
¿No patean y estrujan con sus pies los aradores y las mulas los
tallos tiernos?

155 El carretero con quien vais sonríe ligeramente de vuestra
ingenuidad; tal vez vosotros sois unos pobres hombres—como el
cronista—que no habéis salido jamás de vuestros libros.

—¡Ca!—exclama este labriego—. ¡La siembra, en este
tiempo, *contra*[28] más se pise es mejor!

160 Los terrenos grisáceos, rojizos, amarillentos, se descubren,
iguales todos, con una monotonía desesperante. Hace una hora
que habéis salido de Criptana; ahora, por primera vez, al doblar
una loma, distinguís en la lejanía remotísima, allá en los confines del horizonte, una torre diminuta y una mancha negruzca,
165 apenas visible en la uniformidad plomiza del paisaje. Esto es el
pueblo del Toboso. Todavía han de transcurrir un par de horas
antes que penetremos en sus calles. El panorama no varía; veis
los mismos barbechos, los mismos liegos hoscos, los mismos alcaceles tenues. Acaso en una distante ladera alcanzáis a descu-
170 brir un cuadro de olivos, cenicientos, solitarios, simétricos. Y no
tornáis a ver ya en toda la campiña infinita ni un rastro de
arboledas. Las encinas que estaban propincuas al Toboso y
entre las que Don Quijote aguardaba el regreso de Sancho,[29]
han desaparecido. El cielo, conforme la tarde va avanzando, se
175 cubre de un espeso toldo plomizo. El carro camina dando
tumbos, levantándose en los pedruscos, cayendo en los hondos
baches. Ya estamos cerca del poblado. Ya podéis ver la torre
cuadrada, recia, amarillenta, de la iglesia y las techumbres
negras de las casas. Un silencio profundo reina en el llano;
180 comienzan a aparecer a los lados del camino paredones

---

[28]Dialectismo por «cuanto».

[29]El *Quijote*, II, cap. 10.

derruidos. En lo hondo, a la derecha, se distingue una ermita ruinosa, negra, entre árboles escuálidos, negros, que salen por encima de largos tapiales caídos. Sentís que una intensa sensación de soledad y de abandono os va sobrecogiendo. Hay algo en las proximidades de este pueblo que parece como una condensación, como una síntesis de toda la tristeza de la Mancha. Y el carro va avanzando. El Toboso es ya nuestro. Las ruinas de paredillas, de casas, de corrales, han ido aumentando; veis una ancha extensión de campo llano cubierta de piedras grises, de muros rotos, de vestigios de cimientos. El silencio es profundo; no descubrís ni un ser viviente; el reposo parece que se ha solidificado. Y en el fondo, más allá de todas estas ruinas, destacando sobre un cielo ceniciento, lívido, tenebroso, hosco, trágico, se divisa un montón de casuchas desplomadas, con solanas que se bombean y doblan para caer, con tapiales de patios anchamente desportillados ...

Y no percibís ni el más leve rumor; ni el retumbar de un carro, ni el ladrido de un perro, ni el cacareo lejano y metálico de un gallo. Y comenzáis a internaros por las calles del pueblo. Y veis los mismos muros agrietados, ruinosos; la sensación de abandono y de muerte que antes os sobrecogiera, acentúase ahora por modo doloroso a medida que vais recorriendo estas calles y aspirando este ambiente.

Casas grandes, anchas, nobles, se han derrumbado, y han sido cubiertos los restos de sus paredes con bajos y pardos tejadillos; aparecen vetustas y redondas portaladas rellenas de toscas piedras; destaca acá y allá, entre las paredillas terrosas, un pedazo de recio y venerable muro de sillería; una fachada con su escudo macizo perdura, entre casillas bajas, entre un montón de escombros ... Y vais marchando lentamente por las callejas; nadie pasa por ellas; nada rompe el silencio. Llegáis de este modo a la plaza. La plaza es un anchuroso espacio solitario; a una banda destaca la iglesia, fuerte, inconmovible, sobre la ruinas del despoblado; a su izquierda se ven los muros en pedazos de un caserón solariego; a la derecha aparecen una ermita agrietada, caduca, y un largo tapial desportillado. Ha ido cayendo la tarde. Os detenéis un momento en la plaza. En el cielo plomizo se ha abierto una ancha grieta; surgen por ella las claridades del crepúsculo. Y durante este minuto que permane-

220 céis inmóviles, absortos, contempláis las ruinas de este pueblo
vetusto, muerto, iluminadas por un resplandor rojizo, siniestro.
Y divisáis—y esto acaba de completar vuestra impresión—, divisáis, rodeados de este profundo silencio, sobre el muro ruinoso
adosado a la ermita, la cima aguda de un ciprés negro, rígido, y
225 ante su oscura mancha, el ramaje fino, plateado, de un olivo silvestre, que ondula y se mece en silencio, con suavidad, a intervalos . . .

«¿Cómo el pueblo del Toboso ha podido llegar a este grado
de decadencia?», pensáis vosotros, mientras dejáis la plaza.

230 —El Toboso—os dicen—era antes una población caudalosa;
ahora no es ya ni sombra de lo que fue en aquellos tiempos. Las
casas que se hunden no tornan a ser edificadas; los moradores
emigran a los pueblos cercanos; las viejas familias de los hidalgos—enlazadas con uniones consanguíneas desde hace dos o
235 tres generaciones—acaban ahora sin descendencia.

Y vais recorriendo calles y calles. Y tornáis a ver muros ruinosos, puertas tapiadas, arcos despedazados. ¿Dónde estaba la
casa de Dulcinea? ¿Era realmente Dulcinea esta Aldonza Zarco
de Morales[30] de que hablan los cronistas? En el Toboso aún per-
240 duran sus restos. Bajad por una callejuela que se abre en un
rincón de la plaza desierta; reparad en unos murallones
desnudados de sillería que se alzan en el fondo; torced después
a la derecha; caminad luego cuatro o seis pasos; deteneos al fin.
Os encontráis ante un ancho edificio, viejo, agrietado; antaño,
245 esta casa debió de constar de dos pisos; mas toda la parte superior se vino a tierra, y hoy, casi al ras de la puerta, se ha
cubierto el viejo caserón con un tejadillo modesto, y los des-
niveles y rajaduras de los muros de noble piedra se han tabicado
con paredes de barro.

250 Esta es la mansión de la más admirable de todas las prin-
cesas manchegas. Al presente es una almazara prosaica. Y para
colmo de humillación y vencimiento, en el patio, en un rincón,

---

[30]Se nos dice en el primer capítulo del *Quijote* que el recuerdo de una labradora
del Toboso, Aldonza Lorenzo, le servía a Alonso Quijano de inspiración para la creación de la princesa Dulcinea. Al buscar el fondo histórico de este aspecto de la obra,
los investigadores supieron que en aquellos tiempos existía en el Toboso esta Aldonza
verídica que le pudiera haber servido a Cervantes de prototipo.

bajo gavillas de ramaje de olivo, destrozados, escarnecidos, reposan los dos magníficos blasones que antes figuraban en la
255 fachada. Una larga tapia parte del caserón y se aleja hacia el
campo, cerrando la callejuela . . .

«—Sancho, hijo, guía al palacio de Dulcinea, que quizá
podrá ser que la hallemos despierta—decía a su escudero Don
Alonso, entrando en el Toboso a medianoche.

260 —¿A qué palacio tengo de guiar, cuerpo del sol—respondía
Sancho—, que en el que yo vi a su grandeza no era sino casa
muy pequeña?»[31]

La casa de la supuesta Dulcinea, la señora Doña Aldonza
Zarco de Morales, era bien grande y señoril. Echemos sobre sus
265 restos una última mirada; ya las sombras de la noche se alle-
gan; las campanas de la alta y recia torre dejan caer sobre el
poblado muerto sus vibraciones; en la calle del Diablo—la principal de la villa—, cuatro o seis yuntas de mulas que regresan
del campo arrastran sus arados con su sordo rumor. Y es un
270 espectáculo de una sugestión honda ver a estas horas, en este
reposo inquebrantable, en este ambiente de abandono y de decadencia, cómo se desliza de tarde en tarde, entre las penumbras
del crepúsculo, la figura lenta de un viejo hidalgo, con su capa,
sobre el fondo de una redonda puerta cegada, de un esquinazo
275 de sillares tronchado o de un muro ruinoso por el que asoman
los allozos en flor o los cipreses . . .

## LA EXALTACIÓN ESPAÑOLA

### EN ALCÁZAR DE SAN JUAN

Quiero echar la llave, en la capital geográfica de la
280 Mancha,[32] a mis correrías. ¿Habrá otro pueblo, aparte de éste,
más castizo, más manchego, más típico, donde más íntimamente se comprenda y se sienta la alucinación de estas campiñas rasas, el vivir doloroso y resignado de estos buenos labrie-

---

[31]El *Quijote*, II, cap. 9.

[32]Alcázar de San Juan, centro manchego de unos 25 mil habitantes.

gos, la monotonía y la desesperación de las horas que pasan y
285 pasan lentas, eternas, en un ambiente de tristeza, de soledad y
de inacción? Las calles son anchas, espaciosas, desmesuradas;
las casas son bajas, de un color grisáceo, terroso, cárdeno; mientras escribo estas líneas, el cielo está anubarrado, plomizo;
sopla, ruge, brama un vendaval furioso, helado; por las anchas
290 vías desiertas vuelan impetuosas polvaredas; oigo que unas
campanas tocan con toques desgarrados, plañideros, a lo lejos;
apenas si de tarde en tarde transcurre por las calles un labriego
enfundado en su traje pardo, o una mujer vestida de negro, con
las ropas a la cabeza, asomando entre los pliegues su cara
295 lívida; los chapiteles plomizos y los muros rojos de una iglesia
vetusta cierran el fondo de una plaza ancha, desierta . . . Y
marcháis, marcháis, contra el viento, azotados por las nubes de
polvo, por la ancha vía interminable, hasta llegar a un casino
anchuroso. Entonces, si es por la mañana, penetráis en unos
300 salones solitarios, con piso de madera, en que vuestros pasos re-
tumban. No encontráis a nadie; tocáis y volvéis a tocar en vano
todos los timbres; las estufas reposan apagadas; el frío va
ganando vuestros miembros. Y entonces volvéis a salir; volvéis
a caminar por la inmensa vía desierta, azotados por el viento,
305 cegados por el polvo; volvéis a entrar en la fonda—donde
tampoco hay lumbre—; tornáis a entrar en vuestro cuarto, os
sentáis, os entristecéis, sentís sobre vuestros cráneos, pesando
formidables, todo el tedio, toda la soledad, todo el silencio, toda
la angustia de la campiña y del poblado.
310     Decidme, ¿no comprendéis en estas tierras los ensueños, los
desvaríos, las imaginaciones desatadas del grande loco?[33] La
fantasía se echa a volar frenética por estos llanos; surgen en los
cerebros visiones, quimeras, fantasías torturadoras y locas. En
Manzanares—a cinco leguas de Argamasilla—se cuentan mil
315 casos de sortilegios, de encantamientos, de filtros bebedizos y
manjares dañados que novias abandonadas, despechadas, han
hecho tragar a sus amantes; en Ruidera—cerca también de
Argamasilla—, hace seis días ha muerto un mozo que dos meses
atrás, en plena robustez, viera en el alinde de un espejo una

---

[33]Don Quijote.

320 figura mostrándole una guadaña, y que desde ese día fue adoleciendo y ahilándose poco a poco hasta morir. Pero éstos son casos individuales, aislados, y es en el propio Argamasilla, la patria de Don Quijote, donde la alucinación toma un carácter colectivo, épico, popular. Yo quiero contaros este caso; apenas si
325 hace seis meses que ha ocurrido. Un día, en una casa del pueblo, la criada sale dando voces de una sala y diciendo que hay fuego; todos acuden; las llamas son apagadas; el hecho, en realidad, carece de importancia. Mas dos días han transcurrido; la criada comienza a manifestar que ante sus ojos, de noche, aparece la
330 figura de un viejo.

La noticia, al principio, hace sonreír; poco tiempos después estalla otro fuego en la casa. Tampoco este accidente tiene importancia; mas tal vez despierta más vagas sospechas. Y al otro día, otro fuego, el tercero, surge en la casa. ¿Cómo puede ser
335 esto? ¿Qué misterio puede haber en tan repetidos siniestros? Ya el interés y la curiosidad están despiertos. Ya el recelo sucede a la indeferencia. Ya el temor va apuntando en los ánimos. La criada jura que los fuegos los prende este anciano que a ella se le aparece; los moradores de la casa andan atónitos, espantados;
340 los vecinos se ponen sobre aviso; por todo el pueblo comienza a esparcirse la extraña nueva. Y otra vez el fuego torna surgir. Y en este punto, todos, sobrecogidos, perplejos, gritan que lo que pide esta sombra incendiaria son unas misas; el cura, consultado, aprueba la resolución; las misas se celebran; las llamas no
345 tornan a surgir, y el pueblo, satisfecho, tranquilo, puede ya respirar libre de pesadillas . . .

Pero bien poco es lo que dura esta tranquilidad. Cuatro o seis días después, mientras los vecinos pasean, mientras toman el sol, mientras las mujeres cosen sentadas en las cocinas, las
350 campanas comienzan a tocar a rebato. ¿Qué es esto? ¿Qué sucede? ¿Dónde es el fuego? Los vecinos saltan de sus asientos, despiertan de su estupor súbitamente, corren, gritan. El fuego es en la escuela del pueblo; no es tampoco—como los anteriores —gran cosa; mas ya los moradores de Argamasilla, recelosos,
355 excitados, tornan a pensar en el encantador malandrín de los anteriores desastres. La escuela se halla frontera a la casa donde ocurrieron las pasadas quemas; el encantador no ha hecho sino dar un gran salto y cambiar de vivienda. Y el fuego

es apagado; los vecinos se retiran satisfechos a casa. La paz es,
360  sin embargo, efímera; al día siguiente, las campanas vuelven a
tocar a rebato; los vecinos tornan a salir escapados; se grita; se
hacen mil cábalas; los nervios saltan; los cerebros se llenan de
quimeras. Y durante cuatro, seis, ocho, diez días, por mañana,
por tarde, la alarma se repite, y la población toda, conmovida,
365  exasperada, enervada, frenética, corre, gesticula, vocea, se agita
pensando en trasgos, en encantamientos, en poderes ocultos y
terribles. ¿Qué hacer en este trance? «¡Basta, basta!—grita al
fin el alcalde—. ¡Que no toquen más las campanas, aunque arda
el pueblo entero!» Y estas palabras son como una fórmula caba-
370  lística que deshace el encanto; las campanas no vuelven a sonar;
las llamas no tornan a surgir.

¿Qué me decís de esta exaltada fantasía manchega? El
pueblo duerme en reposo denso; nadie hace nada. Las tierras
son apenas rasgadas por el arado celta;[34] los huertos están
375  abandonados; el Tomelloso,[35] sin agua, sin más riegos que el
caudal de los pozos, abastece de verduras a Argamasilla, donde
el Guadiana,[36] sosegado, a flor de tierra, cruza el pueblo y atraviesa las huertas; los jornaleros de este pueblo ganan dos reales
menos que los de los pueblos cercanos. Perdonadme, buenos y
380  nobles amigos míos de Argamasilla: vosotros mismos me habéis
dado estos datos. El tiempo transcurre lento en este marasmo;
las inteligencias dormitan. Y un día, de pronto, una vieja habla
de apariciones, un chusco simula unos incendios, y todas las
fantasías, hasta allí en reposo, vibran enloquecidas y se lanzan
385  hacia el ensueño. ¿No es ésta la patria del gran ensoñador don
Alonso Quijano? ¿No está en este pueblo compendiada la
historia eterna de la tierra española? ¿No es esto la fantasía

---

[34]Con este adjetivo subraya Azorín la antigüedad de la región y de sus costumbres. Alcázar de San Juan fue un centro de los celtíberos en la época prerromana.

[35]Pequeño brazo del río Guadiana. Un pueblo cercano lleva el mismo nombre.

[36]Río importante que nace en los montes de la meseta central y fluye hacia el
oeste hasta Badajoz donde tuerce al sur, formando la frontera entre España y Portugal. Después de entrar en Portugal, vuelve a servir de límite nacional y desemboca
en el Atlántico.

loca, irrazonada e impetuosa que rompe de pronto la inacción para caer otra vez estérilmente en el marasmo?

390    Y ésta es—y con esto termino—la exaltación loca y baldía que Cervantes condenó en el *Quijote*; no aquel amor al ideal, no aquella ilusión, no aquella ingenuidad, no aquella audacia, no aquella confianza en nosotros mismos, no aquella vena ensoñadora que tanto admira el pueblo inglés en nuestro Hidalgo, que
395    tan indispensables son para la realización de todas las grandes y generosas empresas humanas, y sin las cuales los pueblos y los individuos fatalmente van a la decadencia . . .

(1905)

## ESPAÑA Y EL QUIJOTE

Ramiro de Maeztu

Al consumarse en 1898 la pérdida de los restos del imperio colonial español en América y en el Extremo Oriente,[37] se irguió la figura de don Joaquín Costa[38] para decirnos: «Doble llave al sepulcro del Cid para que no vuelva a cabalgar».[39] Don Miguel
5    de Unamuno escribió un artículo en *Vida Nueva*[40] y formuló también su sentencia: «Robinson ha vencido a Don Quijote».[41] En estos juicios se cometían dos errores totales, que son, probablemente, la razón de que ni el señor Costa ni el señor Unamuno los hayan mantenido. El primero se refiere a nuestras

---

[37]Cuba, Puerto Rico, Guam y las Filipinas.

[38]Político, historiador, jurista, economista y pensador español (1844-1911) cuya apasionada campaña por la regeneración y europeización de España influyó mucho en el pensamiento de sus contemporáneos, como los del 98. Véase el ensayo de Azorín, «La melancolía incurable del señor Costa» (Parte VII).

[39]Declarando así que España debe dejar de vivir de y en el pasado, con este ilusorio sentido de grandeza tradicional que no fomenta sino futilidad y autoengaño y que imposibilita la regeneración.

[40]Revista semanal fundada en 1898 por los escritores jóvenes, en que colaboraron, entre muchos otros, Unamuno y Maeztu. Dejó de existir en 1900.

[41]Es decir, el anglosajón (Robinson Crusoe) ha vencido al español.

10 guerras. Ningún enemigo de España podrá sostener con éxito la tesis de que las guerras coloniales de entonces, culminadas en el conflicto con los Estados Unidos, fueron de iniciativa española. Parte de la población colonial se sublevó en Cuba y Filipinas en 1895 contra nuestra soberanía. Tratamos de mantenerla
15 lo mejor que pudimos, y en medio del conflicto surgió la intervención de los Estados Unidos en favor de la independencia de Cuba. Lo que se puede decir en contra nuestra es que si hubiéramos otorgado a tiempo a las colonias un régimen de autonomía, o si hubiéramos sabido avivar el amor o la admiración, o
20 siquiera el temor, de nuestras posesiones ultramarinas, acaso las habríamos conservado. Pero lo primero que se les ocurrió a nuestros pensadores independientes fue atribuir a una quijotada, a una imprudencia, a una aventura injustificada, que tenía que ser castigada con las pérdidas de las colonias, la ini-
25 ciativa de las guerras, cuando la verdad era que habíamos peleado en ellas muy contra nuestro gusto, y que nuestro pecado había consistido no en hacer cosas aventuradas, sino, al contrario, en no hacerlas, en no haber prevenido los conflictos con las reformas pertinentes.
30    El segundo error era más grave. Se pedía a los españoles que no volviesen a ser ni Cides ni Quijotes, y los que en aquellas horas de humillación y de derrota sentíamos la necesidad de rehacer la patria, de «regenerarla», según el lenguaje de aquel tiempo, no tardamos en ver que no se lograría sin que los rege-
35 neradores se infundiesen un poco, cuando menos, del espíritu esforzado del Cid y del idealismo generoso de Don Quijote. El señor Unamuno había aceptado sin crítica el dicho de: «Somos unos Quijotes», con que solemos consolarnos los españoles de nuestras desventuras. Ello me hizo reparar en el imperio que
40 ejerce sobre nuestro espíritu popular la filosofía del *Quijote*. Que no hay que ser Quijotes, que no hay que meterse en aventuras, que hay que dejarse de libros de caballerías, que al que se mete a redentor lo crucifican, son máximas que la sabiduría popular española no deja apartar nunca de los labios y que contribuye
45 poderosamente a formar la sustancia del ambiente espiritual en que los españoles nos criamos. Un estudio del *Quijote* y de Cervantes y su tiempo muestra que no son arbitrarias las enseñanzas que saca el pueblo del libro nacional. Primero, porque la lec-

tura del *Quijote* nos consuela de nuestros desconsuelos limpián-
50  donos la cabeza de ilusiones; segundo, porque esto fue también
lo que Cervantes se propuso al escribirlo: consolarse y reírse de
sus desventuras, que creyó se engendraron en excesivas ilusiones, y tercero, porque la España de aquel momento, también
fatigada a consecuencia de la labor heroica, abnegada y excesiva
55  de todo el siglo precedente, hallá en el *Quijote* la sugestión que
necesitaba para acomodarse a la cura de descanso que requerían su ánimo y su cuerpo.

Un hombre de 1900 no tenía para qué vacilar. El cansancio
de trescientos años antes no era razón para que se continuase
60  predicando el reposo a un pueblo que necesitaba intentar un
sobreesfuerzo, si había de recuperar el espacio perdido, en la
carrera del progreso, respecto de otros pueblos. Antes de permitir que siguiera desilusionando espíritus preferí lanzar el
epíteto de «decadente» sobre el libro de Cervantes. Ello fué en
65  1903, en las columnas de *Alma española*.[42] A pesar de la protesta que produjo, no pasó mucho tiempo sin que una voz autori-
zada viniera a repetir lo que yo había dicho. Don Santiago
Ramón y Cajal[43] escribió en 1905:

«¡Ah! si el infortunado soldado de Lepanto, caído y mutilado
70  en el primer combate,[44] no sufriera desdenes y persecuciones in-
justas, no se hubiera visto obligado a escribir en aquella terrible
cárcel donde toda incomodidad tiene su asiento y todo desapacible ruido hace su habitación; si Cervantes, al trazar las páginas
de su libro imperecedero, no llorara una juventud perdida en
75  triste y oscuro cautiverio, ensueños de gloria desvanecidos y
desilusiones de un amor idílico, que pareció, en sus albores, casi
divino y que resultó, al fin, menos que humano, ¡cuán diferente,
cuán vigoroso y alentador *Quijote* habría compuesto! . . . Enton-

---

[42]Revista semanal fundada en 1903, y de orientación liberal y crítica. Aunque
duró poco tiempo, ejerció mucho influjo mediante la difusión de ideas sobre la renovación de España.

[43]Histólogo español (1852-1934) de fama internacional, que ganó en 1906 el premio Nobel de la Medicina. En ciertas obras suyas se dirigió a problemas generales de
la cultura española.

[44]Cervantes, cuya mano izquierda fue mutilada en esa batalla.

ces (séame lícito acariciar en este punto una candorosa ilusión)
la novela cervantina no habría sido el poema de la resignación
y de la desesperanza, sino el poema de la libertad y de la renovación».

El desaliento que el *Quijote* imparte actúa sobre todo en las
naturalezas sensitivas, que son generalmente las más suscepti-
bles al idealismo. Don Quijote no es sólo un fantasma literario,
sino en las palabras de uno de sus críticos[45] «el tipo del ideal en
todas las épocas». Las palabras que dice son las más hermosas
que se han escrito sobre el ideal caballeresco. Y como al mismo
tiempo no son sino los sueños de un loco, el lector idealista tiene
que preguntarse, al recogerse en sí mismo: «Estas ideas mías,
estos entusiasmos generosos, estos deseos de sacrificio, ¿serán
también locuras y delirios?». Uno a uno se les caen a los idealistas «los palos del sombrajo»,[46] como se dice en tierras salmantinas, y aunque estos lectores idealistas no son muchos, sino unas
cuantas docenas en cada generación, como no se alcen incansables contra el egoísmo y el encogimiento de las multitudes, no
tardará en formarse un ambiente de escepticismo contra el cual
tendrán que estrellarse todos los esfuerzos por realizar «el bien
de la tierra». Ocurrirá como en los puertos y en los ríos de los
países del Norte en el invierno: mientras los vapores y navíos de
toda índole cruzan veloces la superficie de las aguas, no se forman capas espesas de hielo; pero si las embarcaciones se olvi-
dan una noche de sacudir las aguas, se congelará la superficie,
y a poco más que se descuiden, se hará imposible la navegación.

Pero estos males no se derivan necesariamente de la
lectura del *Quijote*. Reflexiones posteriores me han hecho ver
que la culpa está en la manera cómo se ha leído, como si se hubiera escrito fuera del tiempo y del espacio para lectores colocados igualmente en el plano de la eternidad. Hay que colocarlo
en su perspectiva histórica. Aunque la fecha de 1605, en que se
publicó su primera parte, puede servir para señalar el momento
en que pierde España la iniciativa y deja de aventurarse por re-

---

[45]Es difícil determinar a qué crítico específico se refiere Maeztu. La idea es un
lugar común.

[46]Poco a poco se desaniman los idealistas.

giones nuevas del mundo y del espíritu, esto no es culpa del libro de Cervantes, sino del exceso de sus iniciativas anteriores.

115 Lo que hace el *Quijote* es marcar el alto, no crearlo. Esta perspectiva sirve también para aumentar el goce que produce la lectura del libro. Se advertirá, por ejemplo, que de haber sido, como hubiera deseado el señor Ramón y Cajal, una obra de esperanza y de ilusión, no habría podido realizar su función

120 histórica de preparar el ánimo de los españoles para renunciar a las empresas que no hubieran podido emprender de ningún modo. Ya no se le aplicará la palabra «decadente» en sentido de reproche, sino como definición. Los sueños de Don Quijote nos harán pensar en los de Cervantes cuando joven, y como el

125 soldado de Lepanto es representativo del siglo XVI, en los de toda España, en el ápice de su grandeza.

Esta perspectiva histórica nos inmunizará contra la sugestión de desencanto que quiera infiltrarnos el *Quijote*. Comprenderemos que había que desengañar, por su propio bien, a

130 los españoles de aquel tiempo. Y advertimos, a la vez, que lo que el nuestro necesita no es desencantarse y desilusionarse, sino, al contrario, volver a sentir un ideal. Ello nos hará mirar con otros ojos las obras fundamentales de nuestro siglo de oro. Comprenderemos que la esencia del arte barroco, que es como decir

135 la esencia de nuestro siglo XVI, consiste en una voluntad de ideal y de creencia que se sobrepone a la realidad, a la evidencia de los sentidos y al natural discurso, como en los cuadros del Greco hay una espiritualidad que no tienen graciosamente las figuras, sino que quieren tenerla, y por eso la alcanzan. Tal vez

140 fue ese arrebato de la voluntad lo que, si de una parte nos hizo realizar increíbles hazañas, gastó nuestra energía en breve tiempo. No creo que pueda contemplarse el Monasterio de El Escorial sin percibir a la vez las posibilidades y las limitaciones de la voluntad humana. Estoy seguro de que a medida que se

145 estudie en el mundo nuestro siglo XVI irá pasando a la historia como el modelo de lo que los hombres pueden conseguir y de lo que no pueden.

Nietzsche[47] dijo de España que es un pueblo que quiso demasiado. Por eso pasamos al extremo, contrario de no querer nada, a lo que llamó Ganivet la abulia española,[48] siempre que no se entienda por esta palabra ninguna de las enfermedades de la voluntad, de que han hablado los psicólogos franceses, sino meramente la falta de ideal. A partir del siglo XVII perdió España la iniciativa histórica. No nos engañe el hecho de que aun tuviera que pelear muchas guerras, demasiadas guerras. Poseía un gran imperio ultramarino, que suscitaba toda clase de codicias, y nos fue preciso defenderlo, todo lo que pudimos, contra los codiciosos, como también tuvimos que defender la independencia nacional contra Napoleón[49] y la flaqueza de parte de nuestras clases gobernantes. Tampoco la renuncia a la iniciativa histórica pudo evitar que se nos entrasen por puertas y ventanas las ideas del mundo y nos agitasen la existencia con el surgimiento de nuevas ansias y ambiciones. Pero el fondo de la vida española ha sido todo ese tiempo de profunda quietud. Ya en el mismo *Quijote* puede observarse con toda claridad el carácter vegetativo de la vida española. No hay sino eliminar al héroe de la novela y no dejar más guerra que al Cura, al Barbero, al Bachiller, a Sancho, su mujer y su hija y demás personajes secundarios de la obra. Todo lo que hay de ideal se concentra en una figura única, símbolo de realidad histórica, porque el alma de España se concentró entonces en sus hidalgos y en sus órdenes religiosas. El resto del país vivió como sin alma, dejó pasar los días y los años y vio desfilar la Historia en torno suyo, como los pueblos de Oriente contemplaron el paso de las legiones romanas en los versos de Mateo Arnold,[50] para volverse a

---

[47]Friedrich Nietzsche (1844-1900), célebre filósofo alemán, cuyas ideas sobre la moral heroica del individuo y el ejercicio de la voluntad influyeron mucho en los escritores del 98.

[48]Véase «La energía y la reforma nacional» de Ganivet (Parte VII).

[49]La guerra contra Napoleón comenzó el dos de mayo de 1808.

[50]Poeta y crítico inglés (1822-1888). Los arnoldistas con quienes he consultado no conocen ninguna referencia análoga en la poesía de Arnold. Sugieren que la alusión podría provenir de un vago y confundido recuerdo que llevaba Maeztu de sus lecturas de la literatura inglesa. La fuente de la referencia en cuestión puede que sea

ensimismar en sus pensamientos. Hace trescientos años que juegan al tresillo[51] el Cura, el Barbero y el Bachiller y que se dan un paseíto después de la partida. «Azorín» nos ha descrito con impecable mano estos cuadros de la vida provinciana, donde
180 cada uno de los personajes y de las cosas circundantes se han acomodado tan absolutamente a su reposo, que un paso que se oiga a la distancia, un ruido que suene en el picaporte, el temor vago a que surjan de nuevo las pasiones de antaño, a que renazcan los extintos deseos de aventuras, parece poner en conmoción
185 el orden cotidiano, pero no acaso porque se sienta débil y amenazado, sino porque las historias pasadas le han hecho formarse la voluntad inexorable de no volverse a alterar nunca hasta el fin de los tiempos.

Es curioso que esta España quieta haya encontrado su
190 artista en «Azorín», porque el artista es de nuestros días, que son precisamente los que están viendo desaparecer esa quietud española. La ambición económica está llevando la intranquilidad, al mismo tiempo que un poco de riqueza, a las más apartadas regiones españolas. No es justo suponer que el progreso
195 material español venga importado del extranjero. Lo que habrá venido del extranjero es la oportunidad instrumental que nos permite aprovechar mejor nuestros recursos naturales. Es característica de las últimas décadas la formación de una clase media numerosa y pujante, así como la de una atmósfera de
200 negocios que está asimilando rápidamente el carácter nacional al de otros pueblos europeos. De ello han surgido el alza de los salarios, los progresos de las comunicaciones, la difusión del bienestar en la mayoría de las regiones. Creo que ha de verse con simpatía y hasta con ternura el advenimiento de un poco de
205 riqueza en pueblo tan pobre como el español. De otra parte, el

---

*Stanzas from the Grande Chartreuse*, que escribió Arnold en 1855 al visitar esa antigua cartuja alpina en el sudeste de Francia. Los pertinentes versos son los siguientes: «The library, where tract and tome / Not to feed priestly pride are there, / To hymn the conquering march of Rome, / Nor yet to amuse, as ours are! / . . . But, where the road runs near the stream, / Oft through the trees they catch a glance / Of passing troops in the sun´s beam— / Pennon, and plume, and flashing lance!» (vv. 49-52, 175-178).

[51]Pasatiempo típico de los pueblos. Véase *El Marqués de Lumbría* (Parte III).

ansia de dinero es insuficiente para hacer recobrar a una nación la iniciativa histórica; en primer término, porque no se satisface por sí sola, y además porque es incómoda y hace la vida intolerable. Es un ideal que habrá de superarse, porque si no se encuentran normas que refrenen los apetitos individuales, y cada vecino se consagra a esperar su oportunidad para engañar y explotar al otro, lo probable es que las gentes se cansen pronto de esta concurrencia y acaben por preferir el retorno, si fuera posible, a la quietud antigua, de donde estos anhelos vinieron a sacarlas.

Del ansia de dinero podrá surgir el espíritu de poder, al modo como Platón[52] deriva del amor a la belleza de un cuerpo el reconocimiento de su fraternidad con la de otro, y de la de dos cuerpos, la de todos; lo que lleva a considerar superior la belleza del alma a la del cuerpo y a amar las bellas inclinaciones y costumbres y los conocimientos bellos, hasta que se ama, al fin, lo que es en sí bello y ni comienza ni se acaba. Así se empieza por amar el dinero, venga de dondequiera, y se cae poco a poco en la cuenta de que los hombres no pueden satisfacer sus ansias de riqueza si no se dedican más que a tratar de enriquecerse unos a expensas de otros, porque todos seguirán pobres, después de hacerse desgraciados, y de que no hay más fuente inagotable de fortuna que la naturaleza: de lo que se deduce que el camino de la riqueza para todos ha de trazarse limitando las posibilidades de enriquecerse a expensas de los otros y aumentando las de hacerlo con la invención y la producción y la organización racional del trabajo, lo que significa que el espíritu de poder no se consolidará entre los hombres sino haciendo prevalecer entre ellos la justicia y el amor, y aumentando con el saber y la técnica su dominio de la naturaleza, con lo que la ambición habrá servido para despertarnos al ideal.

Don Quijote es el prototipo del amor, en su expresión más elevada de amor cósmico, para todas las edades, si se aparta, naturalmente, lo que corresponde a las circunstancias de la caballería andante y a los libros de caballerías. Todo gran ena-

---

[52]Gran filósofo griego (428-347 a. de J.C.). Maeztu se refiere al diálogo *El banquete (Symposium)*, sección 210 A-B.

morado se propondrá siempre realizar el bien de la tierra y
resuscitar la edad del oro[53] en la del hierro, y querrá reservarse
para sí las grandes hazañas, los hechos valerosos. Ya no leere-
mos el *Quijote* más que en su perspectiva histórica; pero aun en-
245 tonces, cuando no pueda desalentarnos, porque lo considerare-
mos como la obra en que tuvieron que inspirarse los españoles
cuando estaban cansados y necesitaban reposarse, todavía nos
dará otra lección definitiva la obra de Cervantes: la de que
Dante[54] se engañaba al decirnos que el amor mueve el sol y las
250 estrellas. El amor sin la fuerza no puede mover nada, y para
medir bien la propia fuerza nos hará falta ver las cosas como
son. La veracidad es deber inexcusable. Tomar los molinos[55] por
gigantes no es meramente una alucinación, sino un pecado.

de *Don Quijote, Don Juan y la Celestina* (1926)


## CERVANTES, SHAKESPEARE, MOLIÈRE

Pío Baroja

Yo he tenido durante una época larga la idea de que
Shakespeare era un escritor único y distinto a los otros. Me
parecía que entre él y los demás no había diferencias de cantidad, sino de calidad. Creía que Shakespeare era como un hom-
5 bre, de humanidad distinta; hoy no lo creo. Ni Shakespeare es
la única esencia de la literatura del mundo, ni Platón ni Kant[56]
son la única esencia de la filosofía universal. Antes admiraba los
pensamientos y los tipos del autor de *Hamlet*; hoy lo que más

---

[53]La edad mítica de perfección idílica en que todo era armonía, orden y felicidad.
Lo contrario a esta utopía sería la edad del hierro, o sea, el mundo real e histórico.

[54]Dante Alighieri (1265-1321), insigne poeta italiano, autor de *La Divina Come-dia*.

[55]Los molinos de viento, que toma don Quijote por gigantes (I, cap. 8).

[56]Immanuel Kant (1724-1804), metafísico alemán cuyas especulaciones filosóficas influyeron mucho en la época moderna.

me maravilla cuando lo leo es su retórica, y, sobre todo, su alegría.
10    Cervantes es para mí un espíritu poco simpático; tiene la
perfidia del que ha pactado con el enemigo (la Iglesia, la aristo-
cracia, el poder) y lo disimula; filosóficamente, a pesar de su
amor por el Renacimiento, me parece vulgar y pedestre; pero
está sobre todos sus contemporáneos por el acierto de una in-
15   vención, la de Don Quijote y Sancho, que es en literatura lo que
el descubrimiento de Newton[57] es en Física.
        Respecto a Molière,[58] es un triste, no llega nunca a la exu-
berancia de Shakespeare, ni a la invención que inmortaliza a
Cervantes; pero tiene más gusto que Shakespeare y es más
20   social, más moderno que Cervantes. El medio siglo o poco más
que separa la obra de Cervantes de la de Molière no basta cronológicamente para explicar esta modernidad. Se ve que entre
la España del *Quijote* y la Francia de *Le burgeois gentilhomme*
hay algo más que tiempo. Por Francia han pasado Descartes[59]
25   y Gassendi;[60] en cambio, en la España de Cervantes germina la
semilla de San Ignacio de Loyola.[61]

de *Juventud, egolatría* (1917)

---

[57]Isaac Newton (1642-1727), físico y matemático inglés que formuló las leyes de
la gravitación y del movimiento.

[58]Escritor clásico francés (1622-1673), autor de célebres piezas cómicas, entre
ellas *Le Bourgeois Gentilhomne* (*El burgués gentilhombre)* mencionada más abajo.

[59]René Descartes (1596-1650), filósofo y científico francés, cuyos pensamientos
y metodología dieron gran ímpetu al racionalismo y la secularización de la filosofía
en los siglos XVII y XVIII.

[60]Pierre Gassendi (1592-1655), filósofo y científico frances, vigoroso enemigo del
autoritarismo aristotélico en la filosofía.

[61]Baroja contrapone una Francia por la cual pasa el movimiento secular innovador en la filosofía y las ciencias, y la España de la Contrarreforma con su tradicionalismo reforzado por el eclesiasticismo militante de los jesuitas («la semilla de San
Ignacio»).

# ¡MUERA DON QUIJOTE!

## Miguel de Unamuno

Con tanta razón, como Carlyle[62] de la obra de Shakespeare y el imperio de la India, debemos decir que el *Quijote* vale para España más que su moribundo imperio colonial. A la luz del *Quijote* debemos ver nuestra historia.

5 El pobre hidalgo manchego, una vez perdido el seso por la lectura de los libros de caballerías, echóse por esos campos a deshacer lo que se le antojaba tuertos y a conquistar imperios. Y no por culpa suya, sino de su caballo, solía verse tendido en tierra cuando menos lo esperaba, por culpa de aquel rocín al que

10 dejaba tomar camino a su talante, creyendo que en esto consistía la fuerza de las aventuras. Tampoco por culpa suya, sino por la de los Gobiernos que le llevan a su capricho, se ha visto más de una vez tendido el pueblo español y a merced de mozos de mulas que le molieran a su sabor las costillas. El pobre caba-

15 llero y el pobre pueblo saben por lo menos consolarse y no es poco esto.

Cuando el Caballero de la Blanca Luna venció a Don Quijte[63] y sin hacerle caso a aquello de «quítame la vida, pues me has quitado la honra», le mandó se volviese a su lugar a des-

20 cansar un año, tomó nuestro hidalgo camino de su aldea, dispuesto a cumplir lo que le fue mandado. Mas no bien llegó a su hogar, cogióle una calentura que le costó la vida. Y entonces, al despertar curado tras un sueño de seis horas, bendijo al poderoso Dios, cuyas misericordias no tienen límite, «ni las abrevian

25 ni impiden los pecados de los hombres». Sintiéndose a punto de muerte quiso hacerla de tal modo que diese a entender que no había sido su vida tan mala que dejase renombre de loco. «Dadme albricias, buenos señores—dijo a sus amigos—, que ya no

---

[62]Thomas Carlyle (1795-1881), pensador y ensayista inglés, autor de *On Heroes, Hero Worship, and the Heroic in History* (1841).

[63]II, cap. 64.

soy yo Don Quijote de la Mancha, sino Alonso Quijano, a quien
30 mis costumbres me dieron renombre de bueno». Así murió, con
muerte ejemplarísima, el caballero Don Quijote, el histórico,
para renacer ante el juicio de Dios en el honrado hidalgo Alonso
Quijano, el eterno.

La locura es en cada cual a quien toca, trastorno de su cor-
35 dura; según se es cuerdo vuélvese uno loco, pero a la vez la locura saca todo el poso de soberbia y de vanidad humanas que en
todo mortal descansan. La extraña y temporal locura de Don
Quijote, fue acaso trastorno de la bondad eterna de Alonso Quijano, pero fue más explosión de soberbia de espíritu impositivo.
40 Creyóse ministro de Dios en la tierra y brazo por quien se ejecu-
taba en ella su justicia.

España, la caballeresca España histórica, tiene como Don
Quijote que renacer en el eterno hidalgo Alonso el Bueno, en el
pueblo español, que vive bajo la historia, ignorándola en su
45 mayor parte por su fortuna. La nación española—la nación, no
el pueblo—, molida y quebrantada, ha de curar, si cura, como
curó su héroe, para morir. Sí, para morir como nación y vivir
como pueblo.

Las naciones, en efecto, laborioso producto histórico, han de
50 morirse tarde o temprano, y creo y deseo que mucho antes de lo
que nos figuramos. Les sobrevivirán, de un modo o de otro, los
pueblos, su imperecedera sustancia. La integración futura de la
universal familia humana, bajo el padre común.

La vida de una nación, como la de un hombre, debía ser
55 una continua preparación a su muerte, un ejercicio para legar
al mundo un pueblo puro, pacífico y cristiano, lavado de la
mancha original del salvajismo, que en la concepción militar
subsiste.

Al prepararnos a morir, quiera Dios que curemos de la
60 locura a que nos han traído los libros de caballerías de nuestra
historia, al pensar en alguno de cuyos pasos acordamos acoger-
nos como a ordinario remedio en nuestras desdichas colectivas.

El bueno del cura, ayudado por el barbero, tomó la providencia de escudriñar los libros de Don Quijote,[64] quitándoselos

---

[64] I, cap. 6.

65 todos, quemarle los más, y tapiar la estancia de ellos. ¡Ojalá en
España se pudiese olvidar la historia nacional! ¡Ojalá se sacara
conciencia de la casi inexplotada mina del espíritu del hidalgo
pueblo, que ara sus tierras en resignado silencio e ignora feliz-
mente lo que sucedió en Otumba, en Lepanto o en Pavía![65] ¡Con-
70 tinuar la historia de España . . .! Lo que hay que hacer es acabar con ella, para empezar la del pueblo español. Porque
España, ese fantasma histórico simbolizado en una tela de colores, esta visión, de origen sobre todo libresco, que se cierne
sobre nosotros sofocándonos y oprimiéndonos, nos esclaviza.
75 ¡Terrible esclavitud la de los pueblos guiados por su mezquina
imagen en la historia, superficie y nada más de la vida!

Un pensador español de extraordinaria originalidad, Angel
Ganivet, pide en su hermoso *Idearium* que después de los períodos hispano-romano, hispano-árabe e hispano colonial, tenga-
80 mos un período español puro, «en el cual nuestro espíritu, constituido ya, diere sus frutos en su propio territorio», pide la acción
ideal que «alcanza sólo su apogeo cuando se abandona la acción
exterior y se concentra dentro del territorio toda la vitalidad
nacional».[66] Hay en esto gran fondo de verdad.

85 Hay que olvidar la vida de aventuras, aquel ir a imponer a
los demás lo que creíamos les convenía y aquel buscar fuera un
engañoso imperio. Hay que meditar, sobre todo, en lo profundamente anticristiano del ideal caballeresco. Si la tarea de la
nación, producto esencialmente burgués, ha sido asegurar la
90 desigualdad con la guerra; la misión de un pueblo es realizar en
sí mismo, *ad intra*,[67] la justicia, y cristianizarse. Un pueblo de
verdad cristiano conquistaría por el amor al mundo. Sin salir de
su aldea, con su olla de algo más vaca que carnero,[68] su salpicón

---

[65]Victoria de Hernán Cortés sobre las fuerzas indígenas mejicanas, julio de
1520. En la ciudad italiana de Pavía las fuerzas imperiales de Carlos V, ganaron una
victoria importante sobre el Rey de Francia (1525). Lepanto ya lo conocemos.

[66]Idea capital de Ganivet, la que vemos elaborada en las selecciones de *Idearium
español* incluidas en esta antología.

[67]Hacia dentro (latín).

[68]Alonso Quijano tiene los medios económicos para comer carne de vaca, que es
mejor que el carnero, una comida pobre.

las más noches, sus duelos y quebrantos los sábados, sus lente-
95  jas los viernes y su algún palomino de añadidura los domingos,
puede el hidalgo Alonso el Bueno realizar la justicia callada, sin
ruido de armas y sin buscar sitio en la condenada historia ni
cuidarse de andar en romances y coplas. Preocuparse de sobrevivir en la historia estorba al subsistir en la eternidad; es sacri-
100  ficar el hombre al hombre, el pueblo a la nación; es una de las
más tristes supersticiones que nos ha legado el paganismo, que
por boca de Homero dijo que los dioses traman y cumplen la
destrucción de los hombres para que tengan argumento de canto
las futuras generaciones.[69] «Dejad que los muertos entierren a
105  sus muertos» digamos con Cristo,[70] considerando a la historia un
cementerio, un osario de sucesos muertos, cuya alma eterna
llevamos los vivos. Sólo rompiendo y abandonando el capullo
puede el pobre gusano extender sus alas, secárselas a la brisa
libre y volar, como mariposa, a la luz.
110     Las naciones en pie de guerra y de proteccionismo, viviendo
en paz armada, oprimen a los pueblos. No por encima sino por
debajo de ellas; no en alianzas guerreras internacionales ni en
pactos diplomáticos, sino en el doloroso abrazo de los que trabajan y sufren, cuaja la hermandad en que pueda fructificar el
115  evangelio eterno. Día vendrá en que las hoy más celebradas
glorias de las naciones serán objeto de piadosa execración por
parte de los pueblos. Día vendrá, debemos esperarlo, en que des-
cubierta a la conciencia cristiana la infame blasfemia que se
cela en el bárbaro principio romano de *si vis pacem, para
120  bellum*,[71] reine el evangelio «no resistáis al mal»; día vendrá en
que se sienta que sin paz no hay honra verdadera, honra cristiana y no pagano pundonor caballeresco, día en que los utopistas
de hoy aparezcan profetas y nuestras grandezas históricas vanidad de vanidades y pura vanidad. Y si este día por su misma
125  sublimidad no ha de venir nunca, si es un ideal inasequible, ¡no
importa!, a él debemos tender. Lo inasequible se nos puso como

---

[69]*La Odisea*, libro 9.

[70]San Mateo, 8.22.

[71]Si quieres paz, prepara para la guerra (latín).

fin al decirnos que fuésemos perfectos como es perfecto nuestro Padre.

¡Muera Don Quijote para que renazca Alonso el Bueno!
130 ¡Muera Don Quijote!

Vuelto a su cueva, Segismundo medita en el sueño de la vida y reputa que quiere obrar bien, «pues no se pierde el hacer bien aun en sueños»,[72] dejando a Don Quijote acuda Sancho a Alonso el Bueno, el eterno.

135
> Acudamos a lo eterno
> que es la fama vividora
> donde ni duermen las dichas
> ni las grandezas reposan.[73]

¡Muera Don Quijote para que renazca Alonso el Bueno!
140 ¡Muera Don Quijote!
¡Muera Don Quijote!

(1898)

## QUIJOTISMO

### Miguel de Unamuno

Hay en el poema inmenso de Cervantes un pasaje de profundísima hermosura. Cuando, despedido de los duques, se vio Don Quijote «en la campaña rasa, libre, y desembarazado de los requiebros de Altisidora, le pareció que estaba en su centro y 5 que los espíritus se le renovaban para proseguir de nuevo el asunto de sus caballerías».[74] Elevó entonces un himno a la libertad, reputando venturoso a aquel a quien el cielo dio un pedazo de pan sin que le quede obligación de agradecerlo a otro que al mismo cielo, y se encontró en seguida con una docena de labra-10 dores que llevaban unas imágenes de talla para el retablo de su

---

[72]*La vida es sueño* de Calderón de la Barca, jornada II, escena XVIII.

[73]*La vida es sueño*, jornada II, escena X.

[74]II, cap. 58.

aldea. Pidió cortésmente Don Quijote verlas, y le enseñaron a San Jorge, San Martín, San Diego Matamoros y San Pablo, caballeros andantes del cristianismo los cuatro,[75] que pelearon a lo divino. Y exclamó el hidalgo manchego:

15 «Ellos conquistaron el cielo a fuerza de brazos, porque el cielo padece fuerza, y yo hasta ahora no sé lo que conquisto a fuerza de mis trabajos; pero si mi Dulcinea del Toboso saliese de los que padece, mejorándose mi ventura y adobándoseme el juicio, podría ser que encaminase mis pasos por mejor camino del 20 que llevo».[76]

Aquí la temporal locura del caballero Don Quijote se desvanece en la eterna bondad del hidalgo Alonso el Bueno y no hay acaso en toda la tristísima epopeya pasaje de más honda tristeza. El caballero empeñado en la hazañosa empresa de enderezar 25 los tuertos del mundo y corregirlo, confiesa no saber lo que conquista a fuerza de sus trabajos y vuelve su mirada a la salvación de su alma y a la conquista del cielo, que padece fuerza.

¿De qué te serviría salvar a todos tus prójimos si perdieras tu alma? De ti, no de los otros, has de tener que dar cuenta.

30 Esas palabras de descorazonamiento del ingenioso hidalgo, ese descenso suyo a la cordura de Alonso el Bueno, es lo que más pone en claro su íntima afinidad espiritual con los místicos de su propia tierra, con aquellas almas llenas de la sed de los secos parameros castellanos y del vibrante calor del limpio cielo 35 que los corona. Son a la vez la queja del alma al encontrarse sola.

¿Por qué afanarse? ¿Para qué todo . . .? El mundo lo llevamos dentro de nosotros, es nuestra representación; purifiquémonos y lo purificaremos. La mirada limpia, limpia cuando mira, 40 los oídos castos, castigan cuanto oyen. La mala intención de un acto, ¿está en quien lo comete o en quien lo juzga? La horrible maldad de un Caín o un Judas, ¿no será acaso condensación y

---

[75]Todos brazos militantes de la Fe: San Martín, obispo de Tours (Francia) en el siglo IV, símbolo de la caridad heroica; San Jorge (siglo IV), el legendario del dragón; San Diego Matamoros es Santiago mismo, en su papel de guerrero luchando contra los moros (véase nota 31, Parte IV); San Pablo, como se sabe, es uno de los propagadores más eficaces del cristianismo entre todos los apóstoles.

[76]El mismo capítulo: II, 58.

símbolo de la maldad de los que han nutrido sus leyendas? Tal vez el Demonio carga con las culpas de los que le temen . . . Santifiquemos nuestra intención y quedará santificado el mundo, purifiquemos nuestra conciencia y puro saldrá el ambiente. Las ajenas intenciones están fuera de nuestro influjo.

Este es parte del camino de la demoníaca tentación de las horas del desfallecimiento, cuando el maestro de la ciencia del bien y del mal murmura a nuestro oído: ¡O todo o nada! Y algo así, en vaga nebulosa de larvas de ideas, debió oír Don Quijote cuando confesaba no saber qué es lo que conquistaba a fuerza de sus trabajos.

Mas siguiendo su mente la cadena de pensamientos, y al entrar, distraído, en razones y pláticas, por una selva, se halló a deshora, y sin pensar en ello, enredado en unas redes de hilo verde. Así, cuando más ensimismado estás en meditar la vanidad de la locura del esfuerzo de tus trabajos, verdes redes te vuelven al fresco sueño de la vida. Vuelto a él, y poco después de haber expuesto su deseo de encaminar sus pasos por mejor camino del que llevaba, ofreció el caballero sustentar durante dos días naturales, y en mitad del camino que iba a Zaragoza,[77] que aquellas señoras zagalas contrahechas que tendieran las verdes redes eran las más hermosas doncellas y más corteses del mundo, exceptuando sólo a la sin par Dulcinea del Toboso.

Había vuelto el caballero al sueño de la vida, a la generosa locura, resurgiendo reconfortado de la egoísta cordura de Alonso el Bueno. Y entonces, al retornar a su sublime locura, entonces es cuando volvía a la magnánima pureza de intención con que purificaba el mundo, su mundo; entonces es cuando su limpia mirada limpiaba cuanto veía; entonces cuando su conciencia pura lo purificaba todo; entonces cuando, olvidado de sí mismo, se encontraba en sus propias honduras; entonces cuando, santificando sus actos, se hacía santo.

De aquel breve baño en los abismos de la vanidad de los trabajos humanos, la energía creadora del caballero recobraba

---

[77]Unamuno sigue glosando el mismo capítulo: II, 58.

su vigor, como al contacto de la Tierra, su madre, Anteo,[78] y se lanzaba a la santa resignación de la acción, que nunca vuelve, como la mujer de Lot,[79] la cara al pasado, sino que siempre se
80 orienta al porvenir, único reino del ideal.

Vuelto a la eterna cordura de Alonso Quijano el Bueno, murió con muerte ejemplar y sublime el generoso caballero, y es de creer que, al morir, descubriera en los hondos senos de su espíritu qué es lo que ha conquistado a fuerza de sus trabajos,
85 y viera en la visión profética del último tránsito conquistada su eternidad con el tesoro de sus sublimes locuras.

Cuando, andante caballero, más vigoroso, imprimió el pueblo castellano su energía en el revuelto combate de los pueblos, fue cuando más hondo penetró su espíritu místico en
90 las raíces de la vida; cuando más se agitó en las olas encrespadas de la historia, más se supo bañar en la solemne quietud de los abismos del Océano de la vida. Envuelto en guerras, gustó, como nunca ha gustado, el recogimiento de la paz inmanente.

¡Grandes enseñanzas para la juventud que oscila hoy entre
95 la quietud y la batalla, ansiando como Lucrecio[80] la *pietas* suprema de poder contemplarlo todo con alma apacible, y a la vez sintiendo con el profeta que hay que hacer que la justicia brote como río de aguas vivas! Devoradora hambre de paz y ardiente sed de batalla, consume el alma de las generaciones
100 nuevas, y mientras los unos se lanzan al combate con generosa quijotería contémplanlos otros mormojeando cantos que no son sino eco y glosa de aquellas palabras del viejo Homero en su *Odisea*: «Los dioses traman y cumplen la destrucción de los hombres para que tengan argumento de canto los venideros»:
105 Como la eternidad del tiempo, el silencio del sonido y el olvido de la memoria es la paz, la sustancia de la guerra. Predi-

---

[78]Gigante mitológico cuya fuerza era invencible, con tal que estuviera en contacto con la Tierra, su madre. Al saber esto, Hércules le levantó al aire y le destruyó.

[79]Advertido de que Dios iba a destruir Sodoma, Lot huyó de la ciudad con su familia. Al mirar hacia atrás, su mujer fue convertida en estatua de sal (Génesis, 19:15-26).

[80]Poeta y filósofo romano (siglo I a. de J.C.), autor de *De Rerum Natura*. *Pietas* en castellano es «piedad».

car cordura suele ser predicar muerte, combatir la locura del sueño de la vida es zapar el heroísmo. Penétrate de que el mundo eres tú, y esfuérzate en salvarlo, para salvarte. El
110 mundo es tu mundo, tu mundo eres tú, pero no el *yo* egoísta, sino el hombre. Dentro del mundo, de mi mundo, que soy yo, yo soy uno de tantos prójimos.

Al morir cuerdo Alonso el Bueno y repasar en su conciencia el generoso rosario de sus proezas de loco, debió de reflejar en
115 ellas la santa intención de su bondad eterna, la santa intención que les dio sustancia y eficacia, porque la intención tiene efecto retroactivo y santifica pasados actos. Abandonándonos a la quijotesca locura podremos, en los momentos de cuerda contemplación, santificar los más ridículos molimientos de huesos, y así un
120 día, mejorada nuestra ventura y adobado nuestro juicio, podremos ver la inmortalidad, que se conquista a fuerza de trabajos. Hay que dejarse guiar de la sin par Dulcinea, que es la estrella que conduce a la eternidad del esfuerzo.

(1895)

# VI. ESPAÑA DEFORMADA

El Teniente Rovirosa

¡Y se comprende perfectamente!˜no-
sotros somos moros y latinos. Los
primeros soldados, según Lord Wellington. ¡Un inglés!

El Teniente Campero

A mi parecer, lo que más tenemos es
sangre mora. Se ve en los ataques a
la bayoneta.

Ramón del Valle-Inclán,
*Esperpento de los cuernos de
don Friolera*

Desde principios de su carrera compartió Valle-Inclán muchas de las actitudes críticas de sus contemporáneos hacia la problemática vida de España. Como ellos, fue un europeizante, adversario decidido de las instituciones del mundo «oficial», gran aficionado a lo popular, lo provinciano y lo antiguo, y enemigo implacable de la rutinaria mediocridad que veía dominar en la vida nacional.

Entre los escritores principales de la generación del 98, fue Valle-Inclán el único que respondió sostenidamente a las tendencias decorativas del tradicionalmente llamado modernismo hispanoamericano.* Las convirtió en aspectos esenciales de su propia obra. Tan moderno como sus compañeros de generación, por dos décadas se quedó al margen de lo que ha sido denominado el noventayochismo literario, flirteando a veces con los temas nacionales de sus coetáneos, pero por lo general proyectándose a unos mundos exóticos y remotos en que figura poco el prosaísmo de la España contemporánea. Su postura crítica, como la de su amigo y maestro Rubén Darío, se subordina a un fuerte afán creador de artista que explota temas con objetivos estéticos, quitándoles para algunos de sus críticos su trascendencia tradicional ideológica o moral y convirtiéndolos en vehículos para la evocación poética, el juego teatral o el estímulo de la sensibilidad a través de fenómenos sensorios. Pero detrás de esta aparente actitud de indiferencia o evasión, corre una vena de desprecio crítico que se manifiesta en la deliberada subversión, mediante la antítesis, de los valores convencionales de la sociedad aburguesada. Queda así implícita la hostilidad de Valle-Inclán hacia España en la mayoría de sus obras anteriores a 1920. Estalla en *Luces de Bohemia* la primera confrontación directa, más abierta, entre el escritor-artista y la realidad española que le rodea. *Luces de Bohemia* genera a su vez otras tres visiones de la patria, para formar colectivamente una biliosa imagen cuádruple de la España contemporánea. A cada una de estas cuatro obras dio Valle-Inclán el nombre genérico de «esperpento», indicando así que los géneros literarios tradicionales eran inadecuados para

---

*Nota aclaratoria:* Basado en mis conversaciones con Sumner Greenfield sobre los nexos entre la modernidad, la generación del 98 y el modernismo—este último, en su sentido tradicional en las letras hispánicas—me veo obligado a hacer un reajuste más profundo de la versión original de esta sección introductoria a Valle-Inclán que fue redactada por él durante los años 70. L.T.G.V.

crear una imagen de la vida española moderna que correspondiera a la realidad.**

El esperpento es un acto de agresión literario: un ataque furioso contra España a través de una estilización deformante. Sus raíces estilísticas son múltiples: la tradición grotesca de Francisco de Quevedo en la literatura y de Goya en la pintura, el teatro popular de títeres, las farsas tradicionales y las nuevas corrientes fársicas de la vanguardia, las parodias burlescas muy populares en los teatros de Madrid a finales de siglo, y unos rasgos constantes de la obra del propio Valle-Inclán: ironía, sarcasmo, humorismo y juego satíricos, preocupación por las artes visuales y los efectos plásticos del cuerpo humano, y la concepción del teatro como un espectáculo de diversidad escénica. De inmediata inspiración es la estética del espejo cóncavo que elabora el ciego poeta Max Estrella en la escena xii de *Luces de Bohemia*. España, declara Max, «es una deformación grotesca de la civilización europea», y se puede expresar el sentido trágico de esta triste anomalía sólo mediante una estética deformada. Lo que se propone, pues, es reproducir en forma literaria el grotesco espectáculo de la nación con la perspectiva sistemáticamente caricaturesca de esos espejos que reproducen toda imagen, no importa su belleza, de un modo distorsionado. Podemos asumir que la voz de Max Estrella es esencialmente la de Valle-Inclán: España es una perversión, y el espejo cóncavo será el medio estético para la reproducción de esa realidad anómala.

La visión valleinclanesca que se proyecta en los esperpentos es anti-meditativa, anti-introspectiva y poco filosófica, bien distinta, pues, de lo que se encuentra en los otros escritores del 98, a pesar de la afinidad de actitudes. El esperpentismo es, en fin de cuentas, un modo de ver la triste condición española con inmediación dramática,

---

**Además de *Luces de bohemia*, *Las galas del difunto*, *Los cuernos de don Friolera* y *La hija del capitán* (las tres últimas constituyendo la trilogía *Martes de carnaval*), se concentran en la deformada realidad española el cuento «Rosita» (incluido en *Corte de amor*, 1903) y la *Farsa y licencia de la Reina Castiza* (1920). En el campo de la novela, tenemos una interpretación bastante esperpentica del reinado de Isabel II en las magistrales sátiras del *Ruedo ibérico*, inconcluso ciclo del que sólo existen *La corte de los milagros* (1927), *Viva mi dueño* (1928) y *Baza de espadas* (1932), y el extraordinario relato del dictador hispano por excelencia que en sí es *Tirano Banderas* (1926).

no de meditarla con angustia. A Valle-Inclán no le importa necesariamente diagnosticar el problema de España, sino recrearlo, ya que ese problema nacional consiste precisamente en ser la nación una aberración en el mundo moderno. El acto de ver y recrear según las mencionadas normas deformantes es por sí mismo el modo valleinclanesco de comunicar actitudes críticas. No hay articulado ningún complejo sistema de ideas. El estilo mismo, o sea, el sórdido espectáculo de lo deformado, es el comentario moral del autor. Valle-Inclán mismo adopta la postura distanciada—el papel, si se quiere—de un titiritero metafórico—la posición del escritor en el aire, según lo decía él mismo—manipulando a los personajes como con cuerdas invisibles y guardándose aparte con un mínimo de identificación sentimental. Si se identifica, por ejemplo, con la hija del capitán, es con su actitud de rebelde, no con lo que representa ella moral o ideológicamente. En el caso de Max Estrella, la identificación es más personal, ya que hay ciertos elementos autobiográficos en la pintura de Max, cuyos sentimientos corren paralelos con los del propio autor. Además, la estética del esperpentismo es tanto del autor como del personaje. Pero las dimensiones de la obra se extienden más allá del mero autorretrato. Max es también la contrafigura de una persona histórica: Alejandro Sawa, poeta y bohemio bien conocido de principios del siglo, que vivió y murió bajo circunstancias no muy distintas de las del poeta de *Luces de Bohemia*. Este fondo histórico, sin embargo, no permite Valle-Inclán que abrume la independencia literaria de su personaje. Como buen artista, respecta y nutre la autonomía del ciego vidente poeta. Lo que resulta es la creación de una figura monumental en la literatura española de nuestro siglo.

El esperpento no es un fenómeno estático. Diferentes imágenes de la patria y sus «héroes clásicos» se proyectan en cada uno, y de uno a otro cambia la perspectiva. En *Luces* la imagen es una panorámica de «un Madrid absurdo, brillante y hambriento»; en el primer plano está Max Estrella, poeta de profunda humanidad, que se encuentra en un arcaísmo desvalorizado por el triunfo de la mediocridad y la maldad en España. De los «héroes» de los otros esperpentos, todos ellos militares, sólo uno es auténticamente heroico en su génesis como lo es Max. Ese es Juanito Ventolera, el soldado repatriado de *Las galas del difunto* (1926) que regresa de Cuba con el pecho cubierto de un montón de condecoraciones para encontrarse sumergido en un mundo español sórdido y poco heroico de golfos, prostitutas y burgueses codiciosos. La nota dominante de estos dos esperpentos es lo grotesco, mientras que en los otros—*Los cuernos de don Friolera* (1921) y *La hija del capitán* (1927)—domina la técnica de *reductio ad absurdum*. En estos últimos, satiriza Valle-Inclán despiadadamente al ejército español, ridiculizando personas específicas así como unas instituciones consagradas por la patria a través de sus tradiciones culturales e históricas: el culto del oficial militar y su código de honor en *Friolera*, y, en *La hija del capitán*, el fenómeno del dictador militar, precisado en la realidad contemporánea del régimen del General Miguel Primo de Rivera. *La hija del capitán*, sin embargo, comparte con *Luces de Bohemia* por lo menos un aspecto fundamental. En cada obra figura como elemento importantísimo el espetáculo de la capital de España: un Madrid chabacano, grosero y ramplón.

Todos los esperpentos están arraigados en la realidad histórica de la España moderna, desde la guerra de 1898 hasta los años de la dictadura de Primo de Rivera (1923-1930). Además del sinfín de referencias a acontecimientos y conocidas figuras de la época, y la práctica de crear personajes que son contrafiguras de personas reales, la sustancia interior de las cuatro obras proviene de la tumultuosa realidad vivida: huelgas de obreros, alborotos y muertes en las calles, la violencia de los anarquistas y la reacción igualmente violenta de un gobierno represivo nada propenso a respetar la justicia y los derechos individuales; los intereses creados de los pequeños burgueses, la vacuidad de la prensa y el sopor de la burocracia—todos en liga con el gobierno para sostener santurronamente el *status quo*, y todos afligidos por el ciego y acobardado conformismo del propio interés; la lucha del escritor sensible por vivir, lucha intensificada por la explotación a manos de codiciosos libreros y la afición del público por la chabacana literatura por entregas. Todo esto, y mucho más, provoca a Max Estrella a la concepción del esperpentismo en *Luces de Bohemia*. Van acompañando a estas realidades palpitantes otras de menos monumentalidad pero de igual autenticidad histórica: el movimiento feminista, la boga de la teosofía, la vistosidad vulgar de los madrileños, la resuelta dedicación de los españoles al juego, los escándalos, los asesinatos y el oportunismo. Constantes esperpénticas son también el egoísmo y las autoimágenes infladas de los militares, la mala literatura, las perversiones de la prensa, y la golfería de la capital de la nación. La historia contemporánea, pues, es la materia prima de los esperpentos. Pero funciona aquí el artista, no el documentalista. La visión de Valle-Inclán es una intensa visión poetizada cuyo orden y simetría no provienen de una ordenada cronología de sucesos, sino de los poderes sintéticos de un dramaturgo que sabe telescopiar la realidad de una época y trabarla con una formidable unidad artística bien anclada en la modernidad.

Es en las 15 escenas de *Luces de Bohemia* donde se encuentra más intensificada esta condensada visión de España en las primeras décadas del siglo. Casi toda la acción de la obra ocurre en una sola noche madrileña, desde el crepúsculo (escena i) hasta el amanecer (escena xii) cuando muere Max Estrella. La sustancia de estas pocas horas es una odisea por las calles de la capital que hace el ciego poeta con su compañero bohemio, don Latino de Hispalis, un novelista por entregas cuyo oportunismo supera en mucho a su facultad creadora. La inspiración directa de la grotesca estética que formula Max en la escena xii es precisamente el sórdido espectáculo de la ciudad como lo experimenta el poeta durante esas últimas horas de su vida. La odisea empieza en la buhardilla donde vive Max con su mujer e hija, empobrecido, explotado y poco reconocido, a pesar de su talento. Antes de volver a su casa a morir en su umbral y dar así una estructura circular a su paso por la ciudad, Max nos lleva por varios estratos de la vida madrileña (la subcultura de los bohemios, la pequeña burguesía, las autoridades policíacas, la prensa, los políticos del gobierno) y nos presenta una galaxia de tipos que pueblan la capital, desde los loteros, prostitutas y anarquistas hasta los santurrones periodistas, burócratas panzudos y el poeta modernista Rubén Darío. El episodio clave de la odisea es la detención de Max por las autoridades por razones inconsecuentes. Es entonces que sufre el poeta la prisión, el abuso físico y la violación de sus derechos. Esta experiencia personal (escenas iv-viii), más la indiferencia de los madrileños ante la injusticia—que presencia Max como observador—son los estímulos principales, aunque no los únicos, que producen la represalia estética que es el esperpento. Si tiraniza y triunfa la chabacanería en la vida nacional de España, no de otro modo sucede en la vida personal de Max Estrella. Para finales de la obra, su mediocre compadre, don Latino de Hispalis, ha heredado del heroico poeta sus póstumas ganancias de lotería, su obra, bien olvidada pero próxima a ser resucitada, y la misma teoría del esperpentismo, la que en las últimas palabras de la obra sabemos ya es propiedad aberrante del chabacano novelista por entregas.

## LA HIJA DEL CAPITÁN

Los últimos esperpentos corresponden a la última etapa del teatro de Valle-Inclán (1924-27), cuando el dramaturgo buscaba la depuración de la forma e intensificaba la sórdida visión iniciada en sus obras escritas hacia 1920. En *La hija del capitán*, la extensa estructura panorámica que marca muchas obras anteriores, incluso *Luces de Bohemia*, se condensa con una concisión extraordinaria para telescopiar una visión satírica de todo Madrid dentro de un marco de siete escenas breves. Y lo que es más, Valle-Inclán construye este esperpento con tanta rigidez de desarrollo y tanta claridad y lógica de argumento que a veces tendemos a olvidar que la obra es en efecto una implacable reducción al absurdo. Aquí no tenemos los ojos ni la sensibilidad de un personaje como Max Estrella que nos ayude a sentir la terrible tensión de vivir a lo esperpéntico, suspendido grotescamente en un limbo entre lo trágico y lo cómico. En *La hija del capitán* participamos desde dentro de las increíbles intrigas de un Madrid totalmente acanallado, sin comentario por parte del autor ni otra compensación moral que los redaños de la rebelde Sini, quien está, después de todo, al mismo nivel moral que sus compadres. Todos los personajes de la obra son golfos, desde Sinibalda y su organillero hasta el Rey de España, y es en esta ironía fundamental y abrumadora en lo que se basa la perfecta lógica de la obra: la capital de España, y por extensión toda la nación, es la propiedad exclusiva de taimados, camastrones y farsantes. De ahí proviene el siguiente resumen de la obra, en términos que corresponden a las sórdidas realidades del espectáculo: el asesinato improvisado de un golfo por otro implica a unos golfos militares, quienes entonces resultan víctimas del chantaje perpetrado por otros golfos en alianza con la prensa; estos últimos ponen toda una ciudad de camastrones en un estado de tumulto, con el resultado de que los golfos explotados por los chantajistas toman posesión del gobierno de España.

Como los otros esperpentos, *La hija del capitán* está arraigada en la realidad española de la época, realidad que ya bien sabemos es para Valle-Inclán, como para otros noventayochistas, una aberración en la vida europea moderna. Dos sucesos concretos, separados uno de otro por diez años pero relacionados en su contenido militar, sirven de materia prima para el tema; del enlace de los dos se produce este ejemplo de la formidable unidad sintética típica de los esperpentos. Las raíces de la trama de *Hija* se encuentran en un famoso escándalo de 1913 llamado «el crimen del Capitán Sánchez», en que dicho oficial militar y su hija fueron implicados en la inexplicable desaparición de un conocido jugador madrileño. Dada la correspondencia entre varios detalles de la versión valleinclanesca y la descripción del escandaloso episodio que apareció en los periódicos contemporáneos—el mismo apodo «Chuletas» proviene de la prensa, cuyas especulaciones llegaron al punto macabro de sugerir que el capitán hubiera utilizado el cuerpo del difunto para rancho de sus soldados—, cabe poca duda de que Valle-Inclán se valió del reportaje periodístico para precisar su versión esperpéntica de la delincuencia del ejército. Menos periodismo, en cambio, fue necesario para esperpentizar el segundo suceso: el golpe de estado por Primo de Rivera en 1923. Bastaba con haber vivido Valle-Inclán los hechos españoles del siglo, sentir el clima de Madrid y leer las proclamaciones oficiales para poder incorporar todo ello a la pintura de su General Miranda y a la construcción de las escenas vi y vii. De hecho, los clisés de estas últimas están formados en gran parte por las declaraciones patrióticas publicadas por el mismo Primo de Rivera. Remitimos al lector al excelente libro de los profesores Cardona y Zahareas (págs. 196-212) donde se encuentran elaborados los múltiples detalles de los dos acontecimientos históricos que aprovecha Valle-Inclán al enfocar su biliosa lente sobre España en *La hija del capitán*.

Este último esperpento, sin embargo, es algo más que una sátira del ejército. Su valor de acabada creación artística en que se refleja la aberrada verdad española, reside en el conjunto de la obra, es decir, en el espectáculo panorámico de Madrid, en el que palpitan con un realismo asombroso las realidades auténticas y prosaicas de la capital. Lugares, sonidos, lenguaje, gestos, modos de vestir, gente e instituciones—todos llevan el tono de innegable autenticidad. Pero en el proceso ecléctico de seleccionar estos detalles y en el amontonamiento de ellos, Valle-Inclán ha producido el retrato de la totalidad de una ciudad en que se destaca la vistosidad vulgar, y cuya vulgaridad corresponde bien a su grosería moral. De cada detalle plástico y de cada afectación lingüística que se mezcla con los madrileñismos callejeros y los americanismos, gotean el sarcasmo y la desdeñosa ironía del autor, quien conocía perfectamente la chulería y el egoísmo de sus compadres de la capital. Aquí en *Hija*, como en todo el teatro de Valle-Inclán, la pintura plástica de los personajes y sus formas lingüísticas son inseparables de su interioridad humana. Sin la plasticidad y los modos especiales de hablar, el personaje es incompleto.

*La hija del capitán* termina con un golpe de gracia capital, recargado de una ironía inefable. Dejando atrás a Madrid, Valle-Inclán despliega, como en epílogo, una imagen de la España «respetable»: aburguesada, institucionalizada, tradicionalista y monárquica, y, por encima, dispuesta del todo a consagrar el nuevo régimen político iniciado increíblemente por unos golfos de las calles de Madrid. Esta España valleinclanesca, estilizada hacia el absurdo, es, sin embargo, la misma que se va atacando por toda la obra noventayochista: la España oficial de retórica hinchada y chabacana, complacencia pomposa y exclusivismos insulsos. Las estilizaciones de Valle-Inclán son efectivamente un microcosmos sintético moderno de las actitudes de todos los escritores del 98 para con la patria y la calidad de la vida española.

## LUCES DE BOHEMIA

### Ramón del Valle-Inclán

#### ESCENA UNDÉCIMA

*Una calle del Madrid austriaco.[1] Las tapias de un convento. Un casón de nobles. Las luces de una taberna. Un grupo consternado de vecinas, en la acera. Una mujer, despechugada y ronca, tiene*
5 *en los brazos a su niño muerto,[2] la sien traspasada por el agujero de una bala. MAX ESTRELLA y DON LATINO hacen un alto.*

---

[1] El barrio antiguo al sur de la Puerta del Sol, donde construyeron los Habsburgo muchos edificios, conventos y monumentos, entre ellos, la Plaza Mayor.

[2] Matado durante los alborotos.

MAX.— También aquí se pisan cristales rotos.[3]

DON LATINO.— ¡La zurra ha sido buena!

MAX.— ¡Canallas! . . . ¡Todos! . . . ¡Y los primeros nosotros,
10 los poetas![4]

DON LATINO.— ¡Se vive de milagro![5]

LA MADRE DEL NIÑO.— ¡Maricas, cobardes! ¡El fuego del Infierno os abrase las negras entrañas! ¡Maricas, cobardes!

MAX.— ¿Qué sucede, Latino?[6] ¿Quién llora? ¿Quién grita
15 con tal rabia?

DON LATINO.— Una verdulera, que tiene a su chico muerto
en los brazos.

MAX.— ¡Me ha estremecido esa voz trágica!

LA MADRE DEL NIÑO.— ¡Sicarios! ¡Asesinos de criaturas!

20 EL EMPEÑISTA.— Está con algún trastorno, y no mide palabras.

EL GUARDIA.— La Autoridad también se hace el cargo.

EL TABERNERO.— Son desgracias para el restablecimiento
del orden.[7]

25 EL EMPEÑISTA.— Las turbas anárquicas me han destrozado
el escaparate.

LA PORTERA.— ¿Cómo no anduvo usted más vivo en echar
los cierres?

EL EMPEÑISTA.— Me tomó[8] el tumulto fuera de casa.
30 Supongo que se acordará el pago de daños a la propiedad privada.

---

[3]Otro resultado del tumulto en las calles.

[4]Por no haber sentido ningún compromiso social.

[5]«We had a narrow escape». La observación refleja el mezquino egoísmo de
Latino, que no intuye nada de los alborotos sino el peligro por su propia piel.

[6]El lector debe tener en cuenta que Max es ciego y que su ceguedad ha realzado
el poder de sus otras facultades sensoriales. Esto, junto con su nueva sensibilidad de
poeta comprometido, explica por qué le van a impresionar tanto los tonos trágicos de
la Madre del niño muerto. La actitud de Max es directamente opuesta a la de Latino.

[7]Los consagrados valores de la burguesía—el orden, el *status quo*, y la propiedad
privada comercial—son algunos blancos de la crítica que Valle-Inclán dirige contra
España en los esperpentos.

[8]Americanismo por «cogió».

EL TABERNERO.— El pueblo que roba en los establecimientos públicos donde se le abastece es un pueblo sin ideales patrios.

35 LA MADRE DEL NIÑO.— ¡Verdugos del hijo de mis entrañas!

UN ALBAÑIL.— El pueblo tiene hambre.

EL EMPEÑISTA.— Y mucha soberbia.

LA MADRE DEL NIÑO.— ¡Maricas, cobardes!

UNA VIEJA.— ¡Ten prudencia, Romualda!

40 LA MADRE DEL NIÑO.— ¡Que me maten como a este rosal de mayo![9]

LA TRAPERA.— ¡Un inocente sin culpa! ¡Hay que considerarlo!

EL TABERNERO.— Siempre saldréis diciendo que no hubo
45 toques de Ordenanza.

EL RETIRADO.— Yo los he oído.

LA MADRE DEL NIÑO.— ¡Mentira!

EL RETIRADO.— Mi palabra es sagrada.

EL EMPEÑISTA.— El dolor te enloquece, Romualda.

50 LA MADRE DEL NIÑO.— ¡Asesinos! ¡Veros es ver al verdugo!

EL RETIRADO.— El principio de Autoridad es inexorable.

EL ALBAÑIL.— Con los pobres. Se ha matado, por defender al comercio, que nos chupa la sangre.

EL TABERNERO.— Y que paga sus contribuciones, no hay
55 que olvidarlo.

EL EMPEÑISTA.— El comercio honrado no chupa la sangre de nadie.

LA PORTERA.— ¡Nos quejamos de vicio!

EL ALBAÑIL.— La vida del proletario no representa nada
60 para el gobierno.

MAX.— Latino, sácame de este círculo infernal.[10]

*Llega un tableteo de fusilada. El grupo se mueve en confusa y medrosa alerta. Descuella el grito ronco de la mujer, que al ruido de las descargas aprieta a su niño muerto en los brazos.*

---

[9]Es decir, su hijo.

[10]Max se refiere a los círculos del infierno que describe Dante en *La Divina Comedia*. Se repite la alusión a finales de la escena.

65     LA MADRE DEL NIÑO.— ¡Negros fusiles, matadme también con vuestros plomos!

    MAX.— Esa voz me traspasa.

    LA MADRE DEL NIÑO.— ¡Que tan fría, boca de nardo!

    MAX.— ¡Jamás oí voz con esa cólera trágica!

70     DON LATINO.— Hay mucho de teatro.

    MAX.— ¡Imbécil!

*El farol, el chuzo, la caperuza del sereno, bajan con un trote de madreñas por la acera.*

    EL EMPEÑISTA.— ¿Qué ha sido, sereno?

75     EL SERENO.— Un preso que ha intentado fugarse.[11]

    MAX.— Latino, ya no puedo gritar . . . ¡Me muero de rabia! . . . Estoy mascando ortigas.[12] Ese muerto sabía su fin . . . No le asustaba, pero temía el tormento[13] . . . La leyenda Negra,[14] en estos días menguados, es la Historia de España. Nuestra vida

80 es un círculo dantesco. Rabia y vergüenza. Me muero de hambre, satisfecho de no haber llevado una triste velilla en la trágica mojiganga. ¿Has oído los comentarios de esa gente, viejo canalla? Tú eres como ellos. Peor que ellos, porque no tienes una peseta y propagas la mala literatura por entregas.[15] Latino, vil

---

[11]El preso es el anarquista catalán con quien Max trabó amistad en el calabozo del Ministerio de la Gobernación cuando los dos estaban encarcelados (escena vi). La llamada ley de fugas da a la guardia el derecho de matar un preso si éste intenta huir. Dicha ley ha servido tradicionalmente de pretexto para eliminar prisioneros, exista o no un verdadero intento de escaparse. La clara implicación de este episodio es que la policía ha matado al catalán a sangre fría, sin ningún esfuerzo de parte del preso por fugarse.

[12]Compárese «I'm so mad I could spit nails».

[13]El anarquista mismo le había dicho esto en el calabozo (escena vi).

[14]Imagen negativa de España creada en el siglo XVI y propagada principalmente por sus enemigos políticos, en especial los ingleses y los franceses. Históricamente imprecisa, la leyenda ha fomentado el mito de una España irrevocablemente fanática, intolerante y brutal, especialmente en lo que se refiere a la conquista de América y el maltratamiento de sus poblaciones indígenas.

[15]Latino es un escritor mercenario de poca imaginación, en fin un «hack writer», cuyas obras estarían cargadas de gastados clisés melodramáticos y sentimentales, tanto de tema como de estilo. La novela por entregas fue por muchas décadas un fenómeno sumamente popular en los países occidentales. La «soap opera» actual es

85  corredor de aventuras insulsas, llévame al Viaducto.[16] Te invito
a regenerarte con un vuelo.

      DON LATINO.— ¡Max, no te pongas estupendo![17]


### ESCENA DUODÉCIMA

    *Rinconada en costanilla y una iglesia barroca por fondo.*
90  *Sobre las campanas negras, la luna clara. DON LATINO y MAX*
*ESTRELLA filosofan sentados en el quicio de una puerta. A lo*
*largo de su coloquio, se torna lívido el cielo. En el alero de la*
*iglesia pían algunos pájaros. Remotos albores de amanecida. Ya*
*se han ido los serenos, pero aún están las puertas cerradas. Des-*
95  *piertan las porteras.*

      MAX.— ¿Debe estar amaneciendo?

      DON LATINO.— Así es.

      MAX.— ¡Y qué frío!

      DON LATINO.— Vamos a dar unos pasos.

100    MAX.— Ayúdame, que no puedo levantarme. ¡Estoy aterido!

      DON LATINO.— ¡Mira que haber empeñado la capa![18]

      MAX.— Préstame tu carrik, Latino.

      DON LATINO.— ¡Max, eres fantástico!

      MAX.— Ayúdame a ponerme en pie.

---

su prole.

[16]Estructura muy alta sobre la calle de Segovia, por donde pasa encima la calle
de Bailén. Un lugar favorito para el suicidio, que es el «vuelo» que Max le propone
irónicamente a Latino para su «regeneración».

[17]«Don't get carried away!» Esta frase era muy usada a principios del Siglo XX.

[18]«No olvides que has empeñado tu capa». Estas palabras de Latino están
recargadas de ironía. Max empeñó la capa para comprar el décimo de lotería (esc. iii)
cuyo número se sacará en el sorteo. El frío de la noche intensifica la fiebre del poeta,
ya desprovisto de su capa, y contribuye directamente a su muerte. Al final de esta
escena xii, Latino sustrae el billete del cuerpo de su amigo, desaparece, y más tarde
cobra el décimo sin decir nada a nadie. Nos enteramos de este golpe de Latino al
mismo tiempo que llega a la taberna de Pica Lagartos la noticia del suicidio
simultáneo de la mujer y la hija del empobrecido poeta muerto (esc. xv ó última).

DON LATINO.— ¡Arriba, carcunda![19]

MAX.— ¡No me tengo![20]

DON LATINO.— ¡Qué tuno eres!

MAX.— ¡Idiota!

DON LATINO.— ¡La verdad es que tienes una fisonomía algo rara!

MAX.— ¡Don Latino de Hispalis, grotesco personaje, te inmortalizaré en una novela!

DON LATINO.— Una tragedia, Max.

MAX.— La tragedia nuestra no es tragedia.[21]

DON LATINO.— ¡Pues algo será!

MAX.— El Esperpento.

DON LATINO.— No tuerzas la boca, Max.

MAX.— ¡Me estoy helando!

DON LATINO.— Levántate. Vamos a caminar.

MAX.— No puedo.

DON LATINO.— Deja esa farsa. Vamos a caminar.

MAX.— Échame el aliento. ¿Adónde te has ido, Latino?

DON LATINO.— Estoy a tu lado.

MAX.— Como te han convertido en buey, no podía reconocerte.[22] Échame el aliento, ilustre buey del pesebre belenita. ¡Muge, Latino! Tú eres el cabestro, y si muges vendrá el Buey Apis. Le torearemos.

DON LATINO.— Me estás asustando. Debías dejar esa broma.

---

[19]Variante de «carca», un epíteto peyorativo por «carlista».

[20]Es decir, en pie: «I can't keep myself up».

[21]La formas heroicas de la tradición literaria no valen para dar la esencia de una triste vida nacional en que la perversión de valores ha eliminado todo sentido de heroísmo. Véase la introducción.

[22]La figura central de esta analogía poética que Max construye en su medio delirio es el toro bravo, que, una vez castrado, se convierte en manso buey. El poeta intensifica la imagen de Latino como un dócil toro castrado, reduciéndole al inmóvil buey de cartón que figura en los nacimientos, esas representaciones del relato evangélico tan populares durante las Navidades. El cabestro es el buey que conduce a la manada de los toros bravos. El Buey Apis, a su vez, es el editor que no produce ningún dinero por los manuscritos del poeta (esc. i). Apis fue el toro sagrado venerado antiguamente por los egipcios.

130     MAX.— Los ultraístas[23] son unos farsantes. El esperpentismo lo ha inventado Goya. Los héroes clásicos han ido a
pasearse en el callejón del gato.[24]

       DON LATINO.— ¡Estás completamente curda!

       MAX.— Los héroes clásicos reflejados en los espejos cón-
135 cavos dan el Esperpento. El sentido trágico de la vida española
sólo puede darse con una estética sistemáticamente deformada.

       DON LATINO.— ¡Miau! ¡Te están contagiando![25]

       MAX.— España es una deformación grotesca de la civiliza-
ción europea.

140    DON LATINO.— ¡Pudiera! Yo me inhibo.[26]

       MAX.— Las imágenes más bellas en un espejo cóncavo son
absurdas.

       DON LATINO.— Conforme. Pero a mí me divierte mirarme
en los espejos de la calle del Gato.

145    MAX.— Y a mí. La deformación deja de serlo cuando está
sujeta a una matemática perfecta. Mi estética actual es transformar con matemática de espejo cóncavo las normas clásicas.

       DON LATINO.— ¿Y dónde está el espejo?

       MAX.— En el fondo del vaso.[27]

150    DON LATINO.— ¡Eres genial! ¡Me quito el cráneo![28]

       MAX.— Latino, deformemos la expresión en el mismo espejo
que nos deforma las caras y toda la vida miserable de España.

       DON LATINO.— Nos mudaremos al callejón del Gato.

---

[23]Jóvenes españoles que participaban en las radicales orientaciones artísticas
de la *Avant-Garde* europea después de la primera guerra mundial. La intención de
Valle-Inclán es poner en claro que el esperpento sigue a la tradición grotesca de Goya,
y no a las poco sistemáticas formas deshumanizantes del arte ultraísta.

[24]La pequeña calle de Álvarez Gato, cerca de la Puerta del Sol, donde están
colocados unos espejos cóncavos.

[25]«Come off it! You're going off your rocker!»

[26]«Could be. I don't fool around with stuff like that».

[27]i.e., uno ve el espejo emborrachándose.

[28]«You're a genius. I tip my hat to you».

MAX.— Vamos a ver qué palacio[29] está desalquilado. Arrí-
155 mame a la pared. ¡Sacúdeme!

DON LATINO.— No tuerzas la boca.

MAX.— Es nervioso. ¡Ni me entero![30]

DON LATINO.— ¡Te traes una guasa![31]

MAX.— Préstame tu carrik.

160 DON LATINO.— ¡Mira cómo me he quedado de un aire![32]

MAX.— No me siento las manos y me duelen las uñas.
¡Estoy muy malo!

DON LATINO.— Quieres conmoverme, para luego tomarme
la coleta.[33]

165 MAX.— Idiota, llévame a la puerta de mi casa y déjame
morir en paz.

DON LATINO.— La verdad sea dicha, no madrugan en
nuestro barrio.

MAX.— Llama.

170 *DON LATINO DE HISPALIS, volviéndose de espaldas, comienza
a cocear en la puerta. El eco de los golpes tolondrea por el ámbito
lívido de la costanilla, y como en respuesta a una provocación,
el reloj de la iglesia da cinco campanadas bajo el gallo de la
veleta.*

175 MAX.— ¡Latino!

DON LATINO.— ¿Qué antojas?[34] ¡Deja la mueca!

MAX.— ¡Si Collet[35] estuviese despierta! . . . Ponme en pie
para darle una voz.[36]

DON LATINO.— No llega tu voz a ese quinto cielo.[37]

---

[29]Se emplea irónicamente.

[30]«It's nerves. I don't know I'm doing it».

[31]«You're pulling my leg!»

[32]«Look how frozen I am!»

[33]«Make fun of me».

[34]Compárese «What's on your mind?»

[35]Madame Collet, su mujer.

[36]«Shout up to her».

[37]Max vive en la buhardilla de esa casa.

180    MAX.— ¡Collet! ¡Me estoy aburriendo!

DON LATINO.— No olvides al compañero.

MAX.— Latino, me parece que recobro la vista.[38] ¿Pero cómo hemos venido a este entierro? ¡Esa apoteosis es de París! ¡Estamos en el entierro de Víctor Hugo! Oye Latino, ¿pero cómo

185  vamos nosotros presidiendo?

DON LATINO.— No te alucines, Max.

MAX.— Es incomprensible cómo veo.

DON LATINO.— Ya sabes que has tenido esa misma ilusión otras veces.

190    MAX.— ¿A quién enterramos, Latino?

DON LATINO.— Es un secreto que debemos ignorar.

MAX.— ¡Cómo brilla el sol en las carrozas!

DON LATINO.— Max, si todo cuanto dices no fuese una broma, tendría una significación teosófica . . .[39] En un entierro

195  presidido por mí, yo debo ser el muerto, Pero por esas coronas, me inclino a pensar que el muerto eres tú.

MAX.— Voy a complacerte. Para quitarte el miedo del augurio, me acuesto a la espera. ¡Yo soy el muerto! ¿Qué dirá mañana esa canalla de los periódicos, se preguntaba el paria

200  catalán?[40]

*MÁXIMO ESTRELLA se tiende en el umbral de su puerta. Cruza la costanilla un perro golfo que corre en zigzag. En el centro, encoge la pata y se orina. El ojo legañoso, como un poeta, levantado al azul de la última estrella.*[41]

205    MAX.— Latino, entona el gori-gori.

_____

[38]Max ya ha dicho esto en otra ocasión (esc. i), pero aquí la alucinación está intensificada por la fiebre.

[39]La teosofía es un sistema ideológico que enseña la evolución panteísta y la doctrina de la reencarnación. A lo largo de *Luces de Bohemia*, se hace burla de esta secta, que era popular a principios del siglo XX y que incluía entre sus adherentes a don Latino y otros personajes de la obra.

[40]Véase nota 11. El catalán ha hecho esta pregunta en la escena vi.

[41]La acción del perro simboliza la actitud de Max Estrella y de Valle-Inclán para con Madrid y la vida nacional: puro desprecio. Otro perro se alivia con semejante simbolismo en el epílogo del *Esperpento de los cuernos de don Friolera*.

DON LATINO.— Si continúas con esa broma macabra, te abandono.

MAX.— Yo soy el que se va para siempre.

DON LATINO.— Incorpórate, Max. Vamos a caminar.

210 MAX.— Estoy muerto.

DON LATINO.— ¡Que me estás asustando! Max, vamos a caminar. Incorpórate, ¡no tuerzas la boca, condenado! ¡Max! ¡Max! ¡Condenado, responde!

MAX.— Los muertos no hablan.

215 DON LATINO.— Definitivamente, te dejo.

MAX.— ¡Buenas noches![42]

(versión de 1924)

## ESPERPENTO DE LA HIJA DEL CAPITÁN

### Ramón del Valle-Inclán

#### PERSONAJES[43]

EL GOLFANTE DEL ORGANILLO Y UNA MUCAMA NEGRA MANDINGA.[44]
LA POCO GUSTO, EL COSMÉTICO Y EL TAPABOCAS, PÍCAROS DE LAS AFUERAS.

5  UN HORCHATERO.
LA SINIBALDA, QUE ATIENDE POR LA SINI, Y SU PADRE EL CAPITÁN CHULETAS DE SARGENTO.[45]
UN GENERAL GLORIOSO Y LOS CUATRO COMPADRES: EL POLLO DE CARTAGENA, EL BANQUERO TRAPISONDAS, EL EX-MINISTRO
10  MARCHOSO Y EL TONGUISTA DONOSTIARRA.
EL ASISTENTE DEL CAPITÁN.

---

[42]Las últimas palabras de Max Estrella, que corresponden perfectamente al antiheroísmo de los esperpentos. Véase nota 21.

[43]La intención de Valle-Inclán en la selección de nombres y personajes extravagantes recorre la gama desde el juego humorístico hasta la sátira desdeñosa. Cualquier sentido especial que se vea en ellos aparecerá elaborado en las notas cuando el personaje aparezca por primera vez en la obra.

[44]i.e., criada negra de origen africano.

[45]El apodo del capitán Sinibaldo Pérez. Véase la introducción.

UN CAMARERO DE CAFÉ.

EL SASTRE PENELA Y EL BATUCO, ACRÓBATAS DEL CÓDIGO.[46]

UN CAMASTRÓN, UN QUITOLIS, UN CHULAPO ACREDITADO EN EL
15     TAPETE VERDE, UN POLLO BABIECA Y UN REPORTER, SOCIOS DE
BELLAS ARTES.

TOTO, OFICIAL DE HÚSARES, AYUDANTE DEL GENERAL, Y OTRO AYU-
DANTE.

EL BRIGADIER FRONTAURA Y EL CORONEL CAMARASA.

20  DOÑA SIMPLICIA, DAMA INTELECTUAL.

SU ILUSTRÍSIMA, OBISPO IN PARTIBUS.[47]

UNA BEATA, UN PATRIOTA, UN PROFESOR DE HISTORIA.

EL MONARCA.[48]

UN LORITO DE ULTRAMAR.

25  ORGANILLOS Y CHARANGAS.

### ESCENA PRIMERA

*Madrid Moderno: En un mirador espioja*[49] *el alón verdigualda
un loro ultramarino. La siesta. Calle jaulera de minúsculos hoteles.*[50] *Persianas verdes. Enredaderas. Resol en la calle. En yer-*
30 *mos solares la barraca de horchata y melones, con el obeso levantino en mangas de camisa. Un organillo. Al golfante del manubrio, calzones de odalisca*[51] *y andares presumidos de botas
nuevas, le asoma un bucle fuera de la gorrilla, con estudiado*

---

[46]Como veremos, el Sastre trafica con cosas robadas, y el Batuco es un
chantajista de profesión. El código, pues, es la ley.

[47]Obispo cuyo título es puramente honorífico y que no tiene jurisdicción sobre
ningún territorio determinado.

[48]Alfonso XIII (1886-1941), que abandonó el trono en 1931, al advenimiento de
la República.

[49]«delouses».

[50]CALLE . . . HOTELES «a cage-like street of small private homes». «Jaulera»
a causa de la gran cantidad de rejas sobre las ventanas.

[51]CALZONES DE ODALISCA wide knicker-like breeches which reach the knees
or just below them, recalling a style worn in Turkish harems.

*estragalo,*[52] *y sobre el hombro le hace morisquetas el pico verde-*
35 *rol del pañolito gargantero.*[53] *Por la verja de un jardín se con-*
*cierta con una negra macuma.*

### EL LORO
¡Cubanita canela![54]

### EL GOLFANTE
40     Ese amigo me ha dado el primer quién vive. Oírlo y caer en
la cuenta de que andaba por aquí el capitán.[55] Después he visto
asomar el moño de la Sini. No sé si me habrá reconocido.

### LA MUCAMA
    Es mucho el cambio. Si usted no se me descubre, yo no le
45 saco.[56] La niña, sin duda, tendrá más presente su imagen.

### EL GOLFANTE
    ¡Cómo me la ha pegado![57] Esa se ha ido cegada por los
pápiros del tío ladrón.[58]

### LA MUCAMA
50     Más es el ruido.[59]

---

[52]«carelessness».

[53]SOBRE . . . GARGANTERO «the tip of the green scarf around his neck makes tricky tittle motions on his shoulder like the beak of a greenfinch».

[54]Un piropo cubano: «Cinnamon-colored cutie!».

[55]OÍRLO . . . CAPITÁN «As soon as I heard the parrot, I realized the Captain was around here».

[56]i.e., reconozco.

[57]«What a fool she made of me!».

[58]LOS PÁPIROS . . . LADRÓN «the dough of that old crook [General Miranda]».

[59]«There's more to it than that».

EL GOLFANTE

Ya sé que no pagáis una cuenta y que tu amo tira el pego[60] en su casa. Otro Huerto del Francés[61] estáis armando. ¡Buena fama os dan en el barrio!

55
LA MUCAMA

¡Qué chance! Estamos en un purito centro de comadreo.[62]

EL LORO

¡Cubanita canela!

EL GOLFANTE

60 Ese charlatán es un bando municipal sobre la ventana de la Sini. La andaba buscando loco por esas calles, y aquí estaba esperándome el lorito con su letrero. ¡Impensadamente volvía a ponerse en mi camino la condenada sombra de la Sini! ¡Aquí está mi perdición! Entra y dile que el punto organillero desea
65 obsequiarla con un tango. Que salga, como es de política, a darme las gracias y proponer el más de su gusto.[63] Y si no sale, será que prefiere oír todo el repertorio. Recomiéndale que no sea tan filarmónica.

LA MUCAMA

70 ¡Apártese! Tenemos bucaneros en la costa.

---

[60]TIRA EL PEGO «runs card games». La frase implica que el capitán es también un fullero.

[61]Casa de juego instalada a finales de siglo por un empresario francés en Peñaflor, un pueblo cerca de Córdoba. Varios clientes adinerados de esta timba fueron asesinados y enterrados en el huerto.

[62]«Just what you would expect! We're a prime target for gossip».

[63]EL MÁS . . . GUSTO «her favorite piece of music».

*Disimulábase*[64] *la negra mandinga regando las macetas, y*
*el pirante del organillero batió la* Marcha de Cádiz.[65] *Salía, en*
*traje de paisano, el capitán Sinibaldo Pérez: flux de alpaca*
*negra, camisa de azulinos almidones, las botas militares un*
75 *abierto compás de charolados brillos, el bombín sobre la ceja, el*
*manati*[66] *jugando en los dedos. Dos puntos holgazanes y una*
*golfa andariega que refrescan en la barraca del levantino, hacen*
*su comentario a espaldas del capitán. La Poco-Gusto, le dicen a*
*la mozuela, y a los dos pirantes, Pepe el Cosmético y Tono el*
80 *Tapabocas.*[67]

LA POCO-GUSTO

¡Qué postinero![68]

EL COSMÉTICO

Por algo es Chuletas de Sargento.[69]

85 EL HORCHATERO

Esa machada,[70] se la cuelgan.

EL COSMÉTICO

¿Que no es verdad, y está sumariado?

EL HORCHATERO

90 Las ordenanzas militares son muy severas, y los ranchos
con criadillas de prisioneros están más penados que entre moros

---

[64]Al cortar el diálogo, Valle-Inclán recurre a los tiempos pasados del verbo para
indicar que las acciones de estos personajes van pasando al fondo de la escena, y que
simultáneamente se está creando un cambio de enfoque visual. Para finales de la
acotación, el dramaturgo nos ha llevado a la barraca del horchatero. Se aplica esta
técnica cinematográfica muchas veces en *La hija del capitán*.

[65]Véase nota 3, Parte III.

[66]«swagger stick».

[67]«Silencer», el que sabe acallar a uno con golpes en la boca o con otra forma de
violencia física. Pirante quiere decir «shifty-looking character».

[68]«full of airs (smug affectations)».

[69]«They don't call him 'Sergeant Chops' for nothing».

[70]«nonsense».

comer tocino.[71] Tocante al capitán, yo no le creo hombre para darse esa manutención.

EL TAPABOCAS

95 ¡Que no fuese guateque diario, estamos en ello![72] Pero él propio se alaba.

EL HORCHATERO
¡Boquerón que es el compadre![73]

LA POCO-GUSTO

100 ¿Y el proceso?

EL HORCHATERO
¡Ché! Por tirar la descargada.[74]

EL COSMÉTICO
A mí no me representa un mérito tan alto, estando de buen
105 paladar, comer chuletas. ¿Que son de sargento? Como si fueran de cordero. ¡En estando de gusto![75]

EL TAPABOCAS
¿Y por qué razón no van a saber buenas las chuletas de sargento mambís?[76]

110 LA POCO-GUSTO
¡Se podrán comer, pero buenas! . . .

EL TAPABOCAS
Buenas. ¿Por qué no?

―――――――――――――

[71]LOS RANCHOS . . . TOCINO «mess-hall meals made out of prisioners' testicles are tougher to eat (more subject to punishment) than bacon is for the Arabs». A los moros, como a los judíos, se les prohibe comer carne de cerdo.

[72]«It sure as hell would be no picnic every day in the week!».

[73]«That guy's a slippery character!».

[74]«Hell! because he fired the shots».

[75]Es decir, si están sabrosas, ¿por qué no?

[76]i.e., insurrecto cubano.

EL HORCHATERO

115   Con mucho vino, con mucha guindilla, por una apuesta,
limpias de grasas, lo magro magro, casi convengo.

EL COSMÉTICO

Y así habrá sido.

EL HORCHATERO

120   ¡Ni eso!

EL TAPABOCAS

Pues se lo han acumulado como un guateque diario y tiene
una sumaria a pique de salir expulsado de la Milicia.

EL HORCHATERO

125   ¡Bien seguro se halla! Para que el proceso duerma, la hija
se acuesta con el gobernador militar.[77]

LA POCO-GUSTO

La dormida de la hija por la dormida del expediente.

EL COSMÉTICO

130   ¡Una baza de órdago a la grande![78]

EL HORCHATERO

No llegan las pagas, hay mucho vicio y se cultiva la finca de
las mujeres.[79]

EL COSMÉTICO

135   Quien tiene la suerte de esas fincas. Menda es huérfano.[80]

---

[77]i.e., el general Miranda.

[78]«What a terrific bid!» (as in the card game of *mus*, from which these terms are
taken).

[79]HAY . . . MUJERES «expenses are high, so you exploit your women by renting
them out» (the way the Captain does with his daughter).

[80]«The Captain's the guy who can do it. I couldn't. I don't have any women».
(Menda = «yours truly»).

EL HORCHATERO

Te casas y pones la parienta al toreo.[81]

EL COSMÉTICO

¿Y si no vale para la lidia?[82]

140

LA POCO-GUSTO

Búscala capeada.[83] ¡Mira la Sini, al timoteo con el andoba[84] del organillo!

*La Sinibalda, peinador con lazos, falda bajera, moñas en los zapatos, un clavel en el pelo, conversaba[85] por la verja del jar-*
145 *dinillo con el golfante del manubrio.*

LA SINI

No te hubiera reconocido. Aquí no es sitio para que hablemos.

EL GOLFANTE

150    ¿Temes comprometerte?

LA SINI

La mujer en mi caso, con un amigo que nada le niega, está obligada a un miramiento que ni las casadas.

EL GOLFANTE

155    ¿Que nada te niega? Quiere decirse que lo tienes todo con ese tío cabra.[86]

---

[81]PONES . . . TOREO «you put your wife in business». Obsérvese que los golfos de Valle-Inclán recurren muchas veces a la jerigonza popular de la corrida de toros. También sus gestos son a menudo de origen taurino.

[82]«And if she's no good at it?»

[83]«Get one with more experience».

[84]AL . . . ANDOBA «in a huddle with the guy».

[85]El imperfecto indica que ya hablaban simultáneamente en el fondo la Sini y el Golfante durante el diálogo anterior. Otro cambio de enfoque, y estamos de vuelta con los amantes.

[86]«that old son-of-a-bitch».

### LA SINI

Todo lo que se tiene con guita.

### EL GOLFANTE

160 ¿Que lo pasas al pelo?[87]

### LA SINI

Según se mire. Algo me falta, eso ya puedes comprenderlo. Tú has podido sacarme de la casa de mi padre. ¿Que no tenías modo de vida? Pues atente a las consecuencias. ¿Lo tienes 165 ahora? Pronta estoy a seguirte. ¡Ya te veo empalmado, pero no te lo digo por miedo! ¿Qué traes? ¡Un organillo! Vienes a camelarme con música. ¿Vas a sostenerme con escalas y arpegios? Mírame. No seas loco. ¡Y tienes toda la vitola de un golfante!

### EL GOLFANTE

170 Tú dirás qué venga a ser sino un golfo, ciego por la mayor golfa, peleado con toda mi casta.[88]

### LA SINI

¡Cuándo asentarás la cabeza![89] ¿Dejaste los estudios? Pues has hecho mal. ¡Y tienes toda la vitola de un organillero! ¿Qué 175 tiempo llevas dando al manubrio?[90]

### EL GOLFANTE

Tres meses. Desde que llegué.

### LA SINI

¿Has venido siguiéndome?

180 ### EL GOLFANTE

Como te lo prometí.

---

[87]«So you're getting along fine?»

[88]PELEADO . . . CASTA «contradicting my whole background».

[89]«When will you use your head!»

[90]DANDO AL MANUBRIO «turning the crank» (i.e., running around town with a hurdy-gurdy).

LA SINI

Pero siempre pensé que no lo hicieses.

EL GOLFANTE

185 Ya lo ves.

LA SINI

¡Vaya un folletín![91]

EL GOLFANTE

Por ahí sacarás todo el mal que me has hecho.

190 LA SINI

Te has puesto pálido. ¿De verdad tanto ciegas por mí?

EL GOLFANTE

¡Para perderme!

LA SINI

195 Lo dices muy frío. No hay que hacerte caso. ¿Y qué ventolera te ha entrado de ponerte a organillero?

EL GOLFANTE

Para el alpiste y buscarte por las calles de Madrid. El lorito
en tu ventana ha sido como un letrero.

200 LA SINI

¿Y qué intención traes? Empalmado lo estás. ¿Tú has
venido con la intención de cortarme la cara?

EL GOLFANTE

Al tío cebón es a quien tengo ganas de cortarle alguna cosa.

205 LA SINI

¿Qué mal te hizo? Con éste o con otro había de caer. Estaba
para eso.

EL GOLFANTE

¡El amor que tienes por el lujo!

--------

[91]«This is some (serialized) love story!»

**LA SINI**

Tú nada podías ofrecerme. Pero con todo de no tener nada, de haber sido menos loco, por mi voluntad nunca hubiera dejado de verte. Te quise y te quiero. No seas loco. Apártate ahora.

**EL GOLFANTE**

215 ¿Sin más?

**LA SINI**

¿Aquí qué más quieres?

**EL GOLFANTE**

Dame la mano.

**LA SINI**

220 ¡Adiós, y que me recuerdes!

**EL GOLFANTE**

¿Vuelvo esta noche?

**LA SINI**

225 No sé.

**EL GOLFANTE**

¿Esperas al pachá?[92]

**LA SINI**

Pero no se queda.

**EL GOLFANTE**

230 ¿Cuál es tu ventana?

**LA SINI**

Te pones en aquella reja. Por allí te hablaré . . . Si puedo.

---

[92]Uno de los despectivos apodos que se aplica al general Miranda. «Pachá» fue un epíteto honorífico otorgado a los mayores oficiales del ejército turco, y sugiere aquí la presencia de mujeres seleccionadas para el placer sensual, como en el harén.

*Huyóse la Sini con bulle-bulle de almidones.*[93] *Volvía la*
235 *cabeza, guiñaba la pestaña. Sobre la escalinata se detuvo, suje-*
*tándose el clavel del pelo, sacó la lengua y se metió al adentro. El*
*gachó del organillo, al arrimo de la verja, se ladea la gorra, estu-*
*diando la altura y disposición de las ventanas.*

EL LORO

240 ¡Cubanita canela!


**ESCENA SEGUNDA**

*Lacas chinescas y caracoles marinos, conchas perleras,*
*coquitos labrados, ramas de madrépora y coral, difunden en la*
*sala nostalgias coloniales de islas opulentas.*[94] *Sobre la consola*
245 *y por las rinconeras vestidas con tapetillos de primor casero,*
*eran faustos y fábulas del trópico. El loro dormita en su jaula,*
*abrigado con una manta vieja. A la mesa camilla le han puesto*
*bragas verdes.*[95] *Partida timbera. Donillea el naipe. Corre la*
*pinta* CHULETAS DE SARGENTO.[96] *Hacen la partida seis camastro-*
250 *nes. Entorchados y calvas,*[97] *lucios cogotes, lucias manos con*
*tumbagas, humo de vegueros, prestigian el último albur.* EL
POLLO DE CARTAGENA, *viejales pisaverde,*[98] *se santigua con una*
*ficha de nacaradas luces.*

---

[93]«rustling of starched clothes».

[94]Las islas perdidas que habían formado parte del imperio español colonial:
Cuba, Puerto Rico y las Filipinas.

[95]«There is a green-skirted table with a brazier under it» (bragas = «drawers»,
«underpants»).

[96]PARTIDA . . . SARGENTO «Gambling. The cards are marked. Sergeant Chops
is dealing».

[97]Casi todos los militares y burócratas de los esperpentos son calvos, de mediana
edad, y tienen desabrochada la bragueta.

[98]«well-worn man-about-town».

EL POLLO

255      ¡Apré!⁹⁹ Esto me queda.

EL CAPITÁN
¿Quiere usted cambio?

EL POLLO
Son cinco mil beatas.¹⁰⁰

260                      EL CAPITÁN
A tanta devoción no llego. Puedo hacerle un préstamo.

EL POLLO
Gracias.

EL CAPITÁN
265      ¿De dónde es la ficha?

EL POLLO
De Bellas Artes.¹⁰¹

EL CAPITÁN
Puede usted disponer del asistente, si desea mandar a cam-
270  biarla. Si toma un coche, en media hora está de vuelta.

EL POLLO
Por esta noche me abstengo. Me voy a la última de Apolo.¹⁰²
¡Salud, caballeros!

*Vinoso y risueño, con la braqueta desabrochada, levantó su*
275  *corpulenta estampa el vencedor de Periquito Pérez.*¹⁰³ *Saturnal*
*y panzudo, veterano de toros y juergas, fumador de vegueros,*

---

⁹⁹«Broke!»

¹⁰⁰i.e., pesetas. Este coloquialismo, de origen religioso, provoca la irónica respuesta del capitán («A tanta devoción no llego»).

¹⁰¹El Círculo de Bellas Artes. Véase Escena V.

¹⁰²La última función del teatro Apolo.

¹⁰³Otro epíteto despectivo que Valle-Inclán aplica al general Miranda, significando que este general nunca ha vencido a nadie.

*siempre con luces alcohólicas en el campanario, marchoso[104]*
*verboso, rijoso, abría los brazos el pachá de la Sinibalda.*

EL GENERAL

280    Pollo, vas a convidarnos.

EL POLLO

No hay inconveniente.

EL GENERAL

Chuletas, tira las tres últimas.[105]

285    <center>EL CAPITÁN</center>

¡Ha cambiado el corte![106]

EL GENERAL

Me es inverosímil, Chuletas. Peina ese naipe. ¡Tú te las
arreglas siempre para tirar la descargada![107]

290    <center>EL CAPITÁN</center>

¡Mi general, esa broma!

EL GENERAL

Rectificaré cuando gane.

EL CAPITÁN

295    Caballeros, hagan juego.

*El vencedor de Periquito Pérez se colgó el espadín, se puso*
*el ros de medio lado, se ajustó la pelliza y recorrió la sala*
*marcándose un tango.[108] Bufo y marchoso, saca la lengua, guiña*

---

[104]i.e., adicto a payasadas vulgares.

[105]«Deal the last three cards».

[106]i.e., the sequence of cards has been altered, thereby upsetting Chuletas'
crooked system.

[107]«You always arrange then so as to fire the right shots». Estas intencionadas
palabras del general son las mismas que ha usado el horchatero (escena i) al hablar
de Chuletas y el famoso episodio de la muerte del sargento. La alusión es lo que
provoca la indignada respuesta del capitán: «¡Mi general, esa broma!».

[108]MARCÁNDOSE EL TANGO «dancing a tango».

*del ojo y mata la bicha*[109] *al estilo de negro cubano. La Sini-*
300 *balda, por detrás de un cortinillo, asoma los ojos colérica, y*
*descubre la mano con una lezna zapatera, dispuesta a clavarle*
*el nalgario. Detuvo el brazo de la enojada el Pollo de Cartagena.*
*El general, asornado, vuelve a la mesa de juego y el viejales pisa-*
*verde, en la puerta, templa con arrumacos y sermón los ímpetus*
305 *de la Sini.*

EL POLLO

¡Vamos, niña, que estamos pasando un rato agradable
entre amigos! Las diferencias que podáis tener, os las arregláis
cuando estéis solos.

310 LA SINI

Don Joselito, me aburre un tío tan ganso.[110] ¿Dónde ha
visto usted peor pata?[111]

EL POLLO

¡Niña!

315 LA SINI

Si se lo digo en su cochina cara. Y además está convencido
de que lo siento. ¿Ha perdido?

EL POLLO

Ya puedes comprender que no me entretuve siguiendo su
320 juego.

LA SINI

Ha perdido y se ha consolado como de costumbre.

EL POLLO

Yo me hubiera consolado mejor contigo.

---

[109]MATA LA BICHA i.e., extiende el brazo con un gesto de seudo-descontento
que sensibiliza la idea de «¿qué podemos hacer?».

[110]UN TÍO TAN GANSO «a slob like that».

[111]PEOR PATA «a bigger bastard».

LA SINI

Usted, sí, porque es un hombre de gusto y muy galante. ¿Ha perdido?

EL POLLO

No sé.

LA SINI

Ha perdido, y se ha puesto una trúpita[112] para consolarse.

EL POLLO

Vendría de fuera con ella,[113] y será anterior al proyecto de cometer el crimen.

LA SINI

¿Qué crimen?

EL POLLO

Una broma. Se ha consolado de la pérdida antes de la pérdida.

LA SINI

¿Y a qué ha dicho usted crimen?

EL POLLO

Un texto del Código Penal. Erudición que uno tiene.

LA SINI

¡Vaya texto! ¿Y usted se lo sabe por sopas[114] el Código?

EL POLLO

Como el Credo.[115]

---

[112]i.e., se ha emborrachado.

[113]«He was probably tanked when he got here».

[114]«from beginning to end».

[115]La elaboración de los principales artículos de la Fe, ordenada por los Apóstoles.

LA SINI

¿Y dirá usted que se lo sabe?

350
EL POLLO

¿El Código?

LA SINI

El Credo.

EL POLLO

355 Para un caso de apuro.

LA SINI

Parece usted pariente de aquel otro que estando encami-
nándole preguntaba si eran de confianza los Santos Olios.[116]

EL POLLO

360 Ése era mi abuelo.

LA SINI

Con su permiso, don José.

EL POLLO

¡Sini, ten cabeza!

365 *Brillos de cerillas, humo de vegueros. Los camastrones*
*dejan la partida. Las cartas del último albur quedan sobre la*
*mesa con un tuerto visaje.[117] La mucama mandinga, delantal*
*rayado, chancletas de charol, lipuda[118] sonrisa, penetra en la*
*sala y misteriosa toca la dorada bocamanga del general.*

370
LA MUCAMA

Este papelito que horitita lo lea, ño general.[119]

---

[116]Los óleos sacramentales de la extremaunción administrados a los moribundos.

[117]TUERTO VISAJE «twisted smirk [of the face cards]».

[118]i.e., maliciosa.

[119]El excesivo diminutivo es un americanismo, como lo es el «ño» por «señor».

EL GENERAL

Lo leeré cuando me parezca.

LA MUCAMA

375    Me ha dicho que horita y que me dé respuesta vucencia.

EL GENERAL

Retírate y no me jorobes. Pollo, hágame usted el favor de quedarse. Le retengo a usted como peón de brega.[120]

*Se despedían los otros pelmazos. Eran cuatro: un ricacho*
380 *donostiarra,[121] famoso empresario de frontones, un cabezudo ex ministro sagastino[122] y un catalán trapisondista,[123] taurófilo y gran escopeta en las partidas de Su Majestad.[124]*

EL TRAPISONDAS

¿Esa cena para cuándo, don José?

385                    EL POLLO

Ustedes dirán.[125]

EL EX MINISTRO

Creo que no debe aplazarse.

EL TONGUISTA[126]

390    Cena en puerta, agua en espuerta.[127]

---

[120]PEÓN DE BREGA «a bullfighter's second».

[121]«A vulgar rich Basque from San Sebastián».

[122]CABEZUDO . . . SAGASTINO «a pig-headed ex-minister from a Sagasta government».

[123]«conniving».

[124]GRAN . . . MAJESTAD i.e., especialista en suministrar mujeres al rey para sus partidas de amor.

[125]«It's up to you».

[126]i.e., el vasco, a quien llama más arriba Valle-Inclán «un ricacho donostiarra». (Tongo = «a fix»; tonguista = «one who fixes jai-alai games»)

[127]La idea de este refrán es que el no aprovechar inmmediatamente una invitación a cenar es como llevar agua en una cesta (espuerta) de donde el agua gotea

**EL POLLO**
Ustedes tienen la palabra.

**EL TRAPISONDAS**
Esta noche, en lo de Morán.[128]

395

**EL POLLO**
¿Hace,[129] caballeros?

**EL TONGUISTA**
¡Al pelo!

**EL EX MINISTRO**
400  ¡Naturaca!

**EL TRAPISONDAS**
¡Evident![130]

*Sale la Sini. Chuletas, recomiéndose, cuenta las fichas y las distribuye por los registros chinescos de la caja. Pagodas, man-*
405  *darines, áureos parasoles. El asistente, en brazado, saca abrigos, bastones, sombreros. Los reparte a tuertas, soñoliento, estúpido, pelado al cero.[131] Chuletas de Sargento cierra la caja de fichas y naipes y, colocándosela bajo el brazo, se mete por una puerta oscura.*

410

**LA SINI**
¿Le sería a usted muy molesto oírme una palabra, general?

**EL GENERAL**
Sini, no me hagas una escena. Sé mirada.

---

poco a poco para acabar perdiéndose completamente.

[128]i.e., el restaurante Morán.

[129]«Is it a deal?»

[130]catalán por «evidente».

[131]PELADO AL CERO «a complete idiot».

LA SINI

415       ¡Vea usted de quedarse!¹³²

EL GENERAL

Es intolerable esa actitud.

LA SINI

Don Joselito, si a usted no le importan las vidas ajenas,
420   ahueque.¹³³

EL POLLO

Obedezco a las damas. ¡Que haya paz!

*El Pollo de Cartagena se tercia la capa a la torera*¹³⁴ *y*
*saluda marchoso en los límites de la puerta.*

425                    EL GENERAL

Pollo, si quedo con vida, caeré por casa de Morán.

LA SINI

¡Gorrista!¹³⁵

EL GENERAL

430   No me alcanzan tus ofensas.

EL POLLO

Si hay reconciliación, como espero, llévese usted a la niña.

EL GENERAL

Sini, ya lo estás oyendo. Échate un abrigo y aplaza la
435   bronca.

LA SINI

Eso quisieras.

---

¹³²«Stick around and find out!»

¹³³«scram».

¹³⁴«twists his cape around like a bullfighter challenging the bull».

¹³⁵«Parasite!».

EL POLLO

Mano izquierda,[136] mi general.

440
EL GENERAL

Ésta quiere verme hacer la jarra.[137]

LA SINI

¡Miserable!

*El Pollo de Cartagena toma el olivo con espantada torera.[138]*
445 *El general se cruza de brazos con heroico alarde y ensaya una*
*sonrisa despreciando a la Sinibalda.*

EL GENERAL

Me quedo, pero serás razonable.

LA SINI

450 ¿Has perdido?

EL GENERAL

Hasta la palabra.

LA SINI

Esa nunca la has tenido.

455
EL GENERAL

El uso de la lengua.

LA SINI

¡Marrano!

EL GENERAL

460 Ya sacaste las uñas. Deja que me vaya.

LA SINI

¿Irte? Toma asiento y pide algo. ¡Irte! Será después de
habernos explicado.

---

[136]«Use your head, be flexible».

[137]HACER LA JARRA «take a stand».

[138]«takes off like a bullfighter running for the shelter of the fence».

EL GENERAL

465    Tomo asiento. Y no hables muy alto.

LA SINI

No será por escrúpulo de que oiga mi padre. Tú y él sois dos canallas. Me habéis perdido.

*El capitán entra despacio y avanza con los dientes apreta-*
470  *dos, la mano en perfil, levantada.*[139]

EL CAPITÁN

No te consiento juicios sobre la conducta de tu padre.

LA SINI

¿Cuándo has tenido para mí entrañas de padre? Mira lo
475  que haces. Harta estoy de malos tratos. Si la mano dejas caer,
me tiro a rodar.[140] ¡Ya para lo que falta![141]

EL GENERAL

Sinibaldo, aquí estás sobrando.

EL CAPITÁN

480  Tiene esa víbora mucho veneno.

LA SINI

Las hieles que me has hecho tragar.

EL CAPITÁN

Vas a escupirlas todas.

485              LA VOZ DEL POLLO
¡¡Socorro!!

*El eco angustiado de aquel grito paraliza el gesto de las tres*
*figuras, suspende su acción: quedan aprisionadas en una desga-*
*rradura lívida de tiempo, que alarga el instante y lo colma de*

---

[139]i.e., dispuesto a darle una bofetada.

[140]ME TIRO A RODAR «I'm taking off to become a whore».

[141]«I'm damn near ready to, now!».

490 *dramática incertidumbre. La Sini rechina los dientes. Se rompe*
*el encanto. El capitán Chuletas, con brusca resolución, toma una*
*luz y sale. El general le sigue con sobresalto taurino. En el marco*
*de la ventana vestida de luna, sobre el fondo estrellado de la*
*noche, aparece el golfante del organillo.*

495                          EL GOLFANTE

¡Ya está despachado!

                            LA SINI

¡Mal sabes lo que has hecho! Darle pasaporte[142] a don
Joselito.

500                          EL GOLFANTE

¿Al Pollo?

                            LA SINI

¡A ese desgraciado!

                           EL GOLFANTE
505    ¡Vaya una sombra negra![143]

                            LA SINI

¡Por obrar ciego! ¡Ya ves lo que sacas! ¡Meterte en presidio
cargado con la muerte de un infeliz!

                           EL GOLFANTE
510    ¡Ya no tiene remedio!

                            LA SINI

¿Y ahora?

                           EL GOLFANTE

Tu anuncio . . . ¡El presidio!

515                          LA SINI

¿Qué piensas hacer?

---

[142]«You've bumped off».

[143]«What a lousy piece of luck!»

EL GOLFANTE

¡Entregarme!

LA SINI

520 ¡Poco ánimo es el tuyo!

EL GOLFANTE

Me ha enfriado el planchazo.[144]

LA SINI

Pues no te entregues. Espérame. Ahora me voy contigo.

525 **ESCENA TERCERA**

*Una puerta abierta. Fondo de jardinillo lunero. El rodar de un coche. El rechinar de una cancela. El glogloteo de un odre que se vierte. Pasos que bajan la escalera.* CHULETAS DE SARGENTO *levanta un quinqué y aparece caído de costado don Joselito. El* 530 *capitán inclina la luz sobre el charco de sangre, que extiende por el mosaico catalán una mancha negra. Se ilumina el vestíbulo con rotario aleteo de sombras: la cigüeña desecada, la sombrilla japonesa, las mecedoras de bambú. Sobre un plano de pared, diluídos, fugaces resplandores de un cuadro con todas las conde-* 535 *coraciones del capitán: placas, medallas, cruces. Al movimiento de la luz todo se desbarata. Chuletas de Sargento posa el quin-qué en el tercer escalón, inclinándose sobre el busto yacente, que vierte la sangre por un tajo profundo que tiene en el cuello.* El GENERAL, *por detrás de la luz, está suspenso*

540 EL CAPITÁN

No parece que el asesino se hay ensañado mucho. Con el primer viaje ha tenido bastante para enfriar a este amigo desventurado. ¡Y la cartera la tiene encima![145] Esto ha sido algún odio.

---

[144]«The big goof I made has cooled me off».

[145]ENCIMA «On him!»

282

EL GENERAL

545

Está intacto. No le falta ni el alfiler de corbata.

EL CAPITÁN

Pues será que le mataron por una venganza.

EL GENERAL

550 Habrá que dar parte.

EL CAPITÁN

Dar parte trae consigo la explotación del crimen por los periódicos ... ¡Y en verano, con censura y cerrada la plazuela de las Cortes! ...[146] Mi general, saldríamos todos en solfa.

EL GENERAL

555 Es una aberración este régimen. ¡La prensa en todas partes respeta la vida privada, menos en España! ¡La honra de una familia en la pluma de un grajo!

EL CAPITÁN

560 Sería lo más atinente desprenderse del fiambre y borrar el rastro.

EL GENERAL

¿Cómo?

EL CAPITÁN

565 Facturándolo.

EL GENERAL

¡Chuletas, no es ocasión de bromas!

EL CAPITÁN

Mi general, propongo un expediente muy aceptado en 570 Norteamérica.[147]

---

[146]Con todo el mundo oficial de veraneo, al general le faltan los instrumentos institucionales para hacer callar a la prensa.

[147]Nótese que la obra tiene lugar en la época (los años 20) en que los gángsteres norteamericanos ganaban fama mundial por sus empresas y técnicas extravagantes.

EL GENERAL
¿Y enterrarlo en el jardín?

EL CAPITÁN
Sandrán todos los vecinos con luces. Para eso mandar im-
575 primir esquelas.[148]

EL GENERAL
¿Y en el sótano?

EL CAPITÁN
Mi general, para los gustos del finado nada mejor que
580 tomarle un billete de turismo.[149] Lo inmediato es bajarlo al
sótano y lavar la sangre. Vamos a encajonarle.

EL GENERAL
¿Persistes en la machada de facturarlo?

EL CAPITÁN
585 Aquí es un compromiso muy grande para todos, mi general.
¡Para todos!

EL GENERAL
¡Qué marrajo eres, Chuletas! Vamos a bajar el cadáver al
sótano. Ya se verá lo que se hace.

590 EL CAPITÁN
El trámite más expedito es facturarlo, a estilo de
Norteamérica.

EL GENERAL
¡Y siempre en deuda con el extranjero!

---

[148]«You might just as well send out announcements».

[149]«buy him a ticket as a tourist».

**EL CAPITÁN**

Si usted prefiere lo nacional, lo nacional es dárselo a la tropa en un rancho extraordinario, como hizo mi antiguo compañero el capitán Sánchez.[150]

*La Sini, aciclonada, bajaba la escalera con un lío de ropa*
600 *atado en cuatro puntas, revolante el velillo trotero.[151]*

**LA SINI**

¡Infeliz! ¡Qué escarnio de vida![152] Me llevo una muda . . . Mandaré por el baúl . . . Aún no sé dónde voy. ¡Qué escarnio de vida! Mandaré un día de estos . . .

605         **EL CAPITÁN**

Con un puntapié vas a subir y meterte en tu alcoba, grandísima maula.[153] Mi general, permítame darle un zarandazo de los pelos.[154] ¡No la acoja! Hay que ser con este ganado muy terne. Si se desmanda, romperle la cuerna.

610         **LA SINI**

¡Qué desvarío! Si mi papá se hace el cargo, puesta la niña en el caso de pedir socorro, alguno iba a enterarse.

**EL CAPITÁN**

¡Víbora!

615   *La Sini saca un hombro con desprecio y se arrodilla a un lado del muerto por la cabecera, sobre el fondo nocturno de grillos y luciérnagas. El general y el capitán cabildean bajo la sombrilla japonesa.*

---

[150]El antecesor de Chuletas en lo de matar sargentos, del cual proviene el apodo de nuestro capitán. Véase la introducción.

[151]REVOLANTE . . . TROTERO «with her veil fluttering». La Sini trae puesto un pequeño velo de los que traen las mujeres montadas a caballo. De ahí el adjetivo «trotero».

[152]«What a dirty trick!»

[153]«you lousy fink».

[154]DARLE . . . PELOS «beat some sense into her».

620 Sinibaldo, hay que ser prudentes. Si quiere irse, que se vaya. La Dirección de Seguridad[155] se encargará de buscarla. Ahora no es posible una escena de nervios.[156] ¡Sinibaldo, prudencia! Una escena de nervios nos perdería. Yo asumo el mando en jefe.

625 LA SINI

¡Don Joselito, he de rezarle mucho por el alma! Me llevo su cartera, que ya no le hace falta. No iban esos marrajos a enterrarle con ella. ¡Qué va![157] ¡Pues que se remedie la Sini!

EL CAPITÁN

630 ¡Mi general, no puede consertirse que esa insensata se fugue del domicilio paterno con una cartera de valores!

EL GENERAL

Mañana se recupera. ¡Sería nuestra ruina una escena de nervios!

635 LA SINI

Las alhajitas tampoco las precisa. ¡Qué va! Don Joselito, he de rezarle mucho por el alma. Adiós, don Joselito. ¡No sé si voy manchada de sangre!

EL CAPITÁN

640 Mi general, imposible para el honor de un padre tolerar esta pendonada.[158]

LA SINI

¡Suéltame, Chuletas de Sargento!

EL CAPITÁN

645 Te ahogo, si levantas la voz.

---

[155]Security Police.

[156]UNA ESCENA DE NERVIOS «a big fuss».

[157]«What the hell!»

[158]«filthy trick».

### LA SINI

¡Asesino! ¡Chuletas de Sargento!

### EL GENERAL

Sinibaldo, ¿qué haces? ¡Otro crimen!

### EL CAPITÁN

650   ¡Hija malvada!

### LA SINI

¡Hija de Chuletas de Sargento!

### EL GENERAL

655   Sini, no te desboques. Las paredes son de cartón. Todo se oye fuera. Sini, que el asistente te haga una taza de tila. Tienes afectados los nervios. No faltes a tu padre. Sini, no hagas que me avergüence de quererte.

### LA SINI

660   ¡Abur y divertirse! Si algún guinda se acerca para detenerme, tened seguro que todo lo canto. Voy libre. La Sini se ha fugado al extranjero con don Joselito. ¡Abur, repito!

### EL CAPITÁN

¡Las hay maulas! ¡Esa correspondencia tienes para tu
665   padre, grandísimo pendón!<sup>159</sup>

### ESCENA CUARTA

*Una rinconcada en el café Universal: espejos, mesas de mármol, rojos divanes. Mampara clandestina. Parejas amarteladas. Entorno de un velador, rancho y bullanga, sombre-*
670   *rotes y zamaras: tiazos del ruedo manchego, meleros, cereros,*<sup>160</sup>

---

<sup>159</sup>¡LAS . . . PENDÓN! «You can't trust anybody! That's a fine way to treat your father, you lousy whore!» Véase nota 153.

<sup>160</sup>RANCHO . . . CEREROS «a gathering and its accompanying tumult, oversized rustic hats and sheepskin jackets: Bigsshots from La Mancha, dealers in honey and wax».

*tratantes en granos. Una señora pensionista y un capellán castrense se saludan de mesa a mesa. Un señorito y un pirante maricuela*[161] *se recriminan bajo la mirada comprensiva del mozo, prócer, calvo, gran nariz, noble empaque eclesiástico. La*
675 SINIBALDA, *con mantón de flecos y rasgados andares,*[162] *penetra en el humo, entre alegres y salaces requiebros de la parroquia. Se acoge al rincón más oscuro y llama al mozo con palmas.*

LA SINI

¡Café!

680
EL MOZO

¿Solo?

LA SINI

Con gotas.[163]

EL MOZO

685 Si usted quiere cambiar de mesa, me queda otra libre en el turno. Aquí, con la corriente de la puerta, estará usted mal a gusto.

LA SINI

¡Qué va! Con el calorazo que hace, la corriente se agradece.

690
EL MOZO

Pues hay quien manda parar el ventilador. ¡Vaaa![164]

*Llamaban de una peña marchosa: toreros, concejales, cha-melistas y pelmas.*[165] *El mozo se acercó con majestad eclesiástica y estuvo algunos instantes atento a las chuscadas de los*
695 *flamencos. Siempre entonado y macareno, luego de limpiar el mármol, se salió del corro para poner el servicio de café en la mesa de la Sini.*

---

[161]PIRANTE MARICUELA «a shifty-looking faggish character».

[162]RASGASOS ANDARES «sexy way of walking».

[163]Es decir, de leche.

[164]«The hell with it!»

[165]CONCEJALES . . . PELMAS «councilmen, hotshots and clods».

EL MOZO

Le ha caído usted en gracia al Manene.[166] Me ha llamado
700    porque disputan sobre quién usted sea. Les ha caído usted en
gracia, y la quieren sacar por un retrato que enseñó en la mesa
un parroquiano. ¿No será usted la misma?

LA SINI

No, señor. Yo soy muy fea para retratarme. ¿Pero cuándo
705    van a dejar de mirarme esos pelmazos?

EL MOZO

Están de broma.[167]

LA SINI

¡Cómo si en su vida hubieran visto una mujer!

710
EL MOZO

¡Que no estará usted acostumbrada a que la miren!

LA SINI

¡Asquerosos! Me parece que van a reírse de su mamasita.[168]

EL MOZO

715    No es para que usted se incomode. Son gente alegre, pero
que no falta. Están en que usted es la del retrato. ¡Verá usted
qué jarro de agua fría cuando los desengañe el Pollo de
Cartagena!

LA SINI

720    ¿Es él parroquiano?

EL MOZO

Contada la tarde que falta.[169]

---

[166]Uno de los flamencos sentados a la otra mesa. Manene es un apodo despectivo
usado por los cubanos para indicar una persona inmadura y presumida.

[167]«They're kidding around».

[168]«I think they are going to make fun of their own Momma and not me».

[169]«You can count the afternoons he is not here».

## LA SINI

A ver si asoma y concluye el choteo de esos puntos.[170] Estoy
725 esperando a un amigo que tiene la sangre muy caliente.

## EL MOZO

No habrá caso. Verá usted qué ducha cuando llegue el
Pollo.

## LA SINI

730 ¿Y ese sujeto hace novillos?[171]

## EL MOZO

Combina de mucho pote había de tener para faltar esta
tarde.[172] ¡Raro que siendo usted una hembra tan de buten,[173] no
la haya seguido alguna vez por esas calles!

735 ## LA SINI

¿Y sacado la fotografía? El punto ése verá usted que, por
darse importancia, esta tarde no viene.

## EL MOZO

Aún no es su hora.

740 ## LA SINI

Me gustaría conocerle.

## EL MOZO

Pues fijamente hoy no falta. Casual que al irse anoche
mandaba al botones a cambiarle una ficha de cinco mil beatas
745 en la caja del Círculo. Fue motivado que viendo el atortolo del
chico,[174] que es novato, mudase de idea, y me pidió sesenta
duros, cuyamente me prestó un parroquiano. ¿Qué mozo tiene
hoy sesenta duros? ¡Eso otros tiempos!

---

[170]CHOTEO . . . PUNTOS «the kidding around of those guys».

[171]«And if that guy doesn't show up?»

[172]«He'd have to be really tied up not to show up this afternoon».

[173]«first-class».

[174]EL ATORTOLO DEL CHICO «that the kid was rattled».

*Entran el andoba del organillo y un vejete muy pulcro,*
750 *vestido de negro: afeminados ademanes pedagógicos, una afec-*
*tada condescendencia de dómine escolástico. El peluquín, los*
*anteojos, el pañuelo que lleva a la garganta y le oculta el blanco*
*de la camisa como un alzacuello, le infligen un carácter santu-*
*rrón y sospechoso de mandadero de monjas. Le dicen el Sastre*
755 *Penela. En voz baja conversan con la Sini. El golfante le muestra*
*una fotografía entre cínica y amurriado.*[175]

EL GOLFANTE

El retrato de un pingo en camisa.[176] ¡Mira si te reconoces!
En la cartera del interfecto ha sido exhumado.

760 LA SINI
¡Se lo ha dado el canalla, sinvergüenza!

EL GOLFANTE
Trabajaba el endoso.[177]

LA SINI
765 Anduvo un mes encaprichado por sacarme esa fotografía.
¡El aprecio que hizo el asqueroso![178] Entre unos y otros me
habéis puesto en el pie de perderme.[179] ¡Ya nada se me da![180]
Hoy contigo . . . Mañana se acabó el conquis, pues a ganarlo
para los dos con mi cuerpo.[181] ¿Cómo estaba de parné[182] la
770 cartera?

---

[175]ENTRE . . . AMURRIADO «half cynical, half glum».

[176]PINGO EN CAMISA «a half-dressed broad».

[177]i.e., «he indorsed it on to him».

[178]«That pig was so appreciative!»

[179]«The bunch of you have damn near ruined me».

[180]«But I don't care any more!»

[181]MAÑANA . . . CUERPO «When the money is gone. I'll keep us going with my body».

[182]«dough».

¡Limpia! Este amigo me ha dado una ayuda muy superior para desmontar la pedrería del alfiler y los solitarios.[183] Como que el hombre se maneja sin herramientas. ¡Es un águila! En 775 nueve mil melopeas pignoramos el lote,[184] en la calle de la Montera.[185] Por cierto que voy a quemar la papeleta.

EL SASTRE

¡Aquí, no! ¡Prudencia! Pasa al evacuatorio.

EL GOLFANTE

780 En la cartera había documentos que en unas buenas manos son sacadineros. Dos pagarés de veinte mil pesetas con la firma del Pachá Bum-Bum. Una carta del propio invicto sujeto[186] solicitando demoras, y una ficha de juego.

LA SINI

785 De Bellas Artes. ¡Cinco mil del ala! Dámela, que hay que cobrarla, y a no tardar.

EL GOLFANTE

¿Cómo se cobra?

LA SINI

790 Presentándose en caja.

EL GOLFANTE

¡Es un paso comprometido!

LA SINI

¡Cinco mil beatas no son para dejarlas en el aire!

795 EL GOLFANTE

---

[183]Es decir, las alhajas del Pollo de Cartagena.

[184]EN . . . LOTE «We hocked it all for 9,000 pesetas».

[185]Calle céntrica de Madrid, que va de la Puerta del Sol a la Gran Vía.

[186]O sea, el mismo general Miranda.

¡Conforme! Los documentos, estoy a vueltas[187] . . . Hacerlos desaparecer es quemar un cheque al portador.[188]

EL SASTRE

Hay que operar con mucho quinqué. Los presentas tú al
800  cobro, y te ponen a la sombra. Se requieren otras circunstancias. Los que actúan en esos negocios son sujetos con muy buenas relaciones, que visitan los Ministerios. ¡El Batuco,[189] que estos tiempos ha dado los mejores golpes, tiene padrinos hasta en la Gran Peña![190] Una masonería como la de los sarasas.[191] El
805  Batuco ha puesto a modo de una agencia: ¡una oficina en toda regla! Si queréis entenderos con él, fijamente está en los billares.

EL GOLFANTE

¿No será venderse?[192]

810                      EL SASTRE

Vosotros lo pensáis y aluego resolvéis.[193] El Batuco vive de esas operaciones y su crédito está en portarse con decencia. Conoce como nadie el compromiso de ciertos negocios y puede daros una luz. Hoy todo lo hace la organización. ¡Vierais la ofi-
815  cina, montada con teléfono y máquina de escribir! . . . ¡Propiamente una agencia!

---

[187]«now I get it».

[188]O sea, un cheque firmado, y por eso cobrable.

[189]El origen del apodo de este colaborador del Sastre es discutible. Puede que provenga del verbo arcaico «batucar» que tenía uno de los sentidos de «batir»: «mover con ímpetu y fuerza una cosa» (*Diccionario de la Real Academia*). Siendo el Batuco chantajista de profesión, no parece irrazonable esta explicación etimológica.

[190]Casino de Madrid en aquella época.

[191]«A secret organization like the one the homosexuals have».

[192]«Won't we be compromising ourselves?»

[193]«Think about it, then decide for yourselves».

EL GOLFANTE

¡Mira, Penela, que la mucha gente es buena en las procesiones![194]

820 EL SASTRE

Para sacarle lo suyo a esos papeles,[195] hace falta el organismo de una agencia. ¡Son otros horizontes! ¡Ahí tienes las contratas del ramo de Guerra![196] Para ti, cero,[197] ni pensar en ello. ¡Para un organismo, ponerse las botas![198] Es su función 825 propia . . . Ahora, si vosotros tenéis otro pensamiento . . .

LA SINI

¡Tan incentiva pintura los sentidos me enajena![199] ¡Suba usted por el Batuco!

EL GOLFANTE

830 ¿Se puede uno confiar?

EL SASTRE

Hombre, yo siempre le he visto proceder como un caballero, y el asunto vuestro es un caso corriente.

EL GOLFANTE

835 Pues a no tardar.

EL SASTRE

Míralo, que baja de los billares. Don Arsenio, media palabra.

*El Batuco accede, saludando con el puro: chato, renegrido,*
840 *brisas de perfumería y anillos de jugador, caña de nudos,*

---

[194]Es decir, pero no en el chantaje.

[195]«To make those papers pay off for you».

[196]Es decir, pagarés firmados por un general del ejército.

[197]«By yourself, you'll get nothing».

[198]«With an organization, you'll hit the jackpot!»

[199]i.e., «that picture takes my breath away!»

*bombín, botas amarillas con primores. Un jastialote tosco, con hechura de picador.*[200]

EL BATUCO

¿Qué cuenta el amigo Penela?

845

EL SASTRE

Estaba con una pata en el aire para remontarme en su busca y captura.[201] Me había comprometido a relacionarle con esta interesante pareja. Tienen algunos documentos que desean negociar: cartas y pagarés de un personaje. ¿Qué dice usted?

850

EL BATUCO

Acaso se pudiera intentar alguna travesura. ¡No sé! Sin conocer el asunto es imposible aventurar una opinión . . . Hay que estudiarlo. ¿Quién es el personaje?

EL SASTRE

855 Un heroico príncipe de la Milicia.

EL BATUCO

¿Con mando?

EL SASTRE

Con mando.

860

EL BATUCO

¿Quién negocia los papeles?

EL SASTRE

Esta joven e inexperta pareja. Paseando, se han encontrado una cartera.

865

EL BATUCO

El propietario habrá dado parte a la Poli. Esos documentos de crédito en nuestras manos son papeles mojados.[202]

---

[200]UN JASTIALOTE . . . PICADOR «A thickset, coarse rustic, with the build of a picador».

[201]i.e., «I was just about to get up and go after you».

[202]i.e., «useless».

LA SINI

El propietario no ha dado parte.

870
EL BATUCO

¿Seguro?

LA SINI

Tomó el tren para un viaje que será largo, y a última hora le faltó el tiempo hasta para las despedidas.

875
EL BATUCO

Entendido. ¿Pueden verse los documentos?

EL GOLFANTE

¡Naturaca!

*El golfante saca del pecho un legajillo sujeto con una goma.*
880 *El Batuco, disimulado, hace el ojeo. Se detiene sobre una carta,*
*silabea reticente.*[203]

EL BATUCO

«La rubiales se alegrará de verle, Chuletas de Sargento cantará guajiras y tirará el pego».[204]

885
LA SINI

El viaje del andoba saltó impensadamente.

EL BATUCO

¿Muy largo, ha dicho usted?

LA SINI

890
Para una temporada.

EL BATUCO

¡Hablemos claro! ¡Esta carta es un lazo, una encerrona manifiesta! ¿Quién ha taladrado el billete al viajero? ¿No lo saben ustedes?

---

[203]Para engañar a cualquier escuchador.

[204]Véase nota 60. La guajira es una especie de canción popular cubana.

895
## LA SINI
Le dio un aire al quinqué y se apagó para no verlo.

## EL BATUCO
¡Como siempre! Y algún vivales[205] se adelantó a tomar la cartera. ¿He dado en el clavo?

900
## LA SINI
Ve usted más que un astrónomo. Usted debe predecir el tiempo.

## EL BATUCO
Me alegro de no haberme equivocado. Es caso para
905 estudiarse y meditarse . . . De gran mompori si se sabe encauzar.[206] Yo trabajo en una esfera más modesta. El negocio que ustedes traen es de los de Prensa y Parlamento. Yo soy un maleta, pero tengo buenas relaciones. Don Alfredo Toledano, el director de *El Constitucional*, me aprecia y puedo hablarle. Verá el
910 asunto, que es un águila, y de los primeros espadas.[207] Un hombre tan travieso puede amenazar con una campaña. En manos de un hombre de pluma, estos papeles son un río de oro; en las nuestras un compromiso. Ese es mi dictamen. Con la amenaza de una campaña de información periodística se puede sacar bue-
915 na tajada. ¡Don Alfredo chanela como nadie la marcha de estos negocios! Cuando la repatriación,[208] formó una sociedad. ¡Un organismo de lo más genial para la explotación de altos empleados! Si ustedes están conformes, me pondré al habla con el maestro.

920
## LA SINI
¡A no dejarlo![209]

---

[205]«hustler».

[206]DE . . . ENCAUZAR «A really big deal if one knows how to operate carefully».

[207]ESPADAS toreros.

[208]En 1898, cuando los españoles que vivían en Cuba fueron repatriados.

[209]«By all means!»

EL GOLFANTE

¿Dónde nos avistamos?

EL BATUCO

925     Aquí. ¿Hace?

EL SASTRE

Entiendo que aquí ya nos hemos lucido bastante. En todas las circunstancias de la vida conviene andarse con quinqué . . .

EL BATUCO

930     Pues pasen ustedes por la agencia, Pez,[210] 31.

LA SINI

¡A ver si hacemos changa![211]

EL BATUCO

¡Seguramente! Huyo veloz como la corza herida.[212]

EL SASTRE

935     ¡Orégano sea![213]

EL GOLFANTE

Sinibalda.

LA SINI

940     ¿Qué se ofrece?[214]

EL GOLFANTE

¿Y de la ficha, qué?

LA SINI

¡Cobrarla!

---

[210]Calle céntrica de Madrid.

[211]«Let's get the show on the road!»

[212]Un clisé poético muy usado por los modernistas.

[213]«¡Que todo te sea favorable!» La expresión lleva el temor de que algo no vaya a salir muy bien.

[214]«What's up?»

EL GOLFANTE

945  ¿Estás en ello?[215]

LA SINI

¡Naturaca!

EL GOLFANTE

950  En tus manos la dejo. Yo me najo[216] para cambiar de vitola
en el Águila.[217]

### ESCENA QUINTA

*Un mirador en el Círculo de Bellas Artes.*[218] *Tumbados en*
*mecedoras, luciendo los calcetines, fuman y bostezan tres señores*
955  *socios: un viejales camastrón, un goma quitolis*[219] *y el chulapo*
*ayudante en el tapete verde. Se oye la gresca del billar, el restallo*
*de los tacos, las súbitas aclamaciones. El viejales camastrón, con*
*los lentes de oro en la punta de la nariz, repasa los periódicos.*
*Filo de la acera encienden sus faroles los simones. Pasa la calle*
960  *el campaneo de los tranvías y el alarido de los pregones.*

PREGONES

*¡Constitucional! ¡Constitucional! ¡Constitucional! ¡Clamor*
*de la Noche! ¡Corres!*[220] *¡Heraldo! ¡El Constitucional,* con los
misterios de Madrid Moderno!

---

[215]«You're going to do it?»

[216]«I'm off».

[217]Almacenes de Madrid en aquel entonces.

[218]Este club existía en Madrid (y sigue existiendo), y lo frecuentaba el propio
Valle-Inclán.

[219]GOMA QUITOLIS «a naive 'dude'».

[220]*La Correspondencia de España,* nombre de un diario madrileño.

965 **EL CAMASTRÓN**

¡Cerrojazo de Cortes, crimen en puerta![221] ¡Señores, qué manera de hinchar el perro![222]

**EL QUITOLIS**

¿Cree usted una fantasía la información de *El*
970 *Constitucional*?

**EL CAMASTRÓN**

Completamente. ¡La serpiente de mar que se almuerza a un bañista todos los veranos! ¡Las orgías de Madrid Moderno! ¿Ustedes creen en esas saturnales con surtido de rubias y
975 morenas?

**EL CHULAPO**

No las llamemos saturnales, llamémoslas juergas. Ese antro de locura será alguna Villa-Laura o Villa-Ernestina.[223]

**EL CAMASTRÓN**

980 ¿Y ese personaje?

**EL CHULAPO**

Cualquiera. Uno de tantos beneméritos carcamales que le paga a la querida un hotel a plazos.

**EL QUITOLIS**

985 La información alude claramente a una ilustre figura, que ejerció altos mandos en Ultramar.

**EL CHULAPO**

¡Ultramar! Toda la baraja de generales.

---

[221] «No sooner do they close up the Cortes, there's crime at the door!»

[222] «blowing things up all out of proportion!»

[223] Fue práctica (y sigue existiendo hoy en día) el poner a la casa el nombre de la mujer que reinaba dentro.

#### EL QUITOLIS

990    No lo será, pero quien tiene un apaño[224] en Madrid Moderno
. . .

#### EL CAMASTRÓN

¿Con una rubia? Es indispensable el agua oxigenada.[225] Vea usted los epígrafes: «La rubia opulenta! ¿Corresponden las
995    señas?»

#### EL QUITOLIS

Sí, señor, corresponden.

#### EL CAMASTRÓN

Pues ya sólo falta el nombre del tío cachondo[226] para que
1000    decretemos su fusilamiento.

#### EL QUITOLIS

La alusión del periódico es diáfana.

#### EL CAMASTRÓN

¡Seré yo ciego!

1005    #### EL CHULAPO

Yo creo que todos menos usted la hemos entendido.

#### EL CAMASTRÓN

Son ustedes unos linces.

#### EL CHULAPO

1010    Y usted un camándulas. Usted sabe más de lo que dice *El Constitucional.*

#### EL CAMASTRÓN

Yo no sé nada. Oigo verdaderas aberraciones y me abstengo de darles crédito.

---

[224]QUIEN . . . APAÑO «someone who's a big wheel».

[225]«peroxide», líquido que se usaba para hacer rubio el pelo, blanqueándolo.

[226]«guy with hot pants».

1015                                  EL CHULAPO

Sin darles crédito y como tales hablillas, usted no está tan en la higuera.[227] Usted guarda un notición estupendo. ¡Tiemble usted que se lo pueden escacharrar![228] Se le ha visto en muy buena compañía. ¡Una rubia opulenta!

1020                                EL CAMASTRÓN

Rubias opulentas hay muchas. La que yo saludé aquí esta tarde, sin duda lo es.

                                  EL CHULAPO

Parece que a esa gachí le rinde la armas un invicto
1025 Marte.[229]

                                 EL CAMASTRÓN

¡Es usted arbitrario!

                                 EL CHULAPO

¡La chachipé![230]

1030                                EL CAMASTRÓN

Y aun cuando así sea. ¿Qué consecuencias quiere usted deducir?

                                 EL CHULAPO

Ninguna. Señalar coincidencias.

1035                                EL CAMASTRÓN

Muy malévolamente. Otros muchos están en el caso de Agustín Miranda.[231] Un solterón con una querida rubia. ¡Van ustedes demasiado lejos!

---

[227]EN LA HIGUERA «out of touch».

[228]¡TIEMBLE . . . ESCACHARRAR! «Be careful they don't spoil it for you!»

[229]«a victorious warrior has surrendered his arms to a broad».

[230]i.e., la verdad.

[231]Nuestro general. Aquí se menciona por primera vez su nombre de pila.

*Se acerca un babieca[232] fúnebre, alto, macilento. La nuez*
1040 *afirmativa, desnuda, impúdicamente despepitada, incrusta un*
*movimiento de émbolo entre los foques del cuello.[233] El lazo de la*
*chalina, vejado, deshilachado, se abolla con murria de filósofo*
*estoico a lo largo de la pechera.[234] La calva aparatosa con orla de*
*melenas, las manos flacas, los dedos largos de organista, razo-*
1045 *nan su expresión anómala y como deformada, de músico fugado*
*de una orquesta. Toda la figura diluye una melancolía de vals,*
*chafada por el humo de los cafés, el roce de los divanes,[235] las*
*deudas con el mozo, las discusiones interminables.*

EL BABIECA

1050    ¡La gran noticia!

EL CHULAPO

¡Ya se la escacharraron a don Paco![236] No hay nada secreto.
¡Ya se la escacharraron!

EL BABIECA

1055    ¿Han leído ustedes la información de *El Constitucional*?
¿Saben cuáles son los nombres verdaderos?

EL CHULAPO

No es difícil ponerlos.

EL BABIECA

1060    ¿Saben ustedes que la rubia estuvo aquí esta tarde?

---

[232]«one who isn't with it (i.e., a clod)».

[233]LA NUEZ . . . CUELLO «His prominent Adam's apple, naked and immodestly bouncing around, inlays the movement of a piston between the points of his stiff collar».

[234]EL LAZO . . . PECHERA «The strings of his stringed bowtie, already abused and frayed, get bumped around the front of his shirt with the melancholy of a Stoic philosopher».

[235]A lo largo de la paredes de los cafés.

[236]El Camastrón, que no ha querido admitir la verdad que ven sus compañeros detrás de los epígrafes.

EL CHULAPO

Ya lo sabemos.

EL BABIECA

¿Y que cobró en la caja una ficha de cinco mil beatas?

1065 EL QUITOLIS

¿Pago de servicios? Yo no estaba tan enterado. ¡Cinco mil del ala! . . .

EL BABIECA

Hay otra versión más truculenta.

1070 EL CHULAPO

¡Olé!

EL BABIECA

¡Que le dieron pasaporte al Pollo de Cartagena!

EL CHULAPO

1075 ¿Don Joselito? ¡Si acabo de verle en los billares!

EL BABIECA

Imposible. Nadie le ha visto desde ayer tarde.

EL CHULAPO

¿Está usted seguro? ¿A quién, entonces, he saludado yo en
1080 los billares?

EL BABIECA

Don Joselito llevaba precisamente una ficha de cinco mil
pesetas. La única que faltaba al hacer el recuento.

EL CHULAPO

1085 ¿Es la que cobró la rubia?

EL BABIECA

Indudablemente.

EL CAMASTRÓN

¡Don Joselito estará con una trúpita!

**EL QUITOLIS**
Eso no se me había ocurrido.

**EL CAMASTRÓN**
*El Constitucional* le había sugestionado a usted la idea del crimen.

1095                    **EL QUITOLIS**
¡A ver si resulta todo ello una plancha periodística!

**EL CAMASTRÓN**
Verán ustedes cómo nadie exige responsabilidades.

*Entra un chisgarabís:[237] frégoli,[238] monóculo, abrigo al*
1100 *brazo; fuma afectadamente en pipa. Es meritorio en la redacción*
*de «El Diario Universal». El Conde de Romanones,[239] para pre-*
*miar sus buenos oficios, le ha conseguido una plaza de ama de*
*leche en la Inclusa.[240]*

**EL REPORTER**
1105        ¡La gran bomba! Voy a telefonear a mi periódico. Se ha verificado un duelo en condiciones muy graves entre el general Miranda y don Joselito Benegas.[241]

**EL CHULAPO**
¿Por la rubia?

1110                    **EL REPORTER**
Eso se cuenta.

---

[237]«an impertinent meddler».

[238]«full of affectations».

[239]Don Álvaro de Figueroa (1863-1950), muchas veces ministro de los gobiernos liberales, director de muchas empresas mercantiles, y hombre de importancia en la vida pública y cultural.

[240]Conocida casa de expósitos, donde se recogen y crían los niños abandonados.

[241]i.e., el Pollo de Cartagena. El intenso desprecio de Valle-Inclán por las chabacanerías de la prensa española se manifiesta también en *Luces de Bohemia* (escena vii), pero lo absurdo de este repórter no tiene igual.

EL CAMASTRÓN

¿Usted nos dirá quién es el muerto? ¿Porque, seguramente, habrá un muerto? ¡Acaso dos!

EL REPORTER

¡No se atufe usted conmigo! Soy eco opaco de un rumor.

EL CAMASTRÓN

Acabe usted.

EL REPORTER

1120 En la timba decían algunos que don Joselito estaba agonizando en un hotel de Vicálvaro.[242]

EL CAMASTRÓN

Esos ya quieren llevarse el suceso al distrito de Canillejas.[243] ¡Señores, no hay derecho! ¡Formemos la liga Pro 1125 Madrid Moderno! Afirmemos el folletín del hombre descuartizado y la rubia opulenta. ¡Ese duelo es una comedia casera! No admitamos esa ñoñez. El descuartizado y la rubia se nos hacen indispensables para pasar el verano.

EL CHULAPO

1130 Bachiller, ¿qué dicen en Teléfonos[244] de la información de *El Constitucional*?

EL REPORTER

Para empezar, demasiado lanzada . . . De no resultar un éxito periodístico, pueden fácilmente tirarse una plancha . . . Sin 1135 embargo, algunos compañeros que han interrogado a los vecinos del hotel obtuvieron datos muy interesantes. Un vigilante de consumos[245] asegura haber visto a la rubia, que escapaba con un gatera. Y son varios los vecinos que afirman haber oído voces pidiendo socorro.

---

[242]Barrio de Madrid hacia el este.

[243]Barrio hacia el nordeste de Madrid.

[244]i.e., en la Dirección General de Comunicaciones.

[245]Agente que vigila la venta y el consumo de géneros sujetos a impuestos.

1140

**EL CAMASTRÓN**

¿Pero no sostenía a la rubia un Marte ultramarino? Veo mucha laguna.

**EL QUITOLIS**

Indudablemente.

1145

**EL CHULAPO**

¿Y se cree que haya habido encerrona?

**EL REPORTER**

Me abstengo de opinar . . . La maledicencia señala a un invicto Marte. Todo el barrio coincide en afirmarlo.

1150

**EL QUITOLIS**

Allí habrá caído como una bomba la información de *El Constitucional*.

**EL REPORTER**

Allí saben mucho más de lo que cuenta el periódico.

1155

**EL CAMASTRÓN**

¡El hombre descuartizado! ¡Se nos presenta un gran verano!

*Irrumpe rodante y estruendosa la bola del mingo,[246] y dos jugadores en mangas de camisa aparecen blandiendo los tacos. Vociferan, se increpan. Los pregones callejeros llegan en ráfagas.*

1160

**PREGONES**

*¡El Constitucional! ¡Constitucional! ¡Constitucional!* ¡Clamor de la noche! ¡Corres! ¡Heraldo! *¡El Constitucional*, con los misterios de Madrid Moderno!

---

[246]BOLA DE MINGO «billiard ball».

1165     *Un salón con grandes cortinajes de terciopelo rojo,*
*moldurones y doradas rimbombancias. Lujo oficial con cargo al*
*presupuesto. Sobre una mesilla portátil, la botella de whisky, el*
*sifón y dos copas. El vencedor de Periquito Pérez, a medios pelos,*
*en mangas de camisa, con pantalón de uniforme, fuma tumbado*
1170 *en una mecedora, y alterna algún requerimiento a la copa.*
*Detrás, el asistente, inmóvil, sostiene por los hombros la guerre-*
*ra de su excelencia. Asoma el capitán* CHULETAS DE SANGENTO.

EL CAPITÁN
¿Hay permiso, mi general?

1175                      EL GENERAL
Adelante.

EL CAPITÁN

¿Ha leído usted *El Constitucional* de esta noche? ¡Una
1180 infamia!

EL GENERAL
Un chantaje.

EL CAPITÁN
Si usted me autoriza, yo breo de una paliza al director.

1185                      EL GENERAL
Sería aumentar el escándalo.

EL CAPITÁN
¿Y qué se hace?

EL GENERAL
1190     Arrojarle un mendrugo. En estos casos no puede hacerse
otra cosa . . . Las leyes nos dejan indefensos ante los ataques de
esos grajos inadaptados. Necesitamos un diplomático y usted no
lo es. ¡Chuletas, estoy convencido de que vamos al caos! Esta
intromisión de la gacetilla en el privado de nuestros hogares es
1195 intolerable.

308

#### EL CAPITÁN
¡La protesta viva del honor militar se deja oír en todas partes!

#### EL GENERAL
1200    Sinibaldo, saldremos al paso de esta acción deletérea. Las Cámaras y la Prensa son los dos focos de donde parte toda la insubordinación que aqueja, engañándole, al pueblo español. Siempre he sido enemigo de que los organismos armados actúen en política; sin embargo, en esta ocasión me siento impulsado a
1205  cambiar de propósito. Necesitamos un diplomático y usted no lo es. Toque usted el timbre. ¿Y el fiambre?

#### EL CAPITÁN
Encajonado, pero sin decidirme a facturarlo.

*Un oficial con divisas de ayudante asomó rompiendo corti-*
1210 *nas, y quedó al canto, las acharoladas botas en compás de cua-*
*renta y cinco grados.*

#### EL AYUDANTE
¡A la orden, mi general!

#### EL GENERAL
1215    A Totó[247] necesitaba. ¿Qué hace Totó?

#### EL AYUDANTE
Tomando café.

#### EL GENERAL
Dígale usted que se digne molestarse.

1220               EL AYUDANTE
¿Eso no más, mi general?

---

[247]Nombre infantil formado por los nenes mediante la repetición de una sola sílaba.

EL GENERAL

Eso no más. Póngase usted al teléfono y pida comunicación con el cuartel de San Gil.[248] Que pase un momento a conferen-
1225 ciar conmigo el coronel. Quedo esperando a Totó. Puede usted retirarse.

EL AYUDANTE

¡A la orden, mi general!

EL CAPITÁN
1230 ¡El fiambre en el sótano es un compromiso, mi general!

EL GENERAL

¡Y gordo![249]

EL CAPITÁN

¡Mi general, hay que decidirse y montar a caballo![250]

1235 EL GENERAL

Redactaré un manifiesto al país. ¡Me sacrificaré una vez más por la Patria, por la Religión y por la Monarquía![251] Las figuras más ilustres del generalato y jefes con mando de tropas celebramos recientemente una asamblea . . . Faltó mi aquies-
1240 cencia. ¡Con ella ya se hubiera dado el golpe!

EL CAPITÁN

El golpe sólo puede darlo usted.

EL GENERAL

Naturalmente, yo soy el único que inspira confianza en las
1245 altas esferas. Allí saben que puedo ser un viva la virgen,[252] pero

---

[248]Cuartel históricamente auténtico.

[249]«A whopper!»

[250]i.e., «rise to the occasion like a good army officer and take over the Government».

[251]Variante del famoso lema de los tradicionalistas: «Dios, Patria y Rey», y paráfrasis de unas palabras pronunciadas por el propio general Primo de Rivera.

[252]«a playboy».

que soy un patriota y que sólo me mueve el amor a las instituciones. Eso mismo de que soy un viva la virgen prueba que no
me guía la ambición, sino el amor a España. Yo sé que esa frase
ha sido pronunciada por una Augusta Persona.[253] ¡Un viva la
1250 virgen, señora,[254] va a salvar el trono de San Fernando![255]

EL CAPITÁN
Mi general, usted, si se decide y lo hace, tendrá estatuas en
cada plaza.

EL GENERAL
1255    ¡Me decido, Chuletas! ¡Estoy decidido! Pero no quiero
perturbar la vida normal del país con una algarada revolucionaria. No montaré a caballo. Nada de pronunciamientos con sargentos que ascienden a capitanes. Una acción consciente y orgá-
nica de los cuadros de Jefes. Que actúen los núcleos profesiona-
1260 les de la Milicia. ¡Hoy no puede contarse con el soldado ni con el
pueblo![256]

EL CAPITÁN
¡El soldado y el pueblo están anarquizados!

*Totó aparece en la puerta: rubio oralino,[257] pecoso, menudo.*
1265 *Un dije escarlata con el uniforme de los Húsares de Pavía.[258]*

TOTÓ
¡A la orden, mi general!

---

[253]La reina de España, doña Victoria, había acusado al general Primo de Rivera
de ser un bohemio. Véase Cardona y Zahareas, *Visión del esperpento*, pág. 209.

[254]La reina doña Victoria.

[255]Rey del siglo XIII que reunió en definitiva las coronas de Castilla y León y
ganó grandes victorias sobre los moros en Andalucía (1199-1252).

[256]El hecho es que el general no podría de ningún modo conseguir el apoyo del
ejército fuera de los sedentarios cuerpos de la Milicia.

[257]ORALINO «artificially colored».

[258]Tipo de caballería de origen húngaro notada por su vistoso uniforme. Pavía
es una ciudad del norte de Italia.

EL GENERAL

Totó, vas a lucirte en una comisión. Ponte al teléfono y pide
1270 comunicación con el director de *El Constitucional*. ¿Estás
enterado del derrote que me tiran?

TOTÓ

¡Y no me explico lo que van buscando! . . . Si no es una
paliza . . .

1275                                EL GENERAL
Dinero.

TOTÓ

Pero usted los llevará a los Tribunales. Un proceso por difa-
mación.

1280                                EL GENERAL

¿Un proceso ahora, cuando medito la salvación de España?
En estos momentos me debo por entero a la Patria. Tengo un
deber religioso que cumplir. ¡La salud pública reclama un Directorio Militar! Mi vida futura está en ese naipe. Hay que acallar
1285 esa campaña insidiosa. Ponte al habla con el director de *El
Constitucional*. Invítale a que conferencie conmigo.

TOTÓ

El brigadier Frontaura[259] espera que usted le reciba, mi
general.

1290                                EL GENERAL
Que pase.

TOTÓ

Mi brigadier, puede usted pasar.

EL BRIGADIER
1295  ¡He leído *El Constitucional*! ¡Supongo que necesitas padrinos para esa cucaracha!

---

[259]Apellido que significa la frente del toro.

312

#### EL GENERAL

Fede,[260] yo no puedo batirme con un guiñapo. ¡Ladran por un mendrugo! ¡Se lo tiro!

1300
#### EL BRIGADIER

¡Eres olímpico!

#### EL GENERAL

Aprovecho la ocasión para decirte que he renunciado mi empleo de pararrayos del actual Gobierno.

1305
#### EL BRIGADIER

Algo sabía.

#### EL GENERAL

Pues eres el primero a quien comunico esta resolución.

#### EL BRIGADIER

1310 Los acontecimientos están en el ambiente.

#### EL GENERAL

Si ha de salvarse el país, si no hemos de ser una colonia extranjera, es fatal que tome las riendas el Ejército.

#### EL BRIGADIER

1315 No podías sustraerte. Me parece que más de una vez hemos discutido tu apoyo al actual Gobierno.

#### EL GENERAL

Pero yo no quiero dar el espectáculo de un pronunciamiento isabelino.[261]

1320 *El ayudante asoma de nuevo entre cortinas, la mano levantada a los márgenes de la boca,[262] las botas en ángulo.*

---

[260]Expletivo vulgar por el excremento.

[261]Aquellas frecuentes declaraciones de los generales de la época de Isabel II (1833-1868) por las cuales asumían arbitrariamente las riendas del gobierno.

[262]Como hablando en secreto.

**EL AYUDANTE**

Una Comisión de jefes y oficiales desea conferenciar con vuecencia.

1325 **EL GENERAL**

¿Ha dicho usted una Comisión de jefes y oficiales? ¿Quién la preside?

**EL AYUDANTE**

El coronel Camarasa.[263]

1330 **EL GENERAL**

¿Por qué Camarasa?

**EL AYUDANTE**

Acaso como más antiguo.

**EL GENERAL**

1335 ¿Viene sobre el pleito de recompensas?

**EL AYUDANTE**

Seguramente, no. Paco Prendes, a medias palabras, me dijo que la idea surgió al leer la información de *El Constitucional*. Se pensó en un desfile de jefes y oficiales. Luego se desistió, acor-
1340 dándose que sólo viniese una representación.

**EL GENERAL**

Hágalos usted pasar. Me conmueve profundamente este rasgo de la familia militar. ¡Mientras la honra de cada uno sea la honra de todos, seremos fuertes!

1345 *El general se abrochaba la guerrera, se ajustaba el fajín, se miraba las uñas y la punta brillante de las botas. El ayudante, barbilindo, cuadrado, la mano en la sien, se incrustaba en un quicio de la puerta, dejando pasar a la Comisión. El coronel Camarasa, que venía al frente, era pequeño, bizco, con un gesto*
1350 *avisado y chato de faldero con lentes: se le caían a cada momento.*

---

[263]Coronel «Flatbed».

314

EL CORONEL CAMARASA

Mi general, la familia militar ha visto con dolor, pero sin asombro, removerse la sentina de víboras y asestar su veneno sobre la honra inmaculada de Su Excelencia. Se quiere distraer al país con campañas de escándalo. Mi general, la familia militar llora con viriles lágrimas de fuego la mengua de la Patria. Un Príncipe de la Milicia no puede ser ultrajado, porque son uno mismo su honor y el de la Bandera. El Gobierno, que no ha ordenado la recogida de ese papelucho inmundo . . .

EL GENERAL

La ha ordenado, pero tarde, cuando se había agotado la tirada. No puede decirse que tenga mucho que agradecerle al Gobierno. ¡Si por ventura no es inspirador de esa campaña! El Presidente, con quien he conferenciado esta mañana, conocía mi resolución de dar un manifiesto al país. Entre ustedes, alguno sabe de este asunto tanto como yo. Señores, el Gobierno, calumniándome, cubriéndome de lodo, quiere anular el proyectado movimiento militar. Tengo que hablar con algunos elementos. Si los amigos son amigos, ésta será la última noche del Gobierno.

EL CORONEL CAMARASA

¡Mi general, mande usted ensillar el caballo!


ESCENA ÚLTIMA

*Una estación de ferrocarril: Sala de tercera. Sórdidas mugres. Un diván de gutapercha vomita el pelote del henchido. De un clavo cuelgan el quepis y la chaqueta galoneada de un empleado de la vía. Sórdido silencio turbado por estrépitos de carretillas y silbatadas, martillos y flejes. En un silo de sombra, la pareja de dos bultos cuchichea. Son allí el* GOLFANTE *del organillo y la* SINIBALDA.

LA SINI
¡Dos horas de retraso! ¡Hay que verlo![264]

EL GOLFANTE
1385    Presentaremos una demanda de daños a la Compañía.

LA SINI
¡Asadura![265]

EL GOLFANTE
¿Por qué no?

LA SINI
1390    ¡Te arrastra![266]

EL GOLFANTE
¡Dos horas dices! . . . ¡Pon cuatro!

LA SINI
1395    ¡Y eso se consiente!

EL GOLFANTE
¡Que acabarás por pedir el libro de reclamaciones!

LA SINI
¡Dale con la pelma![267] ¡Después de tantos afanes, que ahora
1400    nos echen el guante! . . . ¡Estaría bueno!

EL GOLFANTE
¡Y todo puede suceder!

LA SINI
¡Qué negras entrañas tienes!

---

[264] «Isn't that something!»

[265] «Nonsense!»

[266] «Don't be presumptuous!»

[267] «Damn that slow-poke!»

1405     *Llegan de fuera marciales acordes. Una compañía de pistolos con bandera y música penetra en el andén. Un zanganote[268] de blusa azul, quepis y alpargatas, abre las puertas de la sala de espera. El Coronel, que viste de gala[269] con guantes blancos, obeso y ramplón, besa el anillo a un señor Obispo. Su Ilus-*
1410 *trísima le bendice, agitanado y vistoso en el negro ruedo de sus familiares. Sonríe embobada la Comisión de Damas de la Cruz Roja. Pueblan el andén chisteras y levitas de personajes: muchos manteos, fajines y bandas. Los repartidos corros promueven rumorosas mareas de encomio y plácemes. El humo de una*
1415 *locomotora que maniobra en agujas infla todas las figuras alineadas al canto del andén, llena de aire los bélicos metales de figles y trombones, estremece platillos y bombos, despepita cornetines y clarinetes. Llega el tren real.*

LA SINI

1420     ¡Si no pensé que todo este aparato era para nosotros!

EL GOLFANTE

Demasiada goma.[270] Hay que hacerse cargo.

LA SINI

Ya me vi con esposas, entre bayonetas.

1425 EL GOLFANTE

    Menudo pisto que ibas a darte.[271] Nada menos que una compañía con bandera. ¡Ni que fueses la Chata![272]

LA SINI

¡Pues no has estado tú sin canguelo![273]

---

[268]«A first-class loafer».

[269]QUE VISTE DE GALA «in full regalia».

[270]«You're up tight».

[271]«You must think you're pretty important».

[272]Apodo popular de la Infanta Isabel, tía del rey don Alfonso XIII.

[273]i.e., sin miedo.

1430

EL GOLFANTE

¡Qué va!

LA SINI

Ver cómo perdías el rosicler fue lo que más me ha sobresaltado.

1435

EL GOLFANTE

¿Qué perdí el color?

LA SINI

¡Y tanto!

EL GOLFANTE

1440 ¡Habrá sido a causa de mis ideas! Las pompas monárquicas son un agravio a la dignidad ciudadana.

LA SINI

¡Ahora sales con esa petenera!

EL GOLFANTE

1445 ¡Mis principios!

LA SINI

¡Y un jamón![274]

EL GOLFANTE

Vamos a verle la jeta al Monarca.

1450 *En el andén, una tarasca pechona y fondona[275] leía su discurso frente al vagón regio. Una doña Simplicia,[276] delegada del Club Fémina,[277] presidenta de las Señoras de San Vicente y de las Damas de la Cruz Roja, hermana mayor de las Beatas Cate-*

---

[274]«Baloney!»

[275]«a big-bosomed, broad-beamed old bag».

[276]Nombre despreciativo formado, claro está, del adjetivo «simple».

[277]Después de la primera guerra mundial fue especialmente agresivo el movimiento de la liberación femenina, llamado entonces el Feminismo.

*quistas de Orbaneja.*[278] *La tarasca infla la pechuga buchona,*
1455 *resplandeciente de cruces y bandas, recoge el cordón de los lentes,*
*tremola el fascículo de su discurso.*

DOÑA SIMPLICIA
Señor:[279] Las mujeres españolas nunca han sido ajenas a
los dolores y angustias de la Patria. Somos hijas de Teresa de
1460 Jesús, María Pita, Agustina de Aragón y Mariana Pineda.[280]
Como ellas sentimos, e intérpretes de aquellos corazones acriso-
lados, no podemos menos de unirnos a la acción regeneradora
iniciada por nuestro glorioso Ejército. ¡Un Príncipe de la Milicia
levanta su espada victoriosa y sus luces[281] inundan los cora-
1465 zones de las madres españolas! Nosotras, ángeles de los
hogares, juntamos nuestras débiles voces al himno marcial de
las Instituciones Militares. ¡Señor, en unánime coro os ofrece-
mos nuestras fervientes oraciones y los más cordiales impulsos
de nuestras almas, fortalecidas por la bendición de la Iglesia,
1470 Madre Amantísima de vuestra Dinastía! Como antaño el estudiante de las aulas salmantinas alfombraba con el roto manteo
el paso de su dama,[282] nosotras alfombramos vuestro paso con
nuestros corazones. ¡Vuestros son, tomadlos! ¡Ungido por el

---

[278]Lugar imaginario cuyo nombre sacó Valle-Inclán de la pintura. En el arte,
Orbaneja es un personaje proverbial que simboliza a los malos pintores.

[279]Muchos de los clisés de este discurso, que resultan tan absurdos en las manos
de Valle-Inclán, provienen de unas declaraciones verdaderas del general Primo de
Rivera. Véase el libro de Cardona y Zahareas sobre el esperpento, pág. 209.

[280]Además de la famosa Santa Teresa de Jesús, doña Simplicia evoca con cierta
incongruencia los nombres de tres defensoras militares de la libertad de la patria:
María Pita, heroína gallega durante el sitio de La Coruña por los ingleses en 1589;
Agustina de Aragón, que luchó heroicamente contra los ejércitos de Napoleón durante
el sitio de Zaragoza en 1808; y Mariana Pineda, la activista granadina en el
movimiento liberal contra la tiranía de Fernando VII, que fue condenada a muerte en
1831.

[281]Luces que son en efecto alcohólicas, según lo ha dicho Valle-Inclán al
presentarnos al «vencedor de Periquito Pérez». Véase escena ii.

[282]Este equivalente al galante episodio de Sir Walter Raleigh con la reina Isabel
de Inglaterra no lo encontramos en ninguna obra específica. Puede que Doña
Simplicia aproveche una leyenda hispánica tan seudohistórica como la anglosajona.

derecho divino, simbolizáis y encarnáis todas las glorias patrias!
1475 ¿Cómo negaros nada, diga lo que quiera Calderón?[283]

*El Monarca, asomado por la ventanilla del vagón, contraía*
*con una sonrisa belfona la carátula de unto,*[284] *y picardeaba los*
*ojos pardillos*[285] *sobre la delegación de beatas catequistas. Aplau-*
*dió, campechano, el final del discurso, sacando la figura alom-*
1480 *brigada*[286] *y una voz de caña hueca.*

### EL MONARCA
Ilustrísimo señor Obispo; Señoras y Señores: las muestras
de amor que en esta hora recibo de mi pueblo son, sin duda, la
expresión del sentimiento nacional, fielmente recogido por mi
1485 Ejército. Tened confianza en vuestro Rey. ¡El antiguo Régimen
es un fiambre, y los fiambres no resucitan!

### VOCES
¡Viva el Rey! ¡Viva España! ¡Viva el Ejército!

### SU ILUSTRÍSIMA
1490 ¡Viva el Rey Católico de España!

### UNA BEATA
¡Católico y simpático!

### DOÑA SIMPLICIA
¡Viva el Rey intelectual! ¡Muera el ateísmo universitario!

1495 ### UN PATRIOTA
¡Viva el Rey con todos los atributos viriles!

### EL PROFESOR DE HISTORIA
¡Viva el nieto de San Fernando!

---

[283]Véase *El Alcalde de Zalamea*, jornada I, esc. xviii, donde Pedro Crespo
declara: «Al Rey la hacienda y la vida Se ha de dar; pero el honor/Es patrimonio del
alma,/Y el alma sólo es de Dios».

[284]CONTRAÍA . . . UNTO «was contracting his face with a blobber-lipped smile,
as if it were a mask made of grease».

[285]PICARDEABA . . . PARDILLOS «his drab eyes were flitting about».

[286]«as if eaten by worms».

1500 ¡Viva el regenerador de la sociedad!

LA SINI

¡Don Joselito[287] de mi vida, le rezaré por el alma! ¡Carajeta, si usted no la diña, la hubiera diñado la Madre Patria![288] ¡De risa me escacho![289]

1505 *El tren real dejaba el andén, despedido con salvas de aplausos y vítores. Doña Simplicia derretíase recibiendo los plácemes del señor Obispo. Un reporter metía la husma, solicitando las cuartillas del discurso para publicarlas en* El Lábaro[290] *de Orbaneja.*

(versión de 1930)

---

[287]i.e., el Pollo de Cartagena.

[288]«By George, if *you* hadn't died, our beloved *country* would have!». («By George» is a euphemism.)

[289]«I'm doubled over!» Compárese «It breaks me up!».

[290]Al dar un nombre al periódico de Orbaneja, Valle-Inclán no puede menos de aportar una última gota de ironía esperpéntica. El lábaro fue el estandarte de los emperadores romanos, en el cual mandó bordar Constantino la cruz y el monograma de Cristo.

# VII. CRÍTICA Y RENOVACIÓN

Bien sé que para igualar nuestra patria con otras naciones es preciso cortar muchos ramos podridos de este venerable tronco, ingerir otros nuevos y darle un fomento contínuo; pero no por eso le hemos de aserrar por medio, ni cortarle las raíces, ni menos me harás creer que para darle su antiguo vigor es suficiente ponerle hojas postizas y frutos artificiales.

José de Cadalso (siglo XVIII)

Como ocurre en tantos otros aspectos de la obra del 98, la falta de cohesión colectiva y la divergencia de orientaciones y perspectivas no excluyen la presencia en sus miembros de aspectos de la modernidad y, en lo concerniente a este séptimo apartado de la antología, la existencia de ciertas afinidades estrechas en su modo de ver la realidad española del presente, ni la de afinidades en el ideal de la España futura que se encuentra implícito en su visión de la actualidad. Todos los noventayochistas son disidentes angustiados que articulan un descontento profundo con el estado de las cosas, un descontento y una articulación, es preciso notar una vez más, ya claramente existentes antes de 1898. La imagen de la vida nacional moderna que proyectan es vigorosamente negativa, a pesar de la aparición de una que otra apología tardía que tiende a suavizar su crítica anterior. Como ya queda dicho, esta actitud negativa no proviene de ningún partidismo político, ni del deseo pragmático de criticar programas específicos con el fin de sustituirlos por otros. La hostilidad noventayochista es más bien sistemática e intelectual. Se dirige al país como una entidad nacional, a su carácter y espíritu, sus instituciones, dirección ideológica, nivel de cultura, valores estéticos, etc.—en fin, a toda la problemática gama de la tan proclamada inferioridad de la vida española, que toman todos ellos por fruto de una lastimable trayectoria de más de tres siglos. La disidencia y la crítica no se originan, pues, en dogmas, sino en ese ya mencionado «amor amargo» por la patria, sentido por unos vigorosos patriotas intelectuales que se encuentran hartos de mentiras, de exclusivismos y de la retórica hueca de un país indiferente ante su propia sustancia de nación europea.

Hacia mediados de los años noventa (1895-97) ya había sonado una nota clave del ideario noventayochista: España sufre de una crisis de voluntad, llámese abulia (Ganivet), parálisis (Maeztu), o uno de los múltiples términos—sopor, marasmo, etc.—que emplea Unamuno para describir el mismo fenómeno patológico. La nación se contenta con vivir sin más iniciativa creadora que los rutinarios horizontes fomentados por la cínica dirección caciquista de los partidos políticos, el liberal y el conservador. En este estado de abulia queda aniquilada toda capacidad para poner en tela de juicio la situación vigente. El problema de España, dice Maeztu («La obra de 1898»), es «no preguntar», o sea, no reconocer lo problemático. La falta de instinto crítico se derrama para ahogar hasta la juventud, fuente tradicional del espíritu de rebeldía. Agotadas las energías nacionales, la voz acusadora de la juventud degenera en mero comentario de café, ya que los jóvenes se encuentran intimidados por sus mayores y tragados por el sistema. Y así la juventud termina por plegarse a los intereses creados por los viejos. Si para Maeztu está paralizada la juventud, para Unamuno simplemente no existe. Para recrearla, y en realidad para la renovación de todo el país, el «programa» colectivo del 98 exige energía, trabajo, ciencia, crítica, iniciativa, acción, lucha. Henos aquí ante un ejemplo del activismo practicado por los del 98: un esfuerzo agresivo tendente a despertar la voluntad nacional.

La melancolía que atribuye Azorín a Joaquín Costa ante la imposibilidad de europeizar a España («La melancolía incurable del señor Costa») puede que sea más propia del mismo Azorín que de Costa; pero la idea de la europeización y el deseo de llevarla a cabo pertenecen a todos, tanto a los escritores del 98 como al propio Costa. Los noventayochistas no abogan por la imitación de otros países de europa—esto ya había ocurrido a lo largo del siglo XIX con poco éxito —, ni mucho menos por el mero desarrollo económico que traiga a España los perfeccionamientos materiales ya logrados por otros. Lo que les preocupa más que nada es la calidad de la cultura española, que toman por baja e inferior, en contraste con el desarrollo cultural de las demás naciones europeas. Las universidades no han aceptado su responsabilidad de servir de focos de cultura y fomentar el pensamiento moderno y el espíritu científico; el profesorado es rutinario y nada inspirado; lo que pasa por cultura entre el gran público son trivialidades de diversión; investigaciones culturales de verdadera sustancia apenas si existen; la inteligencia y el pensamiento profundo son poco apremiados y poco aplicados. España no conoce a España, declara Baroja, dejando implícita en su desdeñosa censura la idea unamuniana de que cuando se descubra, serán los españoles europeizados los que la descubran. «Tenemos que europeizarnos y chapuzarnos en pueblo», asevera apasionadamente Unamuno, queriendo decir que hay que humanizar intrahistóricamente la cultura española, liberándola de ese exclusivismo dogmático que aísla, y abrirla a las corrientes fecundas no sólo de fuera, sino también de dentro, esto es, de las provincias y del pueblo. Cuando Max Estrella asegura en *Luces de Bohemia* que España es una deformación grotesca de la civilización europea, sólo la palabra «grotesca» es propiedad de Valle-Inclán; el resto de la idea pertenece a todos los escritores del 98.

La revitalización de la cultura española depende, según los noventayochistas, no sólo de la apertura a lo europeo, sino también de la más activa participación de las provincias en la vida cultural del país. El separatismo político no es más que otra forma de ese exclusivismo egoísta de que ya sufre tanto España; parece una táctica ofensiva, pero en fin de cuentas, es solamente un mecanismo de defensa contra la dominación política de Madrid y de Castilla. La autonomía de Cataluña, el País Vasco o cualquier otra provincia, debe expresarse a través de la integración más vigorosa y eficaz en las corrientes nacionales para efectuar la descentralización de la cultura, derramando así la virtualidad de las provincias por toda España. También para esto hay que tener energía y la voluntad de vivir en peligro, pero el paisaje humano de las ciudades de provincia está dominado por lo contrario: la somnolencia, el aburrimiento y la emigración de los intelectuales locales a la capital. Esta es la misma «España del bostezo» que poetiza Antonio Machado en *Campos de Castilla* (véase la Parte III).

De todo el mundo político y oficial de Madrid que, según las luces del 98, subvierte la cultura nacional, ninguna institución específica es más reprensible que la prensa, y contra ella dirigen varios noventayochistas un furioso ataque de desprecio. Lo que debe figurar en el periodismo—verdad, inteligencia, objetividad—no existe en la prensa española. Es un periodismo de clisés—escribía el periodista Maeztu antes y después del Desastre—, engañoso, irresponsable e inflado de hueca retórica. Para Baroja y Valle-Inclán (véase *La hija del capitán* y escena vii de *Luces de Bohemia*), la prensa nacional es una despreciable obscenidad de mentiras, insulseces y chantaje; además es cómplice del gobierno para engañar al público. Unamuno la fustiga por sus posturas, a saber, su narcisismo y falta de creatividad: «No conocen al público ni creen en él» («La crisis actual del patriotismo español»), y ve en ella el mismo egoísmo destructivo que se encuentra en las ideologías del carlismo, el liberalismo y todos los demás dogmas exclusivistas. Y lo que es más, tal fenómeno no nace de la nada. La chabacana prensa española es para Unamuno el espejo de la sociedad que la engendra.

La fuerte dosis de censura que lanzan los escritores del 98 contra su país no es una llamada a la revolución socio-política para instaurar un nuevo orden en la estructura de la vida española. Detrás de todo el descontento y el vigor de la protesta, persiste la voluntad de no romper con la manera de ser auténtica y antiguamente tradicional de la nación. El dictamen de Azorín en «La iglesia vieja», según el cual «conservar es renovar», corresponde plenamente a esta vena de conservadurismo noventayochista, sin ser, como puede parecer, simplemente una declaración de puro exclusivismo tradicionalista. Por otra parte, el dictamen de Baroja—«destruir es crear»—, que parece directamente contrario al de Azorín, no es tan políticamente revolucionario con el espíritu científico («Aspiración del radicalismo»), y pronostica el éxito de la unión del intelectual con el trabajador a través de la aplicación de la inteligencia y de un agresivo espíritu crítico alternativamente destructivo y creador. Aunque da la bienvenida al viento ideológico de la Internacional que sopla por España, la fe de Baroja reside en la ciencia más que en la política o los movimientos sociales. La ciencia es para él la verdadera fuerza internacional y unificadora, y en sí puede producir la revolución, no para herir o matar, sino para transformar. La revolución de Pío Baroja es, pues, más cultural que ninguna otra cosa, y debe venir acompañada del intenso cultivo de la libertad personal—el conocido anarquismo individual barojiano—y la vena de conservadurismo: conservar lo viejo y lo auténtico del espíritu nacional del pueblo. La base del dictamen de Azorín es, después de todo, ese deseo de Baroja de conservar íntegra la iglesia vieja. Unamuno, por su parte, tiene tanta fe en la manera de ser española como fuerza humanizante, o sea, intrahistórica, que propone con su acostumbrada pasión un camino europeo de doble sentido: no sólo la europeización de España, sino también la españolización de Europa.

Inteligencia, energía, trabajo duro, ilustración, innovación, espíritu crítico, fecundidad intelectual, humanización: he aquí algunos de los aspectos claves de la España programada para el porvenir por los escritores del 98. Todo, en fin, lo que no es la España de su propio momento. La base sería la antigua: la tradición auténtica de aquella España remota cuya fecundidad produjo la vasta unión hispánica de Europa y América, unión que para algunos noventayochistas pudiera servir a su vez, no sin cierta ironía, de punto de arranque para la revitalización de la madre patria.

# LA GUERRA[1]

## Azorín

Un viejecito—simbólico—está viajando por España. Tiene
este viejecito una larga barba que le llega hasta las rodillas y
unos ojos claros, azules. Es chico: como un gnomo. Lleva en su
mano un cayado con regatón de hierro. Cuenta con muchos,
5 muchos, muchos años. Allá en las prétericiones de la Historia
conoció a los primitivos pobladores de España; luego anduvo
entre los godos,[2] más tarde estuvo con los alarbes,[3] después,
durante la Edad Media, presenció cómo construían las catedrales y cómo en unos talleres angostos imprimían los primeros
10 libros. Ha departido este viejecito con Mariana;[4] ha platicado
con Saavedra Fajardo;[5] ha visto pensativo y angustiado a Cervantes; ha observado, desde lejos, el último paseo de Larra por
Recoletos[6] el mismo día de su muerte . . . Nuestro viejecito, con
su luenga barba y su bastón herrado, camina sin parar por la
15 patria española. En el Norte ha subido a las verdes montañas
y ha descansado, junto a los claros riachuelos, en lo hondo de los
sosegados valles. Ha preguntado a labriegos y a oficiales de
mano. Una paz dulce reina en las tierras españolas del Norte;

---

[1]Artículo escrito en 1913 contra la guerra de Marruecos, la que se había
convertido por el momento en un programa de pacificación. Sin embargo, seguía
vigente la hostilidad popular contra la política de conquista en esa guerra, la que
había provocado las violentas protestas de 1909, incluso la sangrienta rebelión en
Barcelona llamada «la Semana Trágica». Este artículo de Azorín motivó unas
protestas vigorosas en la prensa hispanófila de la Habana, Cuba, donde se publicó.
Compárese la actitud de Azorín sobre Marruecos con la de Unamuno expresada más
arriba en el artículo «En Aguilar de Campóo» (Parte II).

[2]Los visigodos invadieron España en el siglo V.

[3]Los árabes, a partir de la primera invasión de 711.

[4]Juan de Mariana (1536-1624), historiador y jesuíta español erudito.

[5]Diego de Saavedra Fajardo (1584-1648), historiador, diplomático y escritor
sobre teorías políticas y del estado.

[6]Paseo de Madrid. Larra se suicidó en 1837. Véase nota 7, Parte III.

lo cantan así los poetas y los literatos. Pero por debajo de esa
20 paz tradicional, nuestro viajero ve la intranquilidad y la penuria
del labriego. No falta el agua del cielo, que fecunda los campos;
mas la vida es pobre, limitada y ya algunos morbos terribles de
la civilización moderna van entrando, poco a poco, en el hogar
milenario, y van, poco a poco, corroyendo y aniquilando esa
25 dulzura que loan los poetas. En ninguna región de España hace
tantas devastaciones el alcoholismo como en Guipúzcoa.[7] El
alcoholismo trae como secuela fatal e inevitable la tuberculosis.
Diezma la tuberculosis los habitantes de esa hermosa región de
España. El cuadro que nos presentan las estadísticas es verda-
30 deramente aterrador. ¿Quién creería que esta paz, que esta
serenidad, que esta poética dulzura encubre los estragos verdaderamente extraordinarios, hórridos, del alcoholismo y de la
tisis?

De las provincias vascas, el viejecito de los ojos azules pasa
35 a Castilla. Atrás han quedado las verdes pomaradas; atrás, los
suaves praderíos, con los puntitos rojos de las techumbres de las
casas, colgadas allá arriba en la altura; atrás, los claros, silenciosos regatos que se deslizan entre las anchas y resbaladizas
lajas. Ya la estepa castellana abre su horizonte ilimitado; antes,
40 la mirada no podía extenderse más allá de un punto próximo;
ahora se dilata por la inmensidad gris, rojiza, amarillenta. Ya
no hay bosques de árboles; si acaso, algún macizo de álamos
gráciles, tremulantes, se yergue a la vera de un riachuelo. La
tierra de sembradura produce un poco; no se la beneficia toda a
45 la vez y todos los años. Se la divide en dos, tres o más hojas, y en
cada añada una sola de estas tres suertes o tronzoneras es la
que produce el grano. Son breves y superficiales las labores; aún
el labriego rige la mancera del milenario arado romano.

Tan poco produce la tierra, que apenas tiene el labrador
50 para pagar el canon del arriendo, los pechos del fisco y los intereses de los préstamos usuarios. Todo el día, desde que quiebra
el alba hasta que el sol se pone, el labrador permanece inclinado
sobre su bancal. Los fríos le atarazan; los ardores del sol le
tuestan en el verano. No hay leña en su vivienda para calentar-

---

[7]Una de las provincias vascas, en el norte de España.

55 se en el invierno. No prueba la carne en sus yantares más que una o dos veces al año (cuando la prueba). Largas sequías dejan exhaustos de humedad los campos; en tanto que la sementera se malogra o que los tiernos alcaceles se agostan, allí, a dos pasos, corre el agua de los ríos por los hondos álveos hacia el
60 mar, inaprovechada, baldía. No hay piedad para el labriego castellano, ni en el usurero que presta al ciento por ciento, ni en el Estado que agobia con su tributación, ni en el político que se expande en discursos grandilocuentes y vanos. Castilla se nos aparece pobre y desierta. No llegarán a treinta los habitantes
65 por kilómetro cuadrado. Incómodos y escasos son los caminos. En insalubres y desabrigadas casas moran sus gentes. Leguas y leguas recorremos sin encontrar en la triste paramera ni un árbol . . .
Nuestro viajero deja a Castilla y entra en Levante. Levante
70 se abre ante la vista del viandante con sus colinas suaves, sus llanos de viñedos y sus pinares olorosos. En los pueblecillos, los huertos se destacan en los aledaños con sus laureles, sus adelfas y sus granados. El aire es tibio y transparente; en la lejanía espejea el mar, de intenso azul. Pero el labrador de Levante se
75 siente oprimido, como el de Castilla, por los múltiples males que le deparan el Estado y la Naturaleza. Tan frugal es este cultivador de la tierra como el cultivador castellano. No prueba jamás la carne; legumbres y verduras constituyen su ordinaria alimentación. La tierra rinde poco; el filoxera ha devastado la mayoría
80 de los viñedos. El vino ha llegado a una suma depreciación. De las campiñas y de los pueblos emigran a bandadas los labriegos y los artesanos; emigran también de Galicia, de Castilla y de Andalucía. Ahoga asimismo la usura a los pequeños propietarios; han de malvender éstos sus casas y sus predios para pagar
85 al usurero. Los malos años, las sequías, las plagas del campo, hacen que el número de jornaleros empleados en el beneficio de la tierra disminuya; en las viviendas pobres, los que no emigran pasan los días inactivos, sin pan, viendo en la miseria más cruel a sus mujeres y a sus hijos.
90 Continúa nuestro viejecito su camino a través de España. Ahora ha llegado a Andalucía. Sierras abruptas, como las de

331

Córdoba y las de Ronda,[8] nos muestra la Naturaleza. Llanos grises y uniformes, como los de Sevilla, se extienden ante la mirada. La frugalidad en los trabajadores agrarios llega a su
95 colmo en la tierra andaluza; una jornada de trabajo produce apenas para comprar un poco de pan y una escasa porción de aceite. Escuálidos, exangües vemos a los labriegos; con andrajos cubren sus carnes; a centenares abandonan la patria española. Y en tanto que se alejan de los campos que los vieron nacer, en
100 esos mismos campos permanecen incultos, yermos, pertenecientes a unas pocas manos, leguas y leguas de terreno.

¡Ah viejecito de la barba luenga y de los ojos azules! ¡Ah viejecito milenario, que tantas cosas has visto a lo largo de la historia de España! La alborada de una nueva vida floreciente
105 y renaciente, el deseo formidable e íntimo de ser mejores no es todavía sino un rudimento en los pechos de unos pocos españoles. Ahora, sobre las calamidades tradicionales, centenarias, de la rutina, la ignorancia, la pobreza, se añade la guerra. Una guerra devasta nuestra Hacienda y deja exhaustos de
110 brazos los campos y los talleres. Nuevos auxilios se le piden al labrador, al industrial, al artesano, al pequeño propietario, todos abrumados y angustiados por la usura, el fisco y las malas cosechas. Una tremenda causa de despoblación se agrega a las ya existentes: las ya existentes, que hacen que se camine
115 durante horas por las llanuras de Castilla sin encontrar un ser humano. No hay escuelas, no hay caminos, no hay árboles, no hay hombres. El viejecito de la barba larga se ha sentado en la cima de una montaña. Desde la altura se divisaba un vasto panorama de oteros y de valles; en ese paisaje estaba retratada
120 en compendio la patria española. Nuestro viajero ha pensado: «España: discursos, toros, guerra, fiestas, protestas de patriotismo, exaltaciones líricas». Y ha pensado también: «España: muchedumbre de labriegos resignados y buenos, emigración, hogares sin pan y sin lumbre, tierras esquilmadas y
125 secas, anhelo noble en unos pocos espíritus de una vida de paz, de trabajo y de justicia».

de *Los valores literarios* (1914)

---

[8]Serranía entre Cádiz y Málaga.

## LA IGLESIA VIEJA

### Azorín

Nos preocupa profundamente el pasado; sentimos la honda preocupación del tiempo. ¿Qué es el tiempo y qué es el pasado? ¿De qué manera vemos el espacio, nuestro *espacio*, el de España, en el tiempo pretérito? Los hombres de nuestra genera-
5 ción, ¿cómo han visto el pasado? ¿Cómo han sentido a España? A fines de 1902 se formó un núcleo de escritores jóvenes en torno a *El Globo*,[9] diado, como su homónimo de Francia, en 1830, de brillante tradición literaria. Escribían con entusiasmo aquellos jóvenes. Se hicieron en el periódico citado campañas de
10 política agraria en que el sentido de la tierra iba enlazado con reminiscencias de escritores clásicos. (Esos artículos fueron del autor de estas líneas.)[10] Se revisaron valores literarios. Se hizo una obra de crítica teatral—debida a Pío Baroja—que causó in-dignación y escándalo.[11] Aquellos escritores ansiaban reno-
15 vación y vida. Una mañana—el 1° de diciembre—[12] apareció a la cabecera del periódico un artículo titulado *Vieja España, patria nueva.*[13] «A mí—decía el autor—actualmente España se me representa como algunas de las iglesias de nuestras viejas ciudades: un párroco mandó cerrar una puerta; otro cubrió con

---

[9]Diario de Madrid fundado en 1875, de orientación liberal y republicana. Se prolongó su vida hasta 1930.

[10]El 24 y 25 de febrero de 1903 publicó Azorín en *El Globo* «La evolución de un pueblo: Infantes». Otras páginas sobre el mismo pueblo forman parte de la novela *Antonio Azorín*, publicada en ese mismo año de 1903. Véase «La decadencia de un pueblo» (Parte II).

[11]Sobre *La escalinata de un trono* de José Echegaray, publicada en *El Globo*, 20 de febrero de 1903.

[12]De 1902.

[13]Reproducimos más abajo todo este artículo. Nótese que lo citado por Azorín no corresponde en todo detalle al texto del ensayo como aparece en las *Obras completas* de Baroja, fuente de nuestra versión.

20  yeso unos angelitos porque eran inmorales; el que le siguió cerró
una capilla con altar; se tapiaron las ventanas, se abrieron
otras, y al ver ahora la iglesia, no se puede uno figurar su forma
primitiva». El autor añadía: «Los que esperamos y deseamos la
redención de España no la queremos ver como un país próspero
25  sin unión con el pasado; la queremos ver próspera, pero siendo
sustancialmente la España de siempre. Si nos dicen que a esa
vieja iglesia estropeada, en vez de restaurarla, se la va a
derribar y que en su sitio se levantará otra iglesia nueva, no nos
entusiasmará el pensamiento; primeramente, es muy posible
30  que después del derribo no venga la construcción; además de
esto, creemos que hay en el viejo edificio muchas cosas aprovechables». ¿Quién dirá el lector que es el autor de estas líneas?
¿Quién esto escribe? No. Años más tarde, el autor de estas
líneas—Pío Baroja—había de publicar una serie de hermosas
35  novelas con el título genérico de *El pasado*.[14] El pasado, el presente, el porvenir de España . . .

¿Cuál es nuestra tradición? ¿Cómo podríamos definirla? A
lo largo del tiempo han ido acumulándose unos estratos espirituales. Los han formado los poetas primitivos, y luego, Garci-
40  laso, Góngora,[15] Luis de León; los han formado el *Greco*, Velázquez, Zurbarán, Goya; los ha formado Cervantes; los ha formado
Larra. Sobre el paisaje vario de España, en las viejas ciudades,
en los nobles caserones, ese pensamiento de arte y de literatura
ha ido creando un ambiente de violencia y de delicadeza a la
45  vez, de melancolía inefable y de austera energía . . . La generación de 1898 ha sentido algo de eso; esa generación ha sentido
a España. Ha sentido el paisaje de España, los poetas de
España. ¡No derribéis la vieja iglesia! ¡Dejadla en pie! Demoled,
sí, cuanto sea necesario para que la secular edificación pueda
50  conservase a través del tiempo. Conservar en renovar.

de *Un discurso de La Cierva* (1914)

---

[14]Una trilogía que comprende *La feria de los discretos* (1905), *Los últimos
románticos* (1906), y *Las tragedias grotescas* (1907).

[15]Luis de Góngora (1561-1627), célebre poeta barroco. Ya conocemos a los otros
escritores y pintores aquí mencionados.

# LA MELANCOLÍA INCURABLE DEL SEÑOR COSTA[16]

## Azorín

Cuando el señor Costa, de regreso a su casa, al anochecer, echa una mirada hacia lo lejos, antes de transponer los umbrales, contempla la llanura yerma, sombría, monótona, solitaria, inmensa . . . Se oyen los silbatos agudos de las locomotoras; el
5 cielo va ensombreciéndose por momentos. Cerca, en primer término, surgen, entre las chimeneas hieráticas, entre las cubiertas metálicas de los depósitos, entre las humaredas blancas de las máquinas, las cimas agudas e inmóviles de unos cipreses. Es un cementerio abandonado desde hace largos años. El señor
10 Costa posa su mirada, un poco vaga, en la árida llanura castellana, y luego la deja caer en las copas solemnes de estos cipreses. Y, entonces, una aguda sensación de melancolía se hace en su espíritu. ¿Comprendéis el porqué? A la sombra de estos árboles rígidos, mudos, duermen el sueño eterno tres
15 grandes hombres: Mendizábal, Argüelles, Calatrava.[17] ¿Habéis comprendido ya la sensación de amargura del señor Costa? El señor Costa piensa un momento, mientras sube la escalera de su casa, en estos eximios políticos de antaño, y luego, por asociación ideológica inevitable, piensa también en los pequeños polí-
20 ticos del presente.

Y en este instante sus congojas suben de punto: ya no percibe este ligero y desagradable olor a aceite frito que se exhala a todas horas de esta casa en que habita; ya no repara en esta ventana, también triste, que arroja sobre la escalera esa
25 luz opaca y fría que surte de los patios madrileños, altos y

---

[16]Joaquín Costa, el conocido pensador europeizante. Véase nota 38, Parte V.

[17]Tres constitucionalistas liberales de la primera mitad del siglo XIX: Juan Álvaro Mendizábal (1790-1853), ministro de Hacienda y uno de los autores de la ley de desamortización y otras reformas durante las primeras décadas del reinado isabelino; Agustín Argüelles (1776-1844), figura destacada en las Cortes de Cádiz (hacia 1812), líder del Parlamento liberal y elaborador de las constituciones de 1812 y 1837; José María Calatrava (1781-1846), otro líder del partido liberal.

angostos; ya no se detiene, cuando le abren la puerta, a hablar unos minutos con esta doméstica, igualmente contristadora, que lleva el pelo un poco descompuesto y la ropa acaso un tanto ajada. «Todo degenera y se pierde—piensa el señor Costa—; ya no pueden nacer en España aquellos grandes políticos de otros tiempos . . .».

Y el señor Costa, mientras pone el sombrero sobre una silla y deja el bastón en un rincón, se acuerda de los Reyes Católicos. ¿Qué relación secreta puede haber entre el acto prosaico de dejar el sombrero y los Reyes Católicos? Ya sabéis que existe en el señor Costa una propensión innata a pensar en los Reyes Católicos. «Realmente—dice el señor Costa—, a estos dos monarcas debe España su pasado y momentáneo engrande-cimiento». Y al hacer esta ligera reflexión aparece en el cerebro del señor Costa el primer texto clásico . . . ¿He de describiros, al llegar a este punto, al señor Costa? ¿Diré que el señor Costa es un hombre que tiene el cuerpo recio, los pies chiquitos y la cabella llena de textos clásicos? No será indispensable; el señor Costa se ha dejado caer en un sillón con profundo abatimiento, puesta la imaginación en los Reyes Católicos. Ya he dicho que el primer texto clásico ha aparecido en su cerebro. Y a propósito de doña Isabel y don Fernando, después de haber pensado en los hombres insignificantes que nos gobiernan, ¿qué texto puede ser éste sino uno en que se exprese lo que hizo un gran rey y lo que pudiera servir de espejo claro en los tiempos presentes? Helo aquí; las palabras son de Hurtado de Mendoza;[18] las ha escrito en su libro famoso sobre la *Guerra de Granada*. «Pusieron los Reyes Católicos el gobierno de la justicia y cosas públicas en manos de letrados—dice el historiador—, gente media entre los grandes y pequeños, sin ofensa de los unos ni de los otros, cuya profesión eran letras legales, comedimiento, secreto, verdad, vida llana y sin corrupción de costumbres; no visitar ni recibir dones, no profesar estrecheza de amistades, no vestir ni gastar suntuosamente; blandura y humanidad en su trato; juntarse a

---

[18]Diego Hurtado de Mendoza (1503-1575), distinguido humanista, diplomático y poeta italianizante, cuya historia en prosa de la guerra de Granada (publicada póstuma, en 1627) refleja la erudicción y sobriedad de un renacentista auténtico.

60 horas señaladas para oír causas o para determinarlas, y tratar del bien público».

El señor Costa, al acabar de repasar *in mente*[19] estas memorables y soberbias palabras, da un ligero suspiro. ¿Quién no se explica la desesperanza del ilustre estadista? ¿Quién no ve lo
65 que unos pocos hombres como éstos, inteligentes, activos, generosos, voluntariosos, pudieran hacer en pro de España? «No se necesitarían muchos—piensa el señor Costa—; acaso cuarenta o cincuenta bastarían a hacer una revolución en nuestro pueblo . . .». Y al decir esto, el señor Costa recuerda la frase de
70 Voltaire,[20] hablando de Olavide.[21] «Sería de desear—decía Voltaire—que España poseyera cuarenta hombres como Olavide». Y el señor Costa siente cierto íntimo regocijo—si esto es posible, dado el estado de su espíritu—al pensar en Olavide. ¿No es admirable un político que decía que San Agustín[22] era un
75 *pobre hombre*, y que todos los padres de la Iglesia juntos no valían lo que Marco Aurelio?[23] ¿No es admirable un político que se hace retratar entre los profanos atributos y emblemas de Venus y Cupido? Este es uno de los cargos terribles hechos por la Inquisición a Olavide.[24] Y he aquí en esto mismo un secreto
80 y agradable punto de contacto entre el señor Costa y don Pablo Antonio de Olavide: ¿Necesitaré decir que el señor Costa tiene cierta discreta, aunque inevitable predilección por las lindas muchachas, voluptuosas y joviales? ¿Quién, si lo miramos bien, no experimenta esta atracción por los ojos claros y parladores,
85 por las turgencias sedosas y tibias, por las risas vibrantes e ingenuas, por los cabellos largos y suaves, por las actitudes elásti-

---

[19]«En su mente» (latín).

[20]Pensador y escritor prolífico (1694-1778) de la Ilustración francesa.

[21]Pablo Antonio de Olavide (1725-1802), político y escritor español de orientación enciclopedista y reformadora.

[22]Uno de los más célebres de los Santos Padres de la Iglesia (354-430), autor de las *Confesiones* y *La ciudad de Dios*; en él se inspiraron los fundadores de la orden religiosa de los Agustinos.

[23]Emperador romano y filósofo estoico (121-180).

[24]A la caída de su protector, Olavide fue procesado y desterrado en 1778 por sus ideas heterodoxas. Azorín emplea irónicamente la palabra «terrible».

cas y rápidas? He aquí un punto de contacto secreto y agradable entre el señor Costa y don Pablo Antonio de Olavide: la política agraria y el culto por las lindas y joviales muchachas . . . Al
90 poner esto en su pensamiento, el señor Costa intenta sonreír; pero la sonrisa apenas si desflora sus labios. Otro pensamiento, hosco y formidable, ha aparecido súbitamente en las lejanías de su intelecto. ¿Es cierto, realmente, que cuarenta hombres resueltos e inteligentes, como Olavide, podrían hacer una
95 transformación en el país? ¿Cómo se operaría esta transformación? ¿Cuánto tiempo habría que emplear en ella? Y aquí se condensa y aguza la melancolía del señor Costa. Es absurdo creer que un puñado de hombres puede cambiar en breves años la faz de un pueblo; la obra lenta de los siglos no
100 puede ser deshecha en un momento. Y ese otro texto formidable viene callado y solapado a las mientes del señor Costa: es de Balmes,[25] uno de sus autores predilectos, el mayor periodista de la España contemporánea y el más fuerte y claro dialéctico. «Es necesario no hacerse ilusiones—decía Balmes, hablando de la
105 política hidráulica, en su periódico, *La sociedad*, allá por el año 1843—; es necesario no hacerse ilusiones: estamos ya tan acostumbrados a ponderar el suelo de España cual si fuera un paraíso, que nos imaginamos posible que con un buen Gobierno brotasen como por ensalmo, en todos los puntos, la Agricultura,
110 la Industria y el Comercio. Esto es un error; esas obras requieren largos años, y dilatadas comarcas existen en España donde se necesitan siglos».

¿Cómo ponderar la amargura y el desconsuelo en que ha quedado sumido el señor Costa cuando ha acabado de recordar
115 estas palabras? Sin duda, el señor Costa, para intentar sacudir esta impresión desagradable, se ha levantado de su sillón, penosamente, con una laxitud profunda, y se ha acercado al balcón. Su cuerpo es recio, fornido; sus pies son pequeñitos y están juntos; su barba es larga, entremezclada de hebras blancas; sus
120 ojos son melancólicos, pensativos, y miran, al través de los cristales, la infinita llanura . . . Va llegando la noche; las cimas

---

[25]Jaime Balmes (1810-1848), sacerdote, pensador, filósofo y periodista de orientación tradicionalista.

de los cipreses se pierden en el manchón negruzco de la hondonada; suenan, a intervalos, como gritos rápidos de angustia, los
silbatos de las locomotoras. A lo lejos, en los remotos confines de
125 la campiña, la línea pálida del cielo se funde con la pincelada
borrosa de la tierra. Y esta tierra triste, solitaria, silenciosa,
seca, sin frondas, sin murmurios, acaba de poner una abrumadora pesadumbre en el espíritu del señor Costa. Bajo sus balcones pasan los moradores tristes de los hórridos suburbios y
130 rondas madrileñas: una multitud hostigada, exasperada, desen-
cajada, pálida, astrosa, con los ojos centelleantes.

Y esta multitud hosca y hambrienta, como todas las
multitudes de España, trae a la memoria del señor Costa el
próximo viaje de nuestro joven monarca[26] a Barcelona. La in-
135 mensa llanura se va ensombreciendo poco a poco; por estas áridas campiñas manchegas cabalgó Don Quijote. Y por lógicas y
naturales concomitancias, el tercer texto clásico, el supremo
texto, hace irrupción brutalmente en el cerebro del señor Costa.
«Para ganar la voluntad del pueblo—decía a su criado este
140 mismo caballero que corría por estos campos—, para ganar la
voluntad del pueblo que gobiernas, entre otras, has de hacer dos
cosas: la una, ser bien criado con todos, aunque esto ya otra vez
te lo he dicho, y la otra, procurar la abundancia de los mantenimientos, que no hay cosa que más fatigue el corazón de los
145 pobres que la hambre y la carestía».[27]

Ha cerrado la noche; de pronto, un automóvil pasa por la
ancha ronda, vertiginoso, incontrastable, un tremendo estrépito,
haciendo sonar su bocina con sones clamorosos y audaces, arro-
jando como relámpagos sus vivas claridades entre las sombras.
150 Todo vuelve, después, a quedar en el silencio; a lo lejos, una
campana suena con golpes lentos, plañideros. Y el señor Costa,
con sus ojos melancólicos, incurablemente melancólicos, pegados
a los cristales, piensa en la *europeización*, imposible, de España.

de *Fantasías y devaneos* (1920)

---

[26]Alfonso XIII, que ya era Rey al nacer en 1882, el año siguiente al de la muerte
de su padre, Alfonso XII. La regencia de su madre, María Cristina, duró hasta 1902,
cuando Alfonso llegó a su mayoría.

[27]El *Quijote*, II, cap. 51.

# VIEJA ESPAÑA, PATRIA NUEVA

## Pío Baroja

*«Nosotros queremos organizar a España según sus tradiciones, sus costumbres, su lengua: queremos organizar a España de una manera natural».* (Doménech,[28] en el Congreso)

Yo empiezo a considerar posible la redención de España; casi, casi creo que estamos en el momento en que esta redención va a comenzar.

Hemos purgado el error de haber descubierto América, de haberla colonizado más generosamente de lo que cuentan los historiadores extranjeros con un criterio protestante imbécil, y tan fanático o más que el del católico. Hemos perdido las colonias. España ha sido durante siglos un árbol frondoso, de ramas tan fuertes, tan lozanas, que quitaban toda la savia al tronco. El sol no se ponía en nuestros dominios; pero mientras en América iluminaba ciudades y puertos y monumentos construídos por los españoles, en España no alumbraba más que campos abandonados, pueblos sin vida, ruina y desolación por todas partes.

Se han perdido colonias; se han podado las últimas ramas, y España queda como el tronco negruzco de un árbol desmochado. Hay quien asegura que este tronco tiene vida; hay quien dice que está muerto.

\* \* \*

A mí, actualmente, España se me representa como algunas de las iglesias de nuestras viejas ciudades: un párroco mandó a cerrar una puerta; otro cubrió con yeso unos angelotes porque eran inmorales; el que le siguió cerró una capilla con un altar,

---

[28]Luis Doménech y Montaner (1850-1924), conocido arquitecto catalán que sirvió en las Cortes de 1901 a 1905.

30 se tapiaron las ventanas, se abrieron otras, y, al ver ahora la
iglesia, no se puede uno figurar su forma primitiva.

Los que esperamos y deseamos la redención de España, no
la queremos ver como un país próspero sin unión con el pasado;
la queremos ver próspera, pero siendo sustancialmente la
35 España de siempre. Si se nos dice que a esa vieja iglesia estropeada, en vez de restaurarla, se la va a derribar, y que en su
sitio se levantará otra iglesia nueva, o una fábrica de gas, o un
almacén de yeso, no nos entusiasmará la idea; primeramente,
es muy posible que, después del derribo, no venga la construc-
40 ción; además de esto creemos que hay en el viejo edificio muchas
cosas aprovechables.

Si tuviéramos una idea clara y exacta de lo que hemos sido;
si conociéramos nuestra historia sin leyendas ni ficciones, no
sólo en períodos anormales, sino en el período normal de la vida,
45 podríamos comprender fácilmente lo que podemos ser.

Nuestros sabios y eruditos no han sabido hacer nada
respecto a eso. Para que se hayan llegado a conocer muchas de
las cosas buenas de España, han tenido que venir sabios y críticos extranjeros. No tenemos una historia de nuestra vida pasa-
50 da, ni una historia de nuestra arquitectura; el país donde han
nacido los más grandes pintores del mundo no tiene ni aun
siquiera un manual completo de historia de su pintura escrito
por autor español. Sólo Menéndez y Pelayo[29] ha hecho algo con
relación a la literatura y a la filosofía españolas; pero lo ha
55 hecho con criterio de ultramontano, lleno de prejuicios y de preocupaciones.

No sabemos lo que era España en la época más típica suya,
en los siglos XV y XVI; queremos hacer revivir su espíritu.
¿Cómo, si no lo hemos descubierto todavía?

60                           * * *

Una de las cosas que parece paradójica y es muy exacta es
la intransigencia, el fetichismo de los liberales y de los que en
España se llaman avanzados.

---

[29]Marcelino Menéndez y Pelayo (1856-1912), gran investigador de la literatura
y el pensamiento españoles.

El fanatismo religioso y el fanatismo liberal han de ser un obstáculo enorme para la redención de España. Los fanáticos en religión impedirán la evolución del sentimiento religioso; los fanáticos de la democracia considerando intangible el sufragio, la libertad de Prensa y el parlamentarismo, impedirán la evolución de la idea política.

Hallado el ideal, armonizar las conquistas de la civilización con el carácter y la manera de ser nuestra sería cosa inmediata y fácil. Pero primeramente hay que hallar ese ideal, definirlo, concretarlo.

Hay que sondear en el espíritu de la patria y en el espíritu de la religión.

\* \* \*

Para mí, uno de los mayores males de España es el espíritu de romanticismo en política. Que se sea romántico en la poesía, no está mal; que un hombre sea romántico en la vida, allá se las haya; pero que un Gobierno, un poder cualquiera trate de falsear la verdad con idealismos y perturbe así los intereses de mucha gente, ¡no, eso es una locura!

Desde que los dogmas de una religión, por absurdos que sean, dejan de ser algo inmanente en las conciencias, no queda en una sociedad nada fijo ni inmutable. La moral misma varía, es un producto de la raza, del medio ambiente, del clima; lo que es inmoral entre los europeos, es moral entre los papúes, y al contrario.

En ese estado de dogmatismo en que nos empezamos a encontrar ahora, la única política posible, la única política beneficiosa sería la absolutamente experimental. España podría llegar a ser algo con una política así, antirromántica y positiva.

Aquí se debían de estudiar lo mejor posible las cualidades de una provincia o de una región, sus aspiraciones y sus necesidades, y, según el resultado, darles una manera de regirse más o menos autonómica. El terruño sería la base del plan de vida en la aldea; la industria y el comercio, en la ciudad.

Experimentalmente, y visto que el sufragio universal no resuelve nada, debía ser suprimido y hacer de manera que los nuevos, siempre los más inteligentes, resolvieran, no conforme al criterio de la mayoría, sino conforme a las condiciones y necesidades de la región, de la ciudad o de la aldea.

De aquí se originaría un absolutismo de los inteligentes sobre los no inteligentes, de los espíritus que han llegado al estado de conciencia sobre los dormidos o torpes.

Eso sería un ataque a la libertad, dirá alguno. Cierto. Pero en España no debemos ser liberales. Luis Veuillot[30] ha puesto el dedo en la llaga con esta o parecida frase dirigida a los liberales: «Nosotros, los reaccionarios, les pedimos la libertad, porque está en sus principios; se la negamos, porque no está en los nuestros».

Por eso, queriendo ser fuertes, no podemos ser liberales; debemos ser autoritarios y evolutivos, dirigir y encaminar nuestros esfuerzos a conseguir el máximo de perfección, de piedad, de inteligencia, de bondad compatible con la raza. Queriendo ser fuertes no podemos ser románticos, porque el falseamiento de la verdad lleva a la alucinación.

\* \* \*

Siguiendo una política experimental, no se haría nunca reforma alguna, a no ser que se notara la necesidad absoluta de ella y fuera para evolucionar progresivamente. Marcharíamos directamente, sin ambages, a la supresión de las instituciones democráticas, como las Cortes, el Jurado y las demás, que no tienen más bases que la ley de las mayorías y el número aplastante que representa la fuerza de un rebaño de bárbaros.

Experimentalmente, veríamos que la masa es siempre lo infame, lo cobarde, lo bajo; que un público, que también representa la masa, es siempre imbécil, y que en una Cámara o en un Congreso los sentimientos falsos sustituyen a los sinceros, que las almas viles y rastreras se sobreponen a las altas y nobles.

La gran ventaja que tiene el Gobierno por uno, cuando ese uno es bueno, es que puede conocer a los hombres, lo que nunca conoce una asamblea, y, además, que puede obrar fuera de la ley cuando convenga.

---

[30]Periodista y pensador francés (1813-1883).

Debíamos pensar en suprimir toda esa cáfila de periodistas hambrientos y ambiciosos que hablan en nombre de la libertad, y que, a espaldas del público, viven del chantaje y de los manejos más viles con el Gobierno, tan cobarde y tan miserable, que teme a esos periodistas, no precisamente por los cargos políticos que les puedan hacer, sino porque todos tienen mucho que ocultar en su vida privada.

Habrá que imposibilitar a todos esos políticos de oficio, ambiciosos sin talento, que llegan al Poder después de una serie inacabable de líos y chachullos públicos y privados; arrinconar a tanto general de salón, a tanto demócrata parlanchín, a tanto escritor abyecto, a tanto gomoso de la política.

Si el país necesita entenebrecer su vida, oscurezcámosla. Si necesita un buen tirano, busquémosle.

* * *

Hay dos liberalismos: uno, condenado por el Papa, que es el lógico, el natural, el necesario; otro, aceptado por el Papa, que es el estúpido. El primero envuelve la libertad de pensar, la única que puede existir con todas las tiranías y todos los despotismos, porque *ni la razón ni la voluntad están expuestas a los ladrones.*

El segundo liberalismo envuelve todas esas falsas y ridículas libertades que están expresadas en los programas políticos: libertad de asociación, sufragio universal, libertad de la Prensa, inviolabilidad del domicilio. Todo eso es estúpido y no tiene ninguna utilidad.

Si me tienen que prender, a mí lo mismo me da que me prendan con auto de juez que sin él; sé que un juez puede condenarme o absolverme, según quiera; que si llego a estar alguna vez en su presencia, me encuentro atado de pies y manos, y que lo mismo puede hacer esto con libertades que sin ellas.

Sé que si mañana me encuentro vejado por una enorme injusticia, no he de encontrar Prensa que me defienda, a no ser que tenga amistades con periodistas o vaya a señalar algo que el exponerlo sea beneficioso para los intereses del periódico.

¿Y estas libertades vamos a defender? No; que se las lleve el demonio. La Libertad la llevamos todos en nuestra alma; en ella gobierna; la libertad de fuera, de ejecutar, no la conseguiremos nunca.

175    Los que, con un criterio positivista, mandaran, debían hacer que la libertad fuera una religión en nuestro espíritu; fuera de él, nada.

\* \* \*

Y si con un criterio humano, más que doctrinal, se llegara
180 a gobernar, ¡qué descanso no sentiría España entera! Todo lo perturbado por la democracia volvería a su cauce natural. Se trataría de restaurar lo pintoresco, se restaurarían los antiguos conventos; pero se prohibiría edificar nuevos conventos de ladrillo en los alrededores de las ciudades más populosas. Se
185 disminuiría el número de obispados y de parroquias. El dinero de una se emplearía para el esplendor del culto de la otra. Se prohibiría que los párrocos tuvieran poder en sus iglesias; se catalogarían todas las riquezas artísticas de las corporaciones y de los particulares, y se prohibiría el vender una obra en el
190 extranjero, castigando al que lo hiciera con multas enormes.

   Se haría un ejército mercenario, con menos oficiales, y éstos bien pagados. Se aconsejaría a los prelados vender las joyas sin mérito artístico. Se entablarían negociaciones con los demás países para que nos enviaran todos nuestros cuadros a cambio
195 de los suyos, y, sintiéndose el Poder con fuerza, haría independiente la Iglesia española de la de Roma.

   Nuestras Diputaciones y Ayuntamientos debían trabajar en restaurar lo viejo armonizable con la manera de ser del país, y en adaptar lo nuevo que tuviera la misma condición, siempre
200 llevando por guía un criterio progresivo.

\* \* \*

Se debía exagerar todo lo posible la tendencia individualista, la única que produce el hogar verdadero, el *home*, en el cual el hombre, con un admirable egoísmo, siente y
205 reconoce con energía su personalidad y desprecia lo que no se relaciona con ella; pero el hombre del hogar es el que necesita ser sociable.

   Si nosotros, en nuestros campos, hiciéramos la vida soportable en la aldea al rico algo instruido y al hombre de ciencia modesto, médico, farmacéutico o maestro de escuela, habríamos hecho más que todas las leyes y decretos que se pueden insertar en la *Gaceta*.[31] Porque está muy bien que sociólogos e higienistas prediquen el amor rural, la vida en el campo, pero ésta se puede hacer en tanto que no corte de raíz una serie de necesidades espirituales del hombre.

No sé en qué novela de Galdós, en una de sus *Episodios nacionales*,[32] hay un cura o preceptor que aconseja a un joven que se deje de hacer el amor a las señoritas de la corte, encanijadas y decadentes; que se vaya al campo y se case allí con una muchacha sana y robusta que huela a ajo.

No. ¡Por Cristo! No. Mientras la alternativa sea ésta, nadie irá por gusto al campo. Si le dan a elegir a un joven entre Madrid, absolutamente imbécil por dentro, pero con apariencias de cortés y amable, y la vida del campo, no vacilará en escoger Madrid.

Pero no hay ninguna ley, ni física, ni metafísica, ni matemática, que obligue por necesidad a que el hombre del campo sea un idiota, ni a que la mujer también del campo tenga que oler a ajo.

De esto se debe tratar, de que se viva en el campo sin ser un bruto, de que la mujer no sólo no huela a ajo, sino que sea limpia, bien vestida, agradable, inteligente y de que tenga la coquetería y la gracia naturales en ella. Y que es armonizable vivir en el campo, leer libros, periódicos, tener sociedad y vivir como civilizado, lo prueban los ingleses, los franceses y los alemanes: toda la gente del Norte.

Para el individuo, mejorarse, educarse, perfeccionarse y, como consecuencia, gozar todo lo más posible, ése debe ser su fin; para el Estado, mejorar, educar, perfeccionar la sociedad. Y eso sólo se podría alcanzar con una política experimental, que en España se reduciría a un mínimo de ley y a un máximo de autoridad.

---

[31]*Gaceta de Madrid*, en aquellos tiempos el nombre del diario oficial del gobierno.

[32]Vasta serie de 46 obras escritas entre 1873 y 1912 en que Galdós hace novela de la historia de España en el siglo XIX con una mezcla de realidad y ficción.

Que todo eso es hablar, que la redención de España es muy
245  difícil, y, además de difícil, muy larga, ya lo sé. Como he dicho
antes, tan lejos vamos de ese camino, que creo que no hemos llegado ni siquiera a descubrir España.

de *El tablado de Arlequín* (1904)


### REVISIÓN NECESARIA

Pío Baroja

Actualmente, para Europa existe latente una cuestión
española que el mundo civilizado tiene que resolver, más pronto
o más tarde, como existe un problema turco y un problema ruso.
Para nosotros es triste, es amargo ser nuestra nación de tal
5  modo desprestigiada, pero es así. Europa tiene de España una
idea pobrísima, y el tiempo pasa y esta idea persiste y se
extiende y se generaliza.
¿De quién es la culpa? ¿Somos nosotros los que pecamos?
¿O son ellos los que nos calumnian? En absoluto; ni en una cosa
10  ni en otra se puede creer. Ni nosotros podemos ser tan bárbaros,
tan crueles, tan incivilizados como ellos nos pintan, ni ellos pueden ser tan calumniadores como algunos quieren suponerlos.
Hay algo de culpa en nosotros; hay algo de mala voluntad
en ellos.
15  Europa ve que España, a pesar de los desastres sufridos, se
empeña en no ser una nación europea. Europa ve que España
no ha hecho la limpia necesaria de sus hombres funestos, que
trata de sostener el prestigio de sus ideas arcaicas y de su gente
fracasada.
20  El extranjero que viene a España oye hablar de militares
enriquecidos en la guerra de Cuba, de medicinas vendidas en
las farmacias sustraídas al ejército, de soldados muertos de
hambre; oye hablar de hombres atormentados en Montjuich,[33]

---

[33]Monte que domina el puerto de Barcelona, y sitio de una prisión infame.

de inocentes agarrotados en Jerez[34] cuando la Mano Negra,[35] y en otros sucesos más recientes; le dicen que en Barcelona se fusilaron inocentes, que Rizal[36] fue condenado a muerte por exigencias de los frailes, que en Alcalá del Valle[37] se atormentó a unos pobres campesinos.

¿Qué va a decir este extranjero al llegar a su tierra? Dirá que España es un país bárbaro, insensato y cruel.

A esto arguye el español seudopatriota, diciendo: «Es que todo eso es mentira. Es que todo eso es una leyenda».

Y yo digo: «Será mentira, pero para el mundo entero es verdad».

Quizá sea también mentira el que los deportados rusos en Siberia sufran tormentos horribles; pero para el mundo entero, exceptuando los burócratas de San Petersburgo,[38] esos tormentos son verdad.

Es extraño que esas leyendas sanguinarias se forjen únicamente en contra de Rusia y de España. ¿Por qué no se habla de obreros martirizados en Inglaterra ni en los Estados Unidos?

El proverbio es viejo, pero encierra una verdad. «Cuando el río suena, agua lleva». Y si suena y no lleva agua, no debe sonar.

Si en España ha habido en estos años pasados algo horrible, algo monstruoso, debe salir a la superficie; si no ha habido nada, se debe probar al mundo de una manera tan clara, tan evidente, lo injusto de las acusaciones, que de una vez se apaguen esos murmullos siniestros que corren por Europa para deshonra nuestra.

Pero en España ha habido algo monstruoso y terrible; lo sentimos todos en nuestra conciencia. Y no es esto lo peor; lo peor es que las injusticias y las iniquidades y el abandono perduran sin que nadie se dé cuenta de ello.

---

[34]Jerez de la Frontera, ciudad andaluza cerca de Cádiz.

[35]Organización secreta y terrorista de dimensiones internacionales que floreció en el siglo XIX y la primera década del XX.

[36]José Rizal (1861-1896), escritor filipino que fue fusilado como consecuencia de un levantamiento en su país contra los españoles.

[37]Pueblo andaluz, en la provincia de Cádiz.

[38]Antigua capital de Rusia, ahora llamada Leningrado.

Yo, hace unos meses, he viajado a pie por el campo y he
55  visto que existe en él un feudalismo rural del que no se tiene
idea en Madrid; he visto en algunos pueblos de la Vera,[39] uno de
ellos Poyales del Hoyo, el camino convertido en acequia para
que el rico propietario, sin gasto de ninguna clase, pueda regar
sus prados; he visto a un guarda-jurado amenazar con la esco-
60  peta a unas mujeres que habían cogido unas bellotas del suelo
de una dehesa.

En nuestro viaje, la primera noche que dormimos en el
campo, en la tienda de campaña, a la mañana siguiente, cuando
nos preparábamos para la marcha, vimos al guarda de Villa-
65  viciosa de Odón[40] venir hacia nosotros con la escopeta cargada
con bola y amartillada. Al preguntarle para qué hacía esto, nos
dijo que había pensado si seríamos húngaros. Siendo húngaros,
el hombre encontraba el tiro legitimado.

¡Y en Madrid! En Madrid he oído hablar de hombres apa-
70  leados por la Policía, he oído hablar de otros a quienes se les ha
puesto una especie de cuñas en los dedos, y de otros a quienes
se les ha apretado la cabeza con un tortor.

En el hospital de San Juan de Dios,[41] cuando éste estaba en
la calle de Atocha y yo era estudiante de Medicina, he visto al
75  médico de la sala enviar a una buhardilla, a pan y agua, a
muchas enfermas por el crímen de no poder contener los gritos
en el acto de una operación dolorosísima.

Y hace un mes, o cosa así, una criada de mi casa tuvo que
sacar a un hijo suyo que estaba en un asilo porque una monja
80  guardiana le había tenido al chico, de cuatro años, durante seis
días, atado a dos camas, en cruz y desnudo.

¿Cómo nos va a asombrar a nosotros la leyenda de la crueldad española que corre por Europa? No nos puede asombrar,
porque tiene mucho de cierta, porque tiene mucho de real.
85      ¿Qué hacer ante eso?

---

[39]La ya mencionada región alrededor de la ciudad de Plasencia, que se extiende
desde la provincia de Cáceres hasta la de Ávila, Poyales del Hoyo es un pueblo en esta
última.

[40]Pueblo de la provincia de Madrid.

[41]En Madrid.

Yo no veo más que un medio de saneamiento: la revisión.

Hay que revisar todos los resortes, todos los engranajes de la vida española; hay que contrastar nuevamente muchas leyes, muchas ordenanzas, muchos defectos.

90 Al mismo tiempo hay que sanear agrupaciones políticas, organismos civiles y militares, someter a la crítica los políticos, los literatos, los generales, los magistrados.

Si España no emprende la revisión de sus organismos y de sus prestigios; si esa bola de nieve de nuestra crueldad, de 95 nuestra ignorancia, de nuestra torpeza y de nuestra insensatez va creciendo en España, el porvenir de nuestro país va a ser muy negro.

Y hay un síntoma que, aun sin tener gran importancia en sí, indica que la mayoría de la gente intelectual no quiere 100 revisión alguna; este síntoma lo da la cuestión de Echegaray.[42]

La protesta contra el homenaje, que algunos hemos firmado, no era más que una invitación a la crítica, y se ha tomado como una ofensa. Lo natural hubiera sido decir: «Discutamos a Echegaray; ustedes apunten sus defectos, nosotros se- 105 ñalaremos sus cualidades»: No. Eso era imprudente. Lo fácil ha sido decir: «¿Ustedes protestan contra un homenaje como dos?[43] Le haremos a Echegaray un homenaje como ciento».

¿Y qué?

Es que si mañana los militares dijeran de Weyler[44] que no 110 les parecía un César, y el ministro de la Guerra contestara: «¿No

---

[42]José Echegaray (1832-1916), famoso dramaturgo de la Restauración, cuya obra ganó una popularidad enorme, a pesar de, o quizás a causa de sus superficialidades y grandilocuencia melodramática. Al ganar Echegaray el premio Nobel en 1904, sus amigos le tributaron un homenaje. Los escritores de la joven generación—entre ellos Baroja, Azorín y Valle-Inclán—para quienes la anacrónica obra de don José era anatema, respondieron con un «anti-homenaje», en forma de protesta formal contra esa apoteosis de la mediocridad artística e intelectual.

[43]«On two counts»; «como cientos»: «on 100 counts».

[44]Valeriano Weyler (1838-1930), general del ejército español, que desempeñó un papel importante en la dirección de las campañas militares de las colonias: Santo Domingo, las Filipinas y Cuba. Fue varias veces ministro de la Guerra y capitán general tanto en Ultramar como en Cataluña y las Canarias.

les parece a ustedes un César? Bueno, pues yo le voy a hacer capitán general».[45]

¿Y qué?

115 En ello hay una cuestión grave. Toda consagración de un prestigio falso atrasa por momentos la revisión necesaria: todo prestigio falso es reaccionario y partidario de lo estático. El dramaturgo vacío se apoya en el periodista huero, y los dos en el pintor malo, y los tres en el magistrado venal, y todos estos se unen con el político, y entre el político, y el magistrado, y el

120 pintor, y el periodista, y el dramaturgo, hacen que en Poyales de Hoyo el camino esté convertido en acequia para que el rico propietario, sin gastos de ninguna clase, pueda regar sus prados, y el dramaturgo, y el periodista, y el pintor, y el magistrado, y el político hacen que el hijo de mi criada sea maltratado en un

125 asilo por una monja.

Empezando por arriba o empezando por abajo, hay que comenzar pronto la revisión. Si no, Europa, haciendo de Alejandro,[46] va a cortar este nudo gordiano de España de una manera brutal a la mejor ocasión.

de *El tablado de Arlequín* (1904)

## ESFUERZO Y PELIGRO

### Pío Baroja

Crear una cultura científica e industrial, inventarla y propagarla por España, sería para un pueblo fuerte un arma de expansión y de dominio.

Este es un buen momento para España y un buen momento

5 para el norte de la Península. El entusiasmo meridionalista que

---

[45]Es decir, adelantarle en la jerarquía militar. Baroja está bien consciente de la ironía de sus palabras porque ya era Weyler capitán general.

[46]Alejandro Magno (356-323 a. de J.C.), el célebre Rey de Macedonia y conquistador de Asia. «Cortar el nudo gordiano» se refiere a un episodio durante las conquistas de Alejandro, y significa resolver un problema difícil mediante una sola acción rápida y audaz.

existía en el país hace años, ha pasado. Era necesario que así sucediera, pues por el camino que llevábamos hubiéramos llegado a tener un dogma: que el flamenquismo y la gitanería, y hasta los negros de Cuba, eran lo mejor de España. Todavía en Madrid, cuando yo era chico, el ser madrileño o andaluz era una gracia; en cambio, el ser vascongado, catalán o gallego, era casi siempre impertinencia. Hoy no se cree lo mismo.

Una región como la cantábrica, que va avanzando en su industrialización, puede tener dos ideales distintos: uno, de defensa, que me parece pequeño y mezquino, dentro de una España que tiende a la pereza y a la languidez; otro, el de la expansión y el de la intervención, que se me figura grande y noble.

Para esto hay que forjar las herramientas de la España del porvenir, hay que crear un ser moral, un hombre de acción, lleno de eficacia, que sepa, no dogmatizar, sino, como dice Carlyle,[47] tragarse las fórmulas, para hacer. Hay que vitalizar la cultura y armarla hasta los dientes.

El tiempo apremia. La forma social actual ha de durar poco. Las formas sociales, como los seres vivos, tienen limitado su crecimiento y su expansión.

Estas formas se inician, crecen, se ensanchan, se amplifican, y cuando llegan a un punto en que no pueden desarrollarse más, se atrofian, se secan o mueren de un estallido.

La influencia del trabajador, del obrero, va a irrumpir en la vida del Estado. El trabajador, hoy por hoy, tiene la tendencia natural de considerar el único problema, el problema de su bienestar, unido al de la lucha de clases.

El trabajador tardará en considerar la cultura como la flor más selecta de la Humanidad, y puede venir, por su influencia, un período de beocia que, después de la beocia burguesa de nuestros días, sería lamentable.

El triunfo apremia, y el que quiera triunfar tiene que aprovecharlo. Vivir a la defensiva, me parece un error; querer fundar naciones que hoy un aeroplano puede cruzar en quince minutos, es absurdo.

---

[47]Véase nota 62, Parte V.

Aislarse es señal de impotencia. Hay que atacar para triunfar en la vida. Toda la existencia es lucha, desde respirar hasta pensar. Seamos duros, hermanos, como dice Nietzsche;[48] duros para la labor; más parecidos al diamante que al carbón de
45 la cocina.

Los pueblos fuertes, pletóricos, deben intervenir enérgicamente a su alrededor, con procedimientos nuevos, con ideales nuevos.

Los que sean capaces de dirigir a los pueblos vigorosos y
50 activos deben crear cuanto antes el arma de la cultura, y afilarla, como quien afila un estoque; deben marchar por su camino, sin pensar en si hay fracasos, siguiendo la mágica recomendación del autor de *Zaratustra*,[49] que nos aconseja vivir en peligro.

Los españoles hemos sido grandes en otra época,
55 amamantados por la guerra, por el peligro y por la acción; hoy no lo somos. Mientras no tengamos más ideal que el de una pobre tranquilidad burguesa, seremos insignificantes y mezquinos. Hay que atraer el rayo, si el rayo purifica; hay que atraer la guerra, el peligro, la acción, y llevarlos a la cultura y a la vida
60 moderna.

de una conferencia de 1920,
publicada en *Divagaciones apasionadas* (1924)

### ASPIRACIÓN DEL RADICALISMO

Pío Baroja

El nacionalismo, liberal o no, es la Historia; el radicalismo debe aspirar a ser la ciencia.

La Historia en la política es traidora; la ciencia no; la ciencia es honrada, humana, internacional. La ciencia nos une a
5 todos los hombres; la Historia nos quiere separar por castas, por

---

[48]Véase nota 47, Parte V.

[49]Nietzsche. La obra es *Así hablaba Zaratustra*, publicada por los años 1883-1891.

categorías rancias. Hay que dejar la Historia; hay que dejar, como se dice en los Evangelios, que los muertos entierren a los muertos; hay que marchar a la ciencia lo más rápidamente posible.

10      Hoy, al lado del sabio, no está el sacerdote, ni el guerrero; hoy, al lado del sabio, marcha junto a él, muchas veces delante de él, el revolucionario. Alguno preguntará: ¿Qué consecuencia se puede deducir de sus palabras? La conciencia que yo obtengo es ésta: Cataluña es, hoy por hoy, un pueblo culto, que no ha
15    encontrado los directores espirituales que necesita; que no ha encontrado sus escritores, ni sus artistas, porque una nube de ambiciosos y petulantes, más petulantes y ambiciosos que los que padecemos en Madrid, han venido a encaramarse sobre el tablado de la política y de la literatura y a pretender dirigir el
20    país.

Estos geniecillos pedantescos, estos Lloyd Georges[50] de guardarropía, son los que necesitan cerrar la puerta de su región y de su ciudad a los forasteros; son los que necesitan un pequeño escalafón cerrado, en donde se ascienda pronto y no
25    haya miedo a los intrusos; son los que quieren reservarse un trozo de tierra, hoy que nosotros creemos que la tierra debe ser de todos. ¿Y el remedio?, preguntará el que esté conforme conmigo. El remedio es uno: destruir, destruir siempre en la esfera del pensamiento. No hay que aceptar nada sin examen;
30    todo hay que someterlo a la crítica: prestigios, intenciones, facultades, famas . . .

El procedimiento para llegar a tener los hombres necesarios consiste únicamente en tenerlos siempre a prueba, en no permitir que nada quede sancionado por la rutina o por la
35    pereza, que todo sea contrastado en todos los momentos.

En la esfera religiosa, en la esfera moral, en la social, todo puede ser mentira; nuestras verdades filosóficas y éticas pueden ser imaginaciones de una humanidad de cerebro enloquecido. La única verdad, la única seguridad es la de la ciencia, y a ésa tene-
40    mos que ir con una fe de ojos abiertos.

---

[50]David Lloyd George (1863-1945), estadista inglés, primer ministro de Inglaterra entre 1916 y 1922.

La ciencia en política es la revolución. No tiene otro contenido la revolución más que éste, la ciencia.

En España, con respecto a la idea revolucionaria, nos encontramos mal, nos encontramos pobremente vestidos de hara-
45 pos. No hemos tenido una filosofía original de la revolución, porque no hemos tenido ciencia. Realmente, la única filosofía revolucionaria actual entre las masas es la filosofía anarquista; pero ésta es una filosofía instintiva, sentimental, que toma el carácter de un dogma religioso, que es una cosa absurda e infan-
50 til.

Nos encontramos, como decía, vestidos de harapos. La Reforma que fue el lado religioso del Renacimiento, pasó por delante de nuestros ojos sin rozarnos; los Pirineos fueron para ella una barrera infranqueable; los casos de herejía que se
55 dieron en España fueron extirpados por el hierro y por el fuego, por la barbarie de los reyes de la Casa de Austria; la Revolución francesa, la consecuencia política del Renacimiento, nos llegó en espumas más que en oleadas, sólo la tendencia social moderna de la Internacional[51] va infiltrándose y va penetrando en
60 España ...

No pretendo ser exacto; sé que soy arbitrario, pero me basta con ser sincero. Yo no llamo revolución a herir o matar; yo llamo revolución a transformar. Y para eso hay que declarar la guerra a todo lo existente. La lucha por la vida y la guerra son
65 los principios que conservan en el hombre las cualidades viriles y nobles. Luchar, guerrear; ésta debe ser la política nuestra.

Aunque no tenga autoridad para ello, permitir que os diga: Trabajad por la expansión del espíritu revolucionario, que es el espíritu científico; difundidlo, ensanchadlo, propagadlo.
70 Negad y afirmad apasionadamente. Destruid y cread a la vez.[52] La semilla, para fructificar, tiene que caer en una tierra removida por el arado. Que nuestra inteligencia sea como la reja

---

[51]Asociación socialista internacional organizada en Londres en 1864 por Karl Marx, cuyo propósito fue la unificación de todos los obreros del mundo a base de las metas declaradas en el Manifiesto Comunista de 1848.

[52]Véase el «Elogio metafísico de la destrucción», en la segunda parte de la novela *Paradox, rey* (1906).

que destroza la dura corteza del suelo. Que nuestro sentimiento crítico sea como el ojo del labrador que sabe distinguir la cizaña
75 del trigo. Destruid y cread alternativamente, y el porvenir de España y el porvenir de Cataluña será nuestro.

de una conferencia de 1910,
publicada en *Divagaciones apasionadas* (1924)

## La energía y la reforma nacional

### Angel Ganivet

Es indispensable forzar nuestra nación a que se desahogue racionalmente, y para ello hay que infundir nueva vida espiritual en los individuos y por ellos en la ciudad y en el Estado. Nuestra organización política hemos visto que no depende del
5 exterior; no hay causa exterior que aconseje adoptar esta o aquella forma de gobierno: nuestras aspiraciones de puertas afuera o son infundadas o utópicas, o realizables a tan largo plazo, que no es posible distraer a causa de ellas la atención y continuar viviendo a la expectativa. La única indicación eficaz
10 que del examen de nuestros intereses exteriores se desprende es que debemos robustecer la organización que hoy tenemos y adquirir una fuerza intelectual muy intensa, porque nuestro papel histórico nos obliga a transformar nuestra acción de material en espiritual. España ha sido la primera nación euro-
15 pea engrandecida por la política de expansión y de conquista; ha sido la primera en decaer y terminar su evolución material, desparramándose por extensos territorios, y es la primera que tiene ahora que trabajar en una restauración política y social de un orden completamente nuevo: por tanto, su situación es dis-
20 tinta de las demás naciones europeas, y no debe de imitar a ninguna, sino que tiene que ser ella la iniciadora de procedimientos nuevos, acomodados a hechos nuevos también en la Historia. Ni las ideas francesas, ni las inglesas, ni las alemanas, ni las que puedan más tarde estar en boga, nos sirven, porque nosotros,
25 aunque inferiores en cuanto a la influencia política, somos superiores, más adelantados en cuanto al punto en que se halla

nuestra natural evolución; por el hecho de perder sus fuerzas dominadoras (y todas las naciones han de llegar a perderlas), nuestra nación ha entrado en una nueva fase de su vida histó-
30 rica y ha de ver cuál dirección le está marcada por sus intereses actuales y por sus tradiciones.

El problema político que España ha de resolver no tiene precedentes claros y precisos en la Historia. Una nación funda-dora de numerosas nacionalidades logra, tras un largo período
35 de decadencia, reconstituirse como fuerza política animada por nuevos sentimientos de expansión: ¿qué forma ha de tomar esta segunda evolución para enlazarse con la primera y no romper la unidad histórica a que una y otra deben de subordinarse? Porque aquí la unidad no es un artificio, sino un hecho; el arti-
40 ficio será cortar con la tradición y pretender comenzar a vivir nuestra vida, como si fuéramos un pueblo nuevo, acabado de sacar del horno. España tiene acaso caminos abiertos para em-prender rumbos diferentes de los que le señala su historia; pero un rompimiento con el pasado sería una violación de las leyes
45 naturales, un cobarde abandono de nuestros deberes, un sacri-ficio de lo real por lo imaginativo. Ninguna nueva acción exte-rior puede conducirnos a restaurar la grandeza material de España, a reconquistarle el alto rango que tuvo; nuestras nue-vas empresas serían como las pretensiones de esos viejos impe-
50 nitentes que, en lugar de resignarse y consagrarse al recuerdo de sus nobles amores juveniles, se arrastran en busca de nuevos amores fingidos, de nuevas caricias pagadas, de parodias risi-bles, cuando no repugnantes, de las bellas escenas de la vida sentimental.
55 En cambio, si por el solo esfuerzo de nuestra inteligencia lográsemos reconstituir la unión familiar de todos los pueblos hispánicos, e infundir en ellos el culto de unos mismos ideales, de nuestros ideales, compliríamos una gran misión histórica, y daríamos vida a una creación, grande, original, nueva en los
60 fastos políticos; y al cumplir esa misión no trabajaríamos en beneficio de una idea generosa, pero sin utilidad práctica, sino que trabajaríamos por nuestros intereses, por intereses más trascendentales que la conquista de unos cuantos pedazos de territorio. Puesto que hemos agotado nuestras fuerzas de expan-

sión material, hoy tenemos que cambiar de táctica y sacar a la luz las fuerzas que no se agotan nunca, las de la inteligencia, las cuales existen latentes en España y pueden, cuando se desarrollen, levantarnos a grandes creaciones que, satisfaciendo nuestras aspiraciones a la vida noble y gloriosa, nos sirvan como instrumento político, reclamado por la obra que hemos de realizar. Desde este punto de vista, las cuestiones políticas a que España consagra principalmente su atención sólo merecen desprecio. Vivimos imitando, debiendo de ser creadores; pretendemos regir nuestros asuntos por el ejemplo de los que vienen detrás de nosotros, y andamos a caza de formas de gobierno, de exterioridades políticas, sin pensar jamás qué vamos a meter dentro de ellas para que no sean pura hojarasca.

La organización de los poderes públicos no es materia muy difícil, no exige ciencia ni arte extraordinarios, sino amplitud de criterio y buena voluntad. Una sociedad que comprende sus intereses organiza el poder del modo más rápido posible y pasa a otras cuestiones más importantes; una nación que vive un siglo constituyéndose no es nación seria; en ese hecho sólo da a entender que no sabe adónde va, y que por no saberlo no entretiene discutiendo el camino que conviene seguir. Los poderes no son más que andamiajes; deben de estar hechos con solidez para que se pueda trabajar sobre ellos sin temor a accidentes: lo esencial es la obra que, ya de un modo, ya de otro, se ejecuta. La obra de restauración de España está muy cerca del cimiento; el andamiaje sube hasta donde con el tiempo podrá llegar el tejado, y hay gentes insaciables e insensatas que no están contentas todavía. La falta de fijeza que se nota en la dirección de nuestra política general es sólo un reflejo de la falta de ideas de la nación; de la tendencia universal a resolverlo todo mediante auxilios extraños, no por propio y personal esfuerzo: la nación entera aspira a la acción exterior, a una acción indefinida y no comprendida que realce nuestro mermado prestigio; las ciudades viven en la mendicidad ideal y económica, y todo lo esperan del Estado; sus funciones son reglamentarias y materiales: cuando conciben algo grande, no es ninguna grandeza ideal, sino una grandeza cuantitativa, el ensanche, que viene a ser una reducción de la idea de agrandamiento nacional por medio de la anexión de territorios o terrenos que no nos hacen falta; los individuos trabajan lo suficiente para resolver el problema de no trabajar, de suplir el trabajo personal que requiere gasto de iniciativas y de energías por alguna función rutinaria, concuerde o no concuerde con las aptitudes o los escasos conocimientos adquiridos. En suma, las esperanzas están siempre cifradas en un cambio exterior favorable, no en el trabajo constante e inteligente.

Dadas estas ideas, los cambios políticos sirven sólo para torcer más los viciados instintos. Un ejemplo muy claro nos ofrecen nuestras universidades. Se creyó encontrar el remedio para nuestra penuria intelectual infundiendo a los centros docentes nueva savia, transformándolos de escuelas cerradas en campos abiertos, como se dice, la difusión de toda clase de doctrinas. Y la idea era buena, y lo sería si no estuviera reducida a un cambio de rótulo. Porque la libertad de la cátedra no es buena ni mala en sí: es un procedimiento que puede ser útil o inútil, como el antiguo, según el uso que de él se haga. La enseñanza exclusivista sería buena si los principios en que se inspira tuviesen vigor bastante, sin necesidad de las excitaciones de la controversia, para mantener vivas y fecundas las ciencias y las artes de la nación: por este sistema tendríamos una cultura un tanto estrecha de criterio e incompleta; pero, en cambio, tendríamos la unidad de inteligencia y de acción. Sólo cuando las doctrinas decaen y pierden su fuerza creadora se hace necesario introducir levadura fresca que les haga de nuevo fermentar. La enseñanza libre (y no hablo de las formas ridículas que en la práctica ha tomado en España) tiene también, como todas las cosas, dos asas por donde cogerla: el punto flaco es la falta de congruencia entre las diferentes doctrinas, el desequilibrio intelectual que las ideas contradictorias suelen producir en las cabezas poco fuertes; la parte buena es la impulsión que se da al espíritu para que con absoluta independencia elija un rumbo propio y se eleve a concepciones originales. Nosotros hemos tocado el mal, pero no el bien. Se decía que la enseñanza católica nos condenaba a la atrofia intelectual; la libertad de enseñanza nos lleva a un rápido embrutecimiento. Sabemos que en esta o aquella universidad existen rivalidades seudocientíficas, porque leemos u oímos que los adherentes a los diversos bandos han promovido un tumulto o han venido a las manos como carreteros. Lo que había antes ni hay ahora, salvo honradísimas excepciones, es quien cultive la ciencia científicamente y el arte artísticamente; se han perdido todos los pesos y todas las medidas, salvándose sólo una: la de las funciones públicas; sea cual fuere la especie y mérito de una obra, sabemos que no será estimada sino después que el autor ocupe un buen puesto en los escalones sociales. De aquí la subordinación de todos nuestros trabajos, de nuestros escasos trabajos, al interés puramente exterior; y aún hay mérito en los que los subordinan puesto que la generalidad los suprime del todo y se contenta con los puestos de los escalafones. Las universidades, como el Estado, como los Municipios, son organismos vacíos; no son malos en sí, ni hay que cambiarlos; no hay que romper la máquina: lo que hay que hacer es echarle ideas para que no ande en seco. Para romper algo, rompamos el universal artificio en que vivimos, esperándolo todo de fuera y dando a la actividad una forma exterior también; y luego transformaremos la charlatanería en pensamientos sanos y útiles, y el combate externo que destruye en combate interno que crea. Así es como se trabaja por fortalecer los poderes públicos, y así es como se reforman las instituciones.

* * *

Si yo fuera consultado como médico espiritual para formular el diagnóstico del padecimiento que los españoles sufrimos (porque padecimiento hay y de difícil curación), diría que la enfermedad se designa con el nombre de «no querer», o en términos más científicos por la palabra griega «aboulía», que significa eso mismo, «extinción o debilitación grave de la voluntad» . . .

De lo dicho se infiere cuán disparatado es pretender que nuestra nación recobre la salud perdida por medio de la acción exterior; si en lo poco que hoy hacemos revelamos nuestra flaqueza, ¿qué ocurriría si intentáramos acelerar más el movimiento? La restauración de nuestras fuerzas exige un régimen prudente, de avance lento y gradual, de subordinación absoluta de la actividad a la inteligencia, donde está la causa del mal y adonde hay que aplicar el remedio. Para que la acción sea útil y productiva, hay que pensar antes de obrar, y para pensar se

180 necesita, en primer término, tener cabeza. Este importante
órgano nos falta desde hace mucho tiempo, y hay que crearlo,
cuéstenos lo que nos cueste. No soy yo de los que piden un genio,
investido de la dictadura; un genio sería una cabeza artifical
que nos dejaría luego peor que estamos. El origen de nuestra
185 decadencia y actual postración se halla en nuestro exceso de
acción, en haber acometido empresas enormemente despropor-
cionadas con nuestro poder; un nuevo genio dictador nos utiliza-
ría también como fuerzas ciegas, y al desaparecer, desapare-
ciendo con él la fuerza inteligente, volveríamos a hundirnos sin
190 haber adelantado un paso en la obra de restablecimiento de
nuestro poder, que debe de residir en todos los individuos de la
nación y estar fundado sobre el concurso de todos los esfuerzos
individuales . . .
     Así como creo que para las aventuras de la dominación
195 material muchos pueblos de Europa son superiores a nosotros,
creo también que para la creación ideal no hay ninguno con
aptitudes naturales tan depuradas como las nuestras. Nuestro
espíritu parece tosco, porque está embastecido por luchas bru-
tales; parece flaco, porque está sólo nutrido de ideas ridículas,
200 copiadas sin discernimiento, y parece poco original, porque ha
perdido la audacia, la fe en sus propias ideas, porque busca
fuera de sí lo que dentro de sí tiene. Hemos de hacer acto de
contrición colectiva; hemos de desdoblarnos, aunque muchos nos
quedemos en tan arriesgada operación, y así tendremos pan
205 espiritual para nosotros y nuestra familia, que lo anda mendi-
gando por el mundo, y nuestras conquistas materiales podrán
ser aún fecundas, porque al renacer hallaremos una inmensidad
de pueblos hermanos a quienes marcar con el sello de nuestro
espíritu.

de *Idearium español* (1897)

# PARÁLISIS PROGRESIVA

## Ramiro de Maeztu

De *parálisis progresiva* califica *El Liberal*[53] la enfermedad que padece España, y presiente para lo futuro una convulsión o una parálisis definitiva.

5     Parálisis . . . Nos place la palabra. No de otra suerte puede calificarse ese amortiguamiento continuado de la vida colectiva nacional, que ha disuelto virtualmente en veinte años los partidos políticos, haciendo de sus programas entretenido juego de caciques.

10     Parálisis . . . Así se explica la espantosa indiferencia del país hacia los negocios públicos . . ., la abstención del cuerpo electoral . . ., el desprecio de los lectores de periódicos hacia el artículo político . . ., la sola lectura del telegrama y de la gacetilla, como si roto el cordón umbilical entre la nación y el ciudadano, cuantos fenómenos afecten a aquélla no interesaran a éste de otro modo que la ficticia trama de una comedia al público de un teatro.

    Parálisis intelectual reflejada en las librerías atestadas de volúmenes sin salida, en las cátedras regentadas por ignaros profesores interinos, en los periódicos vacíos de ideas y repletos de frases hechas, escritos por el hampa social que lanza al arroyo la lucha por la vida, en los teatros, donde sólo las estulticias del género chico[54] atraen a un público incapaz de saborear la profundidad de un pensamiento . . ., parálisis bien simbolizada por esa Biblioteca Nacional en donde sólo encontré ayer a

---

[53]Periódico de Madrid. Tanto Maeztu como *El Liberal* escribían estas reflexiones sobre España en 1897, un año antes del Desastre.

[54]Una especie de teatro muy popular que se iba desarrollando durante la segunda mitad del siglo XIX conforme con la tradición del antiguo sainete: piezas cortas, usualmente cómicas y muy a menudo con música, que trataban de tipos y costumbres populares de un Madrid contemporáneo pero muy tradicional.

un anciano tomando notas de un libro de cocina de Angel Muro.[55]

Parálisis moral, evidenciada en esos abonos increíbles para las corridas de toros; parálisis sin moral que inventa, en tanto
30 se extiende el hambre en las comarcas andaluzas y doscientos mil hermanos nuestros mueren de anemia en climas tropicales, los cigarrillos del Khedive[56] de dos, tres y cinco pesetas cajetilla, para que encuentren modo de gastarse sus rentas los accionistas de la Transatlántica[57] y del Banco.[58]

35 Parálisis imaginativa, que ha dado al traste con los entusiasmos y los ensueños de la raza.

Y para esperanza de curación, una juventud universitaria, sin ideas, sin pena ni gloria, tan bien adaptada a este ambiente de profunda depresión, que no parece sino que su alma está en
40 el Limbo; ni siente ni padece.

Pero no tema *El Liberal* que tan penosa enfermedad se desenlace en horribles convulsiones. Son ya tan hondos sus progresos que se ha llevado, no tan sólo la esperanza, sino hasta el deseo de curar.

45 España prefiere su carrito de paralítica, llevado atrás de adelante por el vaivén de los sucesos ciegos, al rudo trabajo de rehacer su voluntad y enderezarse.

Para serla agradable, no turbemos su egoísmo de enferma con vanos reproches y aunque la enfermedad acrezca . . . ¡silen-
50 cio! . . . ni una palabra.

Dejémosla dormir; dejémosla morir.

Cuando apunte otra España nueva, ¡enterremos alegremente a la que hoy agoniza!

de *Hacia otra España* (1899)

---

[55]Autoridad culinaria enormemente popular hacia 1900. Una obra suya especialmente durable fue *El practicón. Tratado completo de cocina* . . . (1894).

[56]Marca popular que tomaba su nombre del título del virrey de Egipto.

[57]La Compañía de la Navegación Transatlántica.

[58]El Banco de España.

# TRADICIÓN Y CRÍTICA

## Ramiro de Maeztu

Prosiguen los reveses, continúan, a pesar de la suspensión de garantías,[59] las discusiones entre los partidarios de la guerra y los amigos de la paz, y el Gobierno, colocado entre unos y otros, aguarda a los acontecimientos futuros, sin perjuicio de
5  gestionar la suspensión de hostilidades.

Los dos bandos redoblan sus argumentos, y a falta de argumentos sus invectivas. Dicen los guerreros que la paz no debe hacerse, hasta que hayamos recobrado parte de lo perdido; replican los pacíficos que cada revés remacha la imposibilidad
10  de esos desquites anhelados. Táchase a éstos de sobrado prudentes y amigos del cupón;[60] incúlpase a aquéllos de pretender la ruina total de la patria, para caer sobre ella, como las aves de rapiña sobre los cadáveres.

Y nadie se entiende. No pueden entenderse. Prescindiendo
15  de personalismos y de razones de polémica, hay en esta discusión, como en todas las discusiones transcendentales, dos instintos superiores e incompatibles entre sí, que se esconden tras los razonamientos, como suelen esconderse los filósofos en sus filosofías, meros rodeos que se toman para excusar y enal-
20  tecer sus maneras de obrar y modos de sentir.

Pugnan en la actual polémica el instinto tradicional con el instinto crítico. Cuando se arguye por los partidarios de la guerra, es un eufemismo para no confesar el evidente desacuerdo entre la España que soñaban, la España de la tradición,

---

[59]Tan fuerte fue la reacción del pueblo a la derrota de la flota española en Cavite (las Filipinas, 30 de abril de 1898) que el gobierno creyó necesaria la suspensión de las garantías constitucionales. Maeztu escribía su artículo en julio. En agosto se firmó el armisticio.

[60]Los «pacíficos», que querían conservar la práctica de determinar el servicio militar mediante el sorteo por cupón («draft lottery»), limitando así la conscripción según las prácticas normales; los «guerreros», por otra parte, querían ampliar el servicio militar para incluir a todos los elegibles.

y la España que los hechos revelan. Han formado sus almas en
el culto a las cosas muertas, embellecidas por la pátina de los
siglos. Han mirado a su patria bajo la luz esplendorosa del pasado. Y la quieren así . . . o no la quieren de ningún modo.

El instinto crítico, que ya en tiempo de nuestros padres
30 juzgó al pasado frente al tribunal de la razón, y hubo de conde-
narlo al conocer la gran debilidad interna que ocupaban los
esplendores de otros siglos, se rebela hoy contra esa joroba de
heroísmo suicida que nos legó por toda herencia aquel pasado,
y aspira a conquistarse libremente la *parte de sol*[61] que aún re-
35 serve el destino a nuestra España.

¿De parte de quién está la fuerza? . . . Los sucesos con-
testarán. ¿Quién posee la verdad? . . . No lo sé, pero es lo cierto
que, por extraña paradoja, la verdadera fe se halla del lado del
instinto crítico.

40 Porque a poco que se ahonde se encontrará en los defensores del sentido histórico nacional una gran desconfianza
respecto de las fuerzas eficientes de la patria. No creen en su
porvenir, por eso aspiran a embellecer su presente modesto y
humilde, con el cumplimiento de su modo de ser legendario.

45 Mientras que el instinto crítico, si lucha contra los resabios
del pasado, es porque cree en el porvenir . . .

de *Hacia otra España* (1899)


## RESPONSABILIDADES

Ramiro de Maeztu

Pues bien, hablemos de responsabilidades, ya que las
responsabilidades constituyen la obsesión, la monomanía y el
delirio de cuantos escriben fondos en los diarios y de cuantos
peroran en los cafés, sobre las cosas de la guerra. Hablemos de
5 responsabilidades. Repitamos, con los periodistas iracundos,
que es preciso recaiga la catástrofe sobre los que la provocaron

---

[61]Referencia a la famosa «el sol nunca se pone en los dominios de España».

con su ceguedad e imprevisión; repitamos con ellos que esto no puede quedar así, que esto no ha de consentirse impunemente, que urge la aplicación a los culpables del castigo merecido.

¡Depuremos las responsabilidades! . . . A las órdenes de ustedes, señores periodistas. Pero veamos, ante todo, si somos nosotros los más autorizados para lanzar la primera piedra . . . ¿Por qué no habíamos previsto la trascendencia de las insurrecciones coloniales?

Hablemos con los de más renombre, con los que disponen de una tribuna donde se les oye, donde se les escucha . . . Y ya que el don profético no les haya sido otorgado, ¿por qué, cuando menos, no han estudiado esas insurrecciones? Porque por ninguna parte hemos leído esos informes minuciosos, imparciales, escrupulosos, dignos, con que los grandes diarios de otros pueblos suelen ilustrar a sus lectores. Aquí no hemos visto más que noticias de reporteros, *infundios* de advenedizos ambiciosos y aduladores del poder o del *perro-chico*[62] y artículos en los que se han hecho y deshecho, levantado y derribado, docenas de reputaciones, tan inmerecedoras de los elogios que se les prodigara, como de los ataques con que se las desprestigió. Y no hablemos de los consabidos articulejos de seguro efecto, en los que evocando los manes de una serie de muertos respetables, excitábase al pueblo a oficiar de alcalde de Móstoles,[63] probándole, como dos y dos son cuatro, que cada español vale por una veintena de extranjeros, cual si todas las balas de nuestros enemigos fueran de algodón.

Sí, señores periodistas, en lugar de estudiar seriamente la causa de las guerras coloniales y sus remedios menos costosos, *como era nuestro deber*, nos hemos salido con el repertorio de las frases sonoras: ¡integridad, más soldados, más empréstitos, derramemos hasta la última gota de sangre! . . . Eso era más cómodo que pensar maduramente, sobre todo para decirlo desde la sala de una redacción. Pero ¿no alcanza alguna de esas

[62]O sea, el dinero. Maeztu aprovecha la moneda más pequeña de España (5 céntimos) para expresar la idea.

[63]Pueblo de la provincia de Madrid donde publicaron en 1808 los dos alcaldes de la villa un manifiesto declarando la guerra a Napoleón.

responsabilidades de que hablan los periódicos a los periódicos mismos, que han engañado al pueblo al tomarle la medida de sus fuerzas?

¡Responsabilidades! . . . Y el pueblo mismo, ¿no es responsable de haberse dejado engañar por los periódicos y desgobernar por los políticos?

¡Responsabilidades! Tiénenlas los Gobiernos españoles, que son y han sido siempre malos; los partidos de oposición, que no han sabido mejorarlos; las clases directoras, que han conducido mal; las clases dirigidas, que se han dejado llevar como rebaños.

Tiénenlas nuestros antepasados, que fundaron un imperio colonial tan grande, que para sostenerlo hubo de despoblarse el suelo patrio, el *verdadero* suelo patrio. Las colonias son como el coche propio. Si lo gasta un banquero repórtale beneficios metálicos, por el tiempo que le ahorra en viajes; si lo usa un agente de Bolsa de cuarto orden, es una gabela que le atrasa y le ahoga y acaba con su crédito y con los muebles de su casa, si no sabe desprenderse del artefacto en tiempo oportuno.

¡Responsabilidades! Las tiene nuestra desidia, nuestra pereza, el *género chico*,[64] las corridas de toros, el garbanzo nacional, el suelo que pisamos y el agua que bebemos.

Y pues que a todos alcanzan, a todos—aun a los *sensatos* que la catástrofe preveíamos nos llegan, por no haber gritado contra la corriente patriotera de los periódicos, hasta quedarnos sin laringe—, todos, absolutamente todos debemos sufrir el castigo.

Sufrámoslo con paciencia y dignidad. Enmendemos antiguos yerros y añejas torpezas.

Nos aguarda una tierra que se ha quedado sin labrar porque la guerra le llevó los brazos. Trabajémosla con ahinco. Hay mil cosas que están por hacer. Necesitamos mejores alimentos, mejores viviendas, regar la tierra seca, inventar máquinas, crear obras bellas, mejorar la instrucción, aprender toda la ciencia de la vida, dulcificar nuestro carácter para los odios y templarlo para la faena. Todos tenemos culpas; todos debíamos espiarlas trabajando doblemente y en labores fecundas.

---

[64]Véase nota 54.

. . . Pero, ¿a qué seguir hablando este lenguaje? Es el lenguaje de la sensatez. No nos oirían. Vale más repetir con los periódicos, completando sus frases con las que en los tinteros se les quedan:

80      Es preciso castigar a mucha gente, es preciso hacer rodar muchas cabezas, es preciso que a las guerras coloniales, y a la guerra con Norteamérica, siga la guerra civil para digno remate del siglo. ¿Tenemos muertes? ¡pues más muertes . . . ¿ruinas? . . . ¡pues más ruinas!

de *Hacia otra España* (1899)

## LA OBRA DE 1898

### Ramiro de Maeztu

Decíamos que la acción crítica de la generación de 1898 había creado un inmenso vacío en el alma española, y preguntábamos si sería posible trocar esta nada, este vacío, en fundamento de futura creación. Hablar de una nada creadora es aso-
5  marse al problema central de la filosofía y de la historia. Pudiera afirmarse que la Humanidad empezó a ser humana el día en que se le ocurrió a un hombre, fuese Thales,[65] Anaximandro o Anaximenes, lo que después nos repitió Bartrina[66] cuando dijo:
10  «¡Porque ese cielo azul que todos vemos, ni es cielo ni es azul».

Negar que las cosas sean lo que parecen es envolverlas en puntos suspensivos. Al cabo de esos puntos suspensivos—la nada creadora—surgen los signos de interrogación. Con los
15  signos de interrogación empieza la encuesta. Con la encuesta, el hombre. Ser hombre es preguntar. Pero antes de preguntar es preciso apartar de algún modo lo que se nos pone por delante.

---

[65]Tales de Mileto (642?-547? a. de J.C:), filósofo, astrónomo, y geómetra griego, maestro de Anaximandro, cuyo discípulo fue a su vez Anaximenes.

[66]Joaquín María Bartrina (1850-1880), poeta español y colaborador en obras para el teatro.

«Ni es cielo ni es azul». Lo que parece no es lo que parece. Es otra cosa. ¿Qué otra cosa? ¿Qué sabor tiene la manzana del árbol de la Ciencia?

Aún no hemos llegado a la pregunta. Estamos en 1898. Habíamos heredado una tienda de la que no nos ocupábamos gran cosa. Teníamos una vaga idea de que se trataba de un negocio inmemorial, fundado no se sabe si por Túbal[67] o por Mandonio[68] y reformado después, mejor o peor, por fenicios, griegos, romanos, godos, árabes y bereberes.[69] No marchaba muy bien. En otro tiempo se habían fundado numerosas sucursales de la tienda en diversas regiones del planeta. Muchas de ellas, no se sabe por qué, probablemente por el mal carácter de los encargados, se habían negado a rendir cuentas a la casa matriz. Pero en 1898 nos quedaban todavía algunas sucursales productivas. Y aunque de cuando en cuando nos habíamos dicho en voz baja que el negocio no marchaba bien, y hasta tratamos alguna vez de reformarlo por espontáneo impulso, como por lo general nuestras reformas se limitaban a derribar anaqueles y a cambiar los nombres de los géneros, no sentíamos en aquel tiempo con mayor urgencia la necesidad de ponernos a discurrir procedimientos de reforma.

Precisamente por aquellos años se había hecho un esfuerzo supremo para persuadirnos de que el negocio era excelente. Los defectos que descubrían los descontentos no eran, en realidad, imputables al negocio ni a nuestra manera de llevarlo, sino a los malos tiempos. El negocio en sí era magnífico. ¿Cómo iba a ser malo si en la fachada de la tienda lucía un escudo las palabras de «Proveedores de Su Divina Majestad»? Nosotros éramos siempre los fieles proveedores de la Providencia, como lo habíamos sido en otras épocas. Eran los tiempos, vueltos impíos, los que se revolvían contra nuestro negocio y, más aún que los tiempos, nuestros propios descontentos y nuestros propios críti-

---

[67]Nieto de Noé, que fue, según la tradición, el primer poblador de España.

[68]Caudillo de los levantamientos indígenas en el valle del Ebro contra los cartagineses y los romanos en el siglo III a. de J.C.

[69]Todos invasores y pobladores de la península ibérica.

cos los que destruían la unidad de los servicios y perjudicaban el negocio común.

Yo no digo que todos creyéramos en esta tesis halagüeña. Unos la creyeron, y la creencia les volvió orgullosos. Otros se dijeron: «Algo tendrá el agua cuando la bendicen», y la despreocupación les hizo frívolos. Surgió el desastre. Se perdieron las últimas sucursales de la tienda. Ello fue acaso lo de menos. Lo importante fue la manera de perderse. Lo importante es que fuimos a la guerra sin medir su gravedad, por orgullo y por frivolidad, y que el enemigo jugó al blanco con nuestros pobres barcos de madera. La humillación nos hirió primeramente en el orgullo. Pero se habló en el extranjero de razas agónicas y de países incompetentes. La repatriación nos fue revelando rápidamente las inmoralidades, las torpezas pasadas. Durante un año no se habló en Madrid sino de los militares y paisanos enriquecidos en las colonias perdidas. Y entonces nos sentimos heridos también en el honor. A la amargura del fracaso se añadió la hiel de la falta de mérito.

Rápidamente se fue dibujando ante nuestros ojos el inventario de lo que nos faltaba. No hay escuelas, no hay justicia, no hay agua, no hay riqueza, no hay industria, no hay clase media, no hay moralidad administrativa, no hay espíritu de trabajo, no hay, no hay, no hay . . . ¿Se acuerdan ustedes? Buscábamos una palabra en que se comprendieran todas estas cosas que echábamos de menos. «No hay un hombre», dijo Costa; «No hay voluntad», Azorín; «No hay valor», Burguete;[70] «No hay bondad», Benavente; «No hay ideal», Baroja; «No hay religión», Unamuno; «No hay heroísmo», exclamaba yo, pero al siguiente decía: «No hay dinero», y al otro: «No hay colaboración».

Nuestras palabras se contradecían, se anulaban. A veces nos dolíamos meramente de la falta de gloria, de fuerza, de bienes materiales. A veces, de la falta de méritos. La tierra no es rica; los hombres no son grandes. Unas veces nos rebelábamos contra la tienda hereditaria; otras, contra los tenderos. Faltaba

---

[70]Ricardo Burguete (1871-1937), general del ejército y figura importante en la política española.

un criterio de discernimiento. Faltaba la pregunta de: ¿qué es
85  lo central, qué es lo primero, qué es lo más importante?

Al cabo ha surgido la pregunta. Al cabo España no se nos
aparece como una afirmación ni como una negación, sino como
un problema. ¿El problema de España? Pues bien; el problema
de España consistía en no haberse aparecido anteriormente
90  como problema, sino como afirmación o negación. El problema
de España era el no preguntar.

Eso es siempre el problema. Todavía los más de los españoles, políticos e intelectuales inclusive, no quieren preguntar.
Unos dicen dogmáticamente que todo se arreglaría con arrojar
95  a los descontentos de la tienda. Otros preferirían pegar fuego a
la tienda, en la confianza de que espontáneamente se alzará de
la tierra otra mejor. Los pocos hombres interrogativos que son
en España suelen irritarse con las soluciones tajantes de esos
hombres y desearían limpiar la tienda de dogmáticos, también
100  de un solo tajo. Pero no, ¡no! Si la solución al problema de
España consiste en hacer subir la conciencia española a la región de las cosas problemáticas, los medios para realizar esta
ascensión han de ser igualmente problemáticos. ¿Sabe alguno
de ustedes la manera de conseguir que no se hallen tan seguros
105  de sí mismos los españoles de buena voluntad?

(1913)


## LA CRISIS ACTUAL DEL PATRIOTISMO ESPAÑOL

### Miguel de Unamuno

En el fondo del catalanismo, de lo que en mi país vasco se
llama bizkaitarrismo, y del regionalismo gallego,[71] no hay sino
anticastellanismo, una profunda aversión al espíritu castellano
y a sus manifestaciones. Esta es la verdad y es menester decir-
5  la. Por lo demás, la aversión es, dígase lo que se quiera, mutua.

---

[71]Los tres movimientos separatistas en España. En cada caso la voluntad de
autonomía está reforzada por la conservación de la lengua tradicional no castellana.

Castilla ha sido durante siglos, y sobre todo desde los Reyes Católicos, el eje histórico de la nacionalidad española; Castilla ha impreso su sello a las letras, a las artes, a la filosofía, a la seudo-religión, a la política española. Aunque todos hayan
10 podido participar legalmente de la gobernación del Estado, todo se ha hecho a la castellana—y entiéndase de ahora para en adelante que llamo castellanos a los aragoneses y andaluces—, y por culpa principalmente de los castellanos, que, presos de otras preocupaciones, descuidaban la de hacerse sentir en la marcha
15 política y en la cultural.

Y de tal modo es así, que cuantas descripciones—algunas ya clásicas—del español corren por Europa apenas pueden aplicarse sino al castellano. No ha mucho leía yo en un libro interesante de Frank Wadleigh Chandler, norteamericano, sobre la
20 novela picaresca (*Romances of Roguery; an Episode in the History of the Novel, by* Frank Wadleigh Chandler, New York, 1899) este tremendo pasaje: «El español obra, pero rara vez siente; pasa y repasa por la escena, pero apenas quiere. Hay en él todavía algo del muñeco mecánico movido por un principio
25 automático», y ello me pareció no muy lejos de la verdad si en vez de español dijera castellano. Porque, en efecto, si alguna impresión deja la genuina literatura castellana—y tomo la literatura como el más genuino espejo del espíritu—, es una impresión de sequedad, de falta de jugo afectivo, de escasez de senti-
30 mientos, y hasta es frecuente que al confesarlo quieran cohonestar tales deficiencias llamando sentimentalismo a eso que les falta, o burlándose como de algo indigno de los nietos de aquellos duros conquistadores e insensibles tercios,[72] de los suspirillos germánicos[73] o de otras manifestaciones análogas.
35 La verdad debe decirse siempre, y en especial cuando más inoportuna parece a los prudentes mundanos, y la verdad es que la actitud de esos catalanes y vascos culpados de separatistas no procede tan sólo de hostilidad o aversión a los gobiernos y a los

---

[72]Los conquistadores de América y los tercios que pasearon por toda Europa en el siglo XVI.

[73]De la poesía romántica alemana, en especial de Heinrich Heine (1797-1856) cuya obra influyó mucho en los poetas españoles del siglo XIX.

políticos. Se dice, y muchos de ellos lo dicen, que no es contra la
40 nación española contra lo que protestan, sino contra el Estado,
contra la actual organización política de éste. Y la verdad es que
se sienten inadaptados e inadaptables, no sólo a la organización
política española, sino a su sociabilidad, a su manera de ser;
manera de ser fuertemente influída por la predominancia hasta
45 hoy de una de las castas que hacen la nación.

Sienten aversión, y la siento también yo, hacia casi todo lo
que pasa por castizo y genuino: los modales, los chistes—esos
horribles chistes del repertorio de los géneros chico e ínfimo—,[74]
la literatura, el arte—sobre todo la odiosa música que se
50 aplaude en los teatros por horas—, la navaja, los bailes, la
cocina con sus picantes, sus calles y caracoles y otras porque-
rías; los toros, espectáculo entontecedor por el que siento más
repugnancia desde que se ha declarado cursi el pronunciarse
contra él, etc., etcétera. Es una oposición íntima y de orden
55 social.

¿Puede desaparecer? No: no puede desaparecer tan aínas.
Ni puede ni debe, porque esa íntima oposición, de orden cultural, es conveniente para los unos y para los otros.

Las únicas uniones fecundas son las que se hacen sobre un
60 fondo, no ya de diferencia, sino de oposición. Un Parlamento
sólo es fecundo cuando luchan de veras entre sí los partidos que
lo componen, y el nuestro es infecundo porque en él no hay
semejante lucha, sino que todos se entienden entre bastidores
y salen a las tablas a representar la ridícula comedia de la opo-
65 sición.

Hay que luchar, y luchar de veras, y buscar sobre la lucha,
y merced a ella, la solidaridad que a los combatientes une. Se
entienden mucho mejor las personas y los pueblos, y están más
cerca de llegar a un cordial acuerdo, cuando luchan leal y sin-
70 ceramente entre sí. Y es indudadble que harían un grandísimo
servicio a la causa del progreso de España, a la de su cultura, y
se lo harían muy grande a sí mismos, si, tanto catalanes como

---

[74]Unamuno junta con el género chico teatral un sinfín de elementos populares
que los españoles consideran típicos y castizos, pero que él, igual que Maeztu,
considera indicativos de la despreciable chabacanería de sus compatriotas. Véase nota
54.

castellanos, vascos, gallegos, etc., mostrasen su oposición a todo lo que les repugna en el modo de ser de los otros y procurara cada una de esas castas imponer a las demás su concepción y su sentimiento de la vida.

Y aquí entra el examinar lo que tanto el catalanismo como el bizkaitarrismo, tienen de censurable.

Lo malo de ellos es su carácter de egoísmo y de cobardía. En ver de ser defensivos debían de hacerse ofensivos.

«España se hunde—me decía un catalán catalanista—, y nosotros no queremos hundirnos con ella, y como no queremos hundirnos, hemos de vernos precisados a cortar la amarra». Y le contesté: «No; el deber es tirar de ella y salvar a España, quiera o no ser salvada. El deber patriótico de los catalanes, como españoles, consiste en catalanizar a España, en imponer a los demás españoles su concepto y su sentimiento de la patria común y de lo que debe ser ésta; su deber consiste en luchar sin tregua ni descanso contra todo aquello que, siendo debido a la influencia de otra casta, impide, a su convicción, el que España entre de lleno en la vida de la civilización y la cultura».

Entre Castilla y Cataluña ha habido un lamentabilísimo y vergonzoso pacto táctico. La primera ha sido tributaria económica de la segunda, a cambio de que ésta sea tributaria política de ella, y siempre que los gobiernos, radicantes en Castilla e influidos por el ambiente castellano han cedido a la exigencias económicas de Cataluña, o más bien de Barcelona, los catalanes, distraídos en su negocio, no se han cuidado de imponer en otros órdenes de la vida su manera de sentir ésta. Han vendido su alma por un arancel.

Cada hermano tiene el deber fraternal de imponerse a sus hermanos, y cuando se siente superior a ellos, no debe decir: «¡Ea! Yo no puedo vivir con vosotros y me voy de casa», sino que debe decir: «¡Se acabó! Aquí voy a mandar yo», y tratar de imponer su autoridad, aunque por tratar de imponerla le echen de casa.

Cada una de las castas que forman la nación española debe esforzarse por que predomine en ésta y le dé tono, carácter y dirección el espíritu que le anima, y solo así, del esfuerzo de imposición mutua, puede brotar la conciencia colectiva nacional . . .

Por dos veces en el pasado siglo fueron la región vasco-navarra y la levantina (Cataluña y Valencia) los focos de un espíritu que, armado, trataba de imponerse a casi todo el resto
115 de España. Algo debe enseñarnos el hecho de que en las dos guerras carlistas[75] fueran sus hogares los hogares del movimiento regionalista . . .

Me parece difícil, dificilísimo, que se forme claro concepto del fondo del carlismo aquí, en el fondo de España, en las mese-
120 tas, donde no lo ven sino por su aspecto más externo y pegadizo, por el aspecto que se llama, sin serlo, religioso. El sentido ultramontano, neo, clerical o como quiera llamársele, se le dio al carlismo la influencia histórica castellana. Y ese sentido es el que le impidió vencer.

125 El carlismo fue, en lo que le dio honda vitalidad, una protesta contra el liberalismo absolutista y huero, contra el estado de cosas que surgió del predominio de la burguesía creada por la desamortización[76]—y no porque los bienes desamortizados lo fueran de la Iglesia, sino porque con ellos se corro-
130 boró y fomentó el odioso régimen económico actual—, contra el leguleyismo, contra la manía uniformadora y centralista, contra todo lo que fue hacer una nación categórica y a la francesa.

También en el país vasco hubo liberales, y muchos y buenos; pero, si bien se mira, aquellos liberales estaban, en
135 general, más lejos de los liberales del interior que de los carlistas contra quienes combatían.

Al tradicionalismo vasco y catalán le perdió, aparte del íntimo egoísmo, de su timidez defensiva, el haber confundido su

---

[75]Efectivamente hubo tres: la guerra de los Siete Años (1833-39), la guerra de los Matiners (1845-49), y la tercera, dirigida contra la República así como contra Alfonso XII (1872-75). El largo conflicto provino de la decisión, por parte del rey Fernando VII (m. en 1833), de dar la corona a su hija, Isabel—y a su mujer María Cristina como regente—y no a su hermano, Carlos, a pesar de que la ley de Sucesión, promulgada en 1713 por Felipe V, el primer Borbón español, había prohibido la sucesión femenina al trono. En términos políticos, las guerras carlistas fueron en un principio una pugna entre los partidarios de una monarquía de aspecto liberal y el agresivo tradicionalismo de los carlistas.

[76]Leyes promulgadas en 1835 que forzaron la venta pública de tierras eclesiásticas.

causa con la causa de los apostólicos esteparios,[77] de los inquisidores del interior. La vieja fórmula unitaria castellana, la de la alianza del altar y el trono, de la cruz y la espada, fue la que mató todo lo que de hondamente democrático, de radicalmente liberal había en el fondo del carlismo vascongado . . .

La grave dolencia del carlismo fue eso que se ha llamado integrismo, ese tumor escolástico, esa miseria de bachilleres, canónigos, curas y barberos ergotistas y raciocinadores, todo lo que halló un verbo en el gran retórico y no menor charlatán marqués de Valdegamas,[78] el apocalíptico.

Hoy, el carlismo no es, en mi país por lo menos, ni sombra de lo que fue. No creen en él ni los mismos que dicen profesarlo. Ha perdido su fuerza: su fe. Su alma de vida, su sustancia vivífica, se fue el bizkaitarrismo.

Y este mismo padece, como padece el catalanismo, su hermano, de eso que llamamos espíritu reaccionario, y que sería mucho más sencillo llamar espíritu católico . . .

Las hondas tendencias del espíritu vasco y del espíritu catalán buscaron apoyo, luz y calor en el sentimiento religioso, y tuvieron que apoyarse en el sentimiento religioso de la religión tradicional. Así se fraguó el carlismo . . .

Todo lo que justificaba el tradicionalismo—vale más llamarle así que con ese mezquino nombre de carlismo, derivado del nombre propio de un pretendiente de alma extranjera y nada carlista—[79] quedaría en pie, y por quedar más libre queda-

<hr>

[77]Los clérigos de Castilla.

[78]Juan Donoso Cortés (1809-1853), literato y político famoso como orador. Donoso pasó ideológicamente de un liberalismo conservador a un absolutismo monárquico-religioso que produjera la fusión de las dos ramas opuestas, la carlista y la de Isabel II. No obstante, no fue políticamente carlista, estando siempre al lado de Isabel y su madre, María Cristina. Debe notar el lector la ironía de Unamuno en la selección de palabras bíblicas (*verbo, apocalíptico*) para referir la reacción de los clérigos a la grandilocuencia del monarquista Donoso.

[79]Para Unamuno, la sustancia perdurable y esencial del carlismo es su tradicionalismo, en cuanto sea éste auténtico e intrahistórico, y no meramente una actitud política dedicada a conservar los intereses creados de un trono y una religión oficiales. Por ser un mezquino movimiento político, el carlismo subvierte su propio tradicionalismo y deja de ser carlista. Lo que es más, el pretendiente don Carlos es un borbón, por eso no auténticamente español. De ahí la idea de «alma extranjera».

ría más fuerte, más puro, más fecundo, desligándole de su falsa
165 alianza con el altar y el trono de los destronados.[80] Tal alianza
se perdió, y alianzas análogas perderán a sus herederos: el
nacionalismo catalán y el vasco.

Si el catalanismo y el bizkaitarrismo no se limpian de su
conservadurismo y su eclesiasticismo, fracasarán en su
170 inconsciente intento de reconstruir la patria española sobre
otras bases o, mejor dicho, sobre las viejas bases, sobre sus primitivos cimientos históricos: los anteriores a los Reyes Católicos
y a las Casas de Austria y de Borbón. Y le llamo a ese intento
*inconsciente* porque, tanto catalanistas como bizkaitarras, creen
175 —aunque no siempre lo confiesen en público—que no conspiran
a reconstruir, sino a destruir la nación española. Más le sucede
lo que a Mefistófeles,[81] que queriendo hacer el mal producía el
bien. Así ellos.

El sentido católico-conservador busca aislar a los pueblos,
180 separarlos, levantar murallas entre ellos. La Iglesia no ha visto
nunca con buenos ojos las grandes nacionalidades, y recuerda
con melancólica añoranza aquella Edad Media en que, disgrega-
dos y divididos los pueblos en pequeños Estados, era ella el
único poder que los unía y resolvía sus diferencias. La Iglesia
185 fue siempre enemiga del Imperio; lo es de todo Imperio.

«No enseñéis a vuestros hijos castellano—decía un cura de
mi país—, porque el castellano es el vehículo del liberalismo». Y
por razón análoga he oído condenar los ferrocarriles y entonar
himnos a la santa ignorancia y a la primitiva sencillez paradi-
190 síaca.

Y a esto se une la parte de la burguesía adinerada, que ve
más claro su propio interés y fomenta en el límite en que le conviene todas las tendencias al exclusivismo y al aislamiento.

Y no hay pueblo que conserve su personalidad aislándose.
195 El modo de robustecer y acrecentar la propia personalidad es
derramarla, tratar de imponérsela a los demás. El que se está
a la defensiva perece al cabo.

---

[80]El pretendiente don Carlos y su corte.

[81]Nombre literario del diablo, propularizado por el *Fausto* de Goethe. En este
último el pacto que hace Fausto con Satanás le lleva últimamente a su salvación.

\* \* \*

Se habla mucho de la religión del patriotismo; pero esa religión está, en España por lo menos, por hacer. El patriotismo español no tiene aún carácter religioso, y no lo tiene, entre otras razones, por una, la más poderosa de todas ellas, y es que le falta base de sinceridad religiosa. Nada puede sustentarse sobre la mentira.

Es la raíz de las raíces de la triste crísis por que está pasando España, nuestra patria. Todo se quiere cimentar sobre la mentira; una cosa se dice entre bastidores y otra en el escenario. Concretándonos a un orden, al orden político, acaso estábamos respecto a él en vías de salud, con sólo que se dijese en el salón de sesiones todo lo que en los pasillos se dice; absolutamente todo. Y lo mismo pasa en los demás órdenes.

Cuéntase que el apóstol Juan el Evangelista, siendo ya viejo, no hacía sino repetir a sus discípulos, a modo de estribillo, estas palabras: «Amaos los unos a los otros». Aquí se hace preciso ir por campos y plazas, por montes y valles, por hogares y sitios públicos, repitiendo esto: «Decid siempre en voz alta lo que penséis en silencio».

El encono entre los combatientes cesa así que pueden verse los unos a los otros desnudas las almas; siguen combatiendo entonces, pero combaten con amor. Pues cabe amor entre los adversarios, y el amor los junta muchas veces en la pelea. Por amor hacia mi prójimo trato de hacerlo a mi imagen y semejanza; por amor a mí, trata mi prójimo de hacerme a su imagen y semejanza.

Hay en el fondo del catalanismo y del bizkaitarrismo mucho de noble, de puro, de elevado, y tratando de descubrirlo y ponerlo a luz es como se combate mejor contra todo lo que de innnoble, de impuro y de bajo tengan, como toda clase humana tiene. Y ellos, a su vez, esos dos movimientos, no darán lo que deben dar sino rompiendo la mezquindad del egoísmo defensivo.

Castilla ha cumplido su deber para con la patria común castellanizándola todo lo que ha podido, imponiéndole su lengua e imponiéndosela a otras naciones, y ello es ya una adquisición definitiva. El deber de Cataluña para con España es tratar de

235 catalanizarla, y el deber para con España de parte de Vasconia
es el de tratar de vasconizarla.

Sería la ruina más completa de la patria el que continuaran
apareciendo como los heraldos del patriotismo los que quieren
hacer españoles a palos o los políticos traviesos que han usado
240 de Poder para corroborar el beduinismo, cuya fórmula es: «Soy
amigo de mis amigos».

Cuando se ve que nuestros fraguadores de opinión no
aprenden; que, fieles a la cuarteta de

> Procure siempre acertalla[82]
> el honrado y principal;
> pero si la acierta mal,
> defendella y no enmendalla,[83]

se disponen acaso a repetir los procedimientos que nos llevaron
a nuevas mutilaciones de la nación; cuando se ve que no se
250 quiere llegar a la raíz del mal, entonces, frente a los que,
movidos por resorte automático, obrando, pero no sintiendo,
repiten: «¡Palo!, ¡palo!, ¡palo!», hay que decir la verdad y
repetirla siempre, repetirla sobre todo ante el palo, antes que
nos peguen, cuando nos peguen, después que nos hayan pegado:
255 «¡Verdad! ¡Verdad! ¡Verdad!».

La verdad puede más que el palo. Antes romperá la verdad
al palo que el palo a la verdad. Y la verdad es que se siente. El
que, lleno de fe en un principio lo proclama, dice la verdad,
aunque su verdad no lo sea para los demás; el que, sin creer en
260 un teorema matemático, lo repite, miente.

Yo he dicho mi verdad, y no es ya cosa mía si es o si llega a
ser la verdad de otros.

(1905)

---

[82]Forma arcaica por «acertarla». También son infinitivos «defendella» y
«enmendalla» (verso 4). El objeto «la» se refiere en cada caso a la opinión.

[83]*Las mocedades del Cid* (acto I) de Guillén de Castro (1569-1631).

## Sobre el marasmo actual de España

### Miguel de Unamuno

Atraviesa la sociedad española honda crisis; hay en su seno reajustes íntimos, vivaz trasiego de elementos, hervor de descomposiciones y recombinaciones, y por de fuera un desesperante marasmo. En esta crisis persisten y se revelan en la vieja
5 casta los caracteres castizos, bien que en descomposición no pocos.

### I

Aún persiste el viejo espíritu militante ordenancista, sólo que hoy es la vida de nuestro pueblo vida de guerrero en cuartel
10 o la de Don Quijote retirado con el ama y la sobrina y con la vieja biblioteca tapiada por encantamiento del sabio Frestón.[84] De cuando en cuando nos da un arrechucho e impulsos de hacer otra salida. En coyunturas tales, se toca la trompeta épica, se habla teatralmente de vengar la afrenta, haciendo una que sea
15 sonada, y, pasada la calentura, queda todo ello en agua de borrajas. No falta en tales ocasiones pastor de Cristo que recomiende a los ministros que le están sometidos que llenen «con verdadero espíritu sacerdotal los deberes de su altísimo ministerio, alentando al soldado en las guerrillas»; ni comandante
20 general que arrase viviendas y aduares por haber tomado armas los adultos de ellos. Seguimos creyendo en nuestra *valentía* porque sí, en las energías epilépticas improvisadas, y segui-

---

[84]El *Quijote*, I, cap. 7.

mos colgando al famoso general «No importa»[85] no pocos méritos de Lord Wellington.[86]

25 Ya este espíritu sigue acompañando, bien que algo atenuado, aquel horror al trabajo que engendra trabajos sin cuento.

Sigue rindiéndose culto a la voluntad desnuda y apreciando a las personas por la voluntariedad del arranque. Los unos ado-
30 ran al tozudo y llaman constancia a la petrificación; los otros plañen la penuria de *caracteres*, entendiendo por tales hombres de una pieza. Nos gobierna, ya la voluntariedad del arranque, ya el abandono fatalista.

Con la admiración y estima a la voluntad desnuda y a los
35 actos de energía anárquica, perpetúase el férreo peso de la ley social externa, del bien parecer y de las mentiras convencionales, a que se doblegan, por mucho que se encabriten, los individuos que sin aquélla sienten falta de tierra en que asentar el pie. Nada, en este respecto, tan estúpido como la disciplina or-
40 denancista de los partidos políticos. Tienen éstos sus «ilustres jefes», sus santones,[87] que tienen que oficiar de pontifical en las ocasiones solemnes, sea o no de su gusto el hacerlo, que descomulgan y confirman y expiden encíclicas y bulas; hay en ellos *cismas* de que resultan ortodoxias; celebran concilios.

45 A la sobra de individualismo egoísta y excluyente acompaña falta de personalidad, la insubordinación íntima va de par con la disciplina externa; se cumple, pero no se obedece.

En esta sociedad, compuesta de camarillas que se aborrecen sin conocerse, es desconsolador el atomismo salvaje de que
50 no se sabe salir si no es para organizarse férrea y disciplinariamente con comités, comisiones, subcomisiones, programas cuadriculados y otras zarandajas. Y como en nuestras viejas

---

[85]Frase que no describe a ningún general específico, sino una actitud nacional que venera las ideas fijas y los mitos de un casticismo caduco, sin pensar nada en las implicaciones de las acciones.

[86]Arthur Wellesley, Duke of Wellington (1769-1852), vencedor de Napoleón en España y en Waterloo.

[87]Aquí plantea Unamuno la metáfora eclesiástica que sostiene con un sarcasmo bien crítico hasta finales del párrafo.

edades, acompaña a este atomismo fe en lo de arriba, en la ley
externa, en el gobierno, a quien se toma ya por Dios, ya por el
55  Demonio, las dos personas de la divinidad en que aquí cree
nuestro manequeísmo intraoficial.

Resalta y se revela más la penuria de libertad interior
junto a la gran libertad exterior de que creemos disfrutar
porque nadie nos la niega. Extiéndese y se dilata por toda
60  nuestra actual sociedad española una enorme monotonía, que
se resuelve en atonía, la uniformidad mate de una losa de plomo
de ingente ramplonería.


## II


En nuestro estado mental llevamos también la herencia de
65  nuestro pasado, con su haber y con su debe.

No se ha corregido la tendencia disociativa; persiste vivaz
el instinto de los extremos, a tal punto, que los supuestos justos
medios no son sino mezcolanza de ellos. Se llama sentido conservador al pisto de revolucionarismo, de progreso o de retroceso,
70  con quietismo; se busca por unos la evolución pura y la pura
revolución por otros, y todo por empeñarse en disociar lo aso-
ciado y formular lo informulable . . .

Es un espectáculo deprimente el del estado mental y moral
de nuestra sociedad española, sobre todo si se la estudia en su
75  centro. Es una pobre conciencia colectiva homogéna y rasa. Pesa
sobre todos nosotros una atmósfera de bochorno; debajo de una
dura costra de gravedad formal se extiende una ramplonería
comprimida, una enorme trivialidad y vulgachería. La
desesperante monotonía achatada de Taboada[88] y de Cilla es
80  reflejo de la realidad ambiente, como lo era el vigoroso sim-

---

[88]Luis Taboada (1848-1906), escritor festivo que alcanzó gran propularidad
ridiculizando la cursilería de la clase media en periódicos y revistas de Madrid.
Igualmente popular fue el dibujante y caricaturista Francisco Ramón Cilla (1859-
1937), que también colaboró en las revistas más leídas de Madrid, entre ellas *Madrid
Cómico* y *Blanco y Negro*.

plismo de Calderón.[89] Cuando se lee el tole-tole que promueve en París, por ejemplo, un acontecimiento científico o literario, el hormiguear allí de escuelas y doctrinas y aun de extravagancias, y volvemos en seguida mientes al colapso que nos agarrota, da honda pena.

Cada español cultivado apenas se diferencia de otro europeo culto, pero hay una enorme diferencia de cualquier cuerpo social español a otro extranjero. Y, sin embargo, la sociedad lleva en sí los caracteres mismos de los miembros que la constituyen. Como a los individuos de que se forma, distingue a nuestra sociedad un enorme tiempo de reacción psíquica, es tarda en recibir una impresión, a despecho de una aparente impresionabilidad que no pasa de ser irritabilidad epidérmica, y tarda en perderla; los advenimientos son aquí tan tardos como lo son las desapariciones, en las ideas, en los hombres, en las costumbres.

No hay corrientes vivas internas en nuestra vida intelectual y moral; esto es un pantano de agua estancada, no corriente de manantial. Alguna que otra pedrada agita su superficie tan sólo, y a lo sumo revuelve el légamo del fondo y enturbia con fango el pozo. Bajo una atmósfera soporífera se extiende un páramo espiritual de una aridez que espanta. No hay frescura ni espontaneidad, no hay juventud . . .

## III

No hay joven España ni cosa que lo valga, ni más protesta que la refugiada en torno a las mesas de los cafés, donde se prodiga ingenio y se malgasta vigor. Y esos mismos oradores protestantes de café, briosos y repletos de vida no pocos, al verse en público se comprimen y perlesiados y como fascinados a la mirada de la bestia colectiva, rompen en ensartar todas las mayores vulgaridades y los cantos más rodados de la rutina pública.

---

[89]Calderón de la Barca, el famoso dramaturgo del siglo XVII.

Se ahoga a la juventud sin comprenderla, queriéndola grave y hecha y formal desde luego; como Dios a Faraón,[90] se la ensordece primero, se la llama después, y al ver que no responde, se la denigra. Nuestra sociedad es la vieja y castiza familia patriarcal extendida. Vivimos en plena *presbitocracia*[91] (*vetustocracia* se la ha llamado), bajo el senado de los *sachems*, sufriendo la imposición de viejos incapaces de comprender el espíritu joven y que mormojean: «no empujar, muchachos», cuando no ejercen de manzanillo de los que acogen a su sombra protectora.[92] «¡Ah!, usted es joven todavía, tiene tiempo por delante . . .», es decir: «no es usted bastante *camello* todavía para poder alternar» el apabullante escalafón cerrado de antigüedad y el tapón en todo.

Los jóvenes mismos envejecen, o más bien se avejentan en seguida, se *formalizan*, se *acamellan*, encasillan y cuadriculan, y volviéndose correctos como un corcho pueden entrar de peones en nuestro tablero de ajedrez, y si se conducen como buenos chicos ascender a alfiles . . .

## IV

Todo es aquí cerrado y estrecho, de lo que nos ofrece típico ejemplo la prensa periódica. Forman los chicos, los oficiales y los maestros de ella falange cerrada, sobre que extienden el *testudo* de sus rodelas, y nadie la rompe ni penetra en sus filas si antes no jura las ordenanzas y se viste el uniforme. Es esta prensa una verdadera balsa de agua encharcada, vive de sí misma; en cada redacción se tiene presente, no el público, sino las demás redacciones; los periodistas escriben unos para otros, no conocen al público ni creen en él. La literatura al por menor ha invadido la prensa y aun de los periodistas mismos los mejores no son

---

[90]Éxodo, 1-12.

[91]Unidad social o política dirigida por los viejos. El *sachem* fue uno de los patriarcas de la jerarquia en las tribus de los indios norteamericanos.

[92]Cuando los viejos no funcionan en favor de los jóvenes a quienes se dignan poner bajo su patrocinio.

sino más o menos literatos de cosas leídas. La incapacidad indígena de ver directa e inmediatamente y en vivo el hecho vivo, el que pasa por la calle, se revela en la falta de verdaderos
145 periodistas. A falta de otra cosa, el brillo enfático de barniz retórico o la ingeniosidad de un batido *delicuescente*. El *reporter* es el pinche de la redacción. Estúdiese nuestra prensa periódica con sus flaquezas todas, y al verla fiel trasunto de nuestra sociedad, no se puede por menos de exclamar al oír execrarla
150 neciamente:

> *Arrojar la cara importa,*
> *que el espejo no hay por qué.*[93]

Espejo verdadero, espejo de nuestro achatamiento, de nuestra caza al *destino*, espejo de nuestra doblez, de nuestra
155 rutina y ramplonería. No es más que nuestro ambiente espesado, concentrado, hecho conciencia. Sobre todo de una corrección desesperante.[94]

¡Menos formalidad y corrección y más fundamentalidad y dirección! ¡Seriedad y no gravedad! Y, sobre todo, libertad, liber-
160 tad!, pero la honda, no la oficial. Hace estragos el temor al ridículo y el miedo al *público*, a la bestia multifauce . . .

Carecemos de la rica experiencia que sacaban los castizos aventureros de nuestra edad de oro de sus correrías por Flandes, Italia, América y otras tierras, aquellos que vertían en
165 sus producciones el fruto de una vida agitadísima, de incesante tráfago, y no sustituimos esta experiencia con otra alguna. Hay abulia para el trabajo modesto y la investigación *directa*, lenta y sosegada. Los más laboriosos se convierten en receptáculo de ciencia hecha o en escarabajos peloteros de lo último que sale
170 por ahí fuera.

Se disputa quién se ha enterado antes de algo, no quién lo ha comprendido mejor; lo que viste es estar a lo último, recibir de París el libro con las hojas oliendo a tinta tipográfica.

---

[93]El espejo refleja fielmente la imagen que se pone delante de él. Se evita la imagen sólo desprendiéndose de la cara.

[94]La prensa corresponde a la sociedad con un conformismo perfecto, sin gota alguna de crítica.

En la vida común y en el comercio corriente de las gentes
175 la externa pobreza de ideas nos lleva a rellenar la conversación,
como de ripio, de palabrotas torpes, disfrazando así la tartamudez mental, hija de aquella pobreza; y la tosquedad de ingenio,
ayuno de sustancioso nutrimento, llévanos de la mano a re-
crearnos en el chiste tabernario y bajamente obsceno. Persiste
180 la propensión a la basta ordinariez que señalé cual carácter de
nuestro viejo realismo castizo . . .

## V

Y ¿qué tiene que ver esto con lo otro, con el casticismo?
Mucho; éste es el desquite del viejo espíritu *histórico* nacional
185 que reacciona contra la europeización. Es la obra de la inquisición latente. Los caracteres que en otra época pudieron darnos
primacía nos tienen decaídos. La Inquisición fue un instrumento
de aislamiento, de proteccionismo casticista, de excluyente indi-
viduación de la casta. Impidió que brotara aquí la riquísima
190 floración de los países reformados, donde brotaban y rebrotaban
sectas y más sectas, diferenciándose en opulentísima multifor-
midad. Así es que levanta hoy aquí su cabeza calva y seca la
vieja encina podada.
A despecho de aduanas de toda clase, fue cumpliéndose la
195 europeización de España, siglo tras siglo, pero muy trabajosa-
mente y muy de superficie y cáscara. En este siglo, después de
la francesada tuvimos la labor interna y fecunda de nuestras
contiendas civiles;[95] llegó luego el esfuerzo del 68 al 74,[96] y
pasado él, hemos caído rendidos en pleno colapso. En tanto, rea-
200 parece la Inquisición íntima, nunca domada, a despecho de la
libertad oficial. Recobran fuerza nuestros vicios nacionales y
castizos todos, la falta de lo que los ingleses llaman *sympathy*,
la incapacidad de comprender y sentir al prójimo como es, y rige

---

[95]Las guerras carlistas.

[96]La revolución del 68 y el esfuerzo por establecer una república durable.
Fracasó esta primera República en el 74.

nuestras relaciones de bandería, de güelfos y gibelinos,[97] aquel
205  absurdo de *qui non est mecum, contra me est.*[98] Vive cada uno
solo entre los demás en un arenal yermo y desnudo, donde se revuelven pobres espíritus encerrados en dermatoesqueletos ané-
micos.

Con el sentido del ideal se ha apagado el sentido religioso
210  de las cosas, que acaso dormita en el fondo del pueblo. ¡Qué bien
se comprimió aquel ideal religioso que desbordaba en la mística,
que de las honduras del alma castiza sacaba soplo de libertad
cuando la casta reventaba de vida! Aún hoy hay menos libertad
íntima que en la época de nuestro *fanatismo* proverbial; defini-
215  dores y familiares del Santo Oficio se escandalizarían de la
barbarie de nuestros obispos de levita y censores laicos. Hacen
melindres y se tapan los ojos con los dedos abiertos, gritando:
¡profanación!, gestos que en su vida han sentido en el alma una
chispa de fervor religioso. ¡Ah!, es que en aquella edad de expan-
220  sión e irradiación vivía nuestra vieja casta abierta a todos los
vientos, asentando por todo el mundo sus tiendas.

Fue grande el alma castellana cuando se abrió a los cuatro
vientos y se derramó por el mundo; luego cerró sus valvas y aún
no hemos despertado. Mientras fue la casta fecunda no se cono-
225  ció como tal en sus diferencias, su ruina empezó el día en que
gritando: «Mi yo, que me arrancan mi yo»,[99] se quisó encerrar en
sí.

¿Está todo moribundo? No, el porvenir de la sociedad
española espera dentro de nuestra sociedad histórica, en la
230  intra-historia, en el pueblo desconocido, y no surgirá potente
hasta que la despierten vientos y ventarrones del ambiente
europeo.

Eso del pueblo que calla, ora y paga en un tropo
insustancial para los que más le usan y pasa cual verdad incon-
235  cusa entre los que bullen en el vacío de nuestra vía *histórica* que
el pueblo es atrozmente bruto e inepto.

---

[97]Partidos facciosos de la Edad Media en Alemania e Italia.

[98]Quien no está conmigo, está contra mí (latín, del Evangelio).

[99]Palabras del historiador francés del siglo XIX, Jules Michelet (1798-1874),
frente al positivismo científico de Darwin.

España está por descubrir, y sólo la descubrirán españoles europeizados. Se ignora el paisaje, y el paisanaje y la vida toda de nuestro pueblo. Se ignora hasta la existencia de una litera-
240 tura plebeya, y nadie para su atención en las coplas de los ciegos,[100] en los pliegos del cordel y en los novelones de a cuartillo de real entrega, que sirven de pasto aun a los que no saben leer y los oyen. Nadie pregunta qué libros se enmugrecen en los fogones de las alquerías y se deletrean en los corrillos de
245 labriegos. Y mientras unos importan bizantinismos de cascarilla y otros cultivan casticismos librescos, alimenta el pueblo su fantasía con las viejas leyendas *europeas* de los ciclos bretón y carolingio,[101] con héroes que han corrido el mundo entero, y mezcla a las hazañas de los doce Pares, de Valdovinos[102] o
250 Tirante el Blanco,[103] guapezas de José María[104] y heroicidades de nuestras guerras civiles.

En esa muchedumbre que no ha oído hablar de nuestros literatos de cartel hay una vida difusa y rica, un alma inconsciente en ese pueblo zafio al que se desprecia sin conocerle.
255 Cuando se afirma que en el espíritu colectivo de un pueblo, en el *Volksgeist*, hay algo más que la suma de los caracteres comunes a los espíritus individuales que lo integran, lo que se afirma es que viven en él de un modo u otro los caracteres *todos* de *todos* sus componentes; se afirma la existencia de un nimbo
260 colectivo, de una hondura del alma común, en que viven y obran todos los sentimientos, deseos y aspiraciones que no concuerdan en forma definida, que no hay pensamiento alguno individual

---

[100]Romances, sean tradicionales o improvisados, cantados por las calles por los ciegos medigos.

[101]Los temas épicos de la remota Edad Media que pasaron al romancero. El ciclo bretón tiene que ver con el rey Artús y los caballeros de la Tabla Redonda; el carolingio, con las hazañas del rey Carlomagno y sus doce paladines caballerescos (los Pares), entre quienes destaca Orlando, héroe de la épica batalla de Roncesvalles contra los moros. Véase nota 13, Parte V.

[102]Héroe de los libros de caballerías del ciclo bretón.

[103]Héroe del famoso libro de caballerías catalán escrito en el siglo XV.

[104]Nombre genérico de los «héroes legendarios» que pueblan las esquinas de los barrios populares en la época moderna.

que no repercuta en todos los demás, aun en sus comentarios, que hay una verdadera subconciencia popular. El espíritu colec-
265 tivo, si es vivo, lo es por inclusión de todo el contenido anímico de relación de cada uno de sus miembros.

Cuando un hombre se encierra en sí resistiendo cuanto puede al ambiente y empieza a vivir de sus recuerdos, de su *historia*, a hurgarse en exámenes introspectivos la *conciencia*,
270 acaba ésta por hipertrofiarse sobre el fondo subconsciente. Este, en cambio, se enriquece y aviva a la frescura del ambiente como después de una excursión de campo volvemos a casa sin traer apenas un recuerdo definido, pero llena el alma de voces de su naturaleza íntima, despierta al contacto de la Naturaleza su
275 madre. Y así sucede a los pueblos que en sus encerronas y aislamientos hipertrofian en su espíritu colectivo la conciencia *histórica* a expensas de la vida difusa intra-histórica que languidece por falta de ventilación; el pensamiento *nacional*, trabajando hacia sí, acalla el rumor inarticulado de la vida que
280 bajo él se extiende. Hay pueblos que en puro mirarse al ombligo nacional caen en sueño hipnótico y contemplan la nada.

Me siento impotente para expresar cual quisiera esta idea que flota en mi mente sin contornos definidos, renuncio a amontonar metáforas para llevar al espíritu del lector este concepto
285 de que la vida honda y difusa de la intra-historia de un pueblo se marchita cuando las clases históricas le encierran en sí, y se vigoriza para rejuvenecer, revivir y refrescar al pueblo todo al contacto del ambiente exterior. Quisiera sugerir con toda fuerza al lector la idea de que el despertar de la vida de la muche-
290 dumbre difusa y de las regiones tiene que ir de par y enlazado con el abrir de par en par las ventanas al campo europeo para que se oree la patria. Tenemos que europeizarnos y chapuzarnos en pueblo. El pueblo, el hondo pueblo, el que vive bajo la historia, es la masa común a todas las castas, es su materia
295 protoplasmática; lo diferenciante y excluyente son las clases e instituciones históricas. Y éstas sólo se remozan zambulléndose en aquél.

¡Fe, fe en la espontaneidad propia, fe en que siempre seremos nosotros, y venga la inundación de fuera, la ducha! . . .
300 Es ya cosa de cerrar estas divagaciones deshilvanadas en lo que por decir queda mucho más que lo dicho. Era mi deseo

desarrollar más por extenso la idea de que los casticismos refle-
xivos, conscientes y definidos, los que se buscan en el pasado
*histórico* o a partir de él, persisten no más que en el presente
también *histórico*, no son más que instrumentos de empobrecimiento espiritual de un pueblo; que la mariposa tiene que
romper el capullo que formó de su sustancia de gusano; que el
cultivo de lo meramente diferencial de un individuo o un pueblo,
no subordinándolo bien a lo común a todos, al *sarcoda*, exalta un
capullo de individualidad a expensas de la personalidad
integral; que la miseria mental de España arranca del aislamiento en que nos puso toda una conducta cifrada en el proteccionismo inquisitorial que ahogó en su cuna la Reforma castiza
e impidió la entrada a la europea; que en la intra-historia vive
con la masa difusa y desdeñada el principio de honda continuidad internacional y de cosmopolitismo, el protoplasma universal
humano; que sólo abriendo las ventanas a vientos europeos,
empapándonos en el ambiente continental, teniendo fe en que
no perderemos nuestra personalidad al hacerlo, europeizán-
donos para hacer España y chapuzándonos en pueblo, regenera-
remos esta estepa moral. Con el aire de fuera regenero *mi
sangre*, no respirando el que exhalo. Mi deseo era desarrollar
todo eso, y me encuentro al fin de la jornada con una serie de
notas sueltas, especie de sarta sin cuerda, en que se apuntan
muchas cosas y casi ninguna se acaba. El lector sensato pondrá
el método que falta y llenará los huecos. Me temo que si lo in-
tentara yo, volvería a perderme en digresiones y en vez de repasar con paso firme el camino seguido, me metería en nuevas
veredas, sendejas y vericuetos a derecha e izquierda, a guisa de
perro que se pasea en incesante ir y venir. Prefiero dejarlo todo
en su indeterminación, y me daría por pagado si lograra sugerir
*una sola idea a un solo lector*.

   ¡Ojalá una verdadera juventud, animosa y libre, rompiendo
la malla que nos ahoga y la monotonía uniforme en que estamos
alineados, se vuelva con amor a estudiar el pueblo que nos
sustenta a todos, y abriendo el pecho y los ojos a las corrientes
todas ultrapirenaicas y sin encerrarse en capullos casticistas,
jugo seco y muerto del gusano *histórico*, ni en diferenciaciones
nacionales excluyentes, avive con la ducha reconfortante de los

390

jóvenes ideales cosmopolitas el espíritu colectivo intracastizo
que duerme esperando un redentor!

de *En torno al casticismo* (1895)

## A UNA ESPAÑA JOVEN

### Antonio Machado

... Fue un tiempo de mentira, de infamia. A españa toda,
la malherida España, de Carnaval[105] vestida
nos la pusieron, pobre y escuálida y beoda,
para que no acertara la mano con la herida.

5      Fue ayer; éramos casi adolescentes; era
con tiempo malo, encinta de lúgubres presagios,
cuando montar quisimos en pelo una quimera,
mientras la mar dormía ahita de naufragios.

      Dejamos en el puerto la sórdida galera,
10 y en una nave de oro nos plugo navegar
hacia los altos mares, sin aguardar ribera,[106]
lanzando velas y anclas y gobernalle al mar.

      Ya entonces, por el fondo de nuestro sueño—herencia
de un siglo[107] que vencido sin gloria se alejaba—
15 un alba entrar quería; con nuestra turbulencia
la luz de las divinas ideas[108] batallaba.

---

[105]Fiesta popular que anuncia el advenimiento de la Cuaresma. Ocurre en los días que preceden al miércoles de ceniza, en especial, el día anterior, que es el célebre *Mardi Gras* o Martes de Carnaval. La marcan bailes, música, mascaradas, vestido extravagante y a veces grotesco, y en general muchísima actividad festiva y callejera.

[106]Sin saber adónde íbamos.

[107]El siglo XIX.

[108]La claridad intelectual.

Mas cada cual el rumbo siguió de su locura;
agilitó su brazo, acreditó su brío;
dejó como un espejo bruñida su armadura
20  y dijo: «El hoy es malo, pero el mañana . . . es mío».

    Y es hoy aquel mañana de ayer . . . Y España toda,
con sucios oropeles de Carnaval vestida
aún la tenemos: pobre y escuálida y beoda;
mas hoy de un vino malo: la sangre de su herida.

25      Tú, juventud más joven, si de más alta cumbre
la voluntad te llega, irás a tu aventura
despierta y transparente a la divina lumbre:
como el diamante clara, como el diamante pura.

                                                        (1914)

# VIII. LA GENERACIÓN
# RETROSPECTIVAMENTE

# ¿GENERACIÓN DEL 98?

## Pedro Laín Entralgo

Unamuno, *Azorín*, Antonio Machado, Valle-Inclán, Baroja, Maeztu, Benavente, Manuel Bueno,[1] Zuloaga . . .[2] ¿Forman todos estos hombres, por ventura, una verdadera generación de españoles? ¿Hay en sus almas, revélase en sus obras algo que
5 permita agruparlos en uno de esos tipos de la comunidad histórica que hoy llamamos «generaciones»?

> *Todo se mueve, discurre, corre o gira;*
> *cambian la mar y el monte y el ojo que los mira,*

escribió Antonio Machado,[3] con mente a un tiempo heraclitea e
10 historicista. Dejemos a un lado los cambios en el mar y en el monte, y consideremos los acaecidos en el ojo que mira al mar y al monte de España. En los ojos de todos y cada uno de esos hombres, tan apasionados escrutadores de la tierra y de la vida de España, ¿se ha producido un cambio de igual sentido respecto
15 de los ojos y la sensibilidad de los españoles nacidos diez, quince, veinte años antes? Y si se han producido cambios individuales en la actitud frente a España y a la vida del hombre, y estos tienen análogo sentido, ¿es tan grave la mudanza y tal la semejanza histórica entre todos para que pueda hablarse, como
20 se viene hablando, de una «generación del 98»?

El tema de la generación del 98 ha sido amplísimamente discutido, excesivamente discutido. Suele decirse que el primero en designar al grupo con el nombre de «generación», sin otras

---

[1] Periodista y ensayista que, como tantos contemporáneos suyos, colaboró en muchas revistas y cultivó varios géneros literarios, incluso la novela y el teatro (1873-1936).

[2] Ignacio Zuloaga (1870-1945), pintor vasco de profunda españolidad, aunque vivió gran parte de su vida en París.

[3] Véase «Orillas del Duero», Parte I.

precisiones, fue Gabriel Maura.[4] La idea expresa y concreta de
una «generación de 1898» la habría acuñado *Azorín*, en un artículo así titulado (A B C,[5] 1913), recogido luego en el libro *Clásicos y Modernos*.[6] Todo esto es cierto. Pero las más tiernas y ma-
drugadoras definiciones—autodefiniciones, en este caso—de la
generación que apunta entre 1895 y 1900, hay que buscarlas no
pocos años antes.

En 1895 advierte Miguel de Unamuno la existencia de una
fundamental oquedad en el conocimiento que los españoles
tienen de España: «España—escribe—está por descubrir y sólo
la descubrirán españoles europeizados. Se ignora el paisaje, el
paisanaje y la vida toda de nuestro pueblo».[7] Echa don Miguel
la vista en torno suyo y percibe con claridad la existencia de un
lastimoso hueco y de una empresa urgente. España no se conoce
a sí misma; hay que conocer de primera mano *la verdad* de la
España real: su paisaje, su paisanaje, su vida. ¿Quién podría
cumplir esa tarea? Los españoles que por haber conocido lo
ajeno puedan percibir el género próximo y la última diferencia
de lo propio; los que mediante la lectura y el viaje hayan tomado
contacto con la situación a que entonces ha llegado la historia
universal con Europa. He aquí la empresa que, entre otras, in-
tentará cumplir la generación encabezada por Ganivet y el
propio Unamuno.

Siete años más tarde publica Martínez Ruiz su novela *La
voluntad*. Con ella nace a las letras españolas el tipo de «Antonio Azorín», soñado autorretrato del autor que lo crea. Antonio
Azorín, levantino, deja su provincia nativa lleno de vagos
anhelos, viene a Madrid, gusta la vida literaria y periodística
del fin de siglo, hastíase de ella y decide abandonarla. He aquí
cómo nos cuenta José Martínez Ruiz el retorno de su doble: «Al

---

[4]Véase nota 89, Parte IV.

[5]Diario de Madrid que todavía se publica.

[6]Publicado en 1913. El mismo artículo está incluído en la colección de ensayos
de Azorín preparada por Angel Cruz Rueda para Ediciones Anaya y llamada *La Generación del 98*. Véase la bibliografía.

[7]De *En torno al casticismo*. Véase «Sobre el marasmo actual de España», en la
Parte VII de esta antología.

fin, Azorín se decide a marcharse a Madrid. ¿Adónde va? *Geo-*
55  *gráficamente*, Azorín sabe a donde encamina sus pasos; pero en
cuanto a la orientación *intelectual y ética*, su desconcierto es
mayor cada día. Azorín es casi un símbolo; sus perplejidades,
sus ansias, sus desconsuelos bien pueden representar toda una
generación sin voluntad, sin energía, indecisa, irresoluta, una
60  generación que no tiene ni la audacia de la generación romántica[8] ni la fe de afirmar de la generación naturalista . . .».[9]
*Azorín*, autor, no se conforma con definir: se atreve hasta a
señalar el posible sentido histórico de la generación simbolizada
por Azorín, personaje. «Tal vez—añade, conjeturando—esa dis-
65  gregación de ideales sea un bien; acaso para una síntesis futura
—más o menos próxima—sea preciso este feroz análisis de todo
. . .».
He aquí, clara, patente, la atribución de un carácter generacional al grupo de jóvenes que por entonces hace su esplén-
70  dida y petulante aparición en las letras y en la vida de España:
una generación definida como perpleja, anhelante, abúlica, irresoluta y analítica. El futuro *Azorín* siente nítidamente que él y
un grupo de camaradas suyos, recién ingresados todos en el
área de la vida española, son históricamente parecidos entre sí
75  e históricamente distintos de los románticos (de Martínez de la
Rosa[10] a Bécquer[11]) y de los naturalistas (Galdós, la Pardo
Bazán, Pereda[12]). José Martínez Ruiz, el más alertado y petulante del grupo, cree que a todos simboliza su criatura «Antonio

---

[8]De la primera mitad del siglo XIX, época de descontento y sensibilidad exaltada, así como de activismo político.

[9]De la segunda mitad del siglo pasado, época de positivismo y fe en el progreso
del hombre a base de la ciencia.

[10]Francisco Martínez de la Rosa (1787-1862), importante político liberal y vanguardista de la literatura romántica.

[11]Gustavo Adolfo Bécquer (1836-1870), el gran poeta lírico español del siglo XIX,
cuya obra se sale de lo romántico para anticipar el lirismo del siglo XX.

[12]Tres novelistas distinguidos del siglo XIX: Emilia Pardo Bazán (1852-1921),
naturalista gallega, José María de Pereda (1833-1906), regionalista de Santander, y
el más importante de todos, Benito Pérez Galdós; de quien ya hemos hecho mención
(véase nota 68, Parte IV).

Azorín»; esto es, la persona de José Martínez Ruiz. «Antonio
80 Azorín» es, sin duda, el adelantado de la futura «generación del
98».

Pocos saben, sin embargo, y nadie ha dicho, que el primer
nombre con que *Azorín* bautizó a su famosa generación fue
distinto del que hoy acuñadamente lleva. El 19 de mayo de 1910
85 publicó *Azorín* en A B C un artículo titulado «Dos generaciones».[13] En él coteja el valor literario y moral de la suya con el
harto más escaso de otra ulterior, «desenfrenadamente entre-
gada al más bajo y violento erotismo». Es esta la primera clara
ocasión en que *Azorín* habla expresamente del grupo genera-
90 cional a que pertenece: incluye en él a Valle-Inclán, Benavente,
Baroja, Unamuno y Maeztu, y le llama «generación de 1896».
Antonio Machado, Villaespesa[14] y Enrique de Mesa[15] habrían
sido los más inmediatos continuadores de esa generación. Llega
*Azorín* hasta a señalar los caracteres diferenciales de la
95 generación de 1896: «Su cualidad dominante—afirma—era un
profundo amor al arte y un honrado prurito de protesta contra
las *fórmulas* anteriores, y de independencia»; en otro párrafo del
mismo artículo se ve «su rasgo distintivo» en «el desinterés, la
idealidad, la ambición y la lucha por algo elevado, por algo que
100 no es material y bajo, por algo que en arte o en política representa pura objetividad, deseo de cambio, de mejoración, de perfeccionamiento, de altruismo . . . Se trabajó entonces tenaz-
mente por el idioma; se escudriñó el paisaje; se creó una inquietud por el misterio; se procuró un estado de refinamiento inte-
105 lectual».

No debió de quedar satisfecho *Azorín* del nombre con que
bautizó a su equipo literario. Tres años después volverá al tema;
y movido por el doloroso prestigio del año del desastre colonial,
le convertirá en fecha onomástica y hablará definitivamente de

---

[13]Artículo incluido en la mencionada colección de la editorial Anaya. Véase
nota 6.

[14]Francisco Villaespesa (1877-1936), poeta prolífico de orientación romántico-
modernista que pasó muchos años en Hispanoamérica.

[15]Poeta noventayochista de sentimiento profundo por el paisaje de Castilla
(1878-1929).

110 una «generación de 1898». No deja de tener significación el
hecho de que *Azorín* haya descubierto de manera reflexiva que
si la fecha del Desastre no fue la decisiva para el nacimiento
literario del grupo, era, en cambio, la que mejor podía simboli-
zarle; la índole de la semejanza entre él y todos sus camaradas,
115 cuanto españoles, fue a los ojos de *Azorín*, el inventor y bautista
de la generación, la que determinó la selección del nombre definitivamente adaptado. En este segundo intento definitorio de su
propia generación, *Azorín* señalará con nombres y apellidos a
los hombres que la componen, dibujará sus semblanzas y defi-
120 nirá la aportación del grupo a la cultura de España. Treinta
años más tarde dedicará todo un libro de nostalgia y senectud,
el titulado *Madrid*, a vindicar la hazaña y los nombres de la tan
traída y llevada generación.

«La generación de 1898—escribía *Azorín* en 1913—[16] ama
125 a los viejos pueblos y el paisaje; intenta resucitar los poetas primitivos . . .; da aire al fervor por el Greco . . .; rehabilita a Góngora . . .; se declara romántica . . .; siente entusiasmo por Larra
. . .; se esfuerza, en fin, por acercarse a la realidad y en desarticular el idioma, en agudizarlo, en aportar a él viejas palabras,
130 plásticas palabras, con objeto de aprisionar menuda y fuertemente esa realidad. La generación de 1898, en suma, no ha
hecho sino continuar el movimiento ideológico de la generación
anterior; ha tenido el grito pasional de Echegaray,[17] el espíritu
corrosivo de Campoamor[18] y el amor a la realidad de Galdós. Ha
135 tenido todo esto, y la curiosidad mental por el extranjero y el
espectáculo del desastre—fracaso de toda la política española—
han avivado su sensibilidad y han puesto en ella una variante
que antes no había en España». Tal es el haber histórico que a
la generación del 98 discierne su inventor y bautista.

---

[16]En el ya citado artículo publicado en *ABC*. Véase nota 6.

[17]Esta identificación entre el "grito" generacional y la hueca retórica de José
Echegaray es discutible. Para algunos detalles sobre Echegaray, véase nota 42, Parte
VII.

[18]Ramón de Campoamor (1817-1901), poeta de orientación filosófica en clave
menor, cuya obra está caracterizada por su tono familiar y cierto escepticismo irónico.

140      Es justamente aquí donde comienza la polémica. Baroja, por ejemplo, uno de los más señalados miembros de la presunta generación, niega reiteradamente su existencia. «Yo siempre he afirmado que no creía que existiera una generación del 98. El invento fue de *Azorín* . . .», ha dicho Baroja en sus recientes
145  *Memorias*.[19] «Una generación—añade—que no tiene puntos de vista comunes, ni aspiraciones iguales, ni solidaridad espiritual, ni siquiera el nexo de la edad, no es una generación».

He aquí, seriadas, las razones en que Baroja funda su actitud negativa:

150      1. «La fecha no es muy auténtica. De los incluidos en esa generación, no creo que la mayoría se hubiera destacado en 1898».

      2. «Tampoco se sabe a punto fijo quiénes formaban parte de esa generación; unos escriben unos nombres y otros, otros. Algu-
155  nos han incluido en ella a Costa,[20] y otros, a J. Ortega y Gasset,[21] que se dio a conocer ya muy entrado este siglo».

      3. «En esta generación fantasma de 1898 . . . yo no advierto la menor unidad de ideas. Había entre ellos (los escritores que componen el grupo) liberales monárquicos, reaccionarios y
160  carlistas».

      4. «En el terreno de la literatura existía la misma divergencia; había quien pensaba en Shakespeare y quien en Carlyle,[22]

---

[19]Todo lo citado de Baroja se encuentra en «El escritor según él y según los críticos», que forma parte de sus *Memorias* (1944). Véase *Obras Completas*, VII, págs. 445-49 y 458.

[20]El ya mencionado Joaquín Costa.

[21]José Ortega y Gasset (1883-1955), la figura más importante de la vida intelectual española en el siglo XX, que inició su colaboración periodística en 1902 y publicó su primer libro importante en 1914.

[22]Véase nota 62, Parte V. Será Benavente "quien pensaba en Shakespeare", y Unamuno el que leía a Carlyle.

había quien tenía como modelo a D'Annunzio[23] y otros que veían su maestro en Flaubert, en Dostoyevski y en Nietszche».[24]

165   5. «Se ha dicho que la generación seguía la tendencia de Ganivet. Entre los escritores que conocí no había nadie que hubiese leído a Ganivet. Yo tampoco. Ganivet,[25] en este tiempo, era desconocido».

Estas cinco razones conducen a Baroja a una tajante
170 negativa. «¿Había algo de común en la generación del 98? Yo creo que nada—se responde—. El único ideal era que todos aspirábamos a hacer algo que estuviera bien, dentro de nuestras posibilidades . . . Muy difícil sería para el más lince señalar y decir: éstas eran las ideas del 98.

175   «El 98 no tenía ideas, porque éstas eran tan contradictorias, que no podían formar un sistema ni un cuerpo de doctrina. Ni del horno hegeliano, en donde se fundían las tesis y las antítesis,[26] hubiera podido salir una síntesis con los componentes heterogéneos de nuestra casi famosa generación.

180   * * *

«Así, pues, joven profesor—concluye Baroja—, si piensa usted publicar un manual de literatura española, puede usted decir, al hablar de la mítica generación del 98, sin faltar a la verdad, primero, que no era una generación; segundo, que no
185 había exactitud al llamarla de 1898; tercero, que no tenía ideas suyas; cuarto, que su literatura ni influyó, ni poco ni mucho, en

---

[23]Gabriele D'Annunzio (1864-1938), célebre poeta, novelista y dramaturgo italiano, cuya obra atraía, entre otros, al joven Valle-Inclán.

[24]Muchos noventayochistas, entre ellos el mismo Baroja, fueron atraídos por Nietzsche y por dos maestros de la novela: el francés Gustave Flaubert y el ruso Feodor Dostoyevski (1821-1881).

[25]Unamuno, por lo menos, conocía muy bien a Ganivet y su obra.

[26]En la dialéctica de Hegel, cada idea o tesis genera inevitablemente a su contrario o antítesis. La interacción de las dos lleva a un nuevo concepto, o sea, la síntesis, que es el devenir. Según Baroja, ni siquiera el sistema hegeliano sería capaz de producir una síntesis de un grupo tan heterogéneo como los del 98. Véase nota 115, Parte IV.

el advenimiento de la República,[27] y quinto, que tampoco influyó en los medios obreros, adonde no llegó, y si llegó fue mal acogida».

190 Esta actitud de Baroja respecto a la presunta generación del 98 fue compartida por Ramiro de Maeztu, que con *Azorín* y el propio Baroja formaba, allá por el año 1900, el grupo de «los tres». Algo debía de tener, sin embargo, la expresión azoriniana, cuando hasta los negadores de tal generación piensan y hablan

195 *como si* realmente hubiera existido. Baroja reconoce que «el concepto venía a llenar un hueco» y hasta atribuye «algo nuevo y característico» a «esa supuesta generación del 98»: «un último aliento de romanticismo y de individualismo». Tanto pesa el concepto en la mente de Baroja, que, a fuerza de negarlo, llega a

200 una paladina afirmación de la comunidad histórica entre los hombres que constituyeron el presunto grupo: «La generación del 98, que yo he dicho varias veces que no creo que constituyera una generación—dice, confirmando con excesiva largueza su proclamada despreocupación respecto a los *ques*[28]—, fue un

205 reflejo del ambiente literario, filosófico y estético que dominaba el mundo al final del siglo XIX y que persistió hasta el comienzo de la guerra mundial de 1914».

También Maeztu viene a reconocer su existencia. En su *Defensa de la Hispanidad*[29] recuerda sus años de mocedad:

210 «Cuando yo era joven, en el atropello del 98, que fue nuestra *Sturm und Drang* . . .»,[30] dice. Llámese o no «generación» al atropellado grupo del 98, Maeztu lo afirma y, muy sagazmente, lo compara con el *Sturm und Drang* germánico. No hay como empeñarse en negar una cosa para terminar afirmándola.

---

[27]La segunda República española, establecida en 1931, atacada en 1936 por los nacionalistas, y destruida definitivamente en 1939.

[28]Baroja siempre se proclamaba indiferente ante el esmero estilístico.

[29]Una de sus últimas obras (1934).

[30]Tempestad y pasión, o «Storm and Stress». Se aplicó a la corriente prerromántica en Alemania a finales del siglo XVIII, que buscó la libertad del instinto y sentimiento frente al frío formalismo del neoclasicismo y racionalismo que habían dominado el siglo.

215     La idea de una «generación del 98» debía de llenar un
hueco, como dice Baroja, en la visión de la España contemporánea, cuando tantas y tales cosas se han dicho en torno al tema
y al mote. Sobre, de, bajo, por, contra la generación del 98 han
hablado o escrito luego casi todos los que en España mueven
220  pluma literaria o política; es decir, una legión de españoles. Las
precisiones conceptuales e históricas en el tratamiento del tema
han sido muy diversas, y pocas veces medianamente satisfacto-
rias; los juicios estimativos acerca de tal generación, divergentes
y hasta contradictorios. La habitual tosquedad del espíritu ha
225  pretendido a veces reducir el problema de la generación del 98
al caduco e insoportable pleito entre «derechas» e «izquierdas».
Los opinantes de la derecha han tildado a los hombres del 98 de
europeizantes, extranjerizados, antiespañoles, pesimistas, decadentes, etc.: la bien conocida letanía. Los conspicuos de la
230  izquierda les han vituperado su individual rebeldía a la secuacidad republicana o marxista, su esteticismo, sus arranques de
españolidad. Otros, en fin, han preferido instalarse en un
adarve individual, y desde él disparan sus observaciones y adje-
tivos. Nadie ha negado al grupo, sin embargo, dos cosas: una
235  egregia calidad literaria y una considerable influencia en el
modo de ver a España y de escribir el castellano.
        Muestran las anteriores palabras que la existencia de una
«generación del 98» ha sido reconocida—tácita o expresamente,
con amistad o con vituperio—por todos o casi todos los españoles
240  preocupados por la vida espiritual de España. Entre dimes y
diretes, ditirambos y dicterios, la expresión inventada por G.
Maura y *Azorín* ha conseguido pública e ineludible aceptación.
Para algunos es un concepto histiográfico; para otros, una simple etiqueta ordenadora o polémica; para todos, un término con
245  el que nos entendemos acerca de algo . . . La idea de una «generación del 98» se ha hecho ineludible e insustituible.
        También yo admito la existencia de la mentada generación,
si por «generación» se entiende lo que en otro lugar he pro-
puesto: un grupo de hombres más o menos coetáneos entre sí y
250  más o menos parecidos en los temas y en el estilo de su
operación histórica. Supuesta, pues, una cierta convencionalidad en el aislamiento del grupo generacional, creo, por las razones que luego diré, en la existencia de una «generación del 98».

Antes de hablar por mi cuenta bueno será, sin embargo, recoger
255  algún testimonio entre los que de intento o de pasada
estamparon sobre el tema del 98 opinantes, críticos y considera-
dores.

Elegiré tres distintos, buscando entre los más directa y
abiertamente tocantes al tema. Procede el primero de un inte-
260  ligente y puntual historiador de la vida española contemporánea, Melchor Fernández Almagro.[31] Es otro el vertido por un
poeta, técnico de la historia de la literatura, Pedro Salinas.[32]
Nos dará el tercero un literato, profesor de literatura y escritor
político, Ernesto Giménez Caballero.[33]

265  Debemos a Fernández Almagro un par de importantes
deslindes para el cabal entendimiento de la generación del 98.
En su *Vida y obra de Angel Ganivet*[34] denuncia «el error en que,
ligeramente, incurren quienes incluyen en la corriente de los
*regeneradores* a los *intelectuales* que *Azorín* rotuló con una
270  etiqueta que el uso ha refrendado: *generación de 1898*». Los
*regeneradores* son, ya se sabe, los arbitristas y sociólogos del
desastre: Costa, Macías Picavea, Damián Isern, Luis Morote,
Madrazo, Julio Senador.[35] Los *intelectuales*, Ganivet, Unamuno,
*Azorín*, Baroja, Benavente, Valle-Inclán. Más adelante precisa
275  Fernández Almagro las razones del distingo: «La reacción contra
la España imperante a la hora decisiva del desastre no es suficiente para dar unidad a los dos bandos a que aludo. Les sepa-

---

[31]Distinguido académico de la Historia y de la Lengua (1893-1966), y autor de
muchos libros importantes sobre temas históricos y literarios.

[32]Célebre poeta de la llamada generación de 1927, e incisivo crítico literario
(1892-1951).

[33]Conocido ensayista y periodista (nació 1899). Lo citado de su obra (*Genio de
España*, 1932) por Laín lo omitimos aquí por parecer sus ideas tangenciales a nuestro
tema.

[34]Publicado en 1925, con nueva edición en 1953.

[35]Todos reformadores y comentaristas sobre problemas nacionales: Joaquín
Costa; Ricardo Macías Picavea (1847-1899), catedrático de Valladolid que se dirigió
en especial a la reforma de la educación; Damián Isern (1852-1914), escritor y periodista de orientación primero carlista, después liberal; Luis Morote (1862-1913), distinguido periodista de Valencia y Madrid; Enrique Madrazo (1850-1900), cirujano y catedrático de cirugía; y el ya mencionado escritor Julio Senador (véase nota 24, Parte I).

ran intenciones, métodos, gustos literarios, incluso formas de carácter. A poco que se fije el espectador de aquel momento, no
280 dejará de advertir que se hace estética entre los intelectuales, cuanto era sociología en el otro grupo; que la intuición es su instrumento, y crítico su propósito, mientras que los regeneradores muestran la preferencia por los procedimientos racionales de la ciencia experimental. Que unos citan números y aducen leyes,
285 y otros tratan de encender ideales. Que unos buscan hechos al rastrear la Historia, y otros quieren escarbar en busca del alma que les diera expresión».

En otro de sus libros[36] acentuará Fernández Almagro este carácter preponderantemente literario de la generación del 98:
290 «Los del 98 hacen literatura ante todo, y porque no excluyen ningún tema de su juego literario es por lo que nace y florece el ensayo, modo irresponsable y sugestivo de tratar lo más arduo. Se hace, por uno o por otro, Filosofía literaria, Economía literaria, Historia literaria, Geografía literaria, etc. Y, por
295 supuesto, Literatura muy literaria».

¿Qué notas definidoras, aparte la reacción crítica contra la España del desastre y esta hegemonía de la literatura y de la estética en la configuración de su obra, caracterizarían a los hombres del 98? Fernández Almagro se acerca con visible cau-
300 tela al problema que esta interrogación plantea. «No será fácil— dice una vez, refiriéndose a la generación del 98—definirla por sus afirmaciones: tan distintas las de *Azorín*, por ejemplo, a las de Valle-Inclán, como las de éste a las de Baroja, y todas a las de Unamuno ... Mas no es fácil señalar una negación común,
305 exteriorizada en una reacción hostil contra los valores de la crítica». Refiérese Fernández Almagro, es obvio, a los valores literarios entonces vigentes: Echegaray, Campoamor, Núñez de Arce,[37] Pardo Bazán, Galdós ... Contra ellos disparan sus venablos los recién llegados jóvenes de 1898. Ve también nuestro
310 historiador en el alma de todos ellos «una emoción compleja de

---

[36]*Vida y literatura de Valle-Inclán* (Madrid, 1943 y 1966), cap. VI.

[37]Gaspar Nuñez de Arce (1834-1903), dramaturgo y poeta de orientación social y estilo retórico.

tristeza y de entusiasmo, un ideal mixto de españolismo y europeización».[38]

Años después será más prolijo Fernández Almagro y
añadirá algunas notas[39] a las contenidas en la autodefinición
315 azoriniana antes transcrita. «Todos han leído los mismos libros
extranjeros . . .[40] Todos coinciden en aspirar a una obra
personal, de acento distinto, brindada a cierto tipo de lectores.
Todos buscan y rebuscan la emoción de España en lo menos
conocido o mal valorado: los primitivos, el Greco, Castilla, las
320 artes propulares. Todos desean una España sin partidos tur-
nantes,[41] sin disociación entre lo oficial y lo real, que reanude,
en líneas de prudencia, no la historia de sus guerras, sino la de
sus empresas pacíficas. Todos gustan de resucitar viejas palabras, de aliviar las cláusulas de pesos superfluos. Todos hablan
325 de regeneración y detestan el punto y coma . . .».[42]

El segundo de los distingos de Fernández Almagro penetra
en el cuerpo mismo de la generación. Cree nuestro historiador
que cabe aislar en ella dos subgrupos: uno, más específicamente
merecedor del nombre genérico que a todos engloba, estaría
330 constituido por los escritores especialmente afectados por el
problema español que el desastre revela (Ganivet, Unamuno,
Maeztu, Baroja, *Azorín*); otro, el de los *modernistas*, mucho más
próximos a la condición de «literatos puros». «Como no deja de
haber alguna continuidad—dice Fernández Almagro—entre
335 estos escritores que nacen a su vida profesional hacia 1898 y
aquellos otros hombres, ya maduros, que con mucho de arbi-

---

[38]De *Vida y obra de Angel Ganivet.*

[39]En *Vida y literatura de Valle-Inclán.*

[40]Fernández Almagro menciona a los poetas simbolistas, novelistas del naturalismo francés, Maeterlinck, Oscar Wilde, novelistas rusos, Nietzche y D'Annunzio.

[41]Durante unos 25 años después de la caída de la primera República (1874), o
sea, por la época llamada la Restauración, el poder político de la nación pasó alternativamente de los liberales bajo Sagasta a los conservadores bajo Cánovas del Castillo.
Los dos partidos turnaron pacíficamente y con arreglo previo.

[42]Esa contribución a «las cláusulas de pesos superfluos». La retórica y la sintaxis
túrgidas fueron anatema para los del 98, aunque a veces cayeron ellos mismos en
semejante error estilístico.

tristas trataban de remediar los males sobrevenidos, acaso podamos descubrir ese tasado contacto en Angel Ganivet y, en otra escala, en Unamuno y Maeztu. Continuando a esta luz el
340 descenso, de mayor a menor, salvando calidades, enumeraríamos a Baroja, *Azorín*, Benavente, Valle-Inclán. Estos dos últimos ya no tienen cosa que ver con los viejos terapeutas del Desastre y encabezan la serie de los *modernistas* que solo tangencialmente tocan a la generación del 98 y proceden de Rubén
345 Darío . . .». Hasta aquí, fielmente transcritos, los juicios y las observaciones de Melchor Fernández Almagro, crítico e historiador.

Pedro Salinas ha hecho de la presunta «generación del 98» un problema de historiografía literaria.[43] Sin mayor reflexión
350 metodológica, adopta cómodamente el concepto de generación literaria expuesto por Petersen[44] y se pregunta profesoralmente si el grupo literario «del 98» cumple las condiciones que Petersen señala a las generaciones literarias propiamente dichas. Casi huelga advertir que, procediendo así, Salinas ve en cada uno de
355 los hombres del 98 mucho más al literato que al español. La del 98 sería más una generación de literatos españoles que de españoles literatos.

Ocho son, según Petersen, los caracteres comunes a todos los miembros de una misma generación literaria. De ellos no
360 considera Salinas el primero, tocante a los caracteres hereditarios de los hombres que la constituyen. En cuanto a los siete restantes, he aquí, en serie numeral, los resultados a que llega Salinas aplicando el esquema de Petersen a la generación literaria del 98.

365     1. *Coincidencia cronológica del nacimiento.* —Todos los del 98 nacen entre 1864 (Unamuno)—si no se cuenta a Ganivet, que nace en 1862[45]—y 1875 (Maeztu y Antonio Machado).

---

[43]Se encuentran estas ideas de Salinas en «El concepto de generación literaria aplicado a la del 98», *Literatura española siglo XX*. Véase la bibliografía.

[44]Julius Petersen, pensador alemán del siglo XX y autor de «Las generaciones literarias», ensayo recogido en *La filosofía de la ciencia literaria* (Berlín, 1930).

[45]Al escribir Laín este capítulo, existía cierta confusión sobre el año en que nació Ganivet. La fecha correcta es 1865.

2. *Homogeneidad de la educación.* —Todos ellos son autodidactos y se forman en la lectura anárquica y dispersa: más en la Biblioteca que en la Universidad, si se quiere expresar plásticamente la índole de su formación. Sus lecturas son en buena medida coincidentes.

3. *Mutua relación personal* entre los hombres que constituyen la generación. En el caso de la del 98, es notoria su coparticipación en revistas—especialmente en las fundadas por ellos—, tertulias literarias, manifiestos, excursiones, homenajes, etcétera.

4. *Acontecimiento o experiencia generacional.* —Para Salinas, sería ese acontecimiento nuestro desastre de 1898. «No importa—subraya Salinas—que la idea de la decadencia española sea muy anterior al 98. Lo esencial es que nuestro desastre haya convertido lo que podía tomarse sólo por una idea de intelectuales o por presentimiento de pesimistas en una brutal realidad histórica, que gravitó sobre todas las conciencias despiertas y que las hizo agruparse frente al problema esencial de esa generación: España».

5. *Caudillo de la generación*, existencia en el grupo de un hombre conductor. Ante la imposibilidad de reconocer un caudillo «nominal y exclusivo» entre los hombres del 98, recurre Salinas a una pequeña habilidad. Declara a Nietzsche «guía ideológico» de la generación (lo cual es manifiestamente excesivo) y piensa, por otra parte, que la generación del 98 habría cumplido por modo negativo esta exigencia de Petersen: «en todo el ambiente no sólo literario, sino político de la época se advierte entonces—recuerda Salinas—la apetencia del caudillo; el *Führer* está precisamente por su ausencia. El *hace falta un hombre, aquí nos hace falta un hombre*, va y viene como una nostalgia fantasmal por los escritos de aquella época».

6. *Lenguaje generacional.* —Salinas lo ve en el modernismo: «El modernismo no es otra cosa—dice—que el lenguaje generacional del 98». «Los primeros que se dieron cuenta de que había una generación del 98 fueron los que caricaturizaban aquel len-

guaje moderno o se burlaban de él, y que precisamente por sentírsele tan moderno se llamó *modernista*».[46]

405     7. *Anquilosamiento de la generación anterior.* —«La fuerza operante de la anterior generación literaria, la realista—afirma Salinas—, carecía de todo imperio y crédito sobre las conciencias nuevas y, además, era incapaz de creaciones renovadoras. Galdós, la Pardo Bazán, Alas,[47] en el final de su carrera se sien-
410 ten ya a disgusto ellos mismos en el realismo y ensayan formas de novela espiritualista en pugna con él . . . Los jóvenes de entonces creían firmemente que el arte inmediatamente anterior estaba anquilosado, es más, que la enfermedad de la España en que habían nacido era una terrible parálisis».

415     La conclusión de Salinas no es ambigua. «Para mí—resume —la consecuencia no admite duda: hay una generación del 98. En ese grupo de escritores, los elementos exigidos por Petersen como indispensables para que exista una generación se encuentran casi sin falta. Y al ir comparando los hechos con la doc-
420 trina, vemos acusarse sin vacilación alguna entre aquellos turbios principios de siglo los perfiles exactos de un nuevo complejo espiritual perfectamente unitario que irrumpía en la vida española: la generación del 98 . . .».[48]

---

[46]Compárense estas observaciones con las de Azorín sobre la actitud generacional para con el lenguaje. El lector debe distinguir entre orientaciones nuevas o *modernas* y la estética del *modernismo* literario a lo Rubén Darío y Valle-Inclán. Este último es aplicable a solamente unos pocos escritores del 98, aunque se vislumbra de vez en cuando en casi todos.

[47]Leopoldo Alas (1852-1901), célebre crítico y novelista que escribió bajo el seudónimo de «Clarín».

[48]La elaboración de esas omitidas ideas de Giménez Caballero comienza aquí y continúa hasta el final del apartado.

425   En mi libro sobre Menéndez Pelayo[49] he intentado ordenar con cierta claridad y precisión las reacciones de los españoles capaces de reacción ante el desastre de 1898. Debe verse en nuestro hundimiento del 98, más que un suceso inesperado y catastrófico, el término y el símbolo de una etapa de la vida de
430   España. En 1875 nace en muchos corazones españoles la ilusión de haber conseguido, tras casi un siglo de constante descenso histórico y lucha interior, un remanso de paz fecunda y reparadora: reconstituyente, como dirán los viejos políticos, con el retintín del retruécano ingenioso y fácil, allá por el estío de 1931.
435   Mas la alegría en la casa del pobre dura poco, y pronto se consume esa lisonjera ilusión, por lo menos en el seno de las almas insobornables: testigos, Menéndez Pelayo, Ribera[50] y Cajal.[51] Pues bien: la catástrofe de 1898 es el terrible remate de esa progresiva desilusión y el símbolo definitivo con que se la expresará.
440   En virtud de ese largo y triste proceso de desengaño puede existir una «generación del 98», y solo entendiendo así nuestra historia contemporánea cobra un sentido real la tan traída y llevada etiqueta.

       La historia de España entre 1885 y 1900 permite distinguir
445   tres grupos de reacciones españolas ante la catástrofe del 98. Me sugirió esa labor de deslinde un preciso texto autobiográfico de Ramón y Cajal. Apoyado sobre él, y coincidiendo en muy buena parte con las distinciones de Fernández Almagro que antes expuse, pude aislar tres grupos de españoles cronológica
450   y estilísticamente diferentes entre sí. Forman el primero los arbitristas de la regeneración: Costa, Macías, Picavea, Isern,

---

[49]Marcelino Menéndez Pelayo (1856-1912), célebre historiador de la literatura española y autor de muchos libros monumentales, como *Historia de los heterodoxos españoles* (1880) e *Historia de las ideas estéticas en España* (1883-91). Se publicó el libro de Laín en 1944 con el título *Menéndez Pelayo*.

[50]Julián Ribera (1858-1934), catedrático de lengua arábiga e iniciador de estudios importantes en la historia de la cultura árabe dentro y fuera de España.

[51]Santiago Ramón y Cajal. Véase nota 43, Parte V.

etcétera. Son hombres nacidos antes de 1850 y despiertos a la vida española en los últimos años del reinado isabelino. El segundo grupo está constituido por sabios y profesores: Menéndez Pelayo, Cajal, Ribera, Hinojosa, Olóriz, Ferrán.[52] Estos nacen entre 1850 y 1860, y abren sus ojos a la historia dentro de la apetecida paz y del resquicio de esperanza que trae a las almas españolas la Restauración de Sagunto.[53] Integran, en fin, el tercer grupo los egregios literatos de la llamada «generación del 98». Vienen estos últimos a la vida biológica después de 1860, y llegan a la vida histórica cuando, pasadas las primeras mieles del codiciado reposo, ya es perceptible para los espíritus delicados la radical inconsistencia—política, intelectual, social, económica—de la España «restaurada».

Mi empeño de ahora es indagar cómo aparece, cómo se configura y en qué consiste el parecido histórico que debe existir entre los hombres del 98, si efectivamente forman una generación. Permítaseme recurrir para ello a las precisiones que acerca de este tema he procurado ordenar en mi libro *Las generaciones en la Historia*.

Partamos de un casi perogrullesco comienzo. Una generación es un grupo de hombres más o menos coetáneos entre sí y más o menos semejantes en los temas y en el estilo de su operación histórica. El contorno de este grupo es siempre indefinido y, por tanto, más o menos convencionalmente trazado por el historiador. Expondré en primer término la quíntuple indefinición[54] del grupo de hombres habitualmente llamado «generación del 98»; o, dicho lo mismo en otras palabras, las razones de los que creen arbitraria y convencional la individualización histórica del grupo. A continuación, y mucho más ampliamente, in-

---

[52]Los tres últimos son Eduardo de Hinojosa (1852-1919), investigador de antigüedades e historiador del Derecho; Federico Olóriz (1855-1912), catedrático de anatomía en la Universidad de Madrid, escritor y conocido antropólogo; y Jaime Ferrán (1852-1929), eminente bacteriólogo que consiguió la inmunización contra el cólera.

[53]El pronunciamiento del general Martínez Campos en 1874 proclamó la restauración borbónica, lo que acabó con la breve vida de la primera República. El suceso ocurrió en la antigua población de Sagunto, en la provincia de Valencia.

[54]Definición de contornos borrosos.

tentaré mostrar cómo se define y constituye positivamente la famosa generación.

Por cinco costados distintos, he dicho en otro lugar, se indefine una generación histórica. Veamos cómo se manifiesta en la del 98 esta múltiple indefinición de todas las generaciones.

1. *Indefinición geográfica.* —Llamamos «generación del 98» en sentido estricto a un grupo de literatos españoles, integrado por Unamuno, Ganivet, *Azorín*, Baroja, Antonio Machado, Valle-Inclán, Maeztu, Benavente, Manuel Bueno. ¿Forman, sin embargo, un grupo geográficamente bien definido y exclusivo? En modo alguno. Si se afina la mirada, no será difícil encontrar una indudable semejanza con muchos literatos europeos de Fin de Siglo.[55] Maeterlinck, Hauptmann, D'Annunzio, Barrès, Gorki, Galsworthy, Bernard Shaw, Nietzsche . . .[56] Certeramente recogía hace poco esta analogía Melchor Fernández Almagro: «Los escritores del Fin-de-Siglo comunicaron a la literatura universal una poderosa y desconcertante vibración: la que hicieron sentir en España *los del 98*, precisamente, de cronología un poco rebajada en años».[57] . . .

2. *Indefinición social.* —Muchas de las actitudes históricas de la «generación» del 98 eran tácita o expresamente compartidas por una buena parte de los españoles: la masa correspondiente a esa minoría generacional y otros que distaban mucho

---

[55]Término general usado para abarcar las nuevas corrientes y sensibilidades multiformes en el arte y la literatura que aparecieron en Europa y América a finales del siglo XIX, rompiendo con las orientaciones positivistas y burguesas entonces reinantes.

[56]Maurice Maeterlinck (1862-1949), dramaturgo belga simbolista; Gerhardt Hauptmann (1862-1946), dramaturgo alemán naturalista; Maxim Gorki (1868-1936), novelista y dramaturgo ruso que, como Hauptmann, se preocupó de la lucha entre las clases sociales; John Galsworthy (1867-1933), novelista inglés, autor de *The Forsyte Saga*; George Bernard Shaw (1856-1951), dramaturgo y crítico irlandés. Ya están identificados D'Annunzio (nota 23), Barrès (nota 61, Parte I) y Nietzsche (nota 47, Parte V).

[57]Del artículo «Los del Fin de Siglo», *El Español*, núm. 7, 30 de enero de 1943. Para una vista de Madrid en aquella época, véase *Vida y literatura de Valle-Inclán* del mismo Fernández Almagro, caps. V y VI.

de ser masa. La tesis del abandono de Marruecos,[58] tan popular
505 entonces y de estilo tan típicamente noventayochista, fue sostenida por don Miguel Primo de Rivera.[59] La apelación a una presunta «España real», desconectada de la «oficial», es también
propugnada por Costa, Macías Picavea, Cajal y el general
Polavieja.[60] Casticismo e interiorismo[61] los hay en Menéndez
510 Pelayo y en Cajal; actitudes negativas respecto a la viabilidad
histórica de aquella España, en Cajal, Menéndez Pelayo y Silvela,[62] etc. Todo ello no contando la opinión tácita o inaudible de
miles y miles de españoles.

3. *Indefinición cronológica.* —El propio *Azorín* se encarga
515 de proclamarla cuando dice que la «generación del 98 ha tenido
el grito pasional de Echegaray, el espíritu corrosivo de Campoamor y el amor a la realidad de Galdós». *Clarín* y la Pardo
Bazán preludian en buena medida el llamado «espíritu del 98».
Manuel Reina[63] es un premodernista, y en Manuel B. Cossío[64]
520 están la devoción por el Greco y el gusto por la tierra de
Castilla. Antonio de Trueba,[65] nacido en 1819—«Antón el de los
cantares», tan entrañablemente amado por Unamuno—, supo
ver con estilo casi noventayochista el paisaje castellano: «Yo he
vagado, sumido en honda meditación—escribió Trueba—, por
525 las llanuras de Castilla al nacer y al morir el sol, y he sentido mi
alma sumergida en un piélago de poesía». Sobre la relación

---

[58]Ya hemos visto en selecciones anteriores la actitud de varios noventayochistas
para con la aventura española en África.

[59]Véase *La hija del capitán*, Parte VI.

[60]Camilo García de Polavieja (1838-1914), general y político que tomó parte en
las campañas de África, Cuba y las Filipinas, y ocupó puestos importantes en el
gobierno de España.

[61]Actitud de defensa de los valores propios nacionales frente a la invasión
cultural extranjera.

[62]Francisco Silvela (1845-1905), político conservador que ocupó ministerios importantes en los gobiernos de Cánovas, y fue dos veces primer ministro (1898-1902).

[63]Rico abogado y poeta andaluz (1856-1905).

[64]Profesor de la Historia del Arte y autoridad en pedagogía (1858-1935).

[65]Poeta y cuentista vasco (1819-1889).

entre los «del 98» y los «regeneracionistas», me atengo al párrafo de Fernández Almagro que antes transcribí.

Otro tanto puede decirse mirando los hombres que surgen desde el 98 hacia acá. Sólo citaré un ejemplo, el de Ortega y Gasset, el cual, no obstante ser tan distinto en muchas cosas de los hombres del 98, expresaba en 1914 un sentimiento de España enteramente concorde con el de la generación que le antecede.

4. *Indefinición temática.* —No hay actitudes ni temas rigurosamente privativos de la generación del 98. No todos los críticos de aquella España oficial ni todos los escritores modernistas pertenecen al grupo estricto de los hombres del 98. Viceversa: no todos los hombres del grupo del 98 son críticos de la España oficial ni comulgan en el modernismo. Valle-Inclán y Benavente[66] apenas hacen crítica directa de aquella España; Unamuno y Baroja no son precisamente escritores modernistas; Valle-Inclán vive poco el paisaje de Castilla, y Ganivet se declaró incapaz para el paisaje; etc., etc.

5. *Indefinición de la convivencia.* —La relación personal entre algunos de los miembros de la generación del 98 fue muy escasa y apenas amistosa; todos ellos tuvieron amistades más intensas y frecuentes con personas ajenas al grupo generacional. La reciente publicación de las memorias de Baroja no permite la más ligera duda a tal respecto.

Esta quíntuple indefinición del grupo del 98 nos hace ver una parcial razón en la actitud de los que, como Baroja y Maeztu, niegan la existencia de tal generación; y, por otra parte, impone a los que la afirman cierta convencionalidad en la delimitación de dicho grupo generacional. Con plena conciencia de esa inevitable convencionalidad historiográfica, yo veo compuesta la generación del 98 (no contando algunas figuras acce-

---

[66]Como ya hemos visto, la crítica de Valle-Inclán, si bien envuelta en estilizaciones, es a veces mucho más fuerte de lo que sospechamos. También fue crítico Benavente si se recuerda *La ciudad alegre y confiada* (1916), *Santa Rusia* (1932) y *Aves y pájaros* (1940). Ver el artículo de Luis T. González-del-Valle sobre estos textos («Ideología política en varias obras de Jacinto Benavente», *Boletín de la Fundación Federico García Lorca*, 19-20 [1996], págs. 187-212).

sorias, como Bargiela,[67] *Silverio Lanza,*[68] etc.) por Unamuno, Ganivet, *Azorín,* Baroja, Antonio y Manuel Machado,[69] Maeztu, 560 Valle-Inclán, Benavente, Manuel Bueno, Zuloaga. Junto a ellos, parecido en algo, distinto en no poco, está Menéndez Pidal.[70]

El grupo generacional que acabo de señalar ha sido más o menos convencionalmente aislado de otros grupos de españoles, contemporáneos y coetáneos suyos. He aquí los más considera-565 bles:

1. El equipo de los apóstoles y arbitristas de la *regeneración nacional:* Costa, Macías Picavea, Isern, Salamero,[71] Madrazo, etc.

2. La promoción de profesores y sabios coetáneos de 570 Menéndez Pelayo. Además del propio don Marcelino, fórmanla Ramón y Cajal, don Julián Ribera, Hinojosa, etc.; y a ellos pueden unirse algunos otros hombres, coetáneos rigurosos de los del 98, que continúan las actitudes espirituales de sus maestros: Asín Palacios[72] y Bonilla San Martín,[73] por no citar sino dos 575 ejemplos.

3. Los españoles que siguen, sin modificación esencial, actitudes históricas iniciadas anteriormente al despertar de la generación del 98: conservadores de una u otra tendencia, liberales, republicanos, tradicionalistas; el grupo más central de la

---

[67]Camilo Bargiela (1874-1910), escritor y diplomático, asiduo colaborador en las revistas y los diarios de Madrid.

[68]Seudónimo de Juan Bautista Amorós (1856-1921), novelista y cuentista.

[69]Poeta de orientación modernista cuya carrera de hombre de letras fue muy amplia. Mayor que su hermano en un año (1874-1947), colaboró con Antonio en una serie de obras teatrales en verso.

[70]Ramón Menéndez Pidal (1869-1968), el gran erudito español de la primera mitad del siglo XX y maestro de investigaciones histórico-literarias y lingüísticas.

[71]José Salamero (1835-1895), escritor y eclesiástico que desplegó gran actividad en la pedagogía y en las relaciones con los obreros; miembro de la Academia de Ciencias Morales y Políticas.

[72]Miguel Asín Palacios (1871-1944), catedrático de la Universidad de Madrid y distinguido arabista, que fue discípulo de Julián Ribera.

[73]Adolfo Bonilla San Martín (1875-1926), discípulo de Menéndez Pelayo y prestigioso investigador de la literatura y filosofía españolas.

580　Institución Libre de Enseñanza;[74] secuaces epigonales de modas y modos literarios, intelectuales y estéticos ya caducos (naturalistas rezagados como Blasco Ibáñez;[75] costumbristas como Gabriel y Galán;[76] krausistas;[77] pintores como Moreno Carbonero,[78] etcétera).

585　　　4. Jóvenes en los que apunta un nuevo estilo generacional: Juan Ramón Jiménez, Ortega y Gasset, D'Ors, Pérez de Ayala, Miró, Angel Herrera.[79] No pocos de ellos ensayarán ante España una actitud distinta de la del 98, una actitud rigurosamente europea y educacional, por no citar sino dos de sus notas cardinales. A estos jóvenes se referían unas palabras de *Azorín*,

590　escritas en 1914[80]: «Ahora ¿qué es lo que hacéis, jóvenes del día? ¿Tenéis la rebelión de 1898, el desdén hacia lo caduco que tenían aquellos mozos, la indignación hacia lo oficial que aquellos muchachos sentían?»

---

[74]El primer centro educativo de España independiente del Estado y de la Iglesia, fundado en 1876 por Francisco Giner de los Ríos con el espíritu pedagógico reformador de los krausistas. Véase nota 77.

[75]Vicente Blasco Ibáñez (1867-1928), famoso novelista valenciano cuya obra naturalista aparece en los últimos años del siglo XIX, bien posterior al apogeo del naturalismo en Europa.

[76]José María Gabriel y Galán (1870-1905), poeta de orientación tradicionalista y prosaica.

[77]Discípulos españoles de las ideas del filósofo alemán, C.C. F. Krause, como fueron elaboradas en España por Julián Sanz del Río. La importancia del krausismo español se encuentra particularmente en la aplicación práctica de esa filosofía para renovar la educación nacional. La manifestación capital del espíritu renovador e idealista de los krausistas fue la Institución Libre de Enseñanza, cuyo fundador, Francisco Giner de los Ríos, fue un discípulo de Sanz del Río.

[78]José Moreno Carbonero (1860-1942), pintor de tendencia naturalista.

[79]Todos nacidos hacia el año 1880 y casi todos generalmente incluidos entre los «novecentistas»: el poeta Juan Ramón Jiménez (1881-1958); el ensayista Eugenio D'Ors (1882-1954); los novelistas Ramón Pérez de Ayala (1881-1962) y Gabriel Miró (1879-1930); Ortega, como queda indicado, nació en 1883. De la misma generación fue el prestigioso obispo, anteriormente periodista y activista social, Angel Herrera (m. 1968).

[80]En un artículo titulado «Aquella generación», publicado en *La Esfera* de Madrid, 25 de abril de 1914, y reproducido por Angel Cruz Rueda en su ya mencionado librito *La Generación del 98*.

595 «Otra generación ha llegado. Hay en estos jóvenes más método, más sistema, una mayor preocupación científica. Son los que este núcleo forman, críticos, historiadores, filólogos, eruditos, profesores. Saben más que nosotros. ¿Tienen nuestra espontaneidad? Dejémosles paso».

600 La generación así delimitada no es un conjunto interiormente indiferenciado. Posee en sí misma una estructura, la que componen y definen los estamentos siguientes:

1. Una masa española relativamente considerable, de la cual es expresión más o menos fiel (expresión política, social,
605 intelectual, literaria) la minoría compuesta por los hombres que antes indiqué. En torno a esta minoría y a la masa social subyacente, pónganse las figuras individuales más afines a la actitud histórica del grupo noventayochista.

2. Un grupo de literatos cuya obra está muy directamente
610 afectada por la situación histórica de España de que el desastre es símbolo: Unamuno, Ganivet, *Azorín*, Maeztu, Antonio Machado. En menor medida, Baroja.

3. Otro grupo de escritores más próximos a la condición de «literatos puros» y más influidos por el modernismo: Valle-
615 Inclán, Benavente, Manuel Machado. No lejano de ellos en la actitud, sí en valía, Francisco Villaespesa.

4. Los pintores que dan expresión plástica al sentir de la generación: Zuloaga, Regoyos,[81] Rusiñol.[82]

5. Un grupo menos numeroso de hombres de ciencia, que en
620 parte continúan la obra de los maestros pertenecientes a la promoción anterior y en parte cultivan científicamente, con nuevo sentido y renovado método, los temas literarios de la generación. Ejemplo máximo, Menéndez Pidal, con sus adheridos y seguidores. En un plano más bajo, Julio Cejador,[83] nacido, como
625 Unamuno, en 1864.

Aquí comienza el verdadero problema, el problema central de la generación del 98. Todos esos hombres son distintos entre

---

[81]Darío de Regoyos (1857-1913), discípulo de los impresionistas, y durante su vida más estimado fuera de España que dentro.

[82]Véase nota 56, Parte I.

[83]Erudito investigador de la literatura española (1864-1927).

sí. Difieren entre sí por el nacimiento, por el temperamento, por
la vocación, por la educación familiar y universitaria. Los hay
630 vascos, levantinos, gallegos, andaluces; unos son rubicundos,
endrinos otros; éste filósofo, médico renegado aquél, abogado
tránsfuga el tercero;[84] literatos todos, mas cada uno a su modo
y por su senda; quién, manso y sencillo; quién, colérico y
estrafalario. Todos distintos. Y, sin embargo, todos parecidos,
635 todos emparentados por un sutil vínculo histórico.[85]

---

[84]Laín se refiere respectivamente a Unamuno, Baroja y Azorín.

[85]Esta selección que aquí se termina es, con nuestras modificaciones, el capítulo
II de la versión completa de *La generación del noventa y ocho* de Laín Entralgo, publicada originalmente en 1945 y a partir de 1956 como parte de *España como problema*,
magistral obra del mismo autor. No aparece este capítulo en la abreviada versión que
se publica en la Colección Austral.

# BIBLIOGRAFÍA

El material crítico sobre la generación de 98 es tan amplio que no se pueden prestar las páginas de este volumen para presentarlo sino de un modo ecléctico y limitado. Hemos seleccionado libros que en su mayoría tiene que ver con esta generación como colectividad y son especialmente pertinentes a las perspectivas de la antología. Incluimos también algunas obras que contienen en sí valiosas bibliografías extensas, así como varios estudios que por su reciente fecha u orientación cultural e histórica no aparecen normalmente en otras listas. Por último, hemos escogido algunas obras importantes sobre la época, el modernismo y la modernidad que permiten contextualizar mejor donde encajan los noventayochistas.

Abellán, José Luis. *Sociología del 98*. Barcelona: Península, 1973.

Abellán, José Luis. *La crisis contemporánea (1875-1936)*. *Historia crítica del pensamiento español*. Tomo 5/2. Madrid: Espasa-Calpe, 1989.

Allegra, Giovanni. *El reino interior. Premisas y semblanzas del modernismo en España*. Madrid: Encuentro, 1985.

*Anales de la literatura española contemporánea*, 23 (1998). [Tomo dedicado a la modernidad española e hispanoamericana.]

Azam, Gilbert. *El modernismo desde dentro*. Barcelona: Anthropos; 1989.

Azcárate, Pablo de. *La guerra del 98*. Madrid: Alianza, 1968.

Azorín (ed. Angel Cruz Rueda). *La Generación del 98*. Salamanca: Anaya, 1961.

Azorín. *Madrid*. Buenos Aires: Losada, 1952 y 1967.

Bahamonde Magro, Angel y Luis Enrique Otero Carvajal, eds. *La sociedad madrileña durante la Restauración*. 2 tomos. Madrid: Comunidad de Madrid/Consejería de Cultura, 1989.

Balakian, Anna. *El movimiento simbolista*. Madrid: Guadarrama, 1969.

Balakian, Anna., ed. *The Symbolist Movement in the Literature of European Languages*. Budapest: Akadémiai Kiadó, 1982.

Baroja, Ricardo. *Gente de la Generación del 98*. (Título original: *Gente del 98*.) Barcelona: Juventud, 1952 y 1969.

Baudelaire, Charles. *Obras*. Madrid: Aguilar 1963, 2ª edición.

Benjamin, Walter. *Charles Baudelaire: A Lyric Poet in the Era of High Capitalism*. London: NLB, 1973

Benjamin, Walter. *Poesía y capitalismo, Iluminaciones* II. Madrid: Taurus, 1980, 2ª edición.

Berman, Art. *Preface to Modernism*. Urbana: University of Illinois Press, 1994.

Berman, Marshall. *All That is Solid Melts Into Air. The Experience of Modernity*. New York: Penguin Books, 1988.

Blanco Aguinaga, Carlos. *Juventud del 98*. Barcelona: Crítica, 1978.

Blanco Aguinaga, Carlos, Julio Rodríguez Puértolas, Iris Zavala. *Historia social de la literatura española (en lengua castellana)*. Tomo 2. Madrid: Castalia, 1978.

Bleiberg, Germán y E. Inman Fox, eds. *Pensamiento y letras en la España del siglo XX* (English title: *Spanish Thought and Letters in the Twentieth Century*). Nashville: Vanderbilt Univ. Press, 1966.

Bowra, C.M. *The Heritage of Symbolism*. London: MacMillan & Co., 1947.

Bradbury, Malcolm. *The Modern World*. New York: Penguin Books, 1988.

Bradbury, Malcolm y James McFarlane, eds., *Modernism, 1890-1930*. Atlantic Heights: Humanities Press, 1978.

Calinescu, Matei. *Five Faces of Modernity. Modernism, Avant-Garde, Decadence, Kitsch, Postmodernism*. Durham: Duke University Press, 1987.

Cano Ballesta, Juan. *Literatura y tecnología*. Madrid: Orígenes, 1981.

Cardona, Rodolfo y Anthony N. Zahareas. *Visión del esperpento*. Madrid: Castalia, 1970.

Cardwell, Richard A. y Bernard McGuirk, eds. *¿Qué es el modernismo? Nueva encuesta, nuevas lecturas*. Boulder: Society of Spanish and Spanish-American Studies, 1993.

Carnero, Guillermo, ed. *Actas del Congreso Internacional sobre el modernismo español e hispanoamericano y sus raices andaluzas y cordobesas*. Córdoba: Excma. Diputación Provincial, 1987.

Carr, Raymond. *España 1808-1975*. Barcelona: Ariel, 1987, 2ª edición.

Castillo, Homero, ed. *Estudios críticos sobre el modernismo*. Madrid: Gredos, 1968.

Cejador y Frauca, Julio. *Historia de la lengua y literatura Castellana*. Tomos 10 y 11. Madrid: Tipografía de la Revista de Archivos, Bibliotecas y Museos, 1919.

Celma Valero, María Pilar. *La pluma ante el espejo (Visión autocrítica del fin de siglo, 1888-1907)*. Salamanca Ediciones Universidad de Salamanca, 1989.

Celma Valero, María Pilar. *Literatura y periodismo en las revistas del fin de siglo. Estudio e índices (1888-1907)*. Madrid: Júcar, 1991.

Chefdor, Monique, Ricardo Quinones y Albert Waehtel, eds. *Modernism. Challenges and Perspectives*. Urbana: University of Illinois Press, 1986.

Cifuentes, Luis F. «Apasionadas simetrías: sobre la identidad del 98». *Anales de la literatura española contemporánea*, 22 (1997), págs. 103-130.

Ciplijauskaité, Biruté. *Los noventayochistas y la historia*. Madrid: José Porrúa Turanzas, 1981.

Davidson, Ned. *The Concept of Modernism in Hispanic Criticism*. Boulder: Pruett Press, 1966.

DesCouzis, Paul. *Cervantes y la Generación del 98*. Madrid: Ediciones Iberoamericanas, 1970.

Díaz Plaja, Fernando. *1898*. Madrid: Editora Nacional, 1976.

Eliade, Mircea. *The Myth of the Eternal Return or, Cosmos and History*. Princeton: Princeton University Press, 1954.

Enguidanos, Miguel. *Fin de siglo. Estudios literarios sobre el período 1870-1930 en España*. Madrid: José Porrúa Turanzas, 1983

Eysteinsson, Astradur. *The Concept of Modernism*. Ithaca: Cornell University Press, 1990.

Feldman, Jessica R. *Gender on the Divide. The Dandy in Modernist Literature*. Ithaca: Cornell University Press, 1993.

Fernández Almagro, Melchor. *Vida y literatura de Valle-Inclán*. Madrid: Editora Nacional, 1943; Taurus, 1966.

Fernández Almagro, Melchor. *Vida y obra de Ganivet*. Madrid: Revista de Occidente, 1953.

Fernández de la Mora, Gonzalo. *Ortega y el 98*. Madrid: Rialp, 1979, 3ª edición.

Fokkema, Douwe W. *Literary History, Modernism, and Postmodernism*. Amsterdam: John Benjamin, 1984.

Fokkema, Douwe y Elrud Ibsch. *Modernist Conjectures*. New York: St. Martin's Press, 1988.

Fox, E. Inman. *Ideología y política en las letras de fin de siglo*. Madrid: Espasa-Calpe, 1988.

Freixa, Mireia. *El modernismo en España*. Madrid: Cátedra, 1986.

Frisby, David. *Theories of Modernity in the Work of Simmel, Kracauer, and Benjamin*. Cambridge: MIT Press, 1986.

Gabriele, John P., ed., *Divergencias y unidad: perspectivas sobre la generación del 98 y Antonio Machado. Madrid: Orígenes, 1990.*

García de la Concha, Víctor. «La revolución poética de la modernidad», en *Congreso de literatura (Hacia la literatura vasca)*. Madrid: Castalia, 1989.

García Delgado, José Luis, José Sánchez Jiménez y Manuel Tuñón de Lara. *Los comienzos del siglo XX. La población, la economía, la sociedad (1898-1931). Historia de España*. Tomo 37. Madrid: Espasa-Calpe, 1984.

Goic, Cedomil, ed. *Del romanticismo al Modernismo. Historia y crítica de la literatura hispanoamericana*. Tomo 2. Barcelona: Crítica, 1991.

Gómez de la Serna, Ramón. *Retratos contemporáneos*. Buenos Aires: Sudamericana, 1944.

González, Aníbal. *La novela modernista hispanoamericana*. Madrid: Gredos, 1987.

González, Aníbal. «Modernismo y represión: hacia una lectura psicoanalítica de los textos modernistas». *Siglo XX/20th Century*, 12 (1994), págs. 129-144.

González del Valle, Luis T. *La ficción breve de Valle-Inclán. Hermenéutica y estrategias narrativas*. Barcelona: Anthropos, 1990.

González-del-Valle, Luis T. «*El embrujado* ante la modernidad: tradición e innovación en un texto dramático de Valle-Inclán». *Anales de la literatura española contemporánea*, 19 (1994), págs. 273-303.

González-del-Valle, Luis T. «Aspectos de la modernidad en la ficción breve de Valle-Inclán», en *Valle-Inclán y el fin de siglo*. Santiago de Compostela: Universidad de Santiago de Compostela, 1997.

González Echevarría, Roberto y Enrique Pupo-Walker, eds. *The Cambridge History of Latin American Literature*. Tomo 2. Cambridge: Cambridge University Press, 1996.

Goytisolo, Juan. *El furgón de cola*. Barcelona: Seix Barral, 1976.

Granjel, Luis S. *Baroja y otras figuras del 98*. Madrid: Guadarrama, 1959.

Granjel, Luis S. *La generación literaria del 98*. Salamanca: Anaya, 1966.

Granjel, Luis S. *Panorama de la Generación del 98*. Madrid: Guadarrama, 1959.

Grass, Roland y William Risley, eds., *Waiting for Pegasus. Studies of the Presence of Symbolism and Decadence in Hispanic Letters*. Macomb: Western Illinois University, 1979.

Greenfield, Sumner M. *Valle-Inclán: Anatomía de un teatro problemático*. Madrid: Fundamentos, 1972; Taurus, 1990.

Greenfield, Sumner M. *Lorca, Valle-Inclán y las estéticas de la disidencia. Ensayos sobre literatura hispánica*. Boulder: Society of Spanish and Spanish-American Studies. 1996.

Gullón, Germán. *La novela moderna en España (1885-1902). Los albores de la modernidad*. Madrid: Taurus, 1992.

Gullón, Ricardo y Allen W. Phillips, eds. *Antonio Machado*. Madrid: Taurus, 1973.

Gullón, Ricardo. *Direcciones del modernismo*. Madrid: Alianza Editorial, 1990, 2ª edición.

Gullón, Ricardo. *La invención del 98 y otros ensayos*. Madrid: Gredos, 1969.

Gullón, Ricardo, ed. *El modernismo visto por los modernistas*. Madrid: Guadarrama, 1980.

Gutiérrez-Girardot, Rafael. *Modernismo. Supuestos históricos y culturales*. México: Fondo de Cultura Económica, 1988, 2ª edición.

Habermas, Jürgen. *The Philosophical Discourse of Modernity*. Cambridge: MIT Press, 1987.

Henríquez Ureña, Max. *Breve historia del modernismo*. México: Fondo de Cultura Económica, 1954 y 1962.

Hinterhäuser, Hans. *Fin de siglo. Figuras y mitos*. Madrid: Taurus, 1980.

Houston, John Porter. *French Symbolism and the Modernist Movement*. Baton Rouge: Louisiana State University Press, 1980.

Howe, Irving. *Literary Modernism*. Greenwich: Fawcett, 1967.

Iglesias Feijoo, Luis (eds. Manuel Aznar Soler y Juan Rodríguez). «Valle-Inclán, el Modernismo y la Modernidad», en *Valle-Inclán y su obra*. Barcelona: Associació d'Idees, 1995.

Jiménez, José Olivio, ed. *El Simbolismo*. Madrid: Taurus, 1979.

Jiménez, Juan Ramón (prólogo y notas de Ricardo Gullón y Eugenio Fernández Méndez). *El modernismo. Notas en torno de un curso, 1953*. Madrid: Aguilar, 1962.

Johnson, Roberta. *Crossfire. Philosophy and the Novel in Spain, 1900-1934*. Lexington: University Press of Kentucky, 1993.

Jongh-Rossel, Elena M. de. *El Krausismo y la Generación de 1898*. Valencia: Hispanófila, 1985.

Jrade, Cathy Login. *Rubén Darío and the Romantic Search for Unity. The Modernist Recourse to Esoteric Tradition*. Austin: University of Texas Press, 1983.

Laín Entralgo, Pedro. *España como problema*. Madrid: Aguilar, 1956.

Laín Entralgo, Pedro. *La Generación del noventa y ocho*. Madrid: Espasa-Calpe, 1947.

Laín Entralgo, Pedro, ed., *La edad de plata de la cultura española (1898-1936). Historia de España*. Tomo 39. Madrid: Espasa-Calpe, 1994.

Landeira, Ricardo. *Ramiro de Maeztu*. Boston: Twayne, 1978.

Litvak, Lily. *A Dream of Arcadia. Anti-Industrialism in Spanish Literature, 1895-1905*. Austin & London: Univ. of Texas Press, 1975.

Litvak, Lily. *Erotismo fin de siglo*. Barcelona: Antoni Bosch, 1979.

Litvak, Lily. *Musa libertaria. Arte, literatura y vida cultural del anarquismo español (1880-1913)*. Barcelona: Antoni Bosch, 1981.

Litvak, Lily. *El jardín de Aláh. Temas del exotismo musulmán en España. 1880-1913*. Granada: Editorial Don Quijote, 1985.

Litvak, Lily. *El sendero del tigre. Exotismo en la literatura española de finales del siglo XIX, 1880-1913*. Madrid: Taurus, 1986.

Litvak, Lily. *España 1900. Modernismo, anarquismo y fin de siglo*. Barcelona: Anthropos, 1990.

Machado, Manuel. *La guerra literaria (1898-1914)*. Madrid: Imprenta Hispano-Alemana, 1913.

Macklin, John. *The Window and the Garden: The Modernist Fictions of Ramón Pérez de Ayala*. Boulder: Society of Spanish and Spanish-American Studies, 1988.

Macklin, John. «Competing Voices: Unamuno's *Niebla* and the Discourse of Modernism», en *After Cervantes*. Leeds: Leeds Iberian Papers, 1993.

Mainer, José-Carlos. *La edad de plata (1902-1939)*. Madrid: Cátedra, 1981.

Mainer, José-Carlos, ed. *Modernismo y 98. Historia y crítica de la literatura española*. Tomo 6. Barcelona: Crítica, 1980.

Marfany, Joan-Lluis. «Algunas consideraciones sobre el Modernismo hispanoamericano». *Cuadernos Hispanoamericanos*, 382 (1982), págs. 82-124.

Martínez Cuadrado, Miguel. *La burguesía conservadora (1874-1931)*. Madrid: Alianza, 1973.

Marval-McNair, Nora de, ed. *Selected Proceedings of the Singularidad y Trascendencia Conference. A Semicentennial Tribute to Miguel de Unamuno, Ramón del Valle-Inclán and Federico García Lorca*. Boulder: Society of Spanish and Spanish-American Studies, 1990.

Menéndez Pidal, Ramón. «Las dos Españas», en *Los españoles en la historia*. Madrid: Espasa-Calpe, 1959.

Monleón, José. *El teatro del 98 frente a la sociedad española*. Madrid: Cátedra, 1975.

Moral Ruiz, Carmen. *La sociedad madrileña fin de siglo y Baroja*. Madrid: Turner, 1974.

Nicholls, Peter. *Modernisms. A Literary Guide*. Berkeley: University of California Press, 1995.

Paz, Octavio. *El arco y la lira*. México: Fondo de Cultura Económica, 1956.

Paz, Octavio. *Los hijos del limo. Del romanticismo a la vanguardia*. Barcelona: Seix Barral, 1974.

Paz, Octavio. *La otra voz. Poesía y fin de siglo*. Barcelona: Seix Barral, 1990.

Pérez, Alberto Julián. *La poética de Rubén Darío*. Madrid: Orígenes, 1992.

Pérez de la Dehesa, Rafael. *El grupo «Germinal»: una clave del 98*. Madrid: Taurus, 1970.

Pérez de la Dehesa, Rafael. *El pensamiento de Costa y su influencia en el 98*. Madrid: Sociedad de Estudios y Publicaciones, 1966.

Phillips, Allen W. «Sobre la sinestesia en el modernismo hispánico». *Boletín de la Biblioteca Menéndez Pelayo*, 60 (1984), págs. 339-384.

Picó, Josp, ed. *Modernidad y posmodernidad*. Madrid: Alianza Editorial, 1988.

Pino, José M. del. *Montajes y fragmentos: una aproximación a la narrativa española de vanguardia*. Amsterdam: Rodopi, 1995.

Portillo, Luis (ed. Cyril Connolly). «Unamuno's Last Lecture», en *The Golden Horizon*. London: Weidenfeld & Nicolson, 1953.

Rama, Angel. *Rubén Darío y el modernismo*. Caracas: Ediciones de la Biblioteca de la Universidad Central de Venezuela, 1970.

Rama, Angel. *Las máscaras democráticas del modernismo*. Montevideo: Fundación Angel Rama, 1985.

Ramon-Gascón, Antonio (eds. Wlad Godzich y Nicholas Spadaccini). «Spanish Literature as a historiographic Invention: The Case of the Generation of 1898», en *The Crisis of Institutionalized Literature in Spain*. Minneapolis: The Prisma Institute, 1988.

Ramsden, H. *The 1898 Movement in Spain*. Manchester: Univ. of Manchester Press, 1974.

Río, Emilio del. *La idea de Dios en la Generación del 98*. Madrid: Studium, 1973.

Salinas, Pedro. *Literatura española siglo XX*. México: Robredo, 1948; Madrid: Alianza, 1970.

Santos Zas, Margarita. *Tradicionalismo y literatura en Valle-Inclán (1889-1910)*. Boulder: Society of Spanish and Spanish-American Studies, 1993.

Schulman, Ivan, ed., *Nuevos asedios al Modernismo*. Madrid: Taurus, 1987.

Shaw, Donald L. *The Generation of 1898 in Spain*. London: Benn, 1975.

Sobejano, Gonzalo. « *'Epater le bourgeois'* en la España literaria de 1900», en *Forma literaria y sensibilidad social*. Madrid: Gredos, 1967.

Sobejano, Gonzalo. *Nietzsche en España*. Madrid: Gredos, 1967.

Stambaugh, Joan. *Nietzsche's Thought of Eternal Return*. Baltimore: Johns Hopkins University Press, 1972.

Thomas, Hugh. *The Spanish Civil War.* New York: Harper, 1961.

Torre, Guillermo de. *Del 98 al barroco.* Madrid: Gredos, 1969.

Tortella Casares, Gabriel, Casimiro Martí y Martí, José María Jover Zamora, José Luis García Delgado y David Ruiz González (ed. Manuel Tuñón de Lara). *Revolución burguesa, oligarquía y constitucionalismo (1834-1923). Historia de España.* Tomo 8. Barcelona: Labor, 1981, 2ª edición.

Tuñón de Lara, Manuel. *La España del siglo XIX.* 2 tomos. Barcelona: Lais, 1977, 8ª edición.

Tuñón de Lara, Manuel. *Medio siglo de cultura española (1885-1936).* Madrid: Tecnos, 1973, 3ª edición.

Ugarte, Michael. *Madrid 1900.* University Park: Pennsylvania State University Press, 1996.

Utrera, Rafael. *Modernismo y 98 frente al cinematógrafo.* Sevilla: Secretariado de Publicaciones de la Universidad de Sevilla, 1981.

Valtimo, Gianni. *The end of Modernity.* Baltimore: Johns Hopkins University Press, 1985.

Wellek, René. *Discriminations: Further Concepts of Criticism.* New Haven: Yale University Press 1970.

Williams, Raymond. *The Politics of Modernism.* London: Verso, 1989.

# VOCABULARIO

The words that comprise groups #1 and #2 of Hayward Keniston's *Standard List of Spanish Words and Idioms* (Boston: D.C. Heath, 1941) have been omitted from the vocabulary, except in a few cases where the editors believe inclusion will be of some advantage to the student. Geographical place names have also been excluded, as have cognates, except when the latter are deceptive. The meanings given are geared by and large to the use of the words in the specific contexts of the anthology.

## A

ABALANZARSE   pounce on
ABARCAR   embrace, encompass
ABASTECER   supply, provide, furnish provisions
ABATIMIENTO   depression
ABATIR   to humble, knock down; —SE swoop down
ABDICACION   renunciation
ABERTURA   opening, openness
ABIERTO   conceited
ABNEGADO   self-denying
ABOGADO   lawyer
ABOGAR (POR)   to advocate
ABOLENGO   ancestry
ABOLLARSE   get bumped or bruised
ABONO   fertilizer, guarantee
ABORRECER   detest
ABOTINADO   closed over the instep (outside one's shoe)

ABRASAR   set afire, burn, parch
ABRAZAR   to embrace
ABRAZO   embrace
ABRIGAR   to shelter
ABRIGO   shelter, overcoat
ABROCHAR   to button
ABRUMADOR   overwhelming, oppressive
ABRUMAR   overwhelm, oppress
ABSTRAIDO   oblivious
ABULIA   the lack of force of will
ABULICO   weak-willed
ABUR   bye-bye!
ABURRIMIENTO   boredom
ABURRIR   to bore; —SE get tired
ACACIA   flower-blooming species of locust tree
ACAECER   occur
ACALLAR   to silence

ACAMELLARSE  pervert or brutalize oneself, adapt oneself to current prejudices
ACANALLADO  composed of riffraff
ACANTILADO  cliff
ACAPARAR  monopolize
ACARICIAR  caress, touch lightly, cling to
ACARREO: TIERRA DE—  alluvial soil
ACATAR  revere, respect
ACCEDER  make oneself accessible
ACCIDENTADO  uneven, rough
ACCIONISTA  stockholder
ACECHAR  to watch, spy on
ACEITE  oil, olive oil
ACEQUIA  irrigation ditch
ACERA  sidewalk
ACERBO  harsh, bitter
ACERTAR  succeed, do something right: —CON  find, chance upon
ACEZANTE  throbbing
ACHAFLANAR  to bevel, slant
ACHAPARRADO  stubby
ACHAQUE  indisposition, illness
ACHATAMIENTO  flattening
ACHATAR  flatten
ACHICAR  diminish
ACICLONADO  with the disciplined fury of a cyclone
ACIERTO  precise accuracy
ACOBARDADO  cowardly
ACOGER  to welcome, receive, shelter, protect; —SE take refuge
ACOGOTAR  to knock down by a blow on the lower part of the head
ACOMETER  undertake, attack
ACOMETIDA  attack

ACOMETIVIDAD  aggressiveness
ACOMODAR  accommodate, adapt; —SE  settle down
ACOMPASAR  make rhythmical
ACONGOJARSE  be distressed
ACONSEJAR  advise
ACONTECIMIENTO  event
ACORCHAMIENTO  state of being in a corked bottle, stupefaction
ACORDAR  to grant, authorize, agree
ACORDE  harmony, chord
ACORNADO  gored
ACOSTARSE  lie down
ACRECENTAR  make flourish
ACRECER  increase
ACREDITAR  prove
ACRISOLADO  pure
ACTUAL  present-day, current
ACTUALIDAD  present time, the present
ACUDIR  respond, resort to, rush, have recourse
ACUERDO: DE —CON  in accordance with
ACUMULAR  charge with
ACUÑACION  coinage, minting
ACUÑAR  to coin; ACUÑADAMENTE  like an indelible imprint
ACURRUCARSE  huddle
ACUSAR  to show
ADALID  champion
ADARVE  space behind a parapet on a fortified wall
ADEHESAR  convert into pasture
ADELANTADO  bold, precocious, advanced; forerunner
ADELFA  oleander
ADELGAZARSE  thin out

ADEMAN  gesture
ADENTRARSE  penetrate
ADHERIDO  adherent, disciple
ADINERADO  moneyed, wealthy
ADIVINAR  to guess
ADOBAR  restore
ADOBE  sun-dried brick
ADOLECER  grow ill
ADORMECER  put to sleep
ADOSAR  lean, push close; ADO-
    SADO  leaning
ADUANA  custom-house, cus-
    toms (on entering a foreign
    country)
ADUAR  Arab settlement
ADUCIR  cite, point to
ADUEÑARSE  take possession
ADUSTO  austere, grim, stern
ADVENEDIZO  upstart
ADVENIMIENTO  accession, ad-
    vent, coming
ADVERTIR  notice, see, warn
AFAN  anxiety, hard work,
    eagerness, zeal
AFANARSE  strive, toil anxious-
    ly
AFANOSO  laborious
AFECTIVO  emotional
AFEITAR  to shave
AFEITE  cosmetic, make-up
AFICION  fondness
AFICIONADO  fond; a fan (of a
    sport, etc.)
AFILAR  sharpen, make pointed
AFILIGRANADO  filigreed, with
    intricately designed
    openwork
AFIN  related
AFINAR  make keen, polish
AFLORAR  come to the surface
AFRANCESADO  francophile,
    gallicized
AFRENTA  affront

AFUERAS  outskirts
AGARRAR  grab, grasp, clutch
AGARROTAR  to garrote, exe-
    cute by strangling with an
    iron collar
AGILITAR  limber up
AGIOTISTA  usurer
AGITANADO  gypsy-like
AGITARSE  stir around
AGOBIAR  oppress
AGONIZANTE  dying
AGONIZAR  to be dying
AGOSTARSE  wither
AGOTAMIENTO  exhaustion
AGOTAR  to exhaust
AGRADECER  thank; —SE  to
    be grateful for
AGRADO  pleasure
AGRANDAMIENTO  aggran-
    dizement
AGRANDAR  enlarge
AGRAVIO  affront
AGREDIR  attack
AGREGADO  aggregate
AGREGAR  add
AGRESTE  pertaining to the
    country, rustic
AGRIEDAD  harshness
AGRIETAR  to crack
AGRIO  sour, bitter, harsh
AGUA:—S FUERTES  etchings
AGUACERO  downpour, shower
AGUADUCHO  flood, a stand
    where water is sold
AGUANOSO  watery, without
    real substance
AGUANTE  patience, tolerance
AGUARDAR  wait for
AGUDEZA  keenness
AGUDIZAR  sharpen, make
    more acute
AGUDO  sharp, acute, keen-
    scented

AGÜERO omen
AGUILA eagle; — CAUDAL
huge, tawny-colored eagle
with rounded tail; «ace»
AGUILUCHO eaglet
AGUJA needle, switch
AGUJEREADO full of holes
AGUJERO hole
AGUSTINO Augustinian monk
AGUZAR sharpen, stimulate
AHILAR grow weak or thin
AHINCAR quicken, press, insist
strongly
AHINCO earnestness, zeal
AHITO gorged
AHOGAR stifle, extinguish,
drown, choke
AHONDAR to sink, deepen
AHORCAR to execute by hang-
ing
AHORRAR to save
AHUECAR to beat it, scram
AINAS easily, quickly
AIREARSE savor the air
AISLAR isolate
AJAR cause to wither or fade;
—SE wither away
AJENO of others, alien, hostile,
contrary
AJO garlic
ALA brim, wing; DEL —
flying around, «up for grabs»
ALABANZA praise
ALABAR to praise; —SE boast
ALABEAR warp
ALAMBICADO very subtle
ALAMEDA poplar grove
ALAMO poplar
ALARBE ostentatious display
ALARGAR stretch out
ALARIDO shouting
ALARIFE builder

ALAVES pertaining to the pro-
vince of Alava, a native
thereof
ALBA dawn
ALBAÑIL bricklayer
ALBEDRIO (free) will
ALBOR dawn, beginning; —ES
rays of dawn
ALBORADA dawn
ALBOROTO riot
ALBRICIAS reward for good
news, congratulations
ALBUR draw of the cards
ALCA(L)CEL green barley
ALCALDE mayor
ALCANCE scope, range
ALCANZAR obtain, attain,
grasp, perceive, reach
ALCOBA bedroom
ALCOR hill
ALDEA village
ALDEANO villager
ALEDAÑO boundary, limit
ALEGAR allege, feign
ALEGRAR enliven
ALEJAR remove to a distance;
—SE move away, move off
ALENTADOR encouraging
ALENTAR encourage, inspire;
breathe
ALERO eaves
ALERTA watchfulness, antici-
pation
ALERTADO watchful
ALETARGAMIENTO lethargy
ALETEO flapping of wings, flut-
ter
ALFAMAR bed-covering, blan-
ket
ALFIL bishop (in chess)
ALFILER: —DE CORBATA
stickpin

ALFOMBRAR   to carpet, lay
   down as a carpet
ALFORJAS   saddlebags
ALGARADA   outcry
ALGAZARA   din
ALGODON   cotton
ALGUNO: — QUE OTRO   an
   occasional
ALHAJAS   jewelry
ALIANZA   alliance
ALIARSE   ally oneself
ALICANTINO   related to the
   province of Alicante
ALIENTO   breath
ALIGERAR   lighten
ALIMAÑA   varmint, small
   noxious or predatory animal
ALIMENTACION   nutrition,
   food
ALIMENTAR   nourish, feed
ALIMENTO   food
ALINDE   polished surface
ALINEAR   align, line up
ALIVIAR   soothe, lighten; —SE
   relieve oneself
ALLANAMIENTO   leveling
ALLEGARSE   to approach
ALLENDE   beyond; MAS — DE
   in addition to
ALLOZO   almond tree
ALMA: — EN PENA   soul in
   purgatory
ALMACEN   warehouse; —ES
   department store
ALMAZARA   olive-oil mill
ALMAZARRON   red ochre
ALMIDON   starch; —ES
   starched clothes
ALMOHADA   pillow
ALMONA   soap factory
ALMORZARSE   to lunch on, eat
   up for lunch

ALMUEZIN   Moslem who calls
   the faithful to prayer
ALOMBRIGADO   as if eaten by
   worms, wormy
ALON   full wing (of a bird)
ALPARGATAS   hemp sandals
ALPISTE   birdseed, chicken feed
ALQUERIA   farmhouse
ALREDEDOR: A SU —   around
   it; ALREDEDORES   out-
   skirts; —ES DE   around
ALTANERO   haughty, proud
ALTERNAR   occupy important
   positions
ALTIVEZ   pride, haughtiness
ALTIVO   haughty
ALTO   a stop, halt
ALTOS   heights; — Y BAJOS
   ups and downs
ALTOZANO   little hill
ALTURA   high elevation, height;
   A LA — DE   equal to
ALUCINARSE   delude onself,
   have hallucinations
ALUMBRAR   discover, bring to
   light, light the way, light up
ALVEO   riverbed
ALZA   a rise
ALZACUELLO   ascot tie
ALZAR   set up, raise; —SE rise
AMA   housekeeper; — DE
   LECHE   wet nurse
AMAGO   threat
AMAMANTAR   to nurse
AMANECER   daybreak; to
   dawn, awake in the morning
AMANECIDA   dawn, daybreak
AMANERADO   full of affecta-
   tion, mannered
AMARGAR   embitter
AMARGURA   bitterness
AMARILLEAR   to yellow

AMARTELADO   courting, making love
AMARTILLAR   to cock a gun
AMARRA   cable, mooring line
AMARRAR   tie up
AMASADERO   kneading area
AMASAR   to mold
AMBAGES   circumlocution
AMBIENTE   surroundings, atmosphere; adj.: surrounding
AMBITO   space, limits, atmosphere
AMENAZA   threat
AMENAZAR   threaten
AMENO   pleasant, charming
AMO   master
AMODORRADO   drowsy
AMOLDAR   adjust, adapt
AMONTONAMIENTO   piling up
AMONTONARSE   pile up, gather around
AMORTIGUAMIENTO   deadening
AMORTIZACION   laws and practice of perpetual possession
AMPARADOR   defender
AMPARAR   to support, protect
AMPLIAR   expand
AMPLIO   extensive, ample, broad
ANACORETA   religious recluse, hermit
ANAQUEL   shelf
ANCLA   anchor
ANCHO: EN OR DE — wide
ANCHURA   width
ANCHUROSO   broad, spacious
ANDALUZ   native of or pertaining to Andalusia
ANDAMIAJE   scaffolding
ANDANZA   changing fortune, happening, wandering

ANDAR   (noun) level (of a structure); manner of walking, gait, movement in walking
ANDARIEGO   given to floating around, mobile, vagrant
ANDEN   platform
ANDOBA   opportunist, guy, character
ANDRAJO   rag
ANDRAJOSO   ragged
ANEGAR   annihilate; —SE drown
ANEJO   supplementary, added
ANGELOTE   large representation of an angel
ANGELUS   the devotion commemorating the Incarnation
ANGOSTO   narrow
ANGUSTIA   anguish, affliction
ANGUSTIOSO   causing anguish, distressing
ANHELANTE   breathless, anxious
ANHELAR   to desire anxiously
ANHELO   longing, anxiety, desire
ANIDAR   build a nest
ANILLO   ring
ANIMA   soul in purgatory
ANIMICO   psychic
ANIMO   spirit
ANIMOSO   bold, courageous
ANIQUILADOR   destructive
ANIQUILAMIENTO   annihilation
ANIQUILAR   annihilate
ANOCHECER   dusk
ANONADAR   overwhelm
ANQUILOSAMIENTO   paralysis
ANQUILOSAR   grow stiff in the joints

ANSIA   desire, longing
ANSIAR   desire strongly
ANSIOSO   anguished, eager
ANTAGONICO   mutually hostile, antagonistic
ANTAÑO   days of old, yesteryear
ANTECESOR   ancestor
ANTEMANO: DE —   beforehand
ANTEOJOS   eyeglasses
ANTEPASADO   ancestor
ANTES: — QUE   rather than
ANTESALA   waiting room
ANTIGUALLA   relic
ANTIGUO: A LA ANTIGUA ESPAÑOLA   in old Spanish style
ANTOJARSE   seem, to take a fancy to
ANTRO   cave, den
ANUBARRADO   overcast, cloudy
ANULAR   nullify
ANUNCIO   announcement, prediction
AÑADA   crop year
AÑADIDURA: DE —   as an extra
AÑADIR   add
AÑEJO   old, stale
AÑIL   indigo
AÑORANZA   nostalgia
AÑORAR   long for
AÑOSO   ancient
APABULLANTE   crushing, flattening
APACENTAR   graze, feed
APACIBLE   gentle
APAGAMIENTO   dimming of the spirit
APAGAR   put out (as a fire), quench, eliminate; APAGADO   extinguished, dull
APALEAR   beat up

APAÑADO   heavily wrapped in clothes
APAÑADOR   mender of household objects
APAÑO   «a thing going», substantial connections
APARATO   pomp
APARATOSO   ostentatious, much in evidence
APAREJAR   prepare
APARTADO   section
APARTAR   push out, separate, move away; APARTADO remote
APEARSE   dismount
APELACION   appeal
APELATIVO   nickname
APELLIDO   surname
APENAR   to be painful
APESTOSO   sickening, smelly
APETECER   to long for
APETENCIA   hunger, craving
APICE   peak
APIÑAR   squeeze together
APLACAR   placate, calm
APLASTANTE   crushing
APLAZAR   put off
APODERARSE (DE)   take possession (of)
APODO   nickname
APORTACION   contribution
APORTAR   bring, provide
APOSENTARSE   reside
APOSENTO   lodging, living quarters
APOTEOSIS   apotheosis, glorification
APOYAR   rest, lean, support
APOYO   support
APRE   broke (out of money)
APREMIAR   to press, urge
APRESAR   take prisoner
APRESURAMIENTO   haste

APRETAR   tighten, squeeze

APRETON: —DE MANOS   handshake

APROVECHABLE   serviceable

APROVECHAMIENTO   utilization, advantage

APROVECHAR   profit by, take advantage of

APUESTA   bet

APUNTAR   begin to sprout or appear, point out, note

APUÑAR   grab with the fist

APURO   dire need

AQUEJAR   afflict

ARA   altar

ARADO   plow

ARADOR   plowman

ARAGONES   native of Aragón; pertaining to that province

ARANCEL   tariff

ARAÑA   spider

ARAR   to plow

ARBITRISTA   politician with far-out schemes to cure the ills of the country

ARBOLADO   woodland

ARBOLEDA   grove

ARBOLLON   conduit

ARCADIA   the mythical pastoral region of contented rustics and simple pleasures

ARCHIVERO   archivist, supervisor of archives

ARCHIVO   archives

ARDID   trick, strategy

ARENA   sand, grit

ARENAL   sandy ground, desert; sandy

ARGAMASA   mortar

ARGELINO   Algerian

ARGOMA   furze

ARISCO   surly

ARMADA: YA LA TENÍAN —   the fight was on

ARMADURA   armor

ARMAR   stir up

ARMAZON   assemblage, framework

ARMONIO   harmonium, a small reed organ

ARNES   harness

ARQUERO   archer

ARQUITECTONICO   architectural, resembling architectural structure

ARTICULAR   fit together

ARTICULO   article, articulation

ARTICULEJO   cheap, contemptible article

ARTIFICIO   artful, cunning, artfulness

ARTIFICIOSO   skillful, ingenious

ARRABAL   squalid neighborhood on the fringes of a city

ARRAIGARSE   be or become deeply rooted

ARRANCAR   extract, snatch, force, draw (blood); originate, stem

ARRANQUE   impetuosity, daring, sudden impulse, fit; PUNTO DE —   starting point

ARRASAR   flatten, demolish

ARRASTRAR   drag, draw, drag along or out; ¡TE ARRASTRA!   Don't be presumptuous!

ARRAYAN   myrtle

ARREBATO   paroxysm, sudden attack

ARREBUJAR   wrap up

ARRECHUCHO   impulse, jolt

ARREGLAR   put in order, settle

ARREGLO   arrangement
ARREOS   trappings, dress
ARRIBA: CALLE —   up the
   street
ARRIBADA   arrival
ARRIENDO   a lease, rent
ARRIERO   mule-driver
ARRIESGAR   to risk;
   ARRIESGADO   risky
ARRIMAR   lean up against
   (trans.); ARRIMADO   close
   together
ARRIMO   protection, abandoned
   wall; AL — DE   alongside
ARRINCONAR   to corner
ARROBAMIENTO   entrance-
   ment, rapture
ARRODILLAR   Kneel
ARRODILLADO   kneeling
ARROJAR   throw
ARROJO   boldness, fearlessness
ARROPAR   wrap up
ARROYO   stream, gutter
ARRUGAR   wrinkle, crumple,
   shrivel
ARRULLAR   coo, lull to sleep
ARRULLO   lullaby
ARRUMACO   affectionate ges-
   ture
ASA   handle
ASADURA   nonsense
ASCETA: DE —   ascetic
ASEMEJAR   make similar
ASENDEREADO   trodden
ASENTADO   smooth
ASENTAR   to seat, locate, put
ASERRAR   to saw
ASESINATO   murder
ASESTAR   shoot, aim
ASI — QUE   as soon as
ASIENTO   seat, site, roots
ASIGNATURA   a course in spe-
   cific subject matter forming

part of a general academic
plan
ASIMISMO   likewise
ASNO   ass, donkey
ASOMAR   stick out, appear,
   show, show up; —SE A
   lean out of, look out from,
   take a look at
ASOMBRAR   astonish
ASOMBRO   astonishment
ASOMBROSO   astonishing
ASOMO   appearance
ASONANCIA   assonance, rhyme
   by vowel sounds only
ASORNADO   slyly
ASPEREZA   harshness, rugged-
   ness
ASPERO   harsh
ASQUEROSO   disgusting, filthy
ASTILLA   woodchip
ASTROSO   shabby, wretched
ASUNCION   assumption, move-
   ment (upwards)
ATAJO   short cut
ATAR   to tie
ATARAZAR   bite
ATARDECER   dusk
ATAUD   coffin
ATAVISMO   atavism, reversion
   to characteristics of one's an-
   cestors
ANTENDERSE (POR)   to
   answer in the name (of)
ATENERSE (A)   rely on, accept
ATENTADO   assassination
   attempt
ATENTO   attentive, alert
ATERIDO   frozen
ATERRADOR   dreadful
ATERRAR   demolish
ATESTAR   stuff, cram
ATESTIGUAR   attest t o
ATINENTE   appropriate

ATISBAR   spy on
ATOMISMO   tendency to split up, divisiveness
ATONIA   lack of vitality
ATONITO   haunted, in a stupor, frightened, stunned
ATONTAR   stun, stupefy
ATOSIGAR   harass
ATRAS   back, never mind
ATRASAR   slow down, delay, set back; ATRASADO   behind the times
ATRAVESAR   to cross, go through
ATROPELLAR   trample, violate, outrage
ATROPELLO   outrage
ATUFARSE (CON)   get sore (at)
ATURDIR   stun, bewilder
AUDIENCIA   location of the courts of justice
AUGE: EN —   at one's peak
AUGURAR   predict
AUGURIO   omen
AULA   hall, classroom
AULLAR   howl
AUMENTAR   to increase
AUMENTO   increase; EN — on the increase
AURIFICE   specialist in gold objects
AUTO   warrant; — DE FE public punishment of «heretics» by the Inquisition
AUTODEFINICION   self-definition
AUTODIDACTO   self-taught
AUTORRETRATO   self-portrait
AUVERGNAT   native of Auvergne, province in southern France
AVARO   miserly
AVE   bird

AVEJENTARSE   grow old before one's time
AVENIRSE   agree
AVENTAR   blow or drive away
AVENTURARSE   take risks; AVENTURADO   venturesome
AVENTURERO   adventurer; adventurous
AVERGONZARSE   to be ashamed
AVERIGUAR   find out, ascertain, verify
AVISADO   informed, wise
AVISO: SOBRE —   on guard
AVISTARSE (CON)   have an interview with
AVIVAR   revive, encourage
AVUTARDA   great bustard (game bird)
AYUDANTE   aide, adjutant, ranking subordinate
AYUNAS: EN —   fasting, deprived of food
AYUNO   fasting, deprived of
AYUNTAMIENTO   municipal government
AZ   citadel, stronghold
AZAR   losing card, bad throw of dice, chance
AZOTAR   to whip
AZOTE   scourge
AZULINO   bluish

# B

BABIECA   one who isn't «with it», «dummy», «clod»
BACHE   rut, pothole
BACHILLER   seminary graduate who has passed the first level of study in scholastic philosophy and holds the

corresponding diploma;
bachelor (of arts), one
who has completed the
pre-university course of
study
(BACHILLERATO)

BAILAR   to dance

BAILE   dance

BAJA   lowering, drop

BAJEL   vessel, ship

BAJERO   under (adj.)

BALA   bullet

BALADA   poetic ballad

BALADRONADA   act of bravado

BALBUCIENTE   stammering

BALDIO   idle, useless

BALLESTA   crossbow

BALLESTERO   archer

BALSA   bog, swamp

BAMBOLEAR (SE)   wobble

BANCAL   oblong vegetable plot

BANCO   bench

BANDA   ribbon, strip, bank, side

BANDADA   flock

BANDERA   flag, banner

BANDERIA   faction

BANDO   proclamation

BANDOLERO   robber, highway-
man

BAÑAR   bathe

BAÑISTA   bather

BARAJA   deck of cards, gang

BARANDADO   balustrade,
railing

BARBA   chin, beard

BARBACANA   barbican, outer
rampart

BARBECHERA   period in which
land lies fallow

BARBECHO   fallow field

BARBILINDO   dapper

BARNIZ   varnish

BARULLO   tumult

BARRACA   shack, stand where
things are sold

BARRACON   booth

BARRANCA   ravine, gorge

BARRER   sweep

BARRERA   barrier

BARRIADA   section of town

BARRIO   neighborhood, part of
town

BARRO   mud

BARROCO   baroque; pertaining
to the esthetic complexities
of that elaborate style of the
seventeenth century

BARROTE   bar

BASTARDILLA   italics

BASTIDORES: ENTRE —
behind the scenes

BASTO   coarse, gross

BASTON   cane

BATIDO   batter, beaten eggs

BATIR   beat out (as on a musical
instrument); —SE   to fight

BATISTA   a fine linen

BAUL   trunk

BAUTISTA   baptizer

BAYETA   baize, cloth of loosely-
woven wool

BEATO   pious; BEATA   super-
pious woman, peseta

BEBEDIZO   drinkable

BEBIDA   drinking

BEDUINISMO   barbarian
tactics; shifting opportunis-
tically according to personal
advantage, like the nomadic
Bedouins

BELENITA   of Bethlehem

BELICO   warlike, belligerent

BELLOTA   acorn

BENDECIR   bless

BENDICION   blessing, benedic-
tion

BENDITO   saintly, blessed

BENEFICIADO   an ecclesiastical officer

BENEFICIO   cultivation

BENEMERITO   worthy, notable

BEOCIA   torpor, stagnation

BEODO   drunk

BEREBER   Berber

BERMEJO   vermillion, yellowish-red

BERRUECO   rock

BIBLIOTECA   library

BIBLIOTECARIO   librarian

BIEN: O —   or else, and then; NO —   no sooner; — QUE   although; PUES —   now then

BIENESTAR   well-being

BIENVENIDA   welcome

BIGOTE   moustache

BILIOSO   vicious

BILLAR   billiards; —ES   billiard room

BIZANTINISMO: — DE CASCARILLA   obtuse and superficial item of no real substance or importance

BIZCO   cross-eyed

BLANCO   target; JUGAR AL —   have target practice

BLANDIR   brandish

BLANDO   lithe, gentle

BLANDURA   gentleness, affability

BLANQUEAR   whiten, make lighter

BLANQUECINO   whitish

BLASON   coat of arms, heraldry

BLASONAR   emblazon, inscribe with coat of arms

BLUSA: DE —   in working clothes

BOBO   stupid

BOCADO   mouthful, morsel

BOCAMANGA   cuff

BOCANADA   puff, stream (of smoke), blast (of air)

BOCINA   horn

BOCHORNO   sultry heat

BOFETADA   slap

BOGA   vogue, fashion

BOLA   ball, pellet; — DE MINGO   billiard ball

BOLILLO   bobbin for making lace

BOLLO   type of sweet roll or bun

BOLSA   stock exchange, pouch, pocket

BOMBEARSE   arch over

BOMBIN   derby

BOMBO   bass drum

BORDAR   embroider

BORDE   edge, border

BORLA   tassel

BORONA   corn bread

BORRACHERA   binge

BORRACHO   drunk

BORRAJA   borage, a medicinal plant used to induce sweating; AGUA DE —S   sweat, something without substance, i.e., nothing

BORRAR   erase

BORRICO   small donkey

BORROSO   blurred

BOSQUE   forest

BOSQUEJO   outline

BOSTEZAR   to yawn

BOSTEZO   yawn

BOTA   boot

BOTARATE   reckless fool

BOTICA   druggist's shop

BOTONES   bellhop, «boy»

BOVEDA   vault, dome

BRAGUETA   fly (of trousers)

BRAMAR   to roar, howl

BRAVATA   bravado, arrogant threat

BRAVIO   wild, coarse

BRAVO   wild, fierce

BRAZADO: EN —   by the armload

BREAR   let (someone) have it; — DE UNA PALIZA   beat up

BREGA   fight, scrap; PEON DE — a bullfighter's second, *banderillero*

BREÑA   rough, brambled ground

BREZO   heather

BRILLO   glitter

BRINDAR   to offer

BRINDIS   toast, homage

BRIO   spirit, strength

BRIOSO   spirited, vigorous

BRISA   breeze

BRIZAR   rock (in a cradle)

BROCHA   brush

BROMA   joke

BRONCA   squabble, fight

BROTAR   bud, sprout, gush, stem from

BRUJULA   compass

BRUMA   fog, mist

BRUMOSO   foggy

BRUÑIR   burnish, polish

BUCLE   curl or lock of hair

BUCHON   baggy, bulging

BUENO: POR LAS BUENAS   willingly

BUEY   ox

BUFO   farcical, clowning around

BUHARDILLA   attic, garret

BUITRE   vulture

BUJERIA   trinket

BUJIA   candle

BULA   bull, papal letter of announcement

BULLA   noise, fuss

BULLANGA   tumult, uproar

BULLE-BULLE   crackling, rustling

BULLICIO   hustle and bustle

BULLIR   make boil, stir up

BULTO   form or figure of indeterminate detail

BURILAR   to chisel

BURLA   joke

BURLARSE (DE)   make fun of

BUSCA   search

BUSQUEDA   search

BUTACA   armchair

BUTEN: DE —   first-class

# C

CABAL   perfect, complete, exact

CABALA   superstitious divination or interpretation

CABALGAR   ride (horseback)

CABALISTICO   cabalistic, pertaining to the occult divinations of the cabala

CABALLERESCO   chivalric

CABALLERIA   mount, mule, horse, cavalry, knightly deed; — ANDANTE knight-errant

CABALLERO   mounted, riding; — ANDANTE   knight-errant of the books of chivalry

CABALLEROSO   chivalrous

CABAZA   type of long cloak

CABE   near, on the banks of

CABECERA   headrest, pillow, headline; POR LA —   by his head

CABELLOS   hair

CABER   be appropriate, be possible, fit

CABESTRO   leading ox, the one trained to lead a team of oxen or a herd of bulls

CABEZA   leader; TENER — use one's head

CABEZUDO   hard-headed, obstinate

CABILDEAR   to lobby, hold a conference

CABILDO   chapter or assembly of ecclesiastics of a church; council

CABIZBAJO   with head bowed

CABO   end; completion; AL — ultimately

CACAREO   crowing

CACHARRO   piece of crockery

CACIQUE   political boss

CACIQUISTA   pertaining to political bossism

CADENA   chain

CADERA   hip

CADUCO   decrepit, worn out

CAER: — CON   fall in with; — EN GRACIA   please, attract

CAFILA   caravan

CAIDA   fall, downfall

CAJA   box, casket, cashier's cage

CAJERIA   place where boxes or caskets are made

CAJETILLA   pack of cigarettes

CALABOZO   prison cell

CALAVERA   skull

CALCETINES   socks

CALDERONIANO   pertaining to the playwright Calderón

CALENTAR   heat up, keep warm

CALENTURA   fever

CALIDO   warm, hot

CALIZO   of limestone

CALLAR   to be silent; CALLADO   quiet, unobtrusive

CALLEJA   variant of *callejuela*

CALLEJERO   street (adj.)

CALLEJON   alley, passageway

CALLEJUELA   alley, narrow street, side street

CALLOS   tripe

CALORAZO   excessive heat

CALUMNIADOR   slanderer

CALUMNIAR   to slander

CALVA   bald spot

CALVO   bare, bald

CALZADA   causeway, highway

CALZAS   breeches

CALZONES; — DE ODALISCA   wide knicker-style breeches which reach the knee or just below them, recalling a style worn in Turkish harems

CAMAFEO   cameo

CAMANDULAS   liar, hypocrite

CAMARA   room; legislative house

CAMARILLA   clique, group of politicians

CAMASTRON   loafer, shifty character

CAMBRON   buckthorn

CAMELAR   to court

CAMELLO   brutish, obtuse

CAMILLA   table with heating apparatus below

CAMINANTE   traveler

CAMINAR   to travel, walk

CAMINATA   excursion, jaunt

CAMINO: — DE   on the way to

CAMISA   shirt

CAMPAMENTO   encampment, camp

CAMPANA   bell, parish, area surrounding a church, canopy

CAMPANADA   tolling of a bell

CAMPANARIO   belfry

CAMPANEO   ringing of bells

CAMPAÑA   countryside, campaign

CAMPAR: — POR SUS RESPETOS   act independently for their own interests

CAMPEADOR   champion in battle

CAMPECHANO   hearty, good-humored

CAMPESINO   peasant, farmer

CAMPIÑA   field, countryside

CANALLA   scoundrel, bum, riffraff

CANCELA   iron gate

CANDIDEZ   candor, simple-mindedness

CANDOROSO   naïve

CANGUELO   fear

CANO   gray (hair)

CANON   land tax, norm

CANONIGO   canon (churchman)

CANOSO   hoary

CANSANCIO   fatigue

CANTABRICO   Cantabrian, pertaining to the mountains in the north of Spain and the provinces of the region: Santander and Asturias

CANTANTE   singing, authoritative

CANTAR   song

CANTARO   jug

CANTO   song, poetic expression, a division of a long poem; stone; —RODADO   stone with rough edges smoothed by rolling, hence a well-worn cliché; DE —   to be sung (in their epic songs); AL —   at the ready; AL — DE   along the edge of

CAÑA   cane, reed

CAÑADA   cattle path

CAÑIZO   a mat of woven reeds

CAÑO   pipe, tube

CAPA   cape, cloak, layer

CAPEAR   flourish the cape in front of a bull

CAPELLAN   chaplain

CAPERUZA   pointed hood

CAPILLA   chapel

CAPITEL   architectural capital, the top of a column

CAPOTE   cape-like coat

CAPRICHO   whim, desire

CAPTADOR   creative

CAPUCHA   hood

CAPUCHINO   member of the Capuchin religious order

CAPULLO   cocoon

CARACOL   snail, snail-shaped seashells

CARBON   coal, charcoal

CARCAJADA   loud burst of laughter

CARCAMAL   worn-out old buck

CARCEL   jail

CARCUNDA   variant of CARCA, a pejorative epithet for «Carlist»

CARDENO   purple, opaline, with a milky iridescence

CARDO   thistle

CARECER (DE)   to lack

CARESTIA   want

CARGA   burden

CARGADO   loaded (i.e., drunk), laden, charged

CARGAR   to load, entrust a responsibility; — CON   to shoulder

CARGO   accusation; CON — A charged to: A — DE   on the shoulders of
CARICIA   caress
CARMIN   rich crimson
CARNERO   sheep, mutton, ram, meat of the ram
CARTEL   poster; DE — famous
CARTERA   wallet
CARTON   cardboard
CARTUJA   Carthusian monastery
CARRASCA   a species of oak
CARRERA   race, career
CARRETERA   highway
CARRETERO   cart driver
CARRETILLA   baggage cart
CARRIK   a loose overcoat with a cape-like effect
CARRO   wagon, cart
CARROZA   coach, hearse
CARRUAJE   carriage
CASAMIENTO   marriage
CASAR   to blend
CASCARA   crust, bark, shell
CASERIO   hamlet, cluster of houses
CASERO   homemade, domestic
CASERON   big old house
CASON, -A   a palatial residence
CASTICISMO   intrinsic traditionalism
CASTIGAR   punish
CASTIGO   punishment
CASTIZO   endemically pure and proper, innately typical
CASTRENSE   military
CASUAL   accidental; — QUE it just so happened that
CASUALIDAD   chance, accident
CASUCA (CASUCHA)   broken-down house, shack

CASULLA   chasuble, vestment of the celebrant of the Mass
CATALAN   native of or pertaining to Catalonia
CATAR   look at, to taste the wine
CATEDRA   professorial chair
CATEDRATICO   professor
CATEQUISTA   one who teaches the Roman Catholic catechism
CAUCE   riverbed, bedrock; channel
CAUDAL   wealth, volume (of water)
CAUDALOSO   wealthy
CAUDILLO   chieftain, leader
CAUSUISTA   specialist in moral law and ethics
CAUTELA   caution
CAUTIVERIO   captivity
CAYADO   shepherd's crook, walking stick
CAZA   hunt; ANDAR A —   go hunting
CAZADOR   hunter
CAZAR   to hunt
CAZUELA   earthen crock
CEBAR   feed, fatten up
CEBON   fattened animal
CEDER   yield
CEGAMIENTO   blindness, lack of direction
CEGAR   to blind, wall up; — POR   to be crazy about
CEGUEDAD   blindness
CEGUERA   blindness
CEJA   eyebrow
CELAR   conceal
CELDA   cell
CELEBRAR   hold (an event)
CELO   zeal; —S   jealousy, suspicions

CELOSIA   lattice, shutter
CELTA   Celtic, of Iberian antiquity
CELTIBERO   Celtiberian
CENCERRO: A —S TAPADOS   stealthily
CENICIENTO   ashen
CENIZA   ash
CENTELLEANTE   flashing
CENTELLEAR   to flash
CENTENAR   a hundred
CENTENARIO   centuries-old
CENTENO   rye
CENTRICO   middle-of-the-road, central, downtown (adj.)
CENTRO: ESTAR EN SU —   to be right in one's element
CEÑIR   encircle; —SE   fasten around the waist
CEÑO   brow
CEPA   stalk, stock
CEPILLAR   to brush
CERA   wax
CERCA   fence
CERCANIA   proximity
CERCANO   nearby, on the verge of
CERCO   siege
CERDO   pig
CEREBRO   brain
CERERO   wax dealer
CERILLA   match
CERNERSE   hover
CERTERO   knowing, well-aimed
CERTIDUMBRE   certainty
CERTIFICADO   certificates
CERRO   hill
CERROJAZO   closing up with a bang
CESPED   lawn
CESTA   basket
CETONIO   species of beetle

CHABACANERIA   cheapness, vulgarity
CHABACANO   cheap, crude, in bad taste
CHACHIPE   truth
CHAFAR   rumple
CHALECO   vest
CHALINA   bowtie with long ends
CHAMELISTA   wise guy
CHANCEARSE (DE)   to joke about
CHANCLETA   slipper
CHANCHULLO   conniving
CHANTAJE   blackmail
CHANTAJISTA   blackmailer
CHAPARRO   thicket
CHAPITEL   spire
CHAPUZAR   to duck (into water), drive
CHARANGA   brass band
CHARCA   pool, pond
CHARCO   pool
CHARLA   a chat, chatting
CHARLADOR   gossiper
CHARLAR   to chat
CHARLATANERIA   charlatanism, fakery
CHAROL   patent leather
CHAROLADO   polished, shiny, made of patent leather
CHATO   flat-nosed
CHATON   stone in a setting, nailhead set in a leather chair
CHILLAR   screech
CHILLON   shrill, loud
CHIMENEA   fireplace, chimney
CHIQUILLADA   childish prank
CHIRLEAR   slash
CHIRRIAR   to squeak, creak
CHIRRIDO   squeaking

CHISGARABIS   pertinent
   meddler
CHISPA   spark
CHISPAZO   flying spark
CHISPEAR   to sparkle
CHISTE   joke
CHISTERA   top hat
CHOPO   black poplar
CHOTEO   kidding around
CHULAPO   flashy character
   from the lower strata of
   Madrid
CHULERIA   flashy affectation
CHULETA   chop, cutlet
CHUPAR   suck
CHUSCADA   drollery, witty
   comment
CHUSCO   witty fellow
CHUZO   club, like those carried
   by the police
CICATRIZ   scar
CIDRO   citron tree
CIENCIA   knowledge
CIERRE   metal shutter drawn
   over the door and windows of
   a shop
CIFRAR (EN)   base on
CIGÜEÑA   stork
CIMA   summit, top
CIMENTAR   to found, base
CIMIENTO   foundation
CINTA   ribbon
CINTAJOS   knot of ribbons
CIRCUNDANTE   surrounding,
   circumstantial
CIRCUNDAR   surround
CIRCUNSCRIBIR   to limit
CIRUGIA   surgery
CIRUJANO   surgeon
CISMA   schism, religious split
CITA   a quote
CITAR   to quote

CIZAÑA   darnel, weeds of grass
   found in grain fields
CLARA: A LAS —S   clearly
CLARISA   nun of the order of
   St. Clare
CLARO (n.)   expanse of light
CLAROSCURO   mixture of light
   and shadow in painting
CLAUSTRO   cloister, inner gal-
   lery of a patio or courtyard
CLAUSULA   clause
CLAVAR   drive in (as a nail),
   prick, fix on
CLAVE   key
CLAVEL   carnation
CLAVO   nail
COADYUVAR   help
COBARDE   coward; cowardly
COBARDIA   cowardice
COBIJAR   to cover, shelter
COBIJO   shelter, cover
COBRABLE   negotiable
COBRAR   gather, acquire, cash
   in; — ODIO A   take a dis-
   like to
COBRO: AL —   for cashing
COCEAR   to kick
COCHE: — DE MUERTO
   hearse
COCHINO   filthy
COCIDO   Spanish-style stew
COCINA   cooking, kitchen
COCO (COQUITO)   coconut
CODICIA   greed
CODICIABLE   enviable
CODICIAR   covet
CODICIOSO   greedy
CODIGO   code
CODO   elbow
COETANEO   contemporary, con-
   current
COFRE   chest, trunk, coffer
COGIDO   holding

COGOLLO   innermost part

COGOTE   back of the neck or lower part of the head

COHETE   skyrocket

COHONESTAR   rationalize

COJITRANCO   lame and vicious

COLA   tail

COLEGIAL   student of the *colegio*

COLERA   anger, rage

COLERICO   hotheaded

COLGADIZO   penthouse, upper terrace

COLGAR   hang, hang up, put aside

COLINA   hill

COLLERA   collar

COLMAR   fill to overflowing

COLMO   peak

COLON   Columbus

COLORADO   ruddy, ruddy faced

COLOREARSE   redden

COLORIDO   coloring

COLUMBRAR   to glimpse

COLUMNATA   colonnade

COMADRE   intimate friend or neighbor

COMADREJA   weasel

COMARCA   region, province

COMARCANO   neighboring

COMEDERO   trough

COMEDIDO   discreet, civil, moderate

COMEDIMIENTO   discretion, moderation

COMODA   chest of drawers

COMODIDAD   comfort, leisure

COMODO   comfortable

COMPADECER   to pity, feel sorry for

COMPADRE   pal

COMPARTIR   to share

COMPAS   beat, rhythm; EN — DE   at a measurement of

COMPATRIOTA   fellow citizen

COMPENDIAR   condense

COMPENDIO: EN —   in brief

COMPLACER   to humor; —SE take pleasure

COMPLICE   accomplice

COMPONENDA   compromise

COMPONER   to fix

COMPORTAR   endure, suffer

COMPOSTURA   repair

COMPROMETERSE   commit oneself, agree to; COMPRO-METIDO   compromising, socially committed

COMPROMISO   commitment, compromise, compromising situation

COMPUESTO   composite

COMPULSA   comparison of texts

COMPULSAR   collate, transcribe

COMPUNGIDO   sorrowful, remorseful

COMULGAR   take communion, share

COMUNERO   defender of local autonomy and privileges

CONATO   attempt

CONCAUSA   joint cause

CONCEJAL   councilman

CONCEPTISTA   conceptual

CONCERTAR   harmonize, put in order; —SE   make friendly conversation

CONCIENCIA   conscience; consciousness

CONCIENZUDO   scrupulous, conscientious

CONCORDAR   harmonize, conform

CONCORDE   in harmony
CONCRETARSE   confine onself
CONCUPISCENCIA   desire, lust
CONCUPISCIBLE   lustful
CONCURSO   confluence, contribution
CONCURRENCIA   competition
CONCHA   shell
CONDADO   earldom, county
CONDAL   distinguished by the rank of a count
CONDECORACION   medal
CONDENADO   damned; you devil!
CONDUCIR   to drive; —SE behave
CONDUCTOR   guiding
CONFERENCIA   lecture
CONFERENCIAR   confer
CONFIANZA: DE —   reliable
CONFIAR (EN)   entrust, trust (in)
CONFLUIR   flow or come together
CONFORMARSE   to be satisfied with
CONFORME   as; in agreement; right! O.K., agreed
CONFUNDIR   confuse
CONGOJA   anxiety
CONGOSTO   narrow pass
CONJUNCION   union, juncture
CONJUNTO   the whole; assemblage; joint (adj.)
CONMOVER   stir, shake, move to pity
CONOCIMIENTO   knowledge
CONSABIDO   well-known
CONSAGRAR   devote, consecrate, make sacred
CONSANGUINEO   related by blood
CONSECUCION   acquisition

CONSECUENTE   consistent
CONSEJERO   counselor
CONSENTIR   permit
CONSTAR (DE)   consist of
CONSUELO   solace, consolation
CONSEUTUDINARIO   according to formula
CONSUMAR   to complete
CONSUMO   consumption
CONSUNO: DE —   jointly
CONTAR: — CON   rely on; — CON MUCHOS AÑOS   to be very old
CONTENIDO   contents
CONTERTULIOS   participants in a social gathering
CONTIENDA   struggle
CONTINENTE   countenance
CONTINUACION: A —   later on
CONTORNO   shape, contour, outline, physical location
CONTRA: EN — NUESTRA   against us
CONTRAFIGURA   counterpart
CONTRAHECHO   counterfeit
CONTRAJUEGO   juxtaposition, antithesis
CONTRAPONER   juxtapose
CONTRARIAR   annoy
CONTRARIEDAD   disappointment, annoyance
CONTRARIO   hostile
CONTRARREFORMA   the Counterreformation
CONTRASENTIDO   misinterpretation
CONTRASTAR   test out to determine ingredients, as with metals
CONTRISTADOR   saddened
CONVENIENTE   fitting
CONVENIO   pact

CONVENIR   to suit, to be to one's purpose, to be fitting, agree
CONVIDAR   invite, treat
CONVIVENCIA   living together
COPA   glass of wine, treetop, wine glass, special glass for liquor
COPLA   stanza; —S   verses, poetry
CORCHO   cork
CORDEL   cattle run; cord, string; A —   in a straight line
CORDERO   lamb
CORDILLERA   range of mountains
CORDOBES   native of Córdoba; SOMBRERO —   felt hat with wide, flat brim and low cylindrical crown
CORDON   cord
CORDURA   wisdom, sanity
CORINTO   a shade of blue
CORNEJA   crow
CORNETIN   cornet
CORNUCOPIA   the horn of plenty, traditional emblem of abundance
CORO   choir
CORONA   wreath
CORONAR   to crown
CORTE   capital city, i.e., Madrid
CORTEJEO   vulgar practice in courting
CORTEJO   cortège, procession
CORTES   Parliament
CORTEZA   bark, rind, crust
CORTIJO   farmhouse
CORTINAJE   curtains
CORTINILLO   curtain
CORTO: VESTIDO DE —   dressed in rural Andalusian style, in short jacket and 3/4 length trousers
CORVO   bent
CORZA   roe deer
CORRAL   barnyard
CORREA   strap
CORREAJE   mass of belts or straps
CORRECCION   correctness, exactitude
CORREDOR   broker, distributor
CORREGIR   to correct
CORRERIA   excursion
CORRESPONSAL   correspondent
CORRIDA: — DE TOROS   bullfight
CORRIENTE   stream, crowd, draft (of air), ordinary, common
CORRILLO (CORO)   crowd, group
CORROER   corrode
COSA: — DE ENTENDIMIENTO   something understandable; GRAN —   very much
COSARIO   carrier, cart driver
COSECHA   crop
COSER   sew
COSTADO   side; POR UN — on the one hand; POR OTRO — on the other hand; DE — on one's side
COSTANILLA   short street on a steep slope
COSTERO   coastal
COSTILLAS   back
COSTRA   scab
COTEJAR   compare
COTIDIANO   daily, humdrum
COYUNTURA   occasion
CREADOR   creative
CREAR   create

CRECIENTE   growing

CRECIMIENTO   growth

CREPUSCULO   twilight

CRETENSE   Cretan, native of Crete

CREYENTE   believer

CRIADILLA   testicle

CRIAR   create, grow, nurse, bring up; CRIADO   civil, courteous

CRIATURA   creature, creation, young child

CRISPACION   a repeated twisting

CRISTAL   pane of glass, window

CRONICON   brief historical narrative

CRONISTA   reporter, historian, investigator

CRUCE   intersection

CRUENTO   bloody

CRUJIDO   creak, clatter

CRUJIR   creak

CRUZ   cross; EN —   with arms extended

CUADERNO   notebook

CUADRADO   square, square-shouldered

CUADRICULAR   fall into a fixed slot as on a checkerboard; CUADRICULADO   organized in rigid, checkerboard fashion

CUADRO   square, painting, cadre

CUAJAR   coagulate, jell, curdle

CUAJARON   clot

CUAL: — SI   as if

CUANDO: DE — EN —   from time to time; — MAS   at most; during, at the time of; — NO   if not; — MENOS   at least

CUANTO: EN —   insofar as, as soon as; UNOS —S   a few; —S ESPAÑOLES   in their capacity as Spaniards

CUARESMA   Lent

CUARTEL   barracks

CUARTELERO   of the barracks

CUARTERON   panel

CUARTILLA   a quarter of a *cántara*, therefore about one gallon; sheet of paper, page

CUARTILLO   one-fourth of a *real*, hence the equivalent of about six *céntimos*, a very small fraction of the peseta

CUATRO: DE A —   four abreast

CUBA   cask, barrel

CUBIERTA   cover (e.g., of a book)

CUBO   cylindrical projection midway in a fortified wall where archers were stationed

CUCHICHEAR   to whisper

CUCHILLO   knife

CUCLILLO   cuckoo (bird)

CUELLO   stiff collar (detached from shirt)

CUENCA   watershed, basin

CUENTA   account, realization, bill; POR SU — or POR — PROPIA   on one's own; EN FIN DE —S   in the final analysis

CUENTISTA   like a short story; short-story writer

CUENTO: SIN —   countless

CUERDA   string; BAJO — secretly

CUERDO   wise, sane

CUERNA   horn

CUERNO: —S   horns of a cuckold, cuckolding

CUERO   leather

CUERPO: — DEL SOL   an exclamation of annoyance or exasperation like «for the love of Mike!»

CUERVO   raven

CUESTA   hill, slope

CUEVA   cave

CUIDARSE (DE)   care about

CUITA   care, sorrow

CULPABLE   guilty

CULPAR   to blame; CULPADO guilty

CULTURA   cultivation

CUMBRE   summit, heights, peak

CUMPLIMIENTO   fulfillment, accomplishment

CUMPLIR   fulfill, bring about, do

CUNA   cradle

CUNDIR   spread

CUÑA   wedge

CUÑADA   sister-in-law

CUÑADO   brother-in-law

CURA   priest; — DE MISA Y OLLA   parish priest of limited culture

CURAR   recover

CURDA   drunk

CURSAR   to study for, take courses in

CURSI   affectedly elegant, hence vulgar and in bad taste

CURSILERIA   a thing representing a presumption to fashionable refinement but which is in fact an affectation and in poor taste

CURTIDO   tanning

CURTIR   harden

CUYAMENTE   which

## D

DALE: — QUE —   let's get a move on

DAMASCO   damask cloth

DANZADORA   dancing girl

DAÑADO   evil

DAÑO   harm, damage; EN NUESTRO —   to our detriment

DAR: — OCCASION   give rise; —SE A   be inclined to; —SE CUENTA DE   realize; — VUELTA   turn, make a turn; — A   open on, face; — A LUZ   give birth; — A ENTENDER   declare; —SE be found; — AIRE A   release; —SE A CONOCER make a name for oneself; — PARTE   make a report, inform; — EN EL CLAVO   hit the nail on the head

DEBE   debit

DEBER   duty

DEBILITAR   weaken

DECENIO   decade

DECIDIDO   determined

DECIMO   lottery ticket representing 1/10 share of a winning number

DECLIVE   incline, decline

DEFINITORIO   defining

DEGOLLAR   behead

DEHESA   pasture land, meadow

DEJAR: — DE   to stop, fail to; —SE DE   put aside; — PASO   not to stand in the way

DEJO   abandonment, trace

DELANTAL   apron

DELANTERO   front (adj.)

DELEGADO  agent, person to whom authority is delegated

DELEITE  delight, pleasure

DELETREAR  to spell, read by spelling

DELGADO  thin

DELICUESCENTE  deliquescent, melting away

DELIQUIO  rapture

DEMANDA: — DE DAÑOS  claim for damages

DEMAS: LO, LOS, LAS —  the rest, the others; POR LO — on the other hand

DEMASIA: EN —  excessively

DEMOLER  demolish

DEMORA  delay, extension of time

DENEGRIDO  blackened

DENIGRAR  revile

DEPARAR  provide, furnish

DEPARTIR  to chat

DEPENDIENTE  employee, clerk

DEPONER  put aside

DEPRECAR  implore

DEPRIMENTE  depressing

DEPURACION  refinement, purification

DEPURAR  purify, filter out, refine

DERECHISTA  rightist (political)

DERECHO  law, a right; DE — by right

DERMATOESQUELETO  exoskeleton, body protected by protective covering of hard substance

DERRAMAR  pour out, shed, spread

DERREDOR: EN — DE  around

DERRENGAR  to cripple

DERRETIR  melt, fuse

DERRIBAR  demolish, knock down

DERRIBO  demolition

DERROTA  defeat, rout

DERROTAR  to rout

DERROTE  upward thrust of the bull's horns

DERRUIR  ruin, tear down

DERRUMBARSE  crumble, collapse

DESABRIGADO  unprotected, giving poor shelter

DESABRIMIENTO  flatness

DESABROCHADO  unbuttoned

DESACUERDO  discordance

DESAFIAR  to challenge

DESAFIO  challenge, defiance

DESAGRADECIDO  ungrateful

DESAHOGARSE  recover

DESALENTAR  discourage

DESALIENTO  discouragement, weakness of spirit

DESALQUILADO  vacant, for rent

DESAMORTIZACION  the public sale of property, such as church lands, formerly held in perpetuity

DESANIMARSE  become disillusioned

DESAPACIBILIDAD  unpleasantness

DESAPACIBLE  unpleasant, disagreeable

DESAPARECER  disappear

DESARTICULAR  dislocate, disjoint

DESARRAIGAR  uproot

DESARROLLO  development

DESASIR  disengage, release

DESASOSIEGO  disquiet, anxiety

DESATAR   loosen, untie, un-
   leash
DESATINO   nonsense
DESAZONANTE   disconcerting
DESAZONAR   embitter, annoy
DESBARATAR   disrupt
DESBOCARSE   shoot one's
   mouth off
DESBORDAR   overflow
DESCAMINADO   misguided
DESCAMPADO   uninhabited
   open country
DESCARGA   burst, discharge,
   shot
DESCARGAR   burst, discharge,
   unload
DESCARNADO   lean, cadaver-
   ous, bare
DESCIFRAR   decipher, interpret
DESCOLLAR   stand out, excel
DESCOMEDIMIENTO   disre-
   spect, rudeness
DESCOMULGAR   excommuni-
   cate
DESCONCIERTO   disorder, con-
   fusion
DESCONSUELO   grief, discon-
   solation
DESCORAZONAMIENTO   de-
   jection
DESCUARTIZAR   to quarter,
   carve up
DESCUBRIDOR   discoverer
DESCUBRIR   discover, reveal
DESCUIDAR   overlook, neglect;
   — SE   become neglectful;
   DESCUIDADO   dirty
DESDE: — LUEGO   of course
DESDEN   scorn
DESDEÑAR   to scorn
DESDICHA   misfortune
DESDOBLAR   expand, unfold,
   spit or spread open

DESEMBARAZADO (DE)   rid
   of, free from
DESEMBOCAR (EN)   flow (into)
DESEMPEÑAR   play (a role)
DESENCAJADO   with contorted
   faces
DESENCANTAR   disenchant,
   disillusion
DESENCANTO   disenchant-
   ment, disillusionment
DESENFRENADO   unre-
   strained, wanton
DESENGAÑAR   «undeceive»,
   disillusion, straighten (some-
   one) out
DESENGAÑO   disillusionment
DESENLAZARSE   unfold, de-
   velop
DESENTERRADOR   one who
   exhumes
DESENTERRAR   exhume, dis-
   inter
DESESPERANTE   exasperating
DESESPERANZADO   without
   hope
DESFALLECIMIENTO   weak-
   ening
DESFILAR   pass in review
DESFILE   procession, parade
DESFLORAR   tarnish, stain
DESFONDADO   with a broken
   bottom
DESGAIRE: AL —   with affected
   carelessness
DESGARRADURA   laceration
DESGARRAR   lacerate;
   DESGARRADO   bold
DESGOBERNAR   misgovern
DESGRACIA   misfortune; POR
   —   unfortunately
DESGRACIADO   wretched, un-
   happy, unfortunate
DESHACER   destroy, undo

DESHILACHADO  frayed

DESHILVANADO  disconnected, incoherent

DESHORA: A —  inopportunely, suddenly

DESIDIA  indolence

DESIDIOSO  indolent

DESIGUALDAD  inequality

DESLIGAR  loosen, untie; DESLIGADO  unattached

DESLINDAR  mark with boundaries

DESLINDE  demarcation, explanation

DESLIZARSE  glide by, slip

DESLUMBRADOR  dazzling

DESLUMBRANTE  dazzling

DESLUMBRAR  dazzle

DESLUSTRAR  tarnish

DESMANDARSE  stray from the flock, get out of hand

DESMANTELAR  dismantle, dilapidate

DESMEDRAR  impair

DESMEMBRAMIENTO  dismemberment

DESMESURADO  out of proportion

DESMOCHAR  mutilate, knock the top off

DESMONTAR  remove

DESMORONARSE  crumble

DESNIVEL  unevenness, drop

DESNIVELARSE  to become uneven

DESNUDO  naked

DESOIR  to not hear or heed

DESOLLAR  flay

DESPACHAR  to dispatch, kill

DESPARRAMAR  spread, scatter

DESPAVORIDO  terrified

DESPECTIVO  disparaging, contemptuous

DESPECHAR  enrage; —SE fret, despair, be peevish; DESPECHADO  fretful, spiteful

DESPECHO  spite

DESPECHUGADO  with one's breast uncovered

DESPEDAZARSE  fall into pieces

DESPEDIDA  farewell, departure

DESPEDIRSE (DE)  say goodbye to, bid farewell

DESPEGARSE  come apart

DESPEJADO  unobstructed, clear

DESPENSA  pantry, larder

DESPEPITAR  remove the core of (as a piece of fruit), cause to quiver; DESPEPITADO bouncing around

DESPERTAMIENTO  awakening

DESPIADADO  merciless

DESPISTE  state of being mentally out of touch

DESPLEGAR  unfold, spread out, extend

DESPLIEGUE  display, exhibition

DESPLOMARSE  topple over

DESPOBLACION  depopulation

DESPOBLAR  depopulate

DESPOJAR  despoil, strip

DESPORTILLAR  to chip

DESPRECIABLE  worthless, contemptible

DESPRECIAR  to scorn

DESPRECIO  scorn

DESPRENDERSE  come out of, free oneself, get rid (of)

DESPREOCUPACION impartiality, indifference, open-mindedness

DESPRESTIGIAR disparage, run down

DESPROVISTO deprived

DESPUNTAR to sprout

DESQUITE recovery, retaliation

DESTACAR(SE) stand out, be highlighted

DESTARTALADO shabby, ramshackle

DESTERRAR to exile

DESTIERRO exile

DESTRONAR dethrone

DESTROZAR cut to pieces, destroy

DESVAIDO gaunt

DESVALORIZAR devalue

DESVANECERSE vanish

DESVARIO extravagance, nonsense, stupid idea

DESVENCIJAMIENTO a falling apart

DESVENTURA calamity

DESVENTURADO unfortunate

DESVINCULACION elimination of laws which forbade the sale of lands to persons outside a given family

DETALLISMO depiction of multiple details

DETENER arrest

DETRITO decomposed remains

DEUDA debt

DEVANEO delirium

DEVENIR ultimate being, becoming

DIA: DEL — of today

DIADO established

DIAFANO transparent

DIAGNOSTICO diagnosis

DIAMETRAL diametrical

DIARIO daily newspaper

DIBUJAR sketch, trace, outline

DIBUJANTE illustrator, cartoonist

DIBUJO design

DICHA joy, happiness, good fortune

DICHO a saying

DICTADURA dictatorship

DICTAMEN opinion, dictum

DICTERIO taunt, insult

DIESTRO right (adj.)

DIEZMAR decimate

DIFAMACION defamation (of character)

DIFUMINAR shade over, eliminate a stark outline

DIFUNTO deceased, corpse

DIGNARSE deign, be good enough to

DIJE a «jewel» of a person

DILATAR spread out, extend, expand

DILUIR dilute, project give off; DILUIDO weakly projected

DIMES: — Y DIRETES bickering

DIMINUTO tiny, minute

DIPUTACION provincial congress

DIRECTORIO directorate

DISCERNIMIENTO discrimination

DISCRETEAR affect discretion

DISCULPA excuse

DISCULPABLE excusable

DISCULPACION excuse, self-justification

DISCULPAR to excuse

DISCURRIR low, flow through, discourse, invent, think

DISECAR dissect, to stuff

DISFRAZAR  to disguise
DISFRUTAR  enjoy
DISGREGACION  disintegration
DISGREGAR  disperse
DISGUSTO: A —  dissatisfied
DISIMULAR  hide; —SE  pretend; DISIMULADO  furtive(ly)
DISLOCARSE  become disjointed
DISMINUIR  decrease
DISOCIADO  unrelated
DISPAR  unequal
DISPARAR  shoot, hurl
DISPARATADO  absurd, foolish
DISPONER (DE)  make use of, make ready, have at one's disposal; DISPUESTO ready
DISPONIBLE  available
DISTAR  to be far
DISTINGO  distinction
DISTRAIDO  absent-minded, distracted, wrapped up (in)
DITERAMBO  dithyramb, poem characterized by passion and irregularity of form
DIURNO  day-long, daytime
DIVAGACION  rambling, digression
DIVERTIRSE  ve a good time
DIVISA  motto, insignia
DIVISAR  glimpse, make out in the distance
DOBLAR  around, fold, bend, turn
DOBLEGARSE  fold up, give in, yield
DOBLEZ  duplicity
DOCTO  learned
DOCUMENTALISTA  documentarian
DOLENCIA  affliction

DOLER  hurt, distress, grieve; —SE DE  grieve over
DOMAR  to tame, conquer
DOMINE  pedant
DOMINICOS  Dominican monks
DON  gift
DONCELLA  lady's maid, maiden, girl
DONDEQUIERA  anywhere, wherever; POR —  everywhere
DONOSTIARRA  native of the Basque city of San Sebastián
DORAR  gild; DORADO golden, gold-braided
DORICO  Doric style, the least adorned of ancient Greek columns
DORMITAR  doze
DORMITORIO  bedroom
DOS: DE — EN —  two abreast
DOTE  dowry
DRAMATURGO  dramatist
DUCADO  dukedom
DUCHA  shower
DUCTIL  pliant
DUDAR: A NO —  without a doubt
DUELO  mourning, grief, pain, duel
DUEÑA  housekeeper, pious or pseudo-pious old woman
DULZAINA  flageolet, a small woodwind instrument
DULZURA  sweetness
DURADERO  constant, lasting
DURO  monetary unit of five pesetas

### E

ECHAR  swallow, pour; —A PERDER  ruin; — DE

MENOS miss; — LA LLAVE(A) lock the door on; —SE begin, lay down; — EL GUANTE grab

EDIFICACION structure, building

EDIFICAR build

EDITORIAL publishing house

EFECTISMO stylized effect

EFECTISTA affected

EFECTIVAMENTE as a matter of fact

EFICAZ efficacious

EFLORESCENCIA eruption

EGREGIO outstanding

EJE axis

EJECUTAR to act, do

EJEMPLAR exemplary

EJERCER exert, exercise; — DE function as

ELABORADOR architect

ELOGIAR eulogize

ELOGIO eulogy, praise

EMBADURNAR smear

EMBAJADOR ambassador

EMBALDOSAR pave (with tiles)

EMBARAZO pregnancy

EMBARCACION vessel

EMBARGAR seize

EMBASTECER to get fat, become coarse or gross

EMBELLECER embellish

EMBESTIR attack

EMBLEMA symbol

EMBOBADO gaping at the wonder of it all

EMBOLO piston

EMBORRACHARSE get drunk

EMBRUTECIMIENTO brutalization

EMBUSTE lie, fraud

EMBUTIR to stuff

EMPALMADO with something up your sleeve

EMPARAR saturate, soak up

EMPAQUE bearing, look

EMPAREJAR pair off, match

EMPARENTADO related

EMPEDRAR pave

EMPENACHAR adorn with plumes

EMPEÑAR to oblige, hock; —SE EN insist; EMPEÑADO determined

EMPEÑISTA pawnbroker

EMPEÑO persistence, insistence, objective

EMPINADO steep, inclined

EMPLEADO employee

EMPOBRECER impoverish

EMPOBRECIMIENTO impoverishment

EMPOLVAR cover with dust

EMPONZOÑAR to poison

EMPRENDEDOR enterprising

EMPRENDER undertake

EMPRESA undertaking, enterprise

EMPRESTITO loan

EMPUJAR push

EMPUJE thrust, energy

ENAJENAR enrapture

ENALTECER exalt

ENARDECER excite, fire up, kindle

ENCABEZAR to head

ENCABRITARSE rear up

ENCAJE lace

ENCAJONAR put in a box

ENCAMINAR to direct, channel, head for

ENCANIJADO emaciated

ENCANTADOR sorcerer

ENCAÑADA notch, mountain pass

ENCAPRICHADO (POR)  dead set (on)

ENCARAMARSE  climb, get on top

ENCARCELAMIENTO  imprisonment

ENCARCELAR  lock up in jail

ENCARECER  raise the price

ENCARGAR  to request, commission, order; —SE (DE) undertake to; ENCARGADO one who is in charge, carrying

ENCARGO  charge, supervision

ENCARIÑADO (CON)  feeling affection (for)

ENCASILLAR  become pigeonholed

ENCAUZAR  to channel, guide carefully

ENCENDER(SE)  ignite, burn

ENCENDIDO  aflame, burning

ENCERRAR  hut off, confine

ENCERRONA  voluntary retirement, trap

ENCIERRO  cloister, confinement

ENCIMA: POR —  on top of all that

ENCINA  oak

ENCINAR  oak grove

ENCINTO (DE)  pregnant (with)

ENCLENQUE  sickly, feeble

ENCOGER  let droop, lift in a drooping fashion; ENCOGIDO  drooping

ENCOGIMIENTO  timidity, lack of resolution

ENCOMENDAR  entrust

ENCOMIO  encomium, expression of praise

ENCONADO  bitter

ENCONO  ill will

ENCONTRADO  conflicting

ENCORVAR  bend, bend over

ENCRESPADO  choppy

ENCRUCIJADA  crossroads, junction

ENCUBRIR  cover over

ENCUESTA  inquiry

ENCUMBRADO  high

ENCHARCADO  stagnant, foul

ENDEREZAR  straighten, right

ENDOMINGAR  dress up in Sunday clothes

ENDRINO  sloe-colored, of dark-bluish complexion

ENFERMIZO  unhealthy

ENFRASCAR  bottle up, entangle

ENFRENTARSE (CON)  confront

ENFRIAR  cool off

ENFUNDAR  encase, wrap

ENGAÑAR  deceive; —SE  to be mistaken

ENGAÑO  deceit, deception

ENGAÑOSO  deceptive, deceitful

ENGLOBAR  lump together

ENGRANAJE  gear

ENGRANDECER  enlarge, aggrandize

ENGRANDECIMIENTO  aggrandizement

ENGULLIR  gorge oneself

ENHIESTO  straight, erect

ENJABONAR  to lather

ENJAULAR  encage, imprison

ENJUGAR  to dry, wipe off

ENJUICIAMIENTO  lawsuit, trial

ENJUTO  lean, skinny

ENLACE  marriage, union

ENLAZAR  bind together

ENLOQUECER  drive crazy

ENLUTADO covered with mourning

ENMARCAR frame

ENMENDAR to correct

ENMOHECER to rust

ENMUDECER become silent

ENMUGRECERSE get soiled

ENNEGRECER blacken, turn black

ENOJADO angry

ENOJO anger, annoyance

ENREDADERA vine

ENREDAR entangle

ENREJADO grating, grill-work

ENROJECER redden, turn red

ENSALMO superstitious incantation, magic

ENSAMBLAR link

ENSANCHAR widen

ENSANCHE expansion

ENSAÑARSE to be enraged

ENSARTAR rattle off

ENSAYAR try out, practice, put on

ENSAYO test, experiment

ENSEÑANZA teaching, education

ENSILLAR to saddle

ENSIMISMARSE become absorbed

ENSOMBRECER darken, cloud over; —SE grow dark

ENSOÑADOR day-dreaming, full of dreams

ENSORDECER deafen

ENSUCIARSE dirty oneself

ENSUEÑO dream

ENTABLAR begin

ENTECO sickly

ENTENDERSE come to an agreement, negotiate

ENTENEBRECER grow dark, darken

ENTERARSE be aware, know what's going on

ENTEREZA firmness, constancy

ENTERNECER to touch emotionally

ENTERRAR bury

ENTIERRO burial, funeral

ENTONAR strike up, sing, intone, chant; ENTONADO haughty

ENTONCES: EN AQUEL — in those days

ENTONTECEDOR stupefying

ENTORCHADO wreathed cord of a military uniform

ENTRAMBOS both

ENTRAÑABLE deep

ENTRAÑAR bury deep

ENTRAÑAS bowels, depths, entrails, guts, gut feelings; — DE PADRE paternal feeling

ENTREGA delivery; an installment of a serialized story in a magazine; POR —S in installments

ENTREMEZCLAR interweave

ENTRETENIDO pleasant, amusing

ENTRISTECER sadden

ENTRONIZAR exalt

ENTUERTO wrong, injustice

ENTURBIAR stir up

ENVAINAR to sheathe

ENVANECERSE become vain, be proud or conceited

ENVEJECER grow old

ENVICIARSE (EN) become addicted to (bad habits)

ENVIO sending, dispatch

ENVIUDAR to become a widow or widower

ENVOLVER wrap, encircle

EPIGONAL  closely following
the footsteps of others
EPIGRAFE  headline
EPOPEYA  epic, epic event
EQUILIBRIO  balance
EQUIPARAR  compare
EQUIPO  gear, equipment, team
EQUIVOCARSE  to be mistaken
ERA  garden plots
ERGOTISTA  given to the exces-
sive use of «ergos» in spe-
cious and superficial philo-
sophizing, sophistic
ERGUIR  raise: —SE
straighten, straighten up,
stand erect, rise
ERIAZO  uncultivated land
ERIZADO  bristling
ERMITA  hermitage
EROTISMO  eroticism
ERUCTO  belch
ERRANTE  nomadic
ERRAR  roam about, wander
ESBELTO  slender, graceful
ESCACHARRAR  spoil, ruin
ESCALA  scale
ESCALAFON  army roster, table
of organization
ESCALERA  stairway
ESCALINATA  staircase
ESCALON  step, echelon
ESCAÑO  bench
ESCAPARATE  store window
ESCARABAJO  beetle; —
PELOTERO  «ball-making»
beetle, referring to the
beetle's practice of nourish-
ing itself on manure and
forming balls of it, in which
it deposits its eggs
ESCARBAR  to scratch
ESCARNECER  scoff at, ridicule
ESCARPADO  steep, rugged

ESCARPE  escarpment, cliff
ESCASEAR  to be scarce
ESCASEZ  scarcity, lack
ESCASO  few, scant, limited
ESCENARIO  stage, setting
ESCLARECER  to clear
ESCLAVITUD  slavery
ESCLAVIZAR  enslave
ESCOLTAR  to escort
ESCOMBRERA  dumping
ground for waste or debris
ESCOMBROS  shambles, debris
ESCONDER  to hide
ESCOPETA  shotgun
ESCRITURISTA  biblical scholar
ESCRUTADOR  scrutinizer
ESCUCHADOR  eavesdropper
ESCUDERO  squire
ESCUDO  coat of arms
ESCUDRIÑAR  scrutinize
ESCUETO  bare
ESCULPIR  sculpt
ESCULTOR  sculptor
ESCUPIR  to spit
ESCURIALENSE  in the style of
the great monastery of El
Escorial
ESCURRAJA  residue
ESENCIALIZAR  reduce to an
essence
ESFORZARSE  strive; ESFOR-
ZADO  valiant, enterprising
ESMALTAR  embellish, enamel
ESMALTE  enamel
ESMERO  polish, nicety
ESPACIAR  space out
ESPADAÑA  belfry
ESPADIN  rapier
ESPALDAS: HACER —  to
guard, face; A — DE  be-
hind the back(s) of; VOL-
VERSE DE —  turn one's
back, turn around

ESPANTAR   terrify
ESPANTOSO   dreadful, inspiring awe or horror
ESPARCIR   scatter
ESPEJEAR   shine like a mirror
ESPEJO   mirror
ESPERA: A LA —   waiting
ESPERANZAR   give hope to
ESPERAR: COMO ERA DE —   as one would expect
ESPESARSE   thicken
ESPESO   thick, dense, heavy
ESPIGA   stalk
ESPINA   thorn
ESPINAZO   backbone, spine
ESPINGARDA   long Moorish shotgun
ESPIOJAR   delouse, hunt fleas
ESPLENDENTE   glittering
ESPLIEGO   lavender (plant)
ESPOSAS   handcuffs
ESPUERTA   two-handled basket
ESPUMA   foam
ESPUMARAJO   froth
ESQUILMAR   impoverish
ESQUILON   large hand bell, cowbell
ESQUINA   street corner
ESQUINAZO   corner
ESTADISTA   statesman, politician
ESTADILLO   ironic diminutive of ESTADO
ESTALLAR   burst, break out
ESTALLIDO   crash, explosion
ESTAMENTO   estate (socio-political class or rank)
ESTAMPA   engraving, print, figure
ESTAMPAR   to tool, stamp
ESTANCADO   stagnant
ESTANCAMIENTO   stagnation
ESTANCIA   room, stay

ESTANQUE   pond
ESTAR: — PARA   to be ready for; — EN QUE   to be sure that
ESTATIFICACION   nationalization
ESTEPA   barren plain, steppe
ESTEPARIO   steppe-dwellers (i.e., Castillians)
ESTETICO   aesthetician; aesthetic
ESTILO: POR EL —   of this or that kind
ESTIO   summer
ESTIRPE   family, stock
ESTOCADA   thrust of a sword
ESTOFADOR   specialist in painting on gilt surfaces
ESTOQUE   rapier
ESTOQUEAR   run through with a sword
ESTORBAR   hinder, obstruct
ESTRAFALARIO   eccentric
ESTRAGALO   disorder, carelessness, indifference
ESTRAGOS   havoc
ESTRATO   layer
ESTRECHEZA   intimacy
ESTRECHO   tight, close
ESTRELLARSE   to crash; ESTRELLADO   starry
ESTREMECER   quiver, shake, make shiver or quiver
ESTREPITO   racket, din
ESTRIBACION   spur
ESTRIBILLO   refrain of a song or poem
ESTROFA   strophe, verse
ESTROPEAR   damage, abuse
ESTRUENDO   din, bang
ESTRUENDOSO   clamorous
ESTRUJAR   to squash
ESTUFA   hothouse, stove

ESTULTICIA   foolishness
ETAPA   stage
ETIQUETA   formality, label, tag
EUROPEIZANTE   Europeanizer
EUSCARO   the Basque language
EVACUATORIO   urinal
EVANGELIO   gospel
EVENTO: A TODO —   whatever the cost
EVOLUTIVO   evolutionary
EVONIMO   spindle tree
EXACCION   levy, tax
EXACTOR   tax-gatherer; exacting in the matter of taxes
EXANGÜE   bloodless, anemic, weak
EXCITACION   rousing exhortation
EXCLUSIVISMO   dogmatic adherence to a single idea or approach, to the exclusion of any modification or alternatives
EXCLUSIVISTA   blind(ly) adherent to a single idea
EXECRACION   cursing, abhorrence
EXECRAR (DE)   execrate, curse, detest
EXHAUSTO   drained, exhausted
EXIGENCIA   demand
EXIGUO   meager
EXIMIO   distinguished
EXITO   success
EXORNAR   adorn
EXPANDIRSE   expand gaseously, to be long-winded
EXPECTATIVA   expectation
EXPEDIENTE   legal proceedings, measure, expedient
EXPEDIR   to issue
EXPEDITO   unhampered, expeditious

EXPLAYAR   extend
EXPOSITO   foundling
EXPULSAR   drive out
EXTENUADO   emaciated
EXTIRPAR   eradicate
EXTRANJERIZAR   contaminate with things foreign
EXTRAÑAR: NO ES DE —   it is not surprising
EXTRAÑEZA   peculiarity
EXTRARROMANO   non-Latin
EXTRAVASACION   spilling-over, eruption
EXTREMAR   intensify; EXTREMADO   extreme, made excessive
EXTREMAUNCION   last rites
EXTREMEÑO   native of or pertaining to the province of Extremadura
EXTREMOSIDAD   effusiveness

### F

FABRICA   factory, masonry, structure
FACEDOR   maker
FACHADA   facade
FACTURAR   to check (as baggage)
FAENA   toil, task
FAJIN   sash
FALACIA   fallaciousness
FALANGE   phalanx
FALDA   slope, skirt
FALDERO   lap dog
FALSA   loft, attic
FALTA: A LA — DE   for want of; SIN —   without fail
FALTAR   offend, be insulting
FALTO (DE)   lacking
FAMA   reputation
FAMELICO   ravenous

FAMILIAR confidential officer
employed by the Inquisition
in apprehending the accused;
member of the (ecclesiasti-
cal) family
FANAL bell-glass
FANGO mud
FANTASMA ghost, phantom;
phantom-like
FARO beacon, lantern
FAROL lantern, headlight
FARSANTE faker, «clown»
FASCICULO little bundle of
papers
FASTIDIAR annoy
FASTOS annals
FASTUOSO ostentatious
FAUSTO happy; splendor
FAUTOR promoter
FEBRIL feverish
FECHA date
FENICIO Phoenician
FERIA fair
FERREO iron (adj.), severe
FERROCARRIL railroad
FESTON garland
FIAMBRE a stiff (corpse), cold
meat or food
FICHA gambling chip
FIDEICO reached through faith
rather than reason
FIEBRE fever
FIERI: IN — (lat.) in the becom-
ing
FIGLE ophicleide, deep-toned
brass-wind instrument
FIGURA face
FIGURARSE imagine
FIJAMENTE for sure, right
here
FIJEZA stability
FILA row, rank

FILO edge; — DE LA ACERA
along the curb
FILOXERA phylloxera, plant
live
FILTRO potion
FINADO deceased
FINCA property, estate
FINGIR pretend, simulate
FIRMA signature
FIRMAR to sign
FISCO national treasury
FISONOMIA look on one's face
FLACO frail, weak
FLAMANTE bright, new
FLAMENCO Flemish, Fleming,
from Flanders; flashy char-
acter, «sport», «hot-shot»
FLAMENQUISMO gypsy-styled
modes of Andalusia,
particularly evident in fla-
menco music and dance
FLAQUEZA weakness
FLECO fringe
FLEJE iron hoop or strap
FLEMA composure
FLEMATICO without much ani-
mation
FLOR: A — DE even with, at
the level of
FLORAJE blossom
FLORECIMIENTO flowering
FLOTA fleet
FLUVIAL river (adj.)
FLUX suit
FOCO furnace, core
FOGON hearth, cooking-stove
FOLLADO basket made of palm
leaves
FOLLAJE foliage
FOLLETIN serialized love
story, periodical

FOLLETON   a continuous work, like a serialized story in a newspaper
FOMENTAR   to foster
FONDA   inn
FONDO   bottom, basis, background, newspaper editorial; EN EL —   at bottom, basically; FONDOS   depths, funds
FOQUE   stiff point
FORAL   pertaining to sectional privileges (*fueros*)
FORASTERO   stranger
FORCEJEAR   struggle
FORJA   forge; A FORJA   by forging
FORJADOR   specialist in forging metals
FORJAR   to forge
FORMAL   settled, staid
FORMALIZARSE   become a serious person
FORNIDO   robust, corpulent
FORTALECER   strengthen
FORTALEZA   stronghold, strength
FORZAR   to rape
FOSA   grave, ditch
FRACASAR   fail
FRACASO   failure
FRACCIONAR   fragment
FRAGOSIDAD   roughness
FRAGUADOR   forger
FRAGUAR   to forge
FRAILE   monk
FRANCESADA   the French invasion of Spain in 1808
FRANCO   open
FRANJA   fringe, line, strip
FRANQUEAR   open the way to
FRANQUEZA   frankness

FRANQUISTA   pertaining to Francisco Franco; Franco partisan
FRASCO   bottle
FRASE: — HECHA   cliché
FREGOLI   imitative, full of affectations
FREIR   fry; FRITO   fried
FRENO   brake
FRENTE   forehead, face, head
FRENTE: DE —   forward
FRESCOR   freshness, coolness
FRONDA   foliage
FRONDOSO   shady, leafy
FRONTERO   opposite
FRONTON   gable, pelota (jai alai) court
FROTAR   rub
FRUCTIFICAR   bear fruit
FRUNCIMIENTO   frown
FRUTAL   fruit tree
FUERZA: A — DE   by dint of
FUGARSE (DE)   run off, flee (from)
FUGAZ   fleeting
FUGITIVO   fleeting
FÜHRER   (German) leader
FULGIR   glisten
FULGURAR   to flash
FUMAR   to smoke
FUNCION   show, performance, function
FUNDACION   founding, setting up
FUNDADOR   founding; founder
FUNDAMENTO   basis
FUNDAR   to found
FUNDIR   fuse, blend
FUNEBRE   mournful, funereal
FUNERARIA   funeral parlor
FUNESTO   dismal, baneful
FUSIL   gun, rifle
FUSILADA   volley of shots

FUSILAMIENTO   execution (by a firing squad)
FUSILAR   to shoot
FUSTIGAR   excoriate

# G

GABELA   burden, tax
GACETILLA   newspaper column of trivial news items
GACHO   «lover-boy»
GALAN   suitor, young lover, dashing young man
GALAS   finery, clothes
GALARDON   reward, prize
GALERA   galley
GALGO   greyhound
GALLARDO   brave, fierce, gallant, noble
GALLEGO   native of Galicia, pertaining to that province
GALLO   cock, rooster
GALONEADO   trimmed with braid
GAMA   gamut
GANA   desire; DAR —S DE make one feel like; DE BUENA — willingly; TENER —S DE   feel like
GANADERIA   cattle-raising
GANADERO   cattle-raiser
GANADO   livestock, cattle, piece of livestock
GANANCIAS   winnings
GANAPAN   crude person
GANGOSO   speaking through one's nose, nasal
GAÑAN   farmhand
GARBANZO   chick-pea (a very popular vegetable in Spain)
GARGANTA   gorge, throat
GARRA   claw

GASTAR   to waste, expend, own; GASTADO   worn-out
GASTO   expenditure, expense
GATERA   shady character
GATUPIERO   fraud, intrigue
GAVILLA   sheaf, bunch
GEMIR   groan
GENERALIDAD   the majority
GENERO   genus, kind, manner, literary genre; —S   goods
GENIALIDAD   genius
GENIECILLO   angelic cupid in allegorical paintings
GENTIL   graceful, wondrous, elegant
GESTIONAR   take steps to attain
GESTO   look, expression
GIRA   tour
GIRAR   revolve, rotate
GITANERIA   gypsy life and customs
GLEBA   lump of earth
GLOGLOTEO   gurgling
GOBERNALLE   rudder
GOBERNANTE   ruler
GOCE   enjoyment
GODO   Goth
GOLA   a military insignia
GOLFANTE   one who goes bumming around, a bum
GOLFERIA   collection of bums, riffraff
GOLFO, -A   bum; stray (noun and adj.)
GOLLORIO   a species of bird
GOLPE   blow; DE — suddenly; — DE VISTA   glance; — (DE ESTADO)   coup (d'état); — DE GRACIA finishing stroke

GOMA (fem.)   elastic band, hangover; DEMASIADA — you're «up tight»

GOMA (masc.)   a dandy, man-about-town

GOMOSO   affected dandy

GORI-GORI   the Latin «mumbo-jumbo» of the funeral liturgy

GORRA (GORRILLA)   cap

GORRION   sparrow

GORRISTA   parasite, moocher

GOTA   a drop

GOTEAR   to drip

GOZAR (DE)   enjoy

GRACIL   slender

GRACIOSAMENTE   gratuitously

GRADO   degree

GRAJO   crow, rumormonger

GRANADINO   native of or pertaining to Granada

GRANADO   pomegranate tree

GRANDEZA   magnificence, grandeur

GRANJA   grange

GRANO   grain

GRANULENTO   grained

GRASA   grease, fat

GRASIENTO   greasy

GRASO   lush

GRATO   pleasant, pleasing

GRAVAR   to burden

GRAVITAR   weigh heavily

GRAZNAR   caw

GREMIAL   pertaining to a guild or trade union, corporative

GRESCA   clatter

GREY   flock

GRIEGO   Greek

GRIETA   crack, fissure

GRILLO   cricket

GRISACEO   gray-colored

GRISURA   grayness, drabness

GROSERO   coarse, gross

GRUESO   thick, heavy-set

GRUMO   clot

GRUÑIR   growl

GUADAÑA   scythe

GUADAMECIL   embossed leather

GUAJIRA   type of popular Cuban song

GUALDO   yellow

GUANTE   glove

GUAPEZA   swaggering boast

GUARDAINFANTE   hoopskirt

GUARDA-JURADO   uniformed and armed private guard, who is registered with the government

GUARDARROPIA   theatrical props; DE —   make-believe

GUARECER   give protection or shelter

GUARNECER   trim, provide

GUATEQUE   lively party

GUERREAR   make war

# H

HABER   asset, credit

HABILIDAD   trick

HABITUARSE   get used to

HABLA: AL —   in communication, in touch

HABLILLA   bit of gossip

HACER: — DE   serve as, play the part of; —SE A   become accustomed to; — FALTA to be necessary; — CASO pay attention; —SE (EL) CARGO   realize (it), take (it) into account

HACHA   axe

HACIENDA   farm; treasury, property, finance

HALAGADOR  gratifying
HALAGÜEÑO  attractive
HALCON  falcon
HALITO  emanation
HAMBRIENTO  hungry
HAMPA  underworld
HARAPIENTO  ragged
HARAPO  rag, tatter
HARTO  too, excessively, very much; fed up
HASTIAR  to disgust; —SE (DE) get fed up (with)
HASTIO  boredom
HAZ  face, surface, file or division of soldiers
HAZA  cultivable land
HAZAÑA  exploit, deed
HAZAÑOZO  heroic
HE: — AQUI  here is
HEBRA  thread, hair
HECHIZAR  enchant
HECHO  fact; ready-made, fully matured; DE —  in fact
HECHURA  workmanship; the build of a person
HECTAREA  hectare; an area of 10,000 square meters
HEDIONDO  stinking, filthy
HELADA  freezing condition, frost
HELAR  freeze
HELECHO  fern
HEMBRA  female
HENCHIDO  stuffing
HENCHIR  fill, stuff
HENDER  split, crack
HERACLITEO  believing in change as the only permanent reality
HERALDICO  heraldic, pertaining to armorial bearings
HEREDAD  country property

HEREDAR  inherit, come into an inheritance
HEREDERO  heir
HEREJIA  heresy
HERENCIA  heritage, inheritance
HERIDA  a wound
HERIR  to wound
HERMANDAD  brotherhood
HERVOR  boiling
HERRADO  bound with iron
HERRADOR  blacksmith
HERRADURA  horseshoe
HERRAMIENTA  tool
HERRERIA  blacksmith shop, forge
HERRERO  blacksmith
HIDALGO  nobleman; illustrious
HIEDRA  ivy
HIEL  bitter taste, gall
HIELO  ice, frost
HIERATICO  priestly, hierarchy-oriented, positioned in systematic order
HIERBA  grass, weed
HIERBABUENA  mint
HIERBAJO  weed
HIERBEZUELA  young plant
HIERRO  iron, grillwork
HIGUERA  fig tree; EN LA — out of touch
HILANDERA  spinner
HILERA  row
HILO  thread, strand, thin stream
HINCHAR  swell, expand; — EL PERRO  blow things up to excessive proportions, exaggerate
HIPERESTESIA  state of morbidly increased sensibility
HIPERTROFIAR  overdevelop

HIPOSTATIS   definitive mani-
festation
HISPANIZANTE   with Hispanic
themes or qualities
HOGAR   hearth, home
HOJA   leaf, page, plot of land
cultivated in alternative
years
HOJARASCA   rubbish, window-
dressing
HOLANDES   Dutch
HOLGAR   to be unnecessary
HOLGAZAN   idle, indolent, lazy;
loafer
HOLGURA   dalliance
HOLLAR   trample on
HOMBRIA   quality of being a
man, manliness
HOMBRO   shoulder
HOMENAJE   testimonial
HONDO   deep, profound
HONDONADA   lowlands
HONDURA   depth
HONRADO   honest
HORA: EN BUENA —   oppor-
tunely
HORCAJADA: A —S   astraddle
HORCHATA   a drink made from
an almond base
HORCHATERO   vendor of hor-
chata
HORMIGUEAR   to swarm
HORNAGON   hillside coal de-
posit
HORNERO   baker
HORNO   oven
HORTENSIA   hydrangea
HORRIDO   awesome
HOSANA   biblical exclamation
of praise to God
HOSCO   dark, sullen
HOSPEDAR   to lodge

HOSPICIO   hospice, a place of
lodging for pilgrims and the
poor
HOSQUEDAD   dankness
HOSTIGAR   harass
HOSTILIZAR   antagonize,
harass
HOTEL   private home set apart
from those adjacent to it
HOY: — POR —   at the present
time: — QUE   now that
HOYO   grave
HOZ   ravine, sickle
HOZAR   to root, root out
HUECO   hollow, deep, resound-
ing; opening, empty space,
emptiness
HUELGA   a strike
HUELLA   trace, mark, imprint;
— IMPRESA   imprint; A
LA — DE   behind
HUERFANO   orphan
HUERO   empty, muddled
HUERTA   vegetable or fruit
garden
HUERTO   orchard, vegetable
garden
HUESO   bone
HUESOSO   bony
HUIDA   flight
HULE   oilcloth
HUMAREDA   cloud of smoke
HUMEAR   give off smoke
HUMEDAD   humidity, moisture
HUMERO   smokehouse
HUMO   smoke
HUNDIMIENTO   collapse
HUNDIR(SE)   sink, bury,
plunge, collapse
HUNGARO   Hungarian
HURAÑO   shy, retiring
HURGAR   stir up
HURTADILLAS: A —   on the sly

HURTAR   steal
HUSMA: METER LA —   snoop around
HUSMEAR   to sniff

# I

ICTERICO   jaundiced, with jaundice
IDIOMA   language
IGLESUELA   insignificant church
IGNARO   ignorant
IGNEO   pertaining to fire or its color
IGNORAR   not know
IGUALAR   to equal, make equal
IGUALDAD   equality
ILUMINADO   painted over with colors
ILUSTRACION   enlightenment
ILUSTRAR   enlighten
IMPENSADAMENTE   unexpectedly
IMPERANTE   ruling, prevailing
IMPERAR   dominate
IMPERECEDERO   imperishable
IMPERIALES   imperial forces
IMPERIO   empire, sway
IMPERMEABLE   raincoat
IMPETU   impetuous inclination
IMPIO   merciless, cruel
IMPOSITIVO   given to imposing one's will on another, willful
IMPREVISION   lack of foresight
IMPRIMIR   to stamp, print
IMPROVISADO   amateurish, impromptu
IMPUDICO   immodest
IMPUESTO   tax
IMPUGNAR   refute
IMPUTABLE   attributable

INACABABLE   unending, interminable
INAGOTABLE   inexhaustible
INAGUANTABLE   intolerable
INAPELABLE   irrevocable
INAPLAZABLE   that can't be put off
INAPROVECHADO   not taken advantage of
INASEQUIBLE   unattainable
INAUDITO   unheard-of, shocking
INCANSABLE   tireless
INCENDIO   fire
INCLUSO   including, even
INCOMODARSE   get annoyed
INCOMODIDAD   discomfort
INCOMODO   inconvenient, uncomfortable, troublesome
INCONCUSO   undeniable
INCONMENSURABLE   immeasurable
INCONMOVIBLE   unyielding
INCONSECUENCIA   inconsistency
INCONSECUENTE   trivial
INCONTRASTABLE   insurmountable, invincible
INCONVENIENTE   objectionable
INCORPORARSE   sit up
INCREPAR   to rebuke
INCRUSTAR   incrust, encase, inlay
INCULPAR   accuse, blame
INCUNABLE   incunabula, very old books
INCURRIR (EN)   commit (an error)
INDAGAR   investigate
INDEFECTIBLE   unfailing, inevitable
INDICIO   sign

INDIVIDUACION   individual
   determination
INDOLE   sort, nature
INELUDIBLE   irrevocable, un-
   avoidable
INFAME   despicable
INFAMIA   dishonor, despicable
   act
INFANCIA   childhood
INFANTA   princess
INFANTE   prince
INFATIGABLE   tireless
INFAUSTO   unfortunate, fatal
INFECCIONAR   infect
INFIMO   lowest, most inferior in
   quality
INFOLIO   book in folios
INFORME   a report
INFRANQUEABLE   insur-
   mountable
INFUNDIO   phony stories, lies
INFUNDIR   infuse, instill
INGENIERIA   engineering
INGENIO   talent, creativity,
   mental agility
INGENIOSIDAD   inventiveness
INGENIOSO   inventive
INGENITO   innate
INGENTE   enormous
INGENUIDAD   ingenuousness
INGERIR   graft on
INGRESAR   enter, become a
   member
INMANENTE   inherent, im-
   perishable
INMEDIACION   immediacy
INMEMORIAL   very ancient
INMERECEDOR   unworthy
INMUNDO   filthy
INNEGABLE   undeniable
INQUEBRANTABLE   unyield-
   ing
INQUIETAR   disturb, trouble

INQUIETO   restless
INQUIETUD   uneasiness,
   anxiety
INSALUBRE   unhealthy, un-
   sanitary
INSENSATEZ   folly
INSENSATO   stupid, fatuous,
   mad
INSENSIBLE   insensitive
INSEPULTO   unburied
INSIGNE   famous, noted
INSOBORNABLE   incorruptible
INSOLITO   unusual
INSTAURAR   install
INSULSEZ   tastelessness, insi-
   pid element
INSULSO   insipid
INTANGIBLE   untouchable
INTEGRISMO   ultra-conserva-
   tive political movement in
   the late 19th century
INTEGRAR   constitute
INTEGRO   upright, honest
INTENTAR   try, design
INTENTO   attempt, design; DE
   — on purpose
INTERES: —ES CREADOS
   vested interests
INTERESADO   selfish, greedy
INTERFECTO   murder victim
INTERINO   provisional, tempo-
   rary
INTERMEDIO   intervening, in-
   terposed
INTERPELAR   ask for an expla-
   nation
INTERPONERSE   intervene
INTERSTICIO   space between
   prongs
INTRIGANTE   scheming,
   schemer
INTRINCAMIENTO   intricate
   pattern

INTROMISION   interference
INTRUSO   intruder
INTUIR   perceive through intui-
    tion
INVENTADO   artificial
INVERNAL   winter (adj.)
INVEROSIMIL   improbable
INVICTO   unconquered
IR: VAYASE A SABER   who
    really knows!; ¡VAYA
    TEXTO!   Some text!
IRACUNDO   hot-tempered
IRRAZONADO   irrational
IRREPRIMIBLE   irrepressible,
    uncontrollable
IRRUMPIR   burst in
ISABELINO   pertaining to
    Queen Isabel (more often
    referring to the 19th century
    monarch, Isabel II, than to
    Isabel la Católica, but used
    for both)
ISLOTE   little island
ITALIANIZANTE   Italianizer
ITINERARIO   along the road
IZQUIERDA   Left (political)

## J

JACA   pony
JACTANCIA   boast
JADEANTE   panting
JALONAR   to mark
JAMON   ham; ¡Y UN —!
    Baloney!
JARA   rockrose
JARAL   thickset of rockrose
JARRO   jug, pitcher
JASPEAR   speckle
JASTIALOTE   heavily built,
    coarse rustic
JAULA   cage

JAULERO   cage-like (because of
    the prominence of vertical
    iron gratings)
JEREMIACO   Jeremian, in the
    style of the biblical Book of
    Jeremiah
JERIGONZA   jargon
JERONIMIANO   Hieronymite, a
    member of the religious
    orders dedicated to
    St. Jerome
JETA   snout, «kisser», face
JINETE   rider (on a horse)
JINGOISMO   militant chauvi-
    nism
JORNADA   journey, span of life,
    working day, act (of a play)
JORNALERO   day laborer
JOROBA   deforming hump
JOROBAR   to bother
JUBILAR   retire, pension off
JUBON   jerkin, tight-fitting
    jacket
JUDAIZANTE   a Jewish convert
    to Christianity who con-
    tinued practicing Judaic
    rites in secret
JUDIO   Jew, Jewish
JUEGO   game, gambling, play
JUERGA   carousing, wild party
JUEZ   judge
JUGADA   a play (in a card
    game)
JUGADOR   gambler, player
JUGO   juice
JUGOSO   juicy, substantial
JUNTAR   add, join
JUNTURA   joint, seam
JURADO   the jury system in
    court
JURAR   to swear
JURISCONSULTO   specialist in
    law

471

JUSTICIA: DE — punishing
JUSTICIERO rigidly just

# L

LABRADOR farmer, peasant, country worker
LABRANZA cultivation (of lands), farming, farmland
LABRAR to build, carve, fashion, till
LABRIEGO peasant, farmhand
LACA decorative wooden article coated with lacquer
LACRA scar, defect
LADEAR tilt
LADERA slope, hillside
LADRAR to bark
LADRIDO barking
LADRILLO brick, tile
LADRON thief
LAGRIMON big tear
LAGUNA omission, hole in a story
LAICO lay, secular
LAJA slab of stone
LANA wool
LANCE incident, event
LANGOSTA locust
LANGUIDECER languish
LANGUIDEZ sluggishness, stagnation
LANZAR throw, launch, let loose; LANZADO hasty
LAPIDA tablet, plaque
LARGO: A OR POR LO — DE along, throughout; A LA LARGA in the long run; EN or DE — long
LARGUEZA generosity
LASTIMOSO pitiful
LATIGO whip

LAUDATORES: — TEMPORIS ACTI (Latin) eulogizers of the past
LAUDE tombstone
LAVAR wash off
LAXITUD laxness
LAZO bowknot of ribbons, string (of a tie), bow, trap
LEGADO legacy
LEGAJO bundle of papers
LEGAMO ooze
LEGAÑOSO bleary
LEGAR bequeath
LEGITIMISMO substantiation of legitimacy
LEGUA league (a varying distance of approximately three miles)
LEGULEYISMO petty legal maneuverings
LEJANIA distance, remoteness, sense of remoteness
LEJANO distant
LEJOS: A LO — in the distance
LEMA motto
LENTE magnifying glass; —S eyeglasses
LENTEJA lentil
LENTEJUELA spangle, sequin
LENTITUD slowness
LEÑA firewood
LEONES pertaining to the province of León; a native thereof
LETRA lyrics (of a song), learning; EN —S DE MOLDE in print
LETRADO learned, erudite
LETRERO sign, placard
LEVADURA leavening
LEVANTAMIENTO uprising

LEVANTE   Mediterranean coasts of Spain, particularly the Southeast
LEVANTINO   Levantine, eastern, a native of south-eastern Spain
LEVE   light, slight
LEVITA   frock coat
LEZNA   awl, a pointed instrument for making holes
LIBRAR   give birth
LIBREA   livery, uniform
LIBRERIA   bookstore
LIBRERO   bookseller
LIBRESCO   bookish
LICENCIADO   university graduate
LICITO   permitted
LID   contest, conflict
LIDIA   bullfight
LIEGO   uncultivated land
LIENZO   canvas, linen; face of a building
LIGAR   bind, tie, connect in sexual terms
LIGERO   fast, light, nimble, slight
LIMO   mud, slime
LIMOSNA   alms; DE — begging for alms
LIMOSNEAR   beg (for alms)
LIMPIA   cleaning
LIMPIO (DE)   rid (of)
LINAJE   lineage, family
LINAJUDO   aristocratic
LINCE   shrewd person
LINDAR (CON)   border (on)
LINDERO   boundary, outer fringe
LINDEZA   gentility, sense of refinement
LINEA: DE —   combat
LINFA   water

LINO   flax, linen
LIO   political deal, bundle
LIPUDO   mischievous, with thick lips
LISIADO   crippled
LISO   smooth, plain
LISONJERO   flattering, pleasing
LITERA   litter, sedan-chair
LITERATISMO   superficial posturing in cultural matters
LITERATO   man of letters, writer; literary, learned
LITORAL   coast
LLAGA   sore spot
LLAMA   flame
LLAMAMIENTO   call
LLANA   plain
LLANADA   plain
LLANO   plain, smooth, clear; treeless plain
LLANTO   weeping
LLANURA   plain
LLENO: DE —   squarely, fully
LLOVEDIZO   rain (adj.)
LLOVER   to rain
LLOVIZNAR   to drizzle
LLUVIA   rain
LOAR   to praise
LOCURA   madness
LODO   mud
LOGRAR   attain, succeed in, achieve
LOMA   long, low-lying hill
LONTANANZA   the distant horizon
LORO   parrot
LOSA   flagstone, slab
LOTE   portion, «the lot of it»
LOTERO   seller of lottery tickets
LOZANO   exuberant, vigorous

LUCERO   shutter or peep-window through which light enters
LUCHA   struggle, fight
LUCHAR   to struggle
LUCIDO   sumptuous, impressive, showy
LUCIERNAGA   firefly
LUCIO   shiny
LUCIR   to display, show off, «sport»; —SE   to do well
LUCTUOSO   gloomy
LUCUS (Latin)   sacred grove
LUEGO: — DE   after
LUENGO   long
LUGAR: EN — DE   instead of
LUGAREJO   small village, hamlet
LUGAREÑO   villager, pertaining to a village
LUGARTENIENTE   lieutenant, second in command
LUGUBRE   gloomy
LUJO   luxury
LUJURIA   lust, lechery
LUMBRE   fire
LUNERO   moonlit
LUSITANO   Lusitanian, Portuguese
LUTO   mourning

## M

MACARENO   aloof
MACETA   flowerpot
MACHADA   nonsense
MACILENTO   pallid, withered
MACIZO   clump, mass; solid, massive
MACUCA   species of wild pear
MADERA   wood
MADERO   log, ship
MADRASTRA   step-mother

MADREÑA   shoe with a cork or wooden sole, overshoe usually made of wood
MADREPORA   madrepore, a kind of stony coral often shaped like branches
MADRILEÑISMO   word or expression peculiar to Madrid
MADRUGADOR   early-rising, early
MADRUGAR   get up early
MADUREZ   maturity
MAGNO   great
MAGRO   lean
MAHOMETISMO   Mohammedanism
MAJANO   pile of stones
MALANDRIN   perverse
MALDAD   wickedness
MALDECIR   to curse; — DE   vilify
MALDITO   damned
MALEDICENCIA   slanderous gossip
MALEFICO   malicious
MALESTAR   malaise, uneasiness
MALETA   (masc.) an incompetent professional (often applied to bullfighters)
MALEZA   thicket, underbrush
MALGASTAR   waste, squander
MALHERIDO   badly wounded
MALLA   mesh, netting
MALOGRARSE   turn out badly
MALTRATAR   mistreat
MALVADO   wicked, rotten
MALVENDER   sell at a loss
MAMBI   of the Antilles, Cuban insurgent
MAMPARA   screen
MANADA   herd
MANADERO   spring, source

MANANTIAL   spring (of water)
MANATI   swagger stick
MANCEBO   young man, youth
MANCERA   plow handle
MANCHA   stain, spot
MANCHAR   to stain, spot, speckle
MANCHEGO   of La Mancha, Manchegan
MANDADERO   messenger, errand boy
MANDADO: — RECOGER   out of style, out of place
MANDINGA   of black-African origin
MANDO   command; — EN JEFE supreme command
MANEJARSE   operate
MANEJO   intrigue, scheming
MANES   shades or spirits of the dead
MANGA   sleeve
MANIFESTANTE   one who takes part in a manifestation
MANIOBRA   maneuver
MANIOBRAR   to maneuver
MANIQUEISMO   Manichaean-ism, doctrine holding that man's soul, having sprung from light, seeks to escape from the body, the Kingdom of Darkness, hence belief in the conflictive coexistence of good and evil
MANIQUI   dummy
MANJAR   food, morsel
MANOS: A LAS —   to blows
MANSO   gentle, soft, calm
MANTA   blanket
MANTEL   tablecloth
MANTENIMIENTO   rations, necessities of life
MANTEO   cape, cloak

MANTILLO   humus, organic topsoil
MANTO   cloak
MANTON   shawl
MANUBRIO   handle, crank
MANUTENCION   subsistence
MANZANA   apple
MANZANILLO   species of olive tree
MAÑO   native of the province of Aragón
MAQUINA: — DE ESCRIBIR typewriter
MARAGATO   a native of La Maragatería, region in the province of León
MARAÑA   thicket, entanglement
MARASMO   stagnation
MARCA   brand (of merchandise)
MARCAR   to set, frame
MARCO   frame, weight for measuring
MARCHITARSE   wither
MARCHITO   faded, withered
MARCHOSO   flashy, given to cheap and clownish physical gestures
MAREA   tide
MAREAR   annoy
MARICA (MARICUELA)   fag, gay (homosexual)
MARIPOSA   butterfly
MARIPOSEO   capriciousness
MARMOL   marble
MARMOREO   marmoreal, of marble
MARTE   Mars, the god of war; warrior, soldier
MARTILLAZO   hammer-blow
MARTILLO   hammer
MARRAJO   shrewd, tricky; shark

MARRANO   pig; Jew who prac-
ticed his religion in secret in
Spain
MARROQUI   Moroccan
MARRUECOS   Morocco
MAS   but
MAS: — BIEN   rather, instead;
POR — DE QUE   no matter
how much
MASA   dough for baking
MASCAR   chew
MATA   bush
MATANZA   killing, slaughter
MATE   dull
MATERIA: PRIMERA — or —
PRIMA   raw material
MATIZ   nuance, hue, shading
MATIZAR   to blend
MATON   bully
MATORRAL   thicket, under-
brush
MATRICARIA   feverfew, a
species of aster
MATRICULA   matriculation,
listing on a roster; — DE
HONOR   honors
MATRIMONIO   married couple
MATRIZ   main, mother (adj.)
MAYOR: — DE EDAD   adult-
hood, (come) of age
MAYORAZGO, -A   first-born son
(or daughter), heir to the
estate of the father; estate
passed on by the right of
primogeniture
MAYORDOMO   overseer
MECEDORA   rocking chair
MECER   to rock, sway
MECHERO   burner
MEDIADOS   the middle
MEDIANO   average, mediocre,
modest; DE — A EDAD
middle-aged

MEDIAR   to be between or in
the middle of
MEDIDA   measure; A — QUE
in proportion as
MEDIO   means, expedient; POR
—   in between, in half;
(adj.) average, prevailing,
brief; JUSTO —   happy
medium
MEDIODIA   the South
MEDIR   to measure, mince;
—SE   to be moderate
MEDROSO   fearful
MEGATERIO   megathere, pre-
historic sloth-like creature
MEJERSE   intermingle
MEJILLA   cheek
MEJORACION   improvement
MEJORAR(SE)   improve
MELENA   long hair
MELERO   dealer in honey
MELINDRE   prudish gesture
MELOPEA   peseta
MENDICIDAD   mendicancy,
state of begging
MENDIGAR   to beg, beg for
MENDIGO, -A   beggar
MENDRUGO   scrap (usually of
bread)
MENESTER   occupation, task;
necessary
MENESTEROSO   needy
MENESTRAL   pertaining to
artisans and laborers
MENGUA   disgrace
MENGUADO   sorry
MENOR: AL POR —   sold at
retail
MENOS: LO DE —   the least of
it; NI MUCHO —   to say
the least; NO SE PUEDE
POR (NO PODEMOS) — DE
one (we) cannot help but

476

MENSAJE   message

MENTAR   to name, mention

MENTIR   to lie; MENTIDO
false

MENUDEAR   abound

MENUDO   little, minute, common, slight; A —   often

MERCADER   trader

MERCED: A — DE   at the mercy of

MERCEDARIO   member of the Mercedarian religious order

MERENDERO   small eating place

MERIDIONAL   southern

MERIDIONALISTA   southern-oriented

MERIENDA   snack, light meal, collation

MERINO, -A   species of sheep

MERITORIO   worker without pay

MERMA   reduction, diminution

MERMAR   diminish

MESETA   flat highlands, plateau

MESON   inn

META   goal

METERSE (A)   set oneself up as

METROPOLI   mother country

MEZCLA   mixture

MEZCLAR   mix

MEZCOLANZA   mixture, jumble

MEZQUINO   meanness, small-ness

MEZQUINDAD   poor, wretched, contemptible, worthless

MIEL   honey

MIEMBRO   limb

MIENTES   mind, thought

MIES   grain

MIGA   soft interior of bread

MILENARIO   millennial, of an existence measured in thousands of years

MILLAR   a thousand

MUNICIOSO   meticulous

MIRADO   cautious, reasonable

MIRADOR   watchtower, lookout, bay window

MIRAMIENTO   caution

MISERIA   wretchedness, haplessness, wretched lot

MISERO   wretched, hapless

MITRA   miter, headdress symbolic of a bishopric

MOCEDAD   youth, younger days

MOCETON, -NA   robust young person

MODA: DE —   in style, fashionable

MODALES   manners

MODO: — DE VIDA   way of making a living; A — DE like

MODORRA   drowsiness

MODORRIENTO   drowsing

MOJAMA   dried and salted flesh

MOJIGANGA   masquerade

MOLDURON   thick molding

MOLE   mass

MOLER   pulverize, flog

MOLESTO   bothersome, annoying

MOLIMIENTO   weariness

MOLINO   mill, windmill

MOLLAR   productive

MOMIA   mummy

MOMPORI   scope, dimensions

MONACAL   monastic

MONEDA   coin, monetary unit

MONJA   nun

MONJE   monk

MONTAJE   staging

MONTAR   to mount (e.g., a
    horse); — A CABALLO
    ride a horse
MONTARAZ   wild, mountainous
MONTE   a type of card game
MONTES   wild, uncultivated
MONTON   pile
MOÑA   ribbon, bow of ribbons
MOÑO   topknot, circular tuft of
    hair worn by women
MORADO   purple
MORADOR   dweller, resident
MORAL (noun)   morality
MORAR   live, dwell
MORBO   disease, illness
MORENO   dark-complexioned or
    dark-haired; MORENA
    brunette
MORIBUNDO   dying
MORISCO   Moorish, Moor
MORO   Moor, Moorish
MORMOJEAR   mutter, murmur
MORTECINO   dying
MOSAICO   mosaic tile floor
MOSCA   fly
MOTE   nickname, «tag»
MOTIVO   motif
MOVIL   motive
MOZO   waiter
MOZUELO, -A   dim. of MOZO,
    boy, young fellow; girl
MUCAMA   maid
MUCHEDUMBRE   multitude,
    crowd
MUDA   a change of clothes
MUDANZA   change
MUDAR: — DE IDEA   change
    one's mind; —SE   move
    (change one's residence)
MUDEJAR   Moorish but under
    Spanish domination
MUDO   mute, silent
MUEBLE   piece of furniture

MUECA   grimace, «face»
MUELLE   wharf
MUESTRA   example, display
MUGIR   to bellow, roar
MUGRE   filth
MULTA   a fine
MULTIFAUCE   with many
    mouths
MUNDIAL   world-wide
MUNICIPIO   municipality
MUÑECO   puppet
MURALLA   outer wall, rampart
MURCIANO   related to the pro-
    vince of Murcia
MURMULLO   murmur
MURMURAR   to gossip
MURMURIO   murmuring (of
    nature)
MURO   wall, rampart
MURRIA   melancholy
MUSTIO   withered
MUSULMAN   Moslem
MUTISMO   silence, mutism

# N

NABO   turnip
NACARADO   mother-of-earl
    (adj.)
NACIMIENTO   birth
NADA   nothingness
NAIPE   playing card
NALGARIO   ass, behind
NARANJO   orange tree
NARDO   spikenard (a fragrant
    flower)
NARIZ   nose; NARICES   nos-
    trils
NATURACA   sure!, natch!
NAUFRAGIO   shipwreck
NAVAJA   razor
NAVIO   vessel, ship
NEBULOSA   cloudy mass

NECIO   foolish, fool
NEGADOR   denier
NEGAR   deny; —SE A   refuse
NEGOCIOS   business
NEGRURA   blackness
NENE   baby
NERVUDO   sinewy, vigorous
NEVADA   snowfall
NEXO   nexus, connection
NEXUS (Latin)   linking
NICARAGÜENSE   from Nica-
    ragua
NICHO   niche, burial place
NIDO   nest
NIETO   grandson, grandchild
NIHIL (Latin)   nothing, nothing-
    ness
NIMBO   luminous vapor or
    circle, halo
NIÑEZ   childhood
NITIDO   bright, clear
NIVELACION   balancing
NOGUERA   walnut
NOMBRAMIENTO   naming,
    appointment
NORIA   pump and pulley appa-
    ratus for drawing water from
    a well
NOTICION   big piece of news
NOVATO   beginner
NOVELERIA   a worthless fiction
NOVELON   long melodramatic
    novel of poor literary quality,
    often serialized and pub-
    lished in installments (de
    entrega)
NOVILLO: HACER —S   not
    show up
NOVIO   fiancé
NUBLADO   cloudy
NUDO   knot; DE —   knotted
NUEVA   news
NUEVO: DE —   again

NUEZ   Adam's apple
NUMERABLE   individually dis-
    tinguishable
NUTRIMENTO   nourishment,
    nutrition
NUTRIR   nourish

# Ñ

ÑOÑEZ   childlike foolishness

# O

OBISPADO   bishopric
OBISPO   bishop
OBRAR   to work, function
OBRERO   worker
OBSEQUIAR (CON)   to treat
    someone (to), present
OBSEQUIO: EN — DE   for the
    sake of
OBSTANTE: NO —   despite
OCASION: A LA MEJOR —
    when the opportunity arises
OCHENTON   octogenarian
OCIO   idleness
OCRE   ochre, faded yellow color
ODIOSIDAD   odium, hatred
ODRE   wine bag (of goatskin)
OFICIAL: — DE MANO   a per-
    son trained in a manual
    skill, a skilled laborer
OFICIO   trade; DE —
    professional
OFICIO: SANTO —   Holy Office,
    the Inquisition
OJALA   How I wish that ...!
OJEO   examination
OJIVA   ogive, pointed arch or rib
    of Gothic style
OLA   wave
OLEADA   swell of the sea
OLEO   holy oil

OLER   to smell; — A   smell like
or of
OLIFANTE   horn, clarion
OLIMPICO   of Olympian
proportions, Olympic
OLIVAR   olive grove
OLIVO   olive tree
OLLA   stew
OLMO   elm
OLOR   smell, scent
OLOROSO   fragrant
OLVIDO   oblivion
OMBLIGO   navel, umbilical cord
ONDA   wave
ONDEAR   to wave
ONOMASTICO   onomastic, re-
lated to names
OPERANTE   operative, active
OPERARIO   laborer
OPINANTE   arguer, spokesman
OPINAR   express an opinion
OPORTUNO   quick-witted
OPOSICION   competitive exami-
nation required to obtain a
position (job)
OQUEDAD   hollowness
ORA   now
ORACION   prayer
ORALINO   artificially colored,
bleached
ORAR   pray
ORDENANCISTA   pertaining to
the frequent nineteenth-
century Spanish practice of
seizing power and governing
by military decree
ORDENANZA   ordinance, de-
cree, edict
ORDENAR   arrange, put in
order; ORDENADO   orderly
ORDINARIEZ   crudeness
ORDINARIO: DE —   usually
OREAR   refresh with air

ORFEBRE   goldsmith, silver-
smith
ORFEBRERIA   gold or silver
work
ORGANILLERO   organ-grinder
ORGANILLO   a hand organ
played by turning a crank
ORGULLO   pride
ORGULLOSO   proud
ORIGINARIO   primary, ele-
mental
ORILLA   bank, shore
ORLA   fringe
OROPEL   tinsel, glitter
ORTIGA   nettle, a prickly plant
OSAMENTA   skeleton, bones
OSARIO   ossuary, depository for
the bones of the dead
OSAS: HACER EL OSO   make a
fool of oneself
OSCURECER   darken
OSTENTARSE   boast
OSTENTOSO   ostentatious
OTERO   little hill
OTOMANO   Ottoman, Turkish,
Turk
OTOÑADA   autumn season
OTORGAR   to grant
OXONIENSE   Oxford-style

## P

PACER   graze
PADECER   suffer, put up with,
be susceptible to
PADECIMIENTO   suffering, illness
PADRINO   godfather, protector,
«connection», second (in a
duel)
PAGA   monthly salary (of a
soldier)
PAGARE   I.O.U.

PAGO   district, payment
PAISAJE   landscape
PAISAJISTA   landscape painter
PAISANAJE   countrymen
PAISANO   fellow countryman;
TRAJE DE —   civilian
clothes
PAIS VASCO   Basque country,
north central Spain near
France
PALABROTA   vulgarity, vulgar
word
PALACETE   palatial building
(less than a normal palace)
PALADAR   palate, taste
PALADIN   champion
PALADINO   public open
PALAFRENERO   groom,
equerry
PALENTINO   pertaining to the
Castilian city of Palencia
PALIZA   beating
PALMAS   clapping of the hands
PALO   stick, a whack with a
stick; A —S   by force
PALOMINO   young pigeon
PALURDO   rustic
PANA   corduroy
PANADERO   baker
PANDERETA   tambourine
PANES   grains (of wheat, etc.)
PANFLETISTA   pamphleteer
PANTANO   swamp
PANTUFLO   slipper
PANZUDO   pot-bellied
PAÑO   cloth
PAÑUELO   handkerchief
PAPA   Pope
PAPELETA   pawn ticket
PAPELUCHO   foul paper
PAPIRO   records written on
papyrus

PAPU   Papuan, pertaining to the
natives of Papua ( New
Guinea)
PAR   pair; DE — EN —   wide
open; DE PAR, A LA PAR
at the same time, equally;
SIN —   peerless; PAR
peer of the realm
PARADA   stop
PARADOR   hostelry
PARAGUAS   umbrella
PARAMERO, -A   bleak, barren
land
PARAMO   barren plain
PARANGONAR   compare
PARAR   to stop, fix (on); —SE
stop
PARARRAYO   lightning rod
PARCELA   plot, land parcel
PARDO   brownish gray
PARDUSCO   grayish
PARECER   opinion; BIEN —
appearances
PARECIDO   similar; similarity
PAREDILLA   low wall
PAREDON   thick wall
PAREJA   couple
PARIA   pariah, social outcast
PARIENTE, -A   a relative
PARIR   give birth
PARLA   style of speaking
PARLADOR   expressive, commu-
nicative
PARLANCHIN   garrulous,
speaks constantly (too much)
PARNASIANO   Parnassian, per-
taining to the post-romantic
movement in French poetry
characterized by an art-for-
art's-sake orientation
PARNE   dough (money)
PARPADEAR   blink, flicker
PARTE: DE — DE   on the side of

PARTICULAR   private; a private
   citizen
PARTIDA   game, departure
PARTIDARIO (DE)   addicted
   (to); partisan
PARTIDISMO   partisanship
PARTIDO   interest, party (poli-
   tical)
PARTIR   split, make one want to
   scream; leave, come out run;
   A — DE   beginning with,
   from
PARTO   childbirth
PARTURIENTE   woman in labor
   (at childbirth)
PARVO   small, limited, spotty
PARROCO   priest
PARROQUIA   parish, clientele
PARROQUIANO   customer
PASADA: DE —   in passing
PASADIZO   passageway, hall-
   way
PASAJE   passage
PASAJERO   traveler, passerby;
   transitory
PASAR: — POR ALTO   disre-
   gard
PASEAR(SE)   to walk (both
   transitive and intransitive),
   take a stroll
PASILLO   corridor, passage-way
PASMOSO   awesome
PASO   step, pass, passage,
   movement, path; AL —   on
   the way; DAR UN —   take
   a step
PASODOBLE   military march
PASTAR   graze
PASTO   pasture land, grass, food
PASTOREO   pasturing
PATA   paw
PATAN   boor, peasant
PATEAR   trample on

PATINA   patina, mellowed coat-
   ing
PATIZUELO   diminutive of *patio*
PATRAÑA   hoax, fraudulent tale
PATRIO   native to a country,
   national
PATRIOTERIA   exhibitionistic
   patriotism
PATRIOTERO   super-patriot;
   bellicose and chauvinistic
PATROCINIO   patronage,
   sponsorship
PATRON   pattern
PAUSADO   slow, deliberate
PAVOR   terror
PAYASADA   clownish action
PECADO   sin
PECADOR, -A   sinner
PECAR   to sin
PECHERA   shirt front
PECHO   breast, heart, courage;
   tax
PECHUGA   breast (usually of
   fowl)
PECOSO   freckle-faced
PECUARIO   pertaining to cattle
PEDAZO   piece
PEDRADA   blow from a stone
PEDREGAL   stony ground
PEDREGOSO   rocky
PEDRERIA   (precious) stones
PEDREZUELA   little stone
PEDRUSCO   rough stone
PEGADIZO   sticky, false
PEGAR   attach, fix against, beat
   with blows; — FUEGO   set
   fire
PEGUJAL   small parcel of indi-
   vidually owned land not part
   of a large estate
PEINADOR   dressing gown
PEINAR   shuffle (cards)
PELADO   are, bald

PELAIRE  wool carder, one who combs wool and readies it for weaving

PELAR: — LA PAVA  to court at the grating of a window

PELEA  a struggle, fight

PELEAR  to fight

PELLIZA  type of military cloak

PELLIZCAR  pinch

PELMA  «clod»

PELMAZO  a bore, «clod»

PELO: EN —  bareback; AL — fine, perfect; A MEDIOS —S half drunk

PELOTE  goat's hair

PELUCA  wig

PELUQUIN  toupee

PENADO  painful, tough

PENDENCIA  quarrel

PENDER  hang, dangle

PENDIENTE  slope

PENDONADA  filthy trick

PENETRAL  innermost recess

PENETRAR  penetrate, pierce, comprehend

PENITENCIARIO  a diocesan ecclesiastic

PENOSO  arduous, difficult

PENSIONISTA  one who lives in a *pensión*, boarder

PENUMBRA  semi-darkness, half-light

PENUMBROSO  half-lit, shadowy

PENURIA  scarcity, lack

PEÑA  rock, crowd, group

PEÑASCAL  rocky hill

PEON  pawn, footsoldier; DE — as a pawn

PEPITA  nugget

PEQUEÑUELO  tiny

PERCATARSE (DE)  notice, become aware of

PERCOCERO  maker of hammered silverware

PERDIDA  loss

PERDURABLE  everlasting

PERDURAR  last long, remain

PERECER  perish

PEREGRINAR  to journey as a pilgrim

PEREGRINO  wanderer, pilgrim

PEREZA  laziness

PERFECCIONAMIENTO  improvement

PERFIDO  perfidious, treacherous

PERFIL  profile, side view

PERFILAR  to profile, outline

PERIODISTA  newspaperman

PERIODISTICO  journalistic

PERITO  skilled, learned

PERJUDICAR  impair

PERJUICIO: SIN — DE  without affecting

PERLERO  pearly

PERLESIA  palsy

PERLESIADO  paralyzed

PERNERA  trouser leg

PERNIL  leg of meat

PEROGRULLESCO  platitudinous, self-evident

PERORAR  declaim

PERSIANA  window shutter

PERTENECIENTE  belonging (to)

PERTURBAR  confuse, unsettle

PERRO-CHICO  five-*céntimo* coin

PESADILLA  nightmare

PESADO  heavy, tiresome

PESADUMBRE  sorrow, weight, heaviness

PESAR  sorrow, concern; A SU — in spite of (them); to weigh

PESCANTE   driver's seat
PESCAR   to fish
PESE (A)   in spite of
PESEBRE   crib, manger
PESO   weight
PESTAÑA   eyelash
PETENERA   type of popular Andalusian music
PETRIFICADO   made of stone
PEZ   fish
PIADOSO   devout, pious
PIAR   chirp
PICACHO   sharp peak
PICADOR   bullfighter of sorts on horseback who sticks the bull with the pike
PICANTE   pungent, spicy, offensive; pungency
PICAPORTE   latch, doorknocker
PICARESCO   roguish, pertaining to rogues
PICARO   rogue
PICAZA   magpie
PICO   beak
PIE: EN —   standing; EN — DE GUERRA   on a war footing
PIEDAD   pity, compassion
PIEDRA: — DE RAYO   popular term for flintstone in the belief that it stems from lightning
PIEL   skin, hide
PIELAGO   sea
PIEZA (PIEÇA)   room, portion of land; DE UNA —   solid, inflexible
PIGNORAR   hock
PILA: NOMBRE DE —   first name
PILTRAFA   scrap
PINAR   pine-grove
PINCELADA   brushstroke, flourish

PINCHE   kitchen-boy
PINGÜE   fertile, rich
PINTARRAJEAR   daub
PIQUE: IRSE A —   sink, be destroyed; A — DE   in danger of
PIRANTE   shifty character
PISAR   step on
PISAVERDE   a dandy, man-about-town
PISO   story or floor of a building
PISTO   dish made up of tomatoes and red peppers; a messy hodge-podge; DARSE —   put on airs
PISTOLO   soldier armed with pistols
PLACA   badge
PLACEMES   congratulations
PLACER   please; PLUGO (preterite)
PLAGA   plague
PLANCHA   slab, sheet, error; —AZO   big goof; TIRARSE LA —   put one's foot in it
PLANO   flat surface; CAER DE —   fall flat; PRIMER —   foreground
PLANTADO   situated
PLAÑIDERO   mournful
PLAÑIDO   lamentation
PLAÑIR   grieve over
PLASMAR   to mold
PLATEADO   silvery
PLATERESCO   plateresque, highly ornamental and hybrid sixteenth-century style
PLATICA   disquisition, talk
PLATICAR   to chat
PLATILLO   cymbal
PLAYA   shore

PLAYERA   popular Andalusian song

PLAZA   position, post

PLAZO   term, period of time; A —S   on the installment plan

PLAZOLETA   little square

PLEBE   populace, common people

PLEGARSE   give in

PLEITO   lawsuit, dispute

PLENO   full

PLETORICO   highly abundant

PLIEGO   sheet of paper, usually folded; —DE CORDEL popular traditional literature printed on loose, unbound sheets and strung up on twine stretched across the entrance to a shop or the top of a kiosk

PLIEGUE   fold, pleat

PLOMIZO   leaden, lead-colored

PLOMO   lead, bullet

POBLACION   town, village, city, population

POBLADO   town, village

POBLADOR   settler

POBLAR   populate

POCO: A — (MAS) DE, A — QUE   soon after

PODAR   to prune, trim

PODER   (noun) power

PODERIO   power

PODEROSO   powerful

PODRIR   rot (away)

POLI   the police

POLITICA   policy, politics: — HIDRAULICA   policy on irrigation and water supply; DE —   proper

POLITIQUILLA   local political maneuvers

POLLUELO   chick

POLVAREDA   cloud of dust

POLVO   dust

POLVORIENTO   dusty

POMA   apple

POMARADA   apple orchard

POMO   knob on the hilt of a sword

PONCHE   punch (the drink)

PONER: — AL DESNUDO expose; — EN TELA DE JUICIO   to question

PONIENTE   west

PONTIFICAL: DE —   in full pontifical regalia

PONTIFICIO   papal, pontifical

PORDIOSERA   begging for alms

PORQUERIA   filthy thing, «garbage»

PORTADA   façade

PORTALADA   large gate

PORTARSE   behave, operate

PORTATIL   portable

PORTAZO   slam of a door

PORTERO, -A   person who watches over a multiple dwelling, catering to the needs of the tenants and guarding the accesses to the building; Spanish equivalent of the French *concierge*

PORTON   inner door leading from entry into house

PORVENIR   the future

POSADA   boarding house

POSAR   to place, put down on; —SE   alight

POSO   sediment

POSTINERO   egotistically self-assured, smug, full of airs

POSTIZO   artificial, false

POSTRERO   last

POTENCIA   power, powerful
   nation
POYO   stone bench set against
   the wall by the door of a
   house; mound, low-lying
   elevation
POZO   well, eddy
PRADERA   meadowland
PRADERIA (PRADERIO)
   meadowland
PRADO   meadow
PRECISAR   specify; need; — A
   force or oblige to
PRECISION   abstraction,
   synthetic idea
PRECISO   necessary
PREDECIR   to forecast
PREDICA   preaching
PREDICAR   preach
PREDIO   property, farm
PREGON   hawker of news-
   papers, newsboy
PREGONAR   announce publicly
PRELADO   prelate
PREMIAR   to reward
PREMIO   prize; — GORDO
   first prize in the national
   lottery
PREMOSTRATENSE   Premon-
   stratensian, order of canons
   established in the 12th
   century
PRENDA: — DE VESTIR   piece
   of wearing apparel
PRENDER   to set (a fire), arrest
PRENSA   the press
PRESA   prey, spoils
PRESAGIAR   to forecast
PRESAGIO   omen
PRESCRIPCION   continuous
   possession
PRESENCIAR   to witness
PRESENTIR   foresee

PRESIDIO   jail
PRESIDIR   participate in a
   public function in an official
   capacity; preside over, be the
   spokesman of
PRESO   imprisoned, caught-up;
   prisoner
PRESTAMO   loan
PRESTANCIA   excellence
PRESTIGIAR   to grace, glorify
PRESTO   quick
PRESUMIDO   conceited,
   affected
PRESUNTO   supposed
PRESUPUESTO   budget
PRETENDER   claim (to), try to
PRETERICION   passing over
PREVENIR   forestall
PREVER   foresee
PREZ   glory, honor
PRIMADO   primate
PRIMERA: A —S   all at once
PRIMERIZO   inexpert, novice
PRIMOR   beauty, skill, orna-
   mentation
PRINCIPIO   principle
PRISA   haste; DE —   quickly
PRIVADO   private domain
PRIVAR   deprive
PRIVATIVO   exclusive, peculiar
PRO: EN — DE   for the good of
PROBAR   prove, taste
PROCELOSO   stormy
PROCER   lofty, dignified
PROCESAR   put on trial
PROCESO   trial, case, lawsuit
PROCURADOR   strive for, pro-
   duce, try
PRODIGAR   to lavish on, squan-
   der
PROEZA   prowess
PROFESORADO   teaching
   faculty

PROGNOSTICAR  predict

PROJIMO  neighbor, fellow creature

PROLE  offspring

PROLIJO  verbose, expansive

PROMEDIAR  to be half over

PROMEDIO  the middle

PROMOCION  generational group

PROMOVER  create

PRONTO: POR DE —  for the present; DE —  suddenly

PRONTO, -A  ready

PROPALAR  make known, spread

PROPENSO  prone

PROPIAMENTE  really

PROPINCUO  near

PROPIO  proper, natural, same, very (adj.), itself (etc., intensive), one's own

PROPORCION  symmetry

PROPUGNAR  defend

PRORROMPER  burst into

PROSAISMO  prosaic quality

PROSEGUIR  carry on

PROTOCOLARIO  ceremonial

PROVECHO  advantage

PROVEEDOR  supplier, steward

PROVEER  to stock

PROVENIR  originate

PROXIMO  nearest, next, close (by)

PRUEBA: A —  on trial

PRURITO  urge, itch

PUCHERO  pot

PUDIENTE  wealthy

PUDRIDERO  temporary burial vault

PUEBLERINO  pertaining to towns and villages

PUERTO  mountain pass

PUES QUE  so long as

PUESTA: — DE SOL  sunset; stake (at cards)

PUESTO: — DE VENTA  selling-place

PUGNA  conflict

PUGNAR  to fight

PUJANTE  strong, vigorous

PULCRO  neat

PULIR  polish; PULIDO  very well cared for

PULMON  lung

PULULAR  to swarm

PUNDONOR  point of honor, prestige, face

PUNTA  point, tip, corner

PUNTAPIE  kick (in the pants)

PUNTIAGUDO  sharp-pointed

PUNTITA  tinge, trace

PUNTO  process in embroidery; guy, clever fellow, «character»; AL —  immediately; A — FIJO  exactly; — Y COMA  semi-colon

PUNTUALMENTE  exactly

PUNZADA  pang, prick

PUÑADO  handful

PUÑETAZO  bang with the fist

PUÑO  fist, hilt

PUPILA  pupil (eye)

PURO  cigar

PUTATIVO  by adoption

# Q

QUADRA (CUADRA)  hall, large room

QUE: ¿Y —?  So what?

QUEBRANTAR  shatter

QUEBRANTO  sorrow

QUEBRAR  break, crack

QUEDA: DE — Y REPOSO  in permanent rest

QUEDAR: — POR   to remain to
  be
QUEJA   lament, complaint
QUEJUMBROSIDAD   queru-
  lousness
QUEJUMBROSO   whining
QUEMA   fire
QUEMAR   to burn
QUEPIS   round, flat-top cap
    with visor worn by military
    personnel, railroad employ-
    ees, firemen and the like
QUERELLA   squabble
QUERIDA   sweetheart; mistress
    (a woman with whom a man
    habitually fornicates)
QUICIO   threshold, front step,
    doorjamb, hinge
QUIEBRA   crack, fissure, bank-
    ruptcy
QUIEN: — VIVE   challenge,
    warning; Who is there?
QUIETISMO   spiritual contem-
    plation rendering useless the
    active life
QUIJOTADA   quixotic enter-
    prise
QUIJOTERIA   quixotism, quixo-
    tic attitudes
QUIJOTESCO   quixotic
QUINCE   glass of wine costing
    15 *céntimos*
QUINCENTISTA   of the 1500s
QUINQUE   oil lamp, caution
QUITOLIS   naive

## R

RABIA   rage, fury
RABIAR   to fume (with rage)
RACIOCINADOR   given to argu-
    mentative reasoning
RADICANTE   fixed, rooted

RAFAGA   gust, burst of fire
RAIDO   threadbare
RAIZ   root
RAJADURA   crack, split
RAMA   branch
RAMAJE   branches, foliage
RAMIFICARSE   spread out
RAMO   branch, bouquet
RAMONEAR   browse
RAMPLON   crude, cheap,
    coarse, gross
RAMPLONERIA   vulgarity, com-
    monness
RANCIO   stale, old
RANCHO   mess-hall meal; a
    gathering
RANGO   rank, position
RAPAZ   young boy; rapacious
RAPIÑA   spoliation, prey
RAPTO   rapture
RAQUITICO   rachitic, flimsy,
    rickety
RAS: AL — DE   at the level of,
    close to
RASGAR   to tear; RASGADO
    large, wide-open
RASGO   a characteristic
RASO   satin; flat
RASTREAR   to track
RASTRERO   abject, base
RASTRILLO   rake
RASTRO   trace
RASTROJO   stalk
RATON   mouse
RAYADO   striped
RAYO   lightning flash
RAZON   reasoning
RAZONAR   elaborate, give fur-
    ther explanation to
REAJUSTE   readjustment
REAL   old monetary unit worth
    about 25 *céntimos* or 1/4 of a
    peseta

REALZAR   raise, enhance

REANUDAR   reactivate, renew, resume

REBAJAR   to lower, reduce

REBAÑO   herd, flock

REBATO: TOCAR A —   sound the alarm

REBOSAR   overflow

REBOTAR   bend back, cause to rebound

REBUSCAR   search out

RECAER   fall back

RECAMADO   embroidered with raised work

RECARGADO   full, loaded

RECELO   suspicion, fear

RECELOSO   fearful

RECHAZAR   to reject

RECHAZO: DE —   on the rebound, in recoil

RECHINAMIENTO   creaking, grating of metal or wood in contact

RECHINAR   to creak, gnash

RECIENTE   new

RECIO   strong, thick, rigorous

RECLAMACION   complaint

RECLAMAR   demand, clamor for

RECLINADO   leaning

RECOBRAR(SE)   recover

RECODO   twist, sharp angle, bend of a river

RECOGER   pick up, gather together; —SE   withdraw, take shelter

RECOGIDA   suspension

RECOGIDO (RECOJIDO)   retired, secluded, withdrawn, modest, included

RECOGIMIENTO   self-withdrawal, shelter

RECOMERSE   fidget, twitch

RECOMPENSA   compensation, extra payment

RECONSTITUYENTE   a reconstructive element; with reconstructive powers

RECORTAR   outline, trim away, silhouette, define sharply

RECORRER   travel over or around

RECOSTRADO   recrusted

RECREAR   recreate, delight, refresh

RECRIMINARSE   exchange accusations

RECTIFICAR   correct, apologize

RECTO   righteous, straight

RECUENTO   count, recount

RECUESTO   slope

RECUPERAR   recover

RECURSO   resource

RECURRIR (A)   have recourse (to)

RED   net

REDACCION   editorial office

REDACTAR   edit, issue

REDAÑOS   guts

REDENTOR   redeemer

REDONDO   round; EN — around

REDOR: EN — DE   around

REEMPLAZAR   replace

REFAJO   skirt; slip (a garment)

REFLEJO   reflective

REFORMA   the Protestant Reformation

REFORZAR   reinforce

REFRACTARIO   rebellious, hostile; rebel

REFRAN   saying, proverb

REFRENAR   restrain

REFRENDAR   authenticate

REFRESCAR   take refreshment

REFRIGERIO   refreshment

REFULGIR   shine, glisten

REGADIO   irrigated; irrigated land

REGALAR   favor with, give as a gift

REGAR   to water, irrigate

REGATO   creek, stream

REGATON   retailer; tip, cap

REGAZO   lap

REGENTAR   dominate

REGIMEN   system, regime

REGIO   regal, royal

REGIR   to guide, govern

REGISTRADOR   recorder (of deeds)

REGISTRO   slot; —S   records

REGLA: EN TODA —   in all due form

REGLAMENTARIO   regulatory

REGLAR   regulate

REGOCIJARSE   rejoice

REGOCIJO   joy

REGODEARSE   take delight

REGRESAR   to return

REGRESO   return: DE —   on his return

REGUERO   trickle

REGULO   sovereign

REIMPRESO   reprinted

REINADO   reign

REINANTE   prevailing

REINAR   rule, prevail

REINO   kingdom

REJA   iron grating over windows, plowshare

REJACAR   to harrow

RELAMPAGO   flash of lightning

RELAPSO   a reformed heretic who has reverted to his heretical ways

RELATO   account, report, narration

RELIEVE: DE —   in sharp relief

RELLENAR   fill up, stuff

RELUCIENTE   shine

RELUCIR   to shine

REMACHAR   confirm, make secure

REMANSO   backwater

REMATAR   top off, finish off

REMATE   end, closing

REMEDAR   copy, imitate, make like

REMEDIARSE   help or save oneself

REMITIR   end, refer

REMOLINO   whirlwind, turmoil

REMONTAR   repair, revamp

REMORA   obstacle

REMORDIMIENTO   remorse

REMOVERSE   stir

REMOZAR   rejuvenate

RENACIENTE   renascent

RENACIMIENTO   Renaissance

RENCILLA   rancourous squabble

RENDICION   surrender

RENDIR   conquer, overcome, yield; —SE   surrender; — CUENTAS   account to, make an accounting; — CULTO A   do homage to, make a cult of; RENDIDO exhausted, submissive

RENEGAR (DE)   abhor

RENEGRIDO   dark purplish color, black-and-blue

RENOMBRE   renown

RENOVAR   new

RENTA   income, profit

REÑIR   to quarrel; REÑIDO   in conflict

REO   criminal

REOJO: DE —   askance

REPARADOR   restorative

REPARAR (EN)   to notice

REPARTIDOR distributor
REPARTIR distribute
REPASAR to review, go over
REPERCUTIR reverberate
REPIQUE peal, chimes
REPLEGAMIENTO withdrawal
REPLIEGUE fold
REPONERSE recuperate
REPORTAR bring, get
REPOSADERO receptacle, repository
REPOSAR to rest; REPOSADO undisturbed, calm
REPOSO resting place
REPRESALIA reprisal
REPUGNAR to be repugnant
REPUTAR consider
REQUERIMIENTO summons, solicitation
REQUIEBRO flattery, flattering remark
REQUILORIOS flourishes
RESABIO vice, bad habit
RESALTAR stand out
RESBALADIZO slip, slide by
RESCATAR to ransom, rescue
RESECO very dry
RESEÑAR make note
RESISTIR stand, tolerate
RESOL glare of the sun
RESORTE spring, coil
RESPECTO: A TAL — in this regard
RESPETO degree of character
RESPIRAR breathe
RESPIRO respite, time to breathe
RESPLANDOR glimmering
RESPONDER correspond
RESPUESTA a reply
RESQUEBRAJAR crack, split
RESQUICIO narrow opening, crack, chance

RESTALLO cracking
RESTANTE remaining
RESTOS remains
RESTRINGIR restrict
RESUCITAR return to life, revive
RESUELTO determined
RESUMEN summary
RETABLO display of figures arranged in series to represent a story or related events; altarpiece
RETAMA broom (bot.)
RETINTIN jingle
RETIRADO pensioned military officer
RETOÑAR sprout, reappear
RETRASO: DE — late
RETRATAR paint (a portrait), depict; —SE have one's picture taken
RETRATO portrait, picture (photo)
RETRUECANO play on words, pun
RETUMBAR resound, rumble
REVENTAR burst
REVES reverse, misfortune
REVESTIR deck out, dress
REVEZA: DE — like a slow-moving yoke of oxen
REVISAR review, audit
REVOLANTE fluttering
REVOLCARSE wallow, roll around
REVOLOTEAR flutter
REVOLVER sift, revolve, swing around; —SE turn
REVUELTA turn, change of direction
REVUELTO scrambled, disordered

REZAGAR   outstrip; —SE lag
     behind
REZAR   pray
REZUMAR   ooze, seep
RIACHUELO   streamlet
RIBERA   bank, shore
RICACHO   vulgar rich person
RIEGO   irrigation, watering,
     stream
RIENDA   rein
RIENTE   laughing, cheerful
RIESGO   risk
RIGOR: DE —   indispensable;
     EN —   strictly speaking
RIGORISTA   inflexible
RIJOSO   lewd, lecherous
RIMBOMBANCIA   ostentation
RINCON   corner
RINCONADA   corner
RINCONERA   corner table
RINGLERA   row
RINGORRANGO   frill
RIÑA   quarrel
RIPIO   refuse, padding
RISA   laughter
RISCO   crag, cliff
RISIBLE   laughable
RUSUEÑO   smiling
RIZADO   rippled
ROBLE   oak tree
ROBLEDO   grove of oak trees
ROBUSTECER   make strong
ROCE   rubbing, frequent contact
ROCIN   work horse
ROCOSO   rocky
RODAL   spot, patch
RODANTE   rolling
RODAR   to roll, make roll, roll
     by
RODEAR   go around, surround
RODELA   buckler, a round
     shield

RODEO   circumlocution, subter-
     fuge
RODILLA   knee
ROER   gnaw, wear away
ROJIZO   reddish
ROMANCE   medieval poetic
     composition of extraordinary
     lyrical quality, communi-
     cated initially through oral
     tradition; the Spanish
     language
ROMANCERO   collective term
     embracing all *romances*; col-
     lection of *romances*
ROMANICO   Romanesque
     (architectural style)
ROMERO   rosemary
ROMPIMIENTO   rupture
RONCO   hoarse
RONCHA   black-and-blue mark,
     welt
RONDA   road, especially one
     near the city limits
ROÑOSO   mangy, filthy
ROQUEDA   rocky area
ROS   high-crowned military cap
     with short visor
ROSAL   rosebush
ROSICLER   pink color of dawn;
     PERDER EL —   turn pale
ROSTRO   face
ROTARIO   revolving
ROTO   torn, ragged
ROTULAR   to label
ROTULO   label
ROTURACION   plowing (of un-
     tilled land)
ROZAR   to scrape, graze
RUBIALES   blonde
RUBICUNDO   of reddish com-
     plexion
RUBIO   blond, fair-com-
     plexioned; RUBIA   blonde

RUBOR   blush, flush
RUDEZA   crudeness
RUDIMENTO   suggestion, trace
RUEDA   wheel, wheel of fortune
RUEDO   arena, bullring, circle
RUEGO   plea
RUGIR   to roar
RUGOSO   wrinkled
RUIDOSO   noisy, sensational
RUINOSO   tottering, run-down
RUMBO   direction; CON — A
    headed for
RUMIAR   chew the cud
RUMOROSO   rustling, loud
RUSO   Russian

## S

SABANA   plain
SABER   to taste
SABIO   learned
SABOR   pleasure, liking, flavor
SABOREAR   to savor, relish
SABROSO   tasty
SACADINEROS   moneymaker
SACAR: — POR   take (one) for,
    identify with
SACERDOTAL   priestly
SACERDOTE   priest
SACO: A —   looting
SACUDIR   shake, churn up;
    —SE   shake off or loose
SAETA   arrow, dart
SAGASTINO   pertaining to the
    governments of Sagasta,
    head of the liberal party
    during the period of the
    Restoration in the late 19th
    century
SAGAZ   wise, shrewd
SAGRADO   sacred

SALA   hospital ward, waiting
    room; — DE ESPERA
    waiting room
SALAZ   salacious
SALEDIZO   projecting
SALIENTE   projecting
SALMANTINO   pertaining to
    Salamanca or to its uni-
    versity; a native of that city
SALPICAR   sprinkle
SALPICON   a dish made up of a
    variety of foods all mixed
    together
SALTAR   jump, jump around,
    come up
SALTO   jump
SALVA   burst (of applause)
SALVAJISMO   savagery
SALVAR   to except
SALVIA   sage (plant)
SALVO   safe; except; A —   out
    of danger
SANDIA   watermelon
SANEAMIENTO   indemnifica-
    tion, reparation
SANEAR   indemnify
SANGRAR   bleed
SANGRAZA   contaminated blood
SANGRIENTO   bloody
SANGUINARIO   bloodthirsty
SANO   healthy, robust
SANOTE   big and healthy
SANTIGUARSE   cross oneself
    (doing the sign of the Cross)
SANTON   false saint, sancti-
    moniously venerated
    politician
SANTURRON   sanctimonious
SARCODA   unicellular proto-
    plasm
SARMENTOSO   full of lines run-
    ning every which way, like
    the vine shoot

SARTA   string of beads
SARTEN   frying pan
SASTRE   tailor
SATURNAL   orgiastic, lecherous; orgy
SAVIA   sap
SAYAL   coarse woolen cloth or garment
SAYO   tunic
SAZON   ripeness, maturity; A LA — at that time
SECANO   land without water
SECAR   to dry; —SE   dry up
SECO   dry, harsh, unadorned, plain, withered
SECUACIDAD   partisanship
SECUAZ   follower, partisan, henchman
SECUELA   result
SECULAR   centuries-old, secular
SEDA   ilk
SEDANTE   sedative, soothing
SEDIENTO   thirsty, anxious
SEDOSO   silky
SEGOVIANO   pertaining to the city and province of Segovia
SEGUIDO   straight; A SEGUIDA   next
SEGUIDOR   follower
SEGUNDON, -ONA   second-oldest son or daughter
SEGURO: DE —   surely
SELLO   stamp, mark seal
SELVA   jungle, forest
SEMANAL   weekly
SEMBLANTE   face
SEMBLANZA   portrait, feature
SEMBRADIZO   ready for planting
SEMBRADURA   seeding
SEMBRAR   to sow; SEMBRADO sown field

SEMEJANZA   likeness, similarity
SEMEJAR   resemble
SEMENTERA   sowing
SEMILLA   seed
SEMPITERNO   everlasting
SENDA   path
SENDEJA   little path leading nowhere in particular
SENDERO   path
SENECTUD   old age
SENO   core, breast, bosom
SENSATEZ   good sense
SENSATO   sensible, prudent
SENSIBLE   sensitive
SENTADO: TOMAR POR — take for granted
SENTENCIA   pronouncement, declaration
SENTENCIAR   to pronounce sententiously
SENTENCIOSO   sententious, aphoristic
SENTINA   foul nest
SENTIR   feeling
SEÑA   sign; —S   address
SEÑAL   a sign
SEÑALAR   point out, mark; SEÑALADO   celebrated
SEÑERO   solitary
SEÑORIL   majestic, aristocratic
SEÑORITO   well-to-do young man-about-town
SEPELIO   burial
SEPTENTRION   north
SEPTENTRIONAL   northern
SEPULCRO   burial place, tomb
SEPULTAR   bury
SEQUEDAD   dryness, gruffness
SEQUIA   drought
SER   being; A NO — QUE   unless

SERENO   nocturnal security watchman of a neighborhood who, in addition to his duties as vigilant, opens buildings for those who wish to enter after they have been locked for the night. Like the *portero*, the *sereno* is a traditional figure of the Spanish scene

SERIADO   in series, in outline form

SERPENTEAR   to wind

SERVIDUMBRE   servants

SERRANIA   mountain range

SERREZUELA   small range of mountains

SERRIJON   short mountain range

SESION   meeting

SESO   brain, intelligence

SETENTON   septuagenarian

SI: — BIEN   although

SICARIO   hired assassin

SIEGA   harvest

SIEMBRA   sowing, seed, sown field

SIEMPRE: — QUE   provided that

SIEMPREVIVA   everlasting flower

SIEN   forehead, temple

SIENA   yellowish-brown

SIERPE   serpent

SIERRA   mountain range

SIGNO: — DE INTERROGACION   question mark

SILABEAR   pronounce each syllable separately

SILBATADA   blowing of a whistle

SILBATO   steamwhistle

SILBIDO   whistling

SILLAR   square hewn stone

SILLERIA   large stones set by masonry

SILLON   armchair; rocking chair

SILO   cavern

SILVESTRE   uncultivated, wild

SIMON   cab

SIMPATIA   congeniality

SIMPATICO   nice, appealing

SIMULAR   to fake, simulate, counterfeit

SINDICALISMO   labor movement, unionism

SINFIN   countless number

SINIESTRO   calamity, perversity

SINVERGÜENZA   shameless person, «rat»

SIQUIERA   at least, even; at all (with negative); NI — not even

SITIAR   besiege

SOBERANIA   sovereignty, rule

SOBERANO   of regal bearing, sovereign

SOBERBIA   haughtiness, arrogance

SOBRA   surplus, excess

SOBRADO   attic, excessive; DE — excessively

SOBRAR   go too far

SOBRECOGER   overtake, cause apprehension, terrify

SOBREESFUERZO   super-effort

SOBREHAZ   surface

SOBRENOMBRE   nickname

SOBREPONER   superimpose

SOBRESALTAR   startle

SOBRESALTO   scare, sudden start

SOBREVENIR   take place

SOBREVIVIR   survive

SOBRIO   sober, austere

SOCALLO   shelter
SOCARRAR   singe, scorch (at the stake)
SOCARRON   sly
SOCARRONERIA   slyness
SOCAVAR   dig under
SOCIEDAD   social intercourse; society
SOCIO   fellow member
SOCORRO   help, aid
SOFOCAR   choke
SOGA   rope
SOLANA   sunny spot, run roof
SOLAPADO   sneaky
SOLAR   lot, plot of land, ancestral home
SOLARIEGO   ancestral
SOLAS: A —   alone
SOLDADURA   welded joint
SOLEARSE   take the sun
SOLEDAD   solitude, loneliness, lonely place
SOLFA: EN —   in a ridiculous light
SOLITARIO   diamond
SOLTAR   release; SUELTO loose, free
SOLTERON   old bachelor
SOMBRA: A LA —   jail
SOMBRAJO   sun screen made of branches and twigs
SOMBRERO: — DE COPA   top hat
SOMBREROTE   oversized rustic hat
SOMBRILLA   parasol
SOMERO   superficial
SOMETER   to subject; —SE submit, surrender, comply
SON   sound (often music)
SONAMBULO   sleepwalker
SONAR   to sound; — A   sound like

SONDEAR   explore, sound out
SONIDO   sound
SOÑADOR   dreamy
SOÑAR (CON)   to dream (of)
SOÑOLIENTO   sleepy
SOPA: POR —S   from beginning to end
SOPERA   soup tureen
SOPLAR   to blow
SOPLO   breath
SOPOR   stupor, drowsiness
SOPORIFERO   sleep-inducing
SOPORTAL   arcade, portico
SORDO   deaf, muffled
SORIANO   Sorian, of Soria
SORNA   slyness, malice
SORTEAR   evade
SORTEO   drawing (in a lottery)
SORTIJA   ring
SORTILEGIO   sorcery
SOSEGADO   peaceful
SOSIEGO   calm, serenity, quiet
SOSPECHA   suspicion
SOSPECHAR   to suspect
SOSPECHOSO   suspicious
SOTANO   cellar, basement
SOTERRAÑO   underground
SOTERRAR   bury; SOTERRADO underground
SOTO   grove
SUAVIZAR   soften
SUBIR: — DE PUNTO   increase
SUBITO   sudden, impetuous
SUBLEVACION   uprising, revolt
SUBLEVARSE   to revolt
SUBRAYAR   emphasize, underline
SUBVENCIONAR   subsidize
SUBYACENTE   underlying
SUCEDER   happen, follow
SUCESO   event
SUCIO   dirty
SUCURSAL   branch, subsidiary

SUDAR   to sweat
SUDOR   sweat
SUDOROSO   sweaty
SUEGRO   father-in-law
SUERTE   luck, fortune, piece of land with fixed limits; POR — by chance
SUGERIR   suggest
SUICIDA   suicidal
SUIZO   Swiss
SUJETAR   tighten; SUJETO held together
SUJETO   guy, «character»
SUMA: EN —   in short
SUMAR   add
SUMARIA   indictment
SUMARIADO   indicted
SUMINISTRAR   furnish, supply
SUMIR   to sink
SUMO   very high; A LO — at most
SUPERAR   surpass, overcome
SUPERCHERIA   fraud
SUPERFICIE   surface
SUPERIOR   upper
SUPLICA   supplication
SUPLICAR   implore
SUPONER   supposition, a matter of taking it for granted
SURCAR   cut or plow through, furrow
SURCO   furrow
SURGIMIENTO   surging
SURGIR   arise, come up
SURTIDO   supply, assortment
SURTIR   to spurt, shoot up
SUSCEPTIBILIDAD   sensitivity
SUSCITAR   stir up
SUSPENSO   baffled, bewildered
SUSPICACIA   mistrust
SUSPIRAR   to sigh
SUSPIRO   a sigh

SUSTANCIOSO   substantial, nourishing
SUSTENTAR   to support, maintain
SUSTENTO   support, mainstay
SUSTRAER (A)   remove (from), steal
SUSURRAR   to murmur
SUSURRO   murmur

# T

TABERNARIO   pertaining to taverns, vulgar
TABICAR   wall up, close up
TABLA   slab of stone, board; —S stage of a theatre
TABLADO   stage, platform
TABLERO: — DE AJEDREZ chessboard
TABLETEO   rattle, rattling
TACHAR   to censure, blame
TACO   billiard cue stick
TAHONA   bakery
TAHUR   gambler
TAIMADO   shifty character, «operator»
TAJADA   cut, slice
TAJAMAR   cutwater
TAJANTE   cutting
TAJO   cliff; cut
TAL: — CUAL   ordinary; CON — DE   provided that
TALA   havoc
TALABARTE   sword belt
TALABARTERO   harness maker
TALADRAR   punch (a ticket)
TALANTE: A SU —   according to his own dictates
TALLA: DE —   sculpted (of wood)
TALLER   workshop
TALLO   stalk

TAMBALEARSE  totter
TAMBORIL  small drum
TAMIZAR  sift
TANTO: EN —  meanwhile; POR (LO) —  therefore; EN — (QUE)  while
TAÑIDO  tone, ring, sound
TAPADA  veiled woman
TAPADERA  lid
TAPAR  to cover
TAPARRABO  loin cloth
TAPATE (TAPETILLO)  gambling table, table scarf or runner; — VERDE gambling table
TAPIA (TAPIAL)  mud wall
TAPIAR  wall up
TAPIZ  tapestry
TAPON  stopper, plug
TARDAR (EN)  to be late, to take long (to); A NO —  right away
TARDE: DE — EN —  from time to time
TARDIO  slow
TARDO  slow
TAREA  task, job
TARTAMUDEZ  stuttering
TARTANA  a type of horse and carriage
TASADOR  appraiser
TASAR  appraise
TASUGO  badger
TAURINO  taurine, pertaining to bulls, bull-like
TAUROFILO  bullfight fan
TAZA  cup guard of a sword
TEATRALERIA  unsubtle or excessive theatricality
TECHO  roof
TECHUMBRE  roof
TEJA  roofing tile; priest's hat
TEJADILLO  roof-like cover

TEJADO  roof, rooftop
TEJEDOR  weaver
TEJER  weave
TEJON  badger
TELA  cloth, fabric
TELAR  a loom
TELEGRAMA  telegraphed news dispatch
TELON  curtain, backdrop
TEMOR  fear (noun)
TEMPANO  ice-floe
TEMPLAR  to temper, moderate
TEMPLE  temperament, character
TEMPORADA  season, spell (of time)
TEMPORAL  temporary, pertaining to time
TENCA  tench, a particularly spirited and tasty species of fish
TENDENTE (A)  directed (toward)
TENDER  stretch out, reach out
TENDERO  storekeeper
TENDINOSO  tendinous, sinewy
TENEBROSO  gloomy
TENEDOR  fork
TENER: — POR  consider
TENTAR  tempt
TEORICO  theoretician
TERAPEUTA  therapeutist
TERCERA: A LA —  for the third time; DE —  third-class, as broken down and rickety as a third-class railroad car
TERCIO  infantry regiment
TERCIOPELO  velvet
TERMAS  hot baths
TERMINO: EN (EL) PRIMER — in the foreground, first; EN — DE  contiguous with,

touching; EN ULTIMO
— in the final analysis

**TERNE** harsh

**TERNURA** tenderness

**TERTULIA** informal social gathering

**TERTULIANO** one who attends a *tertulia*

**TERRAL** land (adj.)

**TERROSO** stained with earth

**TERRUÑO** soil

**TESON** tenacity

**TESTAMENTARIA** estate

**TESTIGO** witness

**TESTUDO** cover formed over a body of troops by holding up shields in overlapping fashion

**TEZ** complexion

**TIAZO** augmentative of TIO, «big shot»

**TIBIO** lukewarm, mild (neither warm nor cold), cool

**TIEMPO: A—** at the right time

**TIENDA: — DE CAMPAÑA** army tent

**TIERNO** tender

**TIESTO** flowerpot

**TILA** linden tea

**TILDAR** to brand

**TIMBA** gambling room or casino

**TIMBRE** tone, resonance, bell

**TIMOTEO: AL —** plotting, in a huddle

**TINIEBLAS** darkness

**TINO** insight, judgement

**TINTA** tint, hue, ink

**TINTERO** inkwell

**TIÑOSO** mangy, scabby

**TIRADA** edition

**TIRAR (DE)** pull on

**TIRITAR** shake with cold

**TIRO** a shot

**TISIS** consumption (physiological), pulmonary tuberculosis

**TITERE** puppet

**TITIRITERO** puppeteer

**TITUBEANTE** tottering

**TITUBEAR** stammer

**TITULAR** official, by title

**TOCA** head-dress, bonnet

**TOCANTE** touching; — A concerning

**TOCAR** touch, ring

**TOCINO** pork

**TODO: DEL —** completely

**TOLDO** awning

**TOLEDANO** pertaining to Toledo; a native thereof

**TOLE-TOLE** fuss

**TOLONDREAR** resound

**TOMA** capture

**TOMILLO** thyme

**TONELAJE** tonnage

**TONGUISTA** swindler, «fixer» (from TONGO, a «fix», as when a jockey or an athlete—like a jai-alai player—is paid to throw a race or a game)

**TOPAR (CON)** run into

**TOQUE** peal; — DE QUEDA curfew, tolling of bells at the curfew hour; — DE ORDE-NANZA alarm warning

**TORBELLINO** whirlwind

**TORCER** to twist, turn

**TOREAR** fight a bull, play «bullfight»

**TOREO** bullfighting

**TORERO** bullfighter

**TORMENTA** storm

**TORMENTO** torture

**TORNAR** return; — A to do something again; —SE become, turn

TORNEAR   shape by turning, turn up; TORNEADO   perfectly rounded

TORNERA   operator of a *torno*, a revolving device set in a wall, which permitted passing objects from one room to another without the persons involved being seen or in personal contact (as in a convent)

TORNO   spinning wheel; EN — around

TORPE   ugly, awkward, dull, slow-witted

TORPEZA   stupidity, crudeness

TORTOR   an iron twisting-instrument used for torture

TORTUGA   tortoise, turtle

TORTUOSO   devious

TORTURADOR   torturous

TORRE   tower

TORREON   turret, fortified tower

TOSCO   coarse, rough

TOSQUEDAD   coarseness

TOSTADO   browned by the sun

TOZUDO   stubborn

TRABA   bond, obstacle

TRABACUENTA   error

TRABAJADO   overworked, worn-out, shaped

TRABAR   mold, shape, strike up (a friendship or conversation)

TRADUCTOR   translator

TRAFAGO   traffic, energetic activity

TRAGAR(SE)   swallow (up)

TRAICION   treachery

TRAICIONAR   betray

TRAIDO: — Y LLEVADO   knocked about, much abused

TRAIDOR   traitor; treacherous

TRAJINERO   cart driver

TRAMA   plot (of a play or novel)

TRAMAR   to scheme

TRAMITE   step

TRAMO   section, panel

TRANCE   critical moment

TRA(N)SCURRIR   pass, go on

TRASFUGA   runaway

TRANSITO   passage

TRANSPONER   disappear behind

TRAPAJO   rag

TRAPERA   ragpicker, dealer in rags

TRAPISONDA   devious scheme; TRAPISONDISTA   conniver

TRAS   after, behind

TRASCORO   retrochoir, space behind the choir enclosure or high altar

TRASERA   back (of a house, etc.)

TRASGO   goblin

TRASIEGO   disturbance, upset

TRASLADAR   move, shift

TRASMUNDO   inner world

TRASPASAR   pierce

TRASTE: DAR AL — CON   ruin

TRASTO   piece of junk

TRASTORNO   disorder, upsetting, upset, disturbance

TRAS-TRAS   the next-to-last in certain children's games

TRASUNTO   likeness, image

TRATADO   treaty

TRATAMIENTO   treatment

TRATANTE   trader, dealer

TRATO   conduct, social intercourse, treatment, deal

TRAVESURA   bit of mischief, prank

TRAVIESO   mischievous, cunning, dissolute

TRAZA   appearance, aspect, trace, means, design, plan

TRAZAR   formulate, plan, project, outline; BIEN TRA-ÇADO (TRAZADO)   well wrought

TRECHO   distance, stretch; A — at intervals, in spots

TREGUA   respite, let up, truce

TREMOLAR   to wave, make a big show of

TREMULANTE   quivering

TREPAR   climb

TREPIDACION   vibration

TRESILLISTA   of the game of *tresillo*; a player of that card game

TRESILLO   a card game

TRIBUNA   platform

TRIBUTACION   system of taxes

TRIGAL   wheat field

TRIGO   wheat

TRIGUERO   of wheat

TRINAR   trill

TRINITARIO   religious of the Trinitarian order

TRINO   trill, warbling

TRISAGIO   hymn honoring the Holy Trinity

TRISTURA   sadness

TROCAR   to change

TROGLODITICO   cave-dwelling, primitive

TROMPA   horn, French horn

TRONAR   to thunder

TRONCHAR   to crack, split

TRONZONERA   parcel of land

TROPA   troops

TROPEZAR (CON)   bump into

TROPO   trope, figure of speech

TROTE   trot, clomp-clomp

TROTERA   mediator in illicit love affairs

TROTERO   trotting; of a kind worn by women on horse-back

TROZO   piece

TRUPITA: PONERSE UNA — get drunk; ESTAR CON UNA —   be on a binge

TUERTO   a wrong, injustice; twisted, one-eyed; A —AS all crewed up

TUMBAGA   flashy ring

TUMBAR   flop (into)

TUMBO   tumble

TUNO   joker, rascal

TURBA   mob

TURBANTE   turban

TURBAR   disturb, upset

TURBIO   muddy

TURGENCIA   swelling, breast

TURNANTE   alternating

TURNAR   take turns, alternate

TURNO   section of a cafe served by a particular waiter, turn (alternation)

## U

UBERRIMO   very fertile

UFANARSE   boast

UFANO   proud, haughty

ULTERIOR   later, subsequent

ULTIMO: A LO —   up to date

ULTRAJAR   to outrage, offend

ULTRAMAR   overseas

ULTRAMARINO   overseas

ULTRAMONTANO   given to supporting the absolute authority of the Pope, hence a dedicated believer in theo-cratic politics and the in-

separability of church and
state

ULTRAPIRENAICO   of or from
beyond the Pyrenees, i.e.,
European

ULULAR   howl

UMBRAL   threshold

UMBRIA   shade

UMBRIO   shady, dark

UNGIR   anoint

UÑA   hoof, fingernail

URRACA   magpie

USURA   usury

USURARIO   usurious, at high
interest

USURERO   money-lender

## V

VACIAR   to empty, drain

VACIO   emptiness, hollow;
vacuous, empty

VAGAR   wander

VAHO   fume

VAIVEN   swinging movement

VALENTIA   bravery, valor

VALERSE (DE)   avail oneself of

VALIA   worth

VALIOSO   valuable

VALORAR   appraise

VALORES   securities

VALS   waltz

VANAGLORIARSE   to boast

VAPOR   steamship

VAPULEO   whipping

VARON   male, virile man

VARONIL   masculine

VASCO   Basque

VASCONGADO   Basque, per-
taining to the Basque
country in northern Spain

VASCONIA   the Basque nation

VASCUENCE   the Basque language

VECINDAD   neighborhood;
CASAS DE —   housing
project

VEGUERO   cigar

VEINTENA   a score, twenty

VEJAR   harass, abuse

VEJETE   little (decrepit) old
man

VELA   candle, sail

VELADA   evening

VELADOR   round table

VELAR   watch over, stay awake,
veil

VELETA   weathervane

VELLUDO   velvet

VELO   veil

VELOZ   fast

VENABLO   dart, javelin

VENAL   subject to bribery, cor-
rupt

VENCEDOR   victor, conqueror

VENCEJO   martin (bird)

VENCIMIENTO   submission,
defeat

VENDAVAL   strong wind
originating on the sea

VENENO   poison

VENGANZA   vengeance

VENGAR   avenge

VENIDERO   coming, of the
future; LOS —S   posterity

VENTA   inn; sale, selling

VENTAJA   advantage

VENTANAL   church window

VENTANUCO   crude little window

VENTARRON   strong win, gale

VENTOLERA   harebrained
scheme

VENTORRO   a crummy little
inn

VENTURA   luck, fortune; POR — by chance

VENTUROSO   fortunate

VER: ¡QUE ES DE —!   What a sight it is!

VERA   edge, bank, surrounding lands

VERANEO: DE —   on a summer vacation

VERANIEGO   summer (adj.)

VERBIGRACIA   for example

VERBO   word, Word (in the theological sense, God)

VERDEAR   show greenness, turn green

VERDIGUALDO   greenish-yellow

VERDOR   bright green

VERDUGO   executioner

VERDULERA   foulmouthed woman, fishwife

VERDURA   vegetation, green-ness

VERDUZCO   greenish

VEREDA   footpath; paths for nomadic flocks

VERGA   spar on the ends of a ship

VERGONZOSO   shameful

VERGÜENZA   shame

VERICUETO   rough, trackless ground

VERJA   grating

VERTER   pour, pour out, empty

VERTIGINOSO   dizzying

VESTAL   Vestal Virgin of ancient Rome

VETA   streak, vein

VETUSTEZ   oldness, antiquity

VETUSTO   very old

VEZ: DE — EN —   now and then; A SU —   in turn; A LAS VECES   at times, A LA —   at the same time

VIA   route, way, road; — FERREA   railroad; EN —S DE   on the way to

VIANDANTE   itinerant person, traveler

VICIADO   perverted

VIDA: EN SU —   never; DE MI —   my dear

VIDENTE   seer

VIDRIERA   stained-glass window, window

VIDRIO   glass

VIEJALES   old, well-worn

VIENTRE   belly

VIGENTE   force, prevailing

VIGILAR   watch over

VIL   base

VILLA   town, city

VILLORIO   grubby village

VILO: EN —   in the air

VINATERO   wine dealer

VINAZO   strong, thick wine

VINCULACION   the law forbidding the sale of family lands to outsiders

VINCULO   bond, link

VINOSO   vinous, pertaining to wine; «tanked»

VIÑA   vineyard

VIÑEDO   vineyard

VIRTUALIDAD   potential force

VIRTUD: EN — DE   as a result of

VIRREY   viceroy

VISLUMBRAR   glimpse, see

VISTA   sight, view; A LA — obvious, in sight, before one's eyes

VISTOSIDAD   ostentation

VISTOSO   showy, loud, flashy

VISPERA: EN —S DE   on the eve of
VITOLA   appearance, look
VITOR   cheer, hurrah
VITUALLA   food, provisions
VITUPERIO   vituperation
VIUDO, -A   widower, widow
VIVA   hurrah
VIVALES   hustler
VIVARACHO   frisky
VIVAZ   vigorous
VIVEZA   perception, liveliness, brilliancy
VIVIDERO   liable
VIVIENDA   dwelling
VIVIFICO   life-giving
VIVO   right, lively, alert, quick; EN —   as a living thing
VIZCAINO   Biscayan, pertaining to the northern Spanish province of Vizcaya
VOCEAR   cry out
VOCIFERAR   to shout
VOLAR   to fly
VOLCARSE   bend oneself back
VOLKSGEIST   (German) national spirit
VOLUNTARIEDAD   willfulness
VOLUNTARIOSO   willful, determined
VOLVERSE   turn around; — DE ESPALDAS   turn one's back
VOZ: A VOCES   out loud, shouting
VUCENCIA   variant of *vuecencia*, abbreviated form of *vuestra excelencia*
VUELO   flight
VUELTA: DE —   on returning; ESTAR DE —   to be back
VULGACHERIA   coarse vulgarity

VULGAR   common, commonplace

## Y

YACENTE   recumbent
YACER   lie, lie buried
YANTAR   food
YEDRA   variant of HIEDRA
YERMO   uninhabited, barren, empty
YERNO   son-in-law
YERTO   rigid
YERRO   mistake
YESO   plaster
YODOFORMO   iodoform, an antiseptic compound for wounds and sores
YUNTA   team of animals

## Z

ZAFIO   coarse, crude
ZAGALA   shepherdess; girl
ZAGUAN   type of vestibule or entrance hall
ZAMARRA   sheepskin jacket
ZAMBULLIRSE   dive, plunge (into water)
ZANGANOTE   a «first-class» loafer
ZAPAR   to sap
ZAPATERO, -A   (adj.) shoemaker's
ZAPATO   shoe
ZARANDAJA   odds and ends
ZARANDEAR   shake out
ZARCO   light blue
ZARPAR   set sail
ZARZA   bramble
ZUMBAR   buzz
ZUMBIDO   buzzing, hum
ZURRA   rumpus